RAVENSBURGER NATURFÜHRER

LAUB- UND NADELBÄUME

RAVENSBURGER 🍃 *NATURFÜHRER*

LAUB- UND NADELBÄUME

Allen J. Coombes

Aus dem Englischen von
Klaus Sticker

Fotografien von
Matthew Ward

Ravensburger Buchverlag

Die Deutsche Bibliothek –
CIP-Einheitsaufnahme

Laub und Nadelbäume /
Allen J. Coombes.
Aus dem Engl. von Klaus Sticker.
Fotogr. von Matthew Ward.
[Ill. der Bäume: Mustafa Sami]. –
Ravensburg: Maier, 1994
(Ravensburger Naturführer)
Einheitssacht.: Trees <dt.>
ISBN 3-473-46081-8
NE: Coombes, Allen J.; Ward, Matthew;
Sticker, Klaus [Übers.]; EST

Ein Dorling Kindersley Buch

Originaltitel: Eyewitness Handbooks: Trees
Copyright © 1992 by
Dorling Kindersley Limited, London
Text Copyright © 1992 Allen J. Coombes
Fotos von Matthew Ward
Illustrationen der Bäume: Mustafa Sami

Copyright © der deutschen Ausgabe:
Ravensburger Buchverlag
Otto Maier GmbH, 1994
Alle Rechte vorbehalten

Übersetzung: Klaus Sticker
Fachlektorat:
Claudia Maul und Alfred Merkel
Umschlaggestaltung:
Ekkehard Drechsel BDG
unter Verwendung des Umschlags
der Originalausgabe
Gesamtherstellung:
Kyodo Printing Co., Singapore
Printed in Singapore

1   2   3   4   97 96 95 94

ISBN 3-473-46081-8

INHALT

EINFÜHRUNG 6
Bäume genau betrachtet 6
Wie Sie mit diesem Buch arbeiten 11
Was ist ein Baum? 12
Bauplan der Bäume 14
Nadelbaum oder Laubbaum? 16
Nadelbäume: Blätter, Blüten, Früchte 16
Der botanische Unterschied 17
Laubbäume: Blätter, Blüten, Früchte 17
Bestimmungsschlüssel für Bäume 18

NADELBÄUME 34
Araucariaceae 34
Cephalotaxaceae 34
Cupressaceae 35
Ginkgoaceae 51
Pinaceae 52
Podocarpaceae 78
Taxaceae 79
Taxodiaceae 80

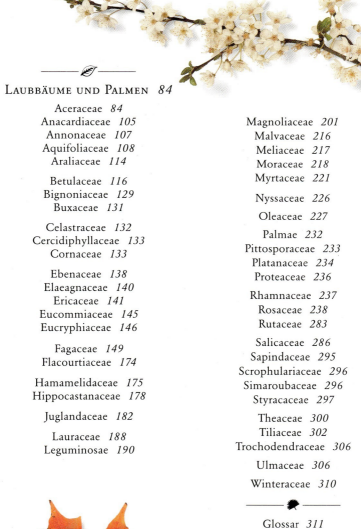

Laubbäume und Palmen *84*

Aceraceae *84*
Anacardiaceae *105*
Annonaceae *107*
Aquifoliaceae *108*
Araliaceae *114*

Betulaceae *116*
Bignoniaceae *129*
Buxaceae *131*

Celastraceae *132*
Cercidiphyllaceae *133*
Cornaceae *133*

Ebenaceae *138*
Elaeagnaceae *140*
Ericaceae *141*
Eucommiaceae *145*
Eucryphiaceae *146*

Fagaceae *149*
Flacourtiaceae *174*

Hamamelidaceae *175*
Hippocastanaceae *178*

Juglandaceae *182*

Lauraceae *188*
Leguminosae *190*

Magnoliaceae *201*
Malvaceae *216*
Meliaceae *217*
Moraceae *218*
Myrtaceae *221*

Nyssaceae *226*

Oleaceae *227*

Palmae *232*
Pittosporaceae *233*
Platanaceae *234*
Proteaceae *236*

Rhamnaceae *237*
Rosaceae *238*
Rutaceae *283*

Salicaceae *286*
Sapindaceae *295*
Scrophulariaceae *296*
Simaroubaceae *296*
Styracaceae *297*

Theaceae *300*
Tiliaceae *302*
Trochodendraceae *306*

Ulmaceae *306*

Winteraceae *310*

Glossar *311*
Register *312*
Danksagung *320*

Bäume genau betrachtet

Als Solitär auf stürmischen Höhen, im dichten Wald oder prächtigen Alleen: Bäume sind wichtiger Bestandteil nahezu jeder Landschaft. Ihre fast unendliche Vielfalt im Wechsel der Jahreszeiten – nicht nur in Wuchs, Größe, Farbe oder Borke, sondern auch bis in die kleinsten Einzelheiten der Blätter, Blüten und Früchte – macht das Studium dieser vertrauten Pflanzen zu einer abwechslungsreichen, dauerhaften Freude.

Dass Bäume in nahezu allen Teilen der Welt anzutreffen sind, bedeutet, daß man sich überall an ihnen erfreuen und sie eingehend untersuchen kann, ganz gleich, wo man gerade ist. In freier Natur wachsen sie – leider nicht immer – unbehelligt von den Eingriffen des Menschen. In den Städten, entlang der Straßen, in Parks und öffentlichen Anlagen, spenden sie inmitten unserer künstlichen Welt Trost. Natürlich reicht an den in freier Natur wachsenden Baum nichts heran, aber auch die Bäume in unseren Städten und Dörfern bieten Gelegenheit für lohnenswerte Studien.

Die Auswahl der Bäume

In diesem Buch sind nur Bäume aufgeführt, die in den gemäßigten Breiten unserer Erde als wildwachsende Arten vorkommen. Auf der Nordhalbkugel sind das der größte Teil Asiens, Nordamerikas und Europas bis zum Mittelmeer sowie der Himalaja und der größte Teil Chinas, auf der Südhalbkugel Südamerika, die kühleren Zonen Australiens sowie Neuseeland. Aus diesem riesigen Verbreitungsgebiet habe ich Pflanzen ausgewählt, die die erstaunliche Vielfalt der Bäume in der ganzen Welt vermitteln. Gleichzeitig habe ich versucht, neben einigen selteneren Spezies auch solche Arten aufzunehmen, die man oft in Parks und Alleen sieht.

Herbstlicher Buchenwald
Im Herbst leuchten Buchenwälder in hellen Farben. Ihr dichtes Blätterdach nutzt das Sonnenlicht optimal aus, wodurch nur wenige andere Pflanzen darunter wachsen können.

Orient-Buche
(Fagus orientalis)

EINFÜHRUNG • 7

NATURSCHUTZ

Die fortschreitende Zerstörung der Regenwälder erregt immer wieder berechtigtes Aufsehen. Denn diese letzten großen Urwälder beherbergen zahllose Tier- und Pflanzenarten, deren Fortbestand für die Menschheit lebenswichtig sein kann. Dabei vergißt man leicht, daß die Wälder unserer Breiten bereits das Schicksal erlitten haben, das nun den tropischen Regenwäldern droht. In den Industriestaaten gingen weite Teile des natürlichen Waldes verloren, weil der Mensch den Rohstoff Holz für Papier, Baumaterial und andere Erzeugnisse nutzte. Auch die Landwirtschaft trug zu der uns bekannten „ausgeräumten" Landschaft bei.
In den Entwicklungsländern der gemäßigten Zonen, besonders im Himalaja und in Südamerika, sind die Wälder stark bedroht. Dort wo heftige Regenfälle niedergehen, verursacht der rücksichtslose Kahlschlag Probleme wie z. B. Überflutungen und Erdrutsche, wenn die schützende, ganze Gebirge stützende Vegetation verschwunden ist.
Die meisten Arten sind so weit verbreitet, daß sie ein gebietsweises Abholzen überleben; sie sterben nicht aus. Andere Arten hingegen haben kleinere Verbreitungsgebiete. Ein Beispiel ist die Spanische Tanne (*Abies pinsapo*, s. Seite 56),

CHINESISCHE KASTANIE
(*C. mollissima*)

BEDROHTE ARTEN
*Eine Art kann durch Krankheit fast ausgerottet werden. Die Kastanien-Brandkrankheit hat die wildwachsende amerikanische Kastanie fast ausgelöscht (*Castanea dentata*, S. 149). Mit der Chinesischen Kastanie (*C. mollissima*, S. 149) werden resistente Sorten gezüchtet.*

die nur in wenigen Gebirgsgegenden Südspaniens heimisch ist. Vor Jahren galt ihr Holz dort als wertvoller Rohstoff. Heute würde sie durch weiteres Abholzen endgültig aussterben. Wir müssen gewaltige Anstrengungen unternehmen, um diese und andere bedrohte Arten zu schützen.

ÜBERLEBENDE AUS CHINA
Früher schälte man die Rinde von Magnolia officinalis *var.* biloba *ab, um Arzneien zu gewinnen – die Art kommt in freier Natur nicht mehr vor. Nur durch gärtnerische Kultur konnte sie erhalten werden.*

LEBENSNOTWENDIGE ANPASSUNG
Lärchen (Larix, s. Seite 60–61) *gedeihen auch im rauhesten Klima. Ihr Laub wächst in dichten Büscheln – eine Anpassung, die es ermöglicht, Nutzen aus den günstigen Bedingungen beim Austrieb der Blätter zu ziehen.*

LEBENSRÄUME

Dank ihrer Anpassungsfähigkeit können Bäume in den verschiedensten Lebensräumen gedeihen. Meist sind es die Nadelbäume, die die unwirtlichsten Gebiete besiedeln. Ihr schlanker Wuchs verringert Schäden durch Schneelasten. Das immergrüne Laub kann auch kurze Vegetationsperioden voll ausnutzen und ermöglicht der Pflanze, längere Trockenzeiten bei gefrorenen Böden zu überleben. Und die Bestäubung durch Wind macht Besuche von Insekten überflüssig. In milderen Zonen sind die Vegetationsperioden länger – dort herrschen für sommergrüne Arten günstigere Bedingungen. Die Zeit reicht, um neue Blätter zu treiben und altes Laub abzuwerfen. An schattigen Standorten sind große Blätter erforderlich, um so viel Sonnenlicht wie möglich aufzufangen. In feuchten Regionen sorgen spitz zulaufende Blätter dafür, daß Wasser rasch abtropfen kann. Grau oder silbrig glänzendes Laub dagegen verhindert in Trockengebieten eine zu starke Verdunstung. Duftende oder auffällige Blüten locken Insekten zur Bestäubung an.

ILEX X KOEHNEANA ▷

◁ ILEX LATIFOLIA

△ ELTERNTEIL EINS
Ilex latifolia (s. Seite 112), eine in Japan heimische Art, hat recht große gezähnte, jedoch nicht dornige Blätter.

DIE HYBRIDE ▷
Ilex x koehneana (s. Seite 112) hat die großen Blätter von *I. latifolia*. Der gezähnte Rand ist ein ererbtes Merkmal von *I. aquifolium*.

HYBRIDEN
Eine Hybride entsteht bei der Kreuzung zweier verschiedener Arten. In der resultierenden Hybride mischen sich meist die Elternmerkmale. Manche Hybriden kommen nur in gärtnerischer Kultur vor, weil die Elternpflanzen in freier Natur nicht zusammen auftreten.

◁ STECHPALME
(Ilex aquifolium)

△ ELTERNTEIL ZWEI
Die bekannte Gemeine Stechpalme (*Ilex aquifolium*, s. Seite 109) besitzt sehr typisch gewellte Blätter mit stachelig gezähntem Rand.

EIN STAMMBAUM

FAMILIE
Zu einer Familie kann eine einzige oder mehrere verwandte Gattungen gehören. Der Familienname ist immer in normaler Textschrift wiedergegeben, z. B. Rosaceae.

GATTUNG
Zu einer Gattung gehören entweder mehrere verwandte Arten oder auch nur eine einzige Art. Der Gattungsname ist immer kursiv (schräg) wiedergegeben, z. B. *Prunus, Sorbus*.

ART
Die Art bildet eine Einheit für sich. Sie bezeichnet eine besondere Pflanze. Das Artelement des Namens wird ebenfalls kursiv wiedergegeben, z. B. *padus, lusitanica, domestica*.

UNTERART
Die Unterart oder Subspecies bildet eine Einheit innerhalb einer Art. Die Elemente des Namens werden in gerader und Kursivschrift wiedergegeben, z. B. ssp. *azorica*.

VARIETÄT & FORM
Varietät (var.) und Form (f.) sind der Art untergeordnete Einheiten. Die Elemente des Namens werden in gerader und Kursivschrift wiedergegeben, z. B. var. *maliformis*.

SORTE
Sorten sind gezüchtete Kulturformen und werden eigens benannt. Der Sortenname wird in normaler Schrift und in einfachen Anführungszeichen wiedergegeben, z. B. 'Watereri'.

Beobachten und Aufzeichnen

Aufzeichnungen über Bäume bereiten Freude – sowohl vor Ort wie auch später beim Lesen. Wählen Sie ein halbes Dutzend Ihrer liebsten Bäume aus. Statten Sie jedem mehrmals während der vier Jahreszeiten einen Besuch ab und legen Sie eine Akte mit Daten über die besonderen, mit den Jahreszeiten wechselnden Merkmalen an.

Messen der Baumhöhe
Schneiden Sie einen Zweig auf die Länge des Abstandes zwischen Ihrem Auge und der Faust bei ausgestrecktem Arm. Halten Sie diesen Zweig senkrecht vor sich und bewegen Sie sich auf den Baum zu oder von ihm fort, bis die Spitze des Zweiges mit der Wipfelspitze und sein unteres Ende mit dem unteren Stammende zur Deckung kommen. Markieren Sie Ihren Standort und messen Sie am Boden den Abstand bis zur Stammbasis. Dieser Abstand entspricht der Höhe des Baumes.

Durchreiben der Borke
Die Borke läßt sich leicht aufzeichnen, indem Sie sie durchreiben. Man legt ein Blatt Papier auf die Borke und reibt leicht mit Wachsmalkreide darüber. Notieren Sie Datum, Standort und den Namen des Baumes.

Langes Bandmaß (30 m) zum Messen von Baumhöhe und Stammumfang

Aufzeichnungen vor Ort
Notieren Sie Höhe und Stammumfang des Baumes sowie Farbe und Struktur seiner Borke. Halten Sie Details zu Blättern, Blüten und Früchten sowie Standort und Datum fest. Zu Hause sollten Sie Ihre Notizen dann ausarbeiten.

Wachsmalstift und Papier zum Durchreiben der Borke

Zweige, Blätter und Früchte können zu Hause untersucht werden

Bestimmungsfotos

Farbstifte für Skizzen

Kleines Skizzenbuch

Anhänger für Pflanzenproben

Lupe

EINFÜHRUNG • 11

Wie Sie mit diesem Buch arbeiten

Das Buch ist nach den zwei Hauptgruppen von Bäumen gegliedert: Nadelbäume und deren Verwandte sowie Laubbäume. Diese Gruppen sind wiederum alphabetisch nach Familien unterteilt. Die kurze Einführung zu jeder Familie gibt an, wie viele Gattungen und Arten ihr angehören, und beschreibt die allgemeinen Merkmale ihrer Vertreter. Die darauffolgenden Beschreibungen sind alphabetisch nach Gattungen und nach den Arten innerhalb einer Gattung geordnet. In Wort und Bild informieren sie detailliert über ausgewählte Arten der jeweiligen Familien.

Jeder Eintrag beginnt mit dem deutschen Pflanzennamen oder aber mit dem wissenschaftlichen Namen, sofern es keinen allgemeingebräuchlichen deutschen Namen für die Pflanze gibt. Im folgenden wird gezeigt, wie sich ein typischer Eintrag aufbaut.

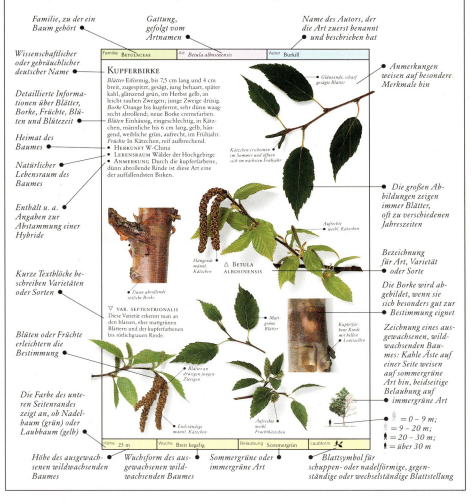

Was ist ein Baum?

Bäume sind Lebewesen. Sie haben eine verholzte Sproßachse (Stamm), ein Wurzelsystem und eine in der Vegetationsperiode belaubte Krone. Sie bilden Blüten und später Früchte aus. Größe und Gestalt unterscheiden Bäume von Sträuchern. Von Bäumen spricht man ab etwa 5 m. Meist ist der Stamm durchgehend; Sträucher verzweigen sich bereits an der Basis. Die Wuchsform gibt Aufschluß über den Standort: Eine Art, die in fruchtbaren Tälern als hoher Baum wächst, kann im rauhen Bergland nur als niedriger Strauch vorkommen. Auf offener Flur wachsen Bäume oft weitausladend; bei im Wald dichtstehend sind sie meist schlanker.

Das Chlorophyll kann von anderen Farbstoffen überlagert sein

Eine glatte Blattoberfläche ist am effektivsten

Blattadern leiten Wasser und Nährstoffe

Alle Blattypen haben die gleichen Funktionen

Die weißen Flecken panaschierter Blätter enthalten kein Chlorophyll

Blätter
Das Chlorophyll oder Blattgrün, ein grüner Farbstoff, fängt die Energie des Sonnenlichts ein und wandelt mit dessen Hilfe Wasser und Kohlendioxid in die Nahrung der Pflanze um (Kohlenhydrate und Sauerstoff).

Stamm und Borke
Der Stamm leitet Wasser und Nährsalze an die Blätter weiter. Die dort erzeugten Nährstoffe werden wiederum an die Wurzeln geleitet. Der Stamm trägt die Astkrone mit dem Laub. Rinde und Borke schützen das empfindliche Gewebe.

Die Borke baut sich aus abgestorbenen Zellen auf

An den Jahresringen läßt sich das jährliche Dickenwachstum ablesen

Wurzelsystem
Ein System kräftiger Hauptwurzeln verankert den Baum fest im Boden. Es verzweigt sich bis hin zu einem feinen Wurzelsystem, das Wasser und Mineralstoffe aufnimmt und zu den wachsenden Pflanzenteilen transportiert.

EINFÜHRUNG • 13

KNOSPEN UND TRIEBE
Von sich überdeckenden Schuppen geschützt, wachsen die Anlagen junger Blätter im Winter heran. Wenn die jungen Blätter im Frühjahr hervorbrechen, fallen diese Knospenschuppen ab. Zweige leiten Wasser und Nährstoffe und tragen die Blätter.

Knospen sitzen wie später die Blätter gegen- oder wechselständig an den Zweigen

Unterschiedlich gefärbte Knospen und Zweige erleichtern im Winter das Bestimmen von Laubgehölzen

Junge Triebe können von einem weißlichen Flaum überzogen sein

BLÜTEN
Die Blüten produzieren Pollen und empfangen den Pollen anderer Pflanzen. Meist werden sie von Wind oder Insekten bestäubt. War die Bestäubung erfolgreich, bildet sich die Frucht mit Samen.

Winzige Blüten sitzen oft in Trauben

Prächtige Blüten locken Insekten an

Nadelbäume haben männliche und weibliche Blüten

Weibliche Blüten

Männliche Blüten

Blüten in Kätzchen

Fleischige Früchte fallen oft durch leuchtende Farben auf

Die Samen sitzen „nackt" auf den Schuppen der Zapfen

FRUCHT
Die Frucht schützt den Samen, während er reift, und trägt später zu seiner Verbreitung bei. Das Fruchtfleisch wird meist von Tieren verzehrt, die den Samen verbreiten. Trockene, geflügelte Früchte werden vom Wind fortgetragen.

Trockene, geflügelte Früchte

In manchen Früchten befindet sich nur ein Samenkorn

Eine Nuß mit harter Schale

Manchmal befinden sich die Samen im Inneren zapfenartiger Schuppen

Bauplan der Bäume

Wer sich mit den Bestandteilen des Baumes – und deren Vielfalt – näher befaßt, dem fällt es leichter, Bäume zu jeder Jahreszeit zu bestimmen. Fachbegriffe sind dabei auch für den Laien hilfreich. Hier sind typische Blätter, Blüten, Früchte und Borken abgebildet. Wenn Sie sich das Bild zum Fachbegriff einprägen, können Sie sich beim Lesen der Einträge die Bestandteile des Baumes bildlich vorstellen.

Zehn grundlegende Blattformen

Blätter weisen eine große Formenvielfalt auf. Zu jeder Blattform gibt es wiederum Varianten. Nicht jede Blattfläche (oder Spreite) mag sich genau mit den abgebildeten Grundformen decken. Es kann eine Zwischenform besitzen. Diese Formen gelten nicht nur für einfache Blätter, sondern auch für die einzelnen Blättchen zusammengesetzter Blätter. Ein einfaches Blatt ist ungeteilt, ein zusammengesetztes Blatt dagegen ist in mehrere voneinander getrennte selbständige Blättchen oder Fiedern gegliedert.

Nadelförmige Blätter haben parallele Ränder und laufen spitz zu.

Linealische Blätter haben parallele Ränder und eine stumpfe Spitze.

Rundliche Blätter haben einen mehr oder weniger kreisförmigen Umriß.

Längliche Blätter haben parallele oder fast parallele Ränder.

Elliptische Blätter sind breit und verjüngen sich an beiden Enden.

Herzförmige Blätter haben eine tief eingeschnittene Spreitenbasis.

Eiförmige Blätter sind unterhalb der Mitte am breitesten.

Verkehrteiförmige Blätter sind oberhalb der Mitte am breitesten.

Eilanzettliche Blätter sind schlank und unterhalb der Mitte am breitesten.

Verkehrteilanzettliche Blätter sind schlank und oberhalb der Mitte am breitesten.

Bauplan der Blüte

Während die Blätter sehr unterschiedlich ausgebildet sein können, gleichen sich die Blüten verwandter Arten und Gattungen zumindest in der Struktur. Die Blüten sind oft klein, manchmal unscheinbar und ohne Blütenblätter oder gänzlich unauffällig. Dennoch gibt es auch große, prächtige Blüten. Manche duften, andere verbreiten einen unangenehmen Geruch. Wie sie angeordnet sind – ob einzelnstehend oder in Blütenständen wie Trauben, Rispen oder Dolden – ist ebenfalls wichtig für die Bestimmung.

Der Staubbeutel sitzt an einem Staubfaden

Der Griffel endet in einer Narbe

Die Kelchblätter sehen aus wie die Blütenblätter

Kron- bzw. Blütenblätter sind oft farbenprächtig

Hier unterscheiden sich Blüten- und Kelchblätter nicht

Doppelte Blütenhülle ▷
Die meisten Blüten besitzen eine doppelte Blütenhülle. Sie haben Blütenblätter, die sich von den Kelchblättern unterscheiden.

Hier sehen Kelch- und Blütenblätter verschieden aus

Einfache Blütenhülle ▷
Bei diesen Blüten ist keine klare Differenzierung zwischen Kelch- und Blütenblättern erkennbar. Man bezeichnet sie als Perigon.

Die Narben sind spiralig angeordnet.

Die Staubbeutel öffnen sich, um den Pollen freizugeben.

EINFÜHRUNG • 15

FRUCHTFORMEN

Aus der Blüte entwickelt sich die Frucht. Somit trägt die Frucht – wie die Blüte – die Merkmale der Gattung oder Familie, der eine Pflanze angehört. Die meisten Früchte entstehen aus einer Blüte (Einzelfrucht). Andere, z. B. die Feige (*Ficus carica*, s. Seite 219), entstehen aus mehreren unverwachsenen Fruchtknoten (Sammelfrucht).

WALNUSS *(Juglans regia)* ▽
Die harten Schalen der Nüsse umschließen den oft eßbaren Samen

◁ **PFLAUME** *(Prunus domestica)*
Die fleischigen Steinfrüchte enthalten einen einzelnen Kern, den Samen

◁ **BIRNE** *(Pyrus communis)*
Fleischige Früchte können auch mehrere Samen enthalten.

Wenn Hülsen trocknen, öffnen sie sich, um einen oder mehrere Samen freizugeben

FEIGE ▽ *(Ficus carica)*
Der fleischige Blütenboden trägt viele winzige Samen, die sich aus den Fruchtblättern entwickelt haben

GEFLÜGELTER SAMEN DES ZAPFENS ▽
Die Samen sitzen „nackt" auf der Innenseite der Zapfenschuppen, die fest geschlossen bleiben, bis der Samen reif ist

SAMEN △ **DER HÜLSEN**

△ **GETROCKNETE HÜLSEN**

BORKENSTRUKTUREN

Bäume reagieren auf den zunehmenden Umfang ihres Stammes mit der Ausbildung einer typischen Rindenstruktur. Da die Borke, der äußere Teil der Rinde, aus abgestorbenen Zellen besteht, kann sie nicht mitwachsen und reißt oder schält sich. Daher hilft eine charakteristische Borke zu jeder Jahreszeit weiter.

• Glatte Rinde mit Lentizellen (Korkwarzen)

Eine glatte Rinde ist typisch für viele junge Bäume. Sie kann mit zunehmendem Alter reißen oder sich schälen.

• Rinde des jungen Baumes war durchgehend weiß

Bei älterer Rinde bilden sich oft große, unregelmäßig geformte Platten, Furchen und Risse.

• Jüngere Rindenteile am Grund von Rissen und Furchen

Wenn eine dicke Borke platzt, entstehen Risse und Furchen mit Erhebungen oder Vertiefungen.

• Frisch aufgeplatzte Rinde ist oft auffallend gefärbt

Senkrecht abblätternde Borke löst sich oft in langen Streifen und Bändern (Streifenborke).

Wenn man die Borke • von Hand schält, verletzt man den Baum

Waagerecht abblätternde Borke läßt sich oft in dünnen, breiten Streifen abnehmen (Ringelborke).

• Abschuppende Borke zeigt Alters- und Farbabstufungen

Unregelmäßig abschuppende Borke zeigt verschiedene Altersschichten und läßt den Stamm schorfig aussehen.

Nadelbaum oder Laubbaum?

Um wirklich alles über eine bestimmte Baumart zu erfahren, untersucht der Botaniker auch die Nebensächlichkeiten, die dem unbewaffneten Auge verborgen bleiben. Sie liefern wichtige Hinweise für die richtige Bestimmung einer Art (wenngleich sich auch Wissenschaftler irren können). Dem interessierten Laien genügt jedoch die sorgfältige, aufmerksame Betrachtung sichtbarer Merkmale. Wenn Sie die typischen Merkmale erkennen können, die Laub- und Nadelbäume unterscheiden, fällt Ihnen die Zuordnung einer Art zu den Hauptgruppen nicht schwer. Hier sind die wichtigsten Merkmale beschrieben und abgebildet.

Nadelbäume und deren Verwandte

Blätter
Die meisten Nadelbäume sind immergrün: sie behalten ihr Laub im Winter. Einige aber werfen ihre Blätter ab: sie erneuern ihr Laub jährlich. Gewöhnlich sind die Blätter nadelförmig und spitz oder klein und schuppenförmig. Oft duftet das Laub aromatisch und würzig.

Sommergrüne Blätter verfärben sich im Herbst

Steife, linealische Blätter

Nadelförmige Blätter

Schuppenförmige, dicht am Zweig anliegende Blätter

Blüten
Nadelbäume haben eingeschlechtige Blüten auf einer oder verschiedenen Pflanzen (einhäusig oder zweihäusig). Sie haben keine Blütenblätter, können jedoch dekorativ sein. Weibliche Blüten sind oft farbig; männliche Blüten geben Pollenstaub frei.

Männliche Blüten geben gelblichen Blütenstaub frei

Weibliche Blütenzapfen

Weibliche Blüten

Männliche Blüten

Eingeschlechtige männliche und weibliche Blüten

Früchte
Die Früchte der meisten Nadelbäume sind als Zapfen ausgebildet, oft mit verholzten, zur Reife braunen Schuppen. Die Schuppen der Wacholderarten sind fleischig, so daß ihre Früchte an Beeren erinnern. Verwandte der Nadelbäume, z. B. Eiben, sind keine echten Koniferen. Bei ihnen sind die Samen von einem fleischigen Mantel umgeben.

Junger Zapfen mit sich dicht überlappenden Schuppen

Zapfen mit holzigen Schuppen

Manche Früchte besitzen eine fleischige Umhüllung

Manchmal haben Schuppen eine hakenförmige Spitze

EINFÜHRUNG • 17

Der botanische Unterschied

NADELBÄUME
Nadelbäume gehören zu den Nacktsamern (Gymnospermen): Die Samenanlagen sind nicht in einem Fruchtknoten eingeschlossen; Übergangsstufe von den Farnpflanzen zu den Bedecktsamern.

Samen bei Nadelbäumen frei heranwachsend

Fruchtknoten umschließt Samenanlagen der Laubbäume

LAUBBÄUME
Laubbäume gehören zu den Bedecktsamern (Angiospermen): Die Samenanlagen liegen in einem Fruchtknoten. Nach erfolgter Befruchtung entwickeln sich Samen aus den Fruchtknoten.

LAUBBÄUME

BLÄTTER
Laubbäume sind sommergrün (d. h. im Winter kahl) oder immergrün. Die Blätter sind einfach oder zusammengesetzt, meist abgeflacht mit einer netzartigen Äderung. Die Form der Blätter variiert stark. Das Laub kann aromatisch duften, ist jedoch nicht harzhaltig wie das der Nadelbäume.

Sommergrüne Blätter verfärben sich

Zusammengesetztes Blatt mit Fiedern

Immergrüne Blätter bleiben grün

Gut sichtbare Blattadern

Oft ist der Blattrand eingeschnitten o. dornig

BLÜTEN
Die Blüten der Laubgehölze sind meist zwittrig: Männliche und weibliche Teile sind in einer Blüte vereint. Eingeschlechtige Blüten sind auf derselben oder auf verschiedenen Pflanzen zu finden. Beide Blütentypen haben meist Blütenblätter und duften oft.

Kleine Blüten bilden oft Trauben

Die meisten Blüten haben Blütenblätter

Blüten können eingeschlechtig sein

Zwittrige Blüten kommen häufig vor

FRÜCHTE
Die Früchte der Laubbäume sind vielgestaltiger als die der Nadelbäume. Sie können zu Beeren, Eicheln, Kapseln, Nüssen oder Hülsen ausgebildet, holzig, fleischig, trocken, dornig, ledrig, glatt, eßbar oder nicht eßbar sein. Reife Früchte haben die unterschiedlichsten Farben.

Geflügelte Früchte

Fleischige Frucht

Holzige Früchte, die an Zapfen erinnern

Beeren haben oft leuchtende Farben

Bestimmungsschlüssel für Bäume

Der Bestimmungsschlüssel auf den Seiten 18–33 geht von den Merkmalen der Blätter aus. Mit ihm können Sie unbekannte Gehölze bestimmen. **Frage 1** entscheidet, ob es sich um einen Laub- oder Nadelbaum oder um eine Palme handelt. **Frage 2** gliedert Bäume nach der Blattform. **Frage 3** teilt jede dieser Gruppen in Untergruppen mit zwei oder mehr Gattungen ein.

Frage 1: Welche Gruppe?

Bäume werden in zwei Hauptgruppen eingeteilt, die Laubbäume (einschließlich Palmen) und die Nadelbäume. Die Merkmale der Nadelbäume werden auf Seite 16 vorgestellt, die der Laubbäume auf Seite 17. Die Palmen sind auf Seite 19 beschrieben.

NADELBAUM LAUBBAUM PALME

Frage 2: Nadelbäume – sommergrün oder immergrün?

Nur wenige der hier beschriebenen Nadelbäume sind sommergrün. Diese Arten werfen im Herbst die Blätter ab. Im Frühjahr sieht man dann die jungen Blätter. Immergrüne Arten behalten ihre Blätter im Winter und sind deshalb leicht zu erkennen. Im Frühjahr sieht man das zarte junge Grün inmitten des alten dunkelgrünen Laubes. Sind Sie auf eine sommergrüne Art gestoßen, lesen Sie auf den Seiten 20–21 nach. Handelt es sich um eine immergrüne, sollten Sie feststellen, ob die Blätter schuppenförmig sind. Dann gehen Sie zu den Seiten 20–21 oder 22–23.

BLÄTTER NICHT SCHUPPENFÖRMIG

- *Gebüschelt oder in Wirteln 20–21*
- *Einzeln, Austriebe verdeckt 20–21*
- *Einzeln, Austriebe nicht verdeckt, Jahrestriebe grün 20–21*
- *Einzeln, Austriebe nicht verdeckt, Jahrestriebe nicht grün 20–21*

SOMMERGRÜN

IMMERGRÜN

- *Ginkgo 20*
- *Larix 20*
- *Pseudolarix 20*
- *Glyptostrobus 21*
- *Metasequoia 21*
- *Taxodium 21*

NADELBÄUME

ZUMINDEST EINIGE BLÄTTER SCHUPPENFÖRMIG

- *Blätter an fächerförmig verzweigten Trieben 22–23*
- *Blätter an unregelmäßigen Wedeln 22–23*

BESTIMMUNGSSCHLÜSSEL • 19

Frage 2: Laubbäume – gegenständige oder wechselständige Blätter?

Die Blätter aller Laubbäume (auch die Fiedern) sind entweder gegenständig oder wechselständig am Zweig verteilt. Gegenständige Blätter sitzen paarig oder zu dritt am Zweig, zu beiden Seiten des Zweigs einander direkt gegenüber. Bei wechselständiger Blattstellung sitzt an jedem Knoten ein Blatt, zum vorausgegangenen um einen bestimmten Winkel verschoben. Bei gegenständigen Blättern schlagen Sie die Seiten 22 – 25 auf, bei wechselständigen die Seiten 24 – 33.

WECHSELSTÄNDIG, ZUSAMMENGESETZT
- *Einfach gefiedert, eingeschnitten 24 – 27*
- *Einfach gefiedert, ganzrandig 26 – 27*
- *Doppelt gefiedert, eingeschnitten 26*
- *Doppelt gefiedert, ganzrandig 26*
- *Dreizählig gefiedert 26*

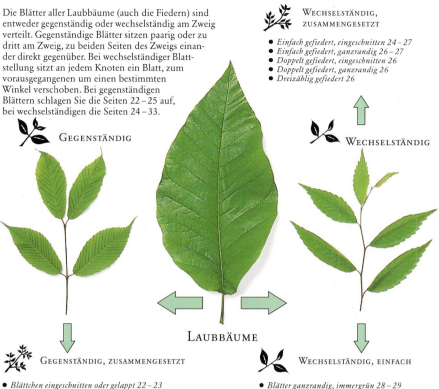

GEGENSTÄNDIG

WECHSELSTÄNDIG

LAUBBÄUME

GEGENSTÄNDIG, ZUSAMMENGESETZT

- *Blättchen eingeschnitten oder gelappt 22 – 23*
- *Blättchen ganzrandig 24*

GEGENSTÄNDIG, EINFACH

- *Blätter eingeschnitten 24 – 25*
- *Blätter ganzrandig 24 – 25*
- *Blätter gelappt 24*

WECHSELSTÄNDIG, EINFACH

- *Blätter ganzrandig, immergrün 28 – 29*
- *Blätter ganzrandig, sommergrün 28 – 29*
- *Blätter gelappt, eingeschnitten 30 – 31*
- *Blätter gelappt, ganzrandig 30 – 31*
- *Nicht gelappt, eingeschnitten, immergrün 30 – 31*
- *Nicht gelappt, eingeschnitten, sommergrün 32 – 33*

Frage 2: Palmen

Im Wuchs sind Palmen den Bäumen ähnlich, doch unterscheiden sie sich von ihnen dadurch, daß ihr Stamm mit zunehmendem Alter nicht dicker wird. Die großen Blätter sind ausgeprägt gefiedert oder gefächert. Sie sind in den Tropen und Subtropen heimisch, manche Arten gedeihen jedoch auch in wärmeren gemäßigten Breiten, z. B. im Mittelmeerraum. Die Hanfpalme *(Trachycarpus fortunei)*, die wir in diese Auswahl aufgenommen haben, ist die robusteste Vertreterin. Schlagen Sie Seite 31 auf, wenn Ihr Blatt diese Form hat.

PALMEN

Frage 3: Nadelbäume

Mit dieser letzten Frage des Bestimmungsschlüssels gelangen Sie rasch zum gewünschten Abschnitt des Buches. Wenn Sie erst hier mit der Bestimmung begonnen haben, schlagen Sie zunächst die Seiten 16–17 auf, wo die Merkmale beschrieben sind, die Nadelbäume und deren Verwandte von Laubbäumen und Palmen unterscheiden. Merken Sie sich diese Charakteristika und schlagen Sie dann die Seiten 18–19 auf, um die Fragen 1 und 2 zu klären. Nun können Sie mit Frage 3 beginnen.

Jedes Blatt dieses Bestimmungsschlüssels steht für eine ganze Gattung. Sie haben ja bereits festgestellt, um welches Nadelbaumblatt es sich bei Ihrem handelt – ob sommergrün oder immergrün, schuppenförmig oder

| Nadelbäume | Blätter sommergr. | Blätter nicht schuppenförmig |

Blätter werden jährlich erneuert

Ginkgo 51   Larix 60–61   Pseudolarix 76

| Nadelbäume | Blätter immergrün | Blätter nicht schuppenförmig |

Blätter in Büscheln oder Wirteln

Fitzroya 44   Juniperus 44–48   Cedrus 58–59

Blätter einzeln, Austriebe von Blättern oder Blattgrund verdeckt

Araucaria 34   Athrotaxis 80   Cryptomeria 80

Blätter einzeln, Austriebe nicht verdeckt, letztjährige Triebe grün

Cephalotaxus 34–35   Podocarpus 78   Saxegothaea 78

BESTIMMUNGSSCHLÜSSEL • 21

nicht schuppenförmig. Wie Sie sehen, ist jede größere Gruppe in Untergruppen aufgeteilt. Diese liefern weitere Informationen, die Aufschluß über wichtige Details geben (z. B. ob die Blätter in Büscheln oder Wirteln angeordnet sind oder einzeln stehen). Vergleichen Sie Ihr Blatt mit den Blattsymbolen oben in den Bildzeilen und ordnen Sie es seiner Gruppe zu. Dann vergleichen Sie Ihr Exemplar mit den Blättern der entsprechenden Gruppe und suchen dasjenige heraus, das Ihrem Blatt am ähnlichsten ist. Der Name der Gattung, zu der es gehört, steht unter dem Foto. Wenn Sie die dort genannte Seite aufschlagen, finden Sie einen oder mehrere Einträge zur gesuchten Art.

Glyptostrobus 81 *Metasequoia* 81 *Taxodium* 83

Pinus 66–75 *Sciadopitys* 82

Sequoia 82 *Sequoiadendron* 82 *Taiwania* 83

Taxus 79 *Torreya* 79 *Cunninghamia* 81

22 • BESTIMMUNGSSCHLÜSSEL

Blätter einzeln, Austriebe nicht verdeckt, letztjährige Triebe nicht grün

Abies 52–57 Picea 62–65 Pinus monophylla 70

| NADELBÄUME | BLÄTTER IMMERGRÜN | Einige Blätter schuppenförmig |

Blattwerk fächerförmig

Austrocedrus 35 Calocedrus 36 Chamaecyparis 37–39

Blattwerk in unregelmäßigen Wedeln

Cupressus 41–43 Juniperus 44–48

FRAGE 3: LAUBBÄUME

Mit diesem letzten Abschnitt des Bestimmungsschlüssels finden Sie rasch zum gewünschten Eintrag. Wenn Sie hier erst mit der Bestimmung begonnen haben, schlagen Sie zunächst die Seiten 16–17 auf, wo die Merkmale beschrieben sind, die Nadelbäume und deren Verwandte von Laubbäumen und Palmen unterscheiden. Merken Sie sich diese Charakteristika und schlagen Sie dann die Seiten 18–19 auf, um die Fragen 1 und 2 zu klären. Nun können Sie mit Frage 3 beginnen.

Jedes Blatt dieses Bestimmungsschlüssels steht für eine ganze Gattung. Sie haben ja bereits festgestellt, um welches Laubbaumblatt es sich handelt – ob gegen- oder wechselständig, einfach oder zusammengesetzt. Wie

| LAUBBÄUME | BL. GEGENSTÄNDIG | Blätter zusammengesetzt |

Blätter eingeschnitten oder gelappt

Acer 84–104 Eucryphia 146–148 Aesculus 178–181

BESTIMMUNGSSCHLÜSSEL • 23

Pseudotsuga 76   *Tsuga* 77

x *Cupressocyparis* 40   *Cupressus cashmeriana* 41   *Thuja* 49–50   *Thujopsis* 51

Sie sehen, es ist jede größere Gruppe in Untergruppen aufgeteilt. Diese Untergruppen liefern weitere Informationen, die Aufschluß über wichtige Details geben (z. B. ob die Blätter immergrün oder sommergrün, eingeschnitten, ganzrandig oder gelappt sind). Vergleichen Sie Ihr zu bestimmendes Blatt mit den Blattsymbolen oben in den Bildzeilen und ordnen Sie es seiner Gruppe zu. Dann vergleichen Sie Ihr Exemplar mit den Blättern der entsprechenden Gruppe und suchen dasjenige heraus, das Ihrem Blatt am ähnlichsten ist. Der Name der Gattung, zu der dieses Blatt gehört, steht unter dem Foto. Wenn Sie die dort genannte Seite aufschlagen, finden Sie den Eintrag zur gesuchten Art.

Fraxinus 228–230

Blättchen ganzrandig

Phellodendron **283**   Tetradium **284**

| LAUBBÄUME | BL. GEGENSTÄNDIG | Blätter einfach |

Blätter eingeschnitten

Acer **84–104**   Euonymus **132**   Cercidiphyllum **133**   Eucryphia **146–148**

Blätter ganzrandig

Catalpa **129–131**   Buxus **131**   Cornus **133–138**   Eucryphia **146–148**

Blätter gelappt

Acer **84–104**   Catalpa **129–131**   Paulownia **296**

| LAUBBÄUME | BL. WECHSELSTÄNDIG | Blätter zusammengesetzt |

Einfach gefiedert, eingeschnitten

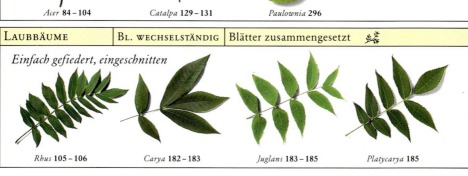

Rhus **105–106**   Carya **182–183**   Juglans **183–185**   Platycarya **185**

BESTIMMUNGSSCHLÜSSEL • 25

Chionanthus 227–228 Phillyrea 231 Rhamnus cathartica 237

Eucalyptus 222–225 Myrtus 225 Chionanthus 227–228 Ligustrum 231

Pterocarya 186–187 Gleditsia 195 Toona 217 Sorbus 274–282

Zanthoxylum **285**   *Koelreuteria* **295**   *Xanthoceras* **295**

Einfach gefiedert, ganzrandig

Rhus trichocarpa **106**   *Juglans regia* **185**   *Cladrastis* **194**

Doppelt gefiedert, eingeschnitten

Aralia **114**   *Gleditsia* **195**

Doppelt gefiedert, ganzrandig

Acacia **190–191**   *Albizia* **192**   *Gymnocladus* **195**

Blätter dreizählig, gefiedert

+ *Laburnocytisus* **196**   *Laburnum* **197–198**   *Ptelea* **28**

BESTIMMUNGSSCHLÜSSEL • 27

Ailanthus **296**

Maackia **198**   *Robinia* **199**   *Sophora* **200**

28 • BESTIMMUNGSSCHLÜSSEL

| LAUBBÄUME | BL. WECHSELSTÄNDIG | Blätter einfach |

Blätter ganzrandig, immergrün

Ilex 108–113   Arbutus 141–143   Rhododendron 144   Chrysolepis 150

Acacia 191   Magnolia 202–251   Callistemon 221   Eucalyptus 222–225

Blätter ganzrandig, sommergrün

Cotinus 105   Asimina 107   Cornus alternifolia 133   Diospyros 138–139

Sassafras 189   Cercis 192–193   Genista 194   Magnolia 202–215

Cotoneaster 240   Cydonia 244   Mespilus 255   Pyrus salicifolia 273

BESTIMMUNGSSCHLÜSSEL • 29

Lithocarpus 154   *Quercus ilex* 163   *Laurus* 188   *Umbellularia* 189

Pittosporum 233   *Embothrium* 236   *Drimys* 310

Elaeagnus 140   *Hippophae* 140   *Fagus* 151–153   *Quercus* 158–173

Maclura 220   *Nyssa* 226–227   *Embothrium* 236   *Rhamnus frangula* 237

Blätter gelappt, eingeschnitten

Kalopanax 115   Quercus 158–173   Liquidambar 175–176   Broussonetia 218

x Crataemespilus 244   Malus 245–254   Sorbus 274–282   Populus alba 286

Blätter gelappt, ganzrandig

Quercus 158–173   Sassafras 189   Liriodendron 201

Blätter nicht gelappt, eingeschnitten, immergrün

Ilex 108–113   Pseudopanax 115   Maytenus 132

Azara 174   Photinia 256–257   Prunus 265

BESTIMMUNGSSCHLÜSSEL • 31

Ficus 219   *Morus* 220   *Platanus* 234 – 235   *Crataegus* 240 – 243

Tilia mongolica 304

Trachycarpus 232

Arbutus 141 – 143   *Nothofagus* 155 – 157   *Quercus* 158 – 173

Trochodendron 306

BESTIMMUNGSSCHLÜSSEL

Blätter nicht gelappt, eingeschnitten, sommergrün

BESTIMMUNGSSCHLÜSSEL • 33

NADELBÄUME
UND DEREN VERWANDTE

ARAUCARIACEAE

ZU DIESER FAMILIE gehören zwei Gattungen mit rund 35 Arten großer, immergrüner Bäume. Sie sind auf der Südhalbkugel heimisch, haben sich aber auch bis ins Innere Südostasiens verbreitet. Viele Arten sind für die Holzwirtschaft wichtig. Die Andentanne *(Araucaria araucana)* ist die wohl bekannteste Art.

Familie	ARAUCARIACEAE	Art	*Araucaria araucana*	Autor	(Molina) K. Koch

ANDENTANNE

Blätter Breit-dreieckig, bis 5 cm lang und Basis 2 cm breit, steif und stechend, glänzend dunkelgrün, dachziegelartig, rings um Zweige angeordnet. *Borke* Grau, runzlig. *Blüten* Zweihäusig, 10 cm lang, männliche braun, in Trauben, weibliche grünbraun, einzeln, im Sommer. *Früchte* Rundlich-eiförmige, braune Zapfen, bis 15 cm lang.
• HERKUNFT Argentinien, Chile
• LEBENSRAUM Gebirge

• *Braune männl. Blütenstände, in Trauben angeordnet*
• *Derbe, stechende Blätter*
• *Lange, spitze Zapfenschuppen*

Höhe	50 m	Wuchs	Unverwechselbar	Belaubung	Immergrün	Laubform	

CEPHALOTAXACEAE

ZWAR BELEGEN FOSSILIEN, daß diese Familie einst weit verbreitet war, doch wildwachsend kommt sie heute nur noch in Ostasien vor. Die Arten der einzigen Gattung sind kleine immergrüne Bäume mit linealischen Blättern und fleischigen Samenhüllen. Die zweihäusigen Pflanzen tragen büschelartige Blütenstände.

Familie	CEPHALOTAXACEAE	Art	*Cephalotaxus fortunei*	Autor	W. J. Hooker

CHINESISCHE KOPFEIBE

Blätter Linealisch, bis 10 cm lang und 3–4 mm breit, zugespitzt, oberseits glänzend grün, unterseits mit zwei blassen Bändern, beiderseits der Zweige. *Borke* Rotbraun, löst sich schuppig ab. *Blüten* Blütenstände cremefarben, im Frühjahr. *Früchte* Oval, fleischig, grün bis braun, 2,5 cm lang.
• HERKUNFT Zentral- und O-China
• LEBENSRAUM Bergwälder

• *Männl. Blüten in Blattachseln*
• *Fleischige Frucht mit hartem Samen*
Weibl. Blüten an der Zweigspitze

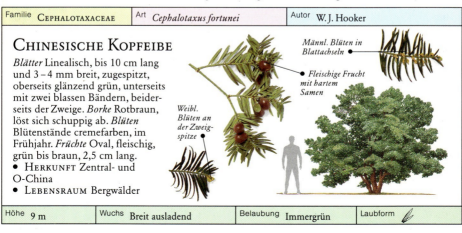

Höhe	9 m	Wuchs	Breit ausladend	Belaubung	Immergrün	Laubform	

NADELBÄUME • 35

| Familie | CEPHALOTAXACEAE | Art | *Cephalotaxus harringtonia* | Autor | (Forbes) K. Koch |

HARRINGTONS KOPFEIBE

CEPHALOTAXUS HARRINGTONIA ▽

Blätter Linealisch, bis 5 cm lang und 3 mm breit, oberseits glänzend grün, unterseits zwei blasse Bänder, beiderseits der Zweige. *Borke* Braun, löst sich schuppig ab. *Blüten* Cremefarben, männliche in den Blattachseln, weibliche endständig, im Frühjahr. *Früchte* Ovale Samen, 2,5 cm lang, blaugrün, reif rotbraun.
- HERKUNFT Nicht bekannt
- LEBENSRAUM Nur in Kultur bekannt
- ANMERKUNG Diese Art wurde ursprünglich als japanisches Gartengehölz beschrieben.

VAR. DRUPACEA ▷
Japanische Wildform mit etwas kürzeren Blättern.

Weibl. Blüten
Männl. Blüten
Zwei blasse Bänder
Unterseite der Blätter

| Höhe | 6 m | Wuchs | Breit ausladend | Belaubung | Immergrün | Laubform | |

CUPRESSACEAE

D IESE FAMILIE UMFASST 15 Gattungen mit über 100 Arten immergrüner Bäume und Sträucher, u. a. die Zypressen (*Cupressus*, s. Seiten 41–43) und Wacholder (*Juniperus*, s. Seiten 44–48), die weltweit vorkommen. Die kleinen Blätter sind bei jungen Pflanzen nadelförmig, bei älteren schuppenförmig. Manche Wacholderarten tragen beide Formen. Die Blüten sind eingeschlechtig und ein- oder zweihäusig. Die Früchte sind Zapfen, beim Wacholder beerenartige Zapfen.

| Familie | CUPRESSACEAE | Art | *Austrocedrus chilensis* | Autor | (D. Don) Florin & Boutelje |

CHILEZEDER

Blätter Schuppenförmig, bis 5 mm lang, stumpf, glänzend dunkelgrün, zuweilen oberseits mit blasser Zeichnung, unterseits mit auffallendem weißem Band, in Fächern angeordnet; kantenständige Blätter viel kleiner. *Borke* Graubraun, abblätternd. *Blüten* Sehr klein, männliche gelblich, weibliche grünlich, im Frühjahr in kleinen Büscheln an der Zweigspitze. *Früchte* Längliche Zapfen, 1 cm lang, anfangs grün, reif braun, mit vier sich überdeckenden Schuppen.
- HERKUNFT Argentinien, Chile
- LEBENSRAUM Gebirge
- ANMERKUNG Auch als *Libocedrus chilensis* bekannt. Eng verwandt mit der Rauchzypresse (*Calocedrus decurrens*, s. Seite 36).

Flache, an der Zweigspitze abstehende Blätter
Blätter unterseits mit weißen Bändern

| Höhe | 25 m | Wuchs | Schmal kegelig | Belaubung | Immergrün | Laubform | |

36 • NADELBÄUME

| Familie | CUPRESSACEAE | Art | *Calocedrus decurrens* | Autor | (Torrey) Florin |

RAUCHZYPRESSE

Blätter Schuppenförmig, bis 3 mm lang, am Zweig zu zwei Paaren sitzend, mit dreieckiger Spitze, glänzend dunkelgrün, in flachen, aromatischen Fächern angeordnet; kanten- und flächenständige Blätter gleich lang. *Borke* Rotbraun, abblätternd. *Blüten* Sehr klein, männliche gelblich, weibliche grünlich, im Winter endständig in kleinen Büscheln. *Früchte* Längliche, gelbbraune Zapfen, 2,5 cm lang, mit drei sich überlappenden Schuppenpaaren.
• HERKUNFT Westliches Nordamerika
• LEBENSRAUM Bergwälder
• ANMERKUNG Auch als *Libocedrus decurrens* bekannt. Krone der älteren wildwachsenden Pflanze lichter. Aromatisches Nutzholz.

Letztjährige Triebe sind rotbraun

Fächerförmiges Blattwerk

Dicht anliegende kleine Blätter

▽ CALOCEDRUS DECURRENS

△ CALOCEDRUS DECURRENS

Längere Blätter an der Zweigbasis

Reife Zapfenschuppen stehen ab

Die Triebe können teils grün, teils gelblich sein

'AUREOVARIEGATA' ▷
Das Blattwerk ist teilweise gelblich gefärbt. Man nennt dies Panaschierung.

Blätter unregelmäßig gelblich-cremefarben gefleckt

| Höhe | 40 m | Wuchs | Schmal säulenförmig | Belaubung | Immergrün | Laubform | |

NADELBÄUME • 37

| Familie CUPRESSACEAE | Art *Chamaecyparis lawsoniana* | Autor (Murray) Parlatore |

LAWSON-SCHEINZYPRESSE

Blätter Schuppenförmig, sehr klein, zugespitzt, Spitze oft abstehend, oberseits dunkelgrün, unterseits blasser mit weißer, x-förmiger Zeichnung; junge Triebe fächerförmig verzweigt. *Borke* Rotbraun, abblätternd. *Blüten* Männliche rot, weibliche bläulich, im Frühjahr endständig, zapfenförmig. *Früchte* Rundliche Zapfen, 8 mm dick, acht Schuppen.
• HERKUNFT NW-Kalifornien, SW-Oregon (USA)
• LEBENSRAUM Berghänge und Canyons

▽ CHAMAECYPARIS LAWSONIANA

Blaugrüne Zapfen färben sich nach einem Jahr braun

Aromatische Blätter

Blaugrünes Blattwerk

◁ 'GRAYSWOOD PILLAR'
Die aufsteigenden Äste bewirken die kompakte Säulenform dieser Sorte.

Blattfächer sind mehr oder weniger gelblich

'HILLIERI' ▷
Das goldgelbe Blattwerk dieser Sorte ist in großen Fächern angeordnet.

△ 'ALBOSPICA'
Diese langsam wachsende Auslese hat einen breiten, kegeligen Wuchs.

| Höhe 50 m | Wuchs Schmal kegelig | Belaubung Immergrün | Laubform |

| Familie CUPRESSACEAE | Art *Chamaecyparis nootkatensis* | Autor (D. Don) Spach |

NOOTKA-SCHEINZYPRESSE

Blätter Schuppenförmig, sehr klein, zugespitzt, oben abstehend, gekielt, oberseits dunkelgrün, unterseits blasser, in aromatischen Fächern. *Borke* Graubraun bis orangebraun, faserig. *Blüten* Männliche gelb, weibliche blau, Blütenstand im Frühjahr zapfenförmig an der Zweigspitze. *Früchte* Rundliche Zapfen, 1 cm dick, nach zwei Jahren reif.
• HERKUNFT NW-Nordamerika
• LEBENSRAUM Küstengebirge

Zapfen mit vier bis sechs zugespitzten Schuppen

Unterseits ohne weiße Zeichnung

'VARIEGATA' ▷
Das fächerförmige Blattwerk dieser Sorte ist unregelmäßig cremefarben gefleckt.

△ C. NOOTKATENSIS

| Höhe 40 m | Wuchs Schmal kegelig | Belaubung Immergrün | Laubform |

| Familie CUPRESSACEAE | Art *Chamaecyparis obtusa* | Autor (Siebold & Zuccarini) Endlicher |

FEUER-SCHEINZYPRESSE (HINOKI)

Blätter Schuppenförmig, sehr klein, stumpf, oberseits dunkelgrün, unterseits der aromatischen Fächer mit feinen, silberweißen Linien, die ein X oder Y bilden. *Borke* Rotbraun und weich, in dünnen Streifen abblätternd. *Blüten* Männliche rötlichgelb, weibliche hellbraun, im Frühjahr endständig, zapfenförmig. *Früchte* Rundliche Zapfen, bis 1,2 cm dick, jung grün, reif braun.
• HERKUNFT Japan
• LEBENSRAUM Vorwiegend Berghänge
• ANMERKUNG Auch zwergwüchsige Sorten sind in Kultur.

'CRIPPSII' ▷
Nur die äußeren Zweige dieser Sorte leuchten goldgelb.

• Kleine, stumpfe Blätter

Innere Blätter bleiben grün •

Zapfen mit acht bis zehn Schuppen •

△ CHAMAECYPARIS OBTUSA

| Höhe 40 m | Wuchs Schmal kegelig | Belaubung Immergrün | Laubform |

| Familie CUPRESSACEAE | Art *Chamaecyparis pisifera* | Autor (Siebold & Zuccarini) Endlicher |

SAWARA-SCHEINZYPRESSE

Blätter Schuppenförmig, sehr klein, zugespitzt, kantenständige Blätter abstehend, oberseits glänzend dunkelgrün, unterseits auffallende weiße Zeichnung, in aromatischen Fächern; kantenständig etwas größer als flächenständig. *Borke* Rotbraun, in schmalen Streifen abblätternd. *Blüten* Männliche bräunlich, weibliche blaßbraun, Blütenstand im Frühjahr endständig, zapfenförmig. *Früchte* Rundliche Zapfen, 6 mm dick, grün, reif braun.
• HERKUNFT Japan
• LEBENSRAUM Flußauen
• ANMERKUNG Das Artelement des botanischen Namens, *pisifera* (= erbsentragend), bezieht sich auf die kleinen Zapfen. Sämlinge haben schmale, bis 6 mm lange Blätter – ein Merkmal, das manchen Kulturformen erhalten blieb. Das traditionelle blauweiße „Weidenmuster" auf Keramik- und Porzellanwaren zeigt diese Art.

Leicht vom Zweig abgewinkelte Blätter •

Winzige grüne Zapfen sind ausgereift braun

| Höhe 50 m | Wuchs Breit kegelig | Belaubung Immergrün | Laubform |

NADELBÄUME • 39

| Familie CUPRESSACEAE | Art *Chamaecyparis thyoides* | Autor (L.) Britton, Sterns, Poggenberg |

WEISSZEDER

Blätter Schuppenförmig, sehr klein, zugespitzt, oberseits grün bis graugrün, unterseits oft mit heller Zeichnung, an schlanken Zweigen, in kleinen, aromatischen Fächern; kantenständig etwas größer als flächenständig. *Borke* Grau bis braun, faserig, in Streifen abblätternd. *Blüten* Männliche bräunlich, weibliche grün, Blütenstand im Frühjahr endständig, zapfenförmig. *Früchte* Rundliche Zapfen, 6 mm dick, gräulichblau, reif braun, mit sechs zugespitzten Schuppen.
- HERKUNFT O-USA
- LEBENSRAUM Meist Sümpfe, nasse Böden und feuchte Standorte
- ANMERKUNG Auch als Weiße Scheinzypresse oder Zederzypresse bekannt.

Sehr kleine, zugespitzte Blätter

Halbreifer Zapfen, bräunlich und noch bereift

Am jungen Blattwerk fällt die typische Zeichnung besonders auf

Stark bereifter junger Zapfen

△ CHAMAECYPARIS THYOIDES

▽ 'VARIEGATA'
Wie der Sortenname andeutet, ist das Blattwerk mehr oder weniger blaßgelb panaschiert.

Manche Zweige tragen gelbe Blätter

△ 'GLAUCA'
Diese Sorte zeichnet sich durch ihr auffallend bläuliches bis blaugraues Blattwerk aus. Auch sind die Zapfen stärker bereift.

Manche Fächer sind glänzend grün gefärbt

| Höhe 25 m | Wuchs Schmal säulenförmig | Belaubung Immergrün | Laubform |

| Familie CUPRESSACEAE | Art x *Cupressocyparis leylandii* | Autor (Dallimore & Jackson) Dallimore |

LEYLAND-ZYPRESSE

Blätter Schuppenförmig und sehr klein, zugespitzt, oberseits dunkelgrün, unterseits blasser, unterschiedlich weit vom Zweig abstehend, in Fächern; kanten- und flächenständige Blätter ungefähr gleich groß. *Borke* Rotbraun, mit flachen Furchen. *Blüten* Männliche gelblich, weibliche grün, Blütenstand im zeitigen Frühjahr endständig, zapfenförmig. *Früchte* Rundliche Zapfen, bis 2 cm dick, anfangs blaugrün, reif glänzend braun.

- HERKUNFT Kultursorte
- ANMERKUNG Hybride zwischen der Nootka-Scheinzypresse (*Chamaecyparis nootkatensis*, s. Seite 37) und der Monterey-Zypresse (*Cupressus macrocarpa*, s. Seite 42). 'Haggerston Grey', mit graugrünem Blattwerk, ist eine bekannte Sorte.

In unregelmäßigen Wedeln angeordnete Blätter

Innere Blätter dunkelgrün

Äußere Blätter gelbgrün

△ 'HAGGERSTON GREY'

Gelbliche männl. Blütenstände

Blaugrüne Zapfen sind ausgereift braun

△ 'CASTLEWELLAN GOLD'
Junge Exemplare dieser Form tragen leuchtend gelbes Blattwerk. Bei älteren Pflanzen wechselt die Farbe zu tiefem Goldgelb.

△ 'NAYLOR'S BLUE'
Das Blattwerk dieser Sorte ist blaugrau bis gräulich-grün. Der Wuchs ist sehr schmal säulenförmig.

Manche Zweige tragen cremefarbene Blätter

'SILVER DUST' ▷
Diese Kultursorte wurde im US-amerikanischen National Arboretum, Washington, D.C., gezüchtet.

Manche Blattfächer bleiben nahezu vollständig grün

| Höhe 30 m | Wuchs Schmal säulenförmig | Belaubung Immergrün | Laubform |

NADELBÄUME • 41

| Familie CUPRESSACEAE | Art *Cupressus cashmeriana* | Autor Royle ex Carrière |

KASCHMIR-ZYPRESSE

Blätter Schuppenförmig und sehr klein, mit abstehenden Spitzen, fühlen sich daher rauh an; in gräulichblauen, hängenden Fächern angeordnet. *Borke* Rotbraun, in senkrechten Streifen abblätternd. *Blüten* Männliche und weibliche unauffällig, einhäusig, Blütenstand zapfenförmig im frühen bis mittleren Winter. *Früchte* Rundliche Zapfen, 1,2 cm dick, anfangs blaugrün bis grüngelb, reif braun, Schuppen mit höckerförmiger Spitze.
• HERKUNFT Unbekannt, wahrscheinlich Himalaja
• LEBENSRAUM Heute nur in gärtnerischer Kultur
• ANMERKUNG Ein eleganter Baum geringer bis mittlerer Höhe, im Alter mehr ausladend. Ist selten im Handel.

Schlaffe Fächer, auffallend blaugrau

Die jungen grünlich-gelber Zapfen sind zur Reife braun

Zweige mit langen, hängenden Trieben

| Höhe 20 m | Wuchs Kegelig überhängend | Belaubung Immergrün | Laubform |

| Familie CUPRESSACEAE | Art *Cupressus glabra* | Autor Sudworth |

ARIZONA-ZYPRESSE

Blätter Schuppenförmig und sehr klein, zugespitzt, blaugrau, unterseits mit winzigem weißem Harzfleck in der Mitte, dicht am rötlichen Zweig anliegend, in unregelmäßigen Wedeln, aromatisch. *Borke* Rotbraun bis purpurn, in runden Schuppen abblätternd. *Blüten* Einhäusig, männliche gelb und auffallend, weibliche grün, endständig im mittleren bis späten Winter. *Früchte* Rundliche, graubraune Zapfen, bis 2,5 cm dick, mehrere Jahre an den Zweigen.
• HERKUNFT Arizona (USA)
• LEBENSRAUM Felsige Berghänge
• ANMERKUNG Diese Art ist vor allem in W-Europa in gärtnerischer Kultur weit verbreitet. Bekannt ist die Sorte 'Pyramidalis' mit silbrigblauem Laub und dichtem Wuchs. Man findet sie oft unter dem Namen der ähnlichen, aber viel selteneren Art *Cupressus arizonica*.

Zapfenschuppen schließen sich über den Samen

Gut sichtbare männl. Blüten

| Höhe 20 m | Wuchs Schmal kegelig | Belaubung Immergrün | Laubform |

42 • NADELBÄUME

| Familie CUPRESSACEAE | Art *Cupressus lusitanica* | Autor Miller |

BLAUGRÜNE ZYPRESSE

Blätter Schuppenförmig, sehr klein, abstehende, zugespitzte Blattenden, blaugrün, in unregelmäßigen, leicht aromatischen Wedeln.
Borke Braun, in senkrechten, faserigen Streifen abblätternd. *Blüten* Männliche gelbbraun, weibliche gräulichblau, im zeitigen Frühjahr endständig, in zapfenförmigen Blütenständen. *Früchte* Rundliche Zapfen, 1,5 cm dick, gräulichgrün bis blau, reif glänzend braun, Schuppen mit spitzem Höcker, nach zwei Jahren reif.
• HERKUNFT Mittelamerika, Mexiko
• LEBENSRAUM Gebirge
• ANMERKUNG Auch Mexikanische Zypresse. Früher hielt man Portugal für ihre Heimat.

Bereifte junge Zapfen

Braune reife Zapfen

△ C. LUSITANICA

◁ 'GLAUCA PENDULA'
Hängende Zweige mit blaugrauem Blattwerk unterscheidet diese Sorte von der Art.

Kleine männl. Blüten

| Höhe 30 m | Wuchs Schmal kegelig | Belaubung Immergrün | Laubform |

| Familie CUPRESSACEAE | Art *Cupressus macrocarpa* | Autor Hartweg ex Gordon |

MONTEREY-ZYPRESSE

Blätter Schuppenförmig, sehr klein, zugespitzt, dicht am Zweig anliegend, in unregelmäßigen, aromatischen Wedeln. *Borke* Rotbraun, mit flachen Furchen. *Blüten* Männliche gelb, weibliche grün, endständig im Frühjahr bis Frühsommer. *Früchte* Rundliche Zapfen, bis 4 cm dick, Schuppen mit niedrigen, stumpfen Höckern.
• HERKUNFT Kalifornien (USA)
• LEBENSRAUM Küsten-Nadelwald
• ANMERKUNG Seltener Baum, aus der Gegend um Monterey stammend. Im Alter ausladender Wuchs.

▽ CUPRESSUS MACROCARPA

Kleine, dicht anliegende Blätter

Zapfenschuppen mit Höcker

'GOLDCREST' ▷
Diese Sorte fällt durch ihr leuchtend goldgelbes Laub auf.

Grüne, rosettenartige junge Zapfen

Dekoratives leuchtend gelbes Laub

| Höhe 25 m | Wuchs Breit kegelig | Belaubung Immergrün | Laubform |

NADELBÄUME • 43

Familie CUPRESSACEAE	Art Cupressus sempervirens	Autor Linné

MITTELMEER-ZYPRESSE

Blätter Schuppenförmig, sehr klein, stumpf, tief dunkelgrün, unterseits ohne weiße Zeichnung, leicht oder nicht aromatisch, in unregelmäßigen Wedeln, dem Zweig dicht anliegend. *Borke* Graubraun, mit flachen, spiraligen Furchen. *Blüten* Männliche gelbbraun, weibliche grün, Blütenstand im Frühjahr endständig, zapfenförmig. *Früchte* Eiförmige bis rundliche Zapfen, bis 4 cm lang, anfangs grün, reif braun, überlappende, höckerige Schuppen.
• HERKUNFT SW-Asien, O-Mittelmeerraum
• LEBENSRAUM Felsige Gebirgsregionen
• ANMERKUNG Die schmalwüchsige Sorte 'Stricta' (Säulenzypresse) ist im Mittelmeerraum so häufig, daß sie das Landschaftsbild prägt.

Kleine, stumpfe Blätter an kurzen Zweigen

Rings um den Zweig sitzende Triebe

△ CUPRESSUS SEMPERVIRENS

Dichte, hellgrüne Belaubung, an den Spitzen gelb

Grüner, noch unreifer Zapfen mit glatten Schuppen

Zunächst glänzend grüne Zapfen sind zur Reife braun

Höcker in der Mitte der Zapfenschuppen

'SWANE'S GOLDEN' ▷
Diese Sorte, gezüchtet in Australien, wächst langsam zu einem kleinen, kompakten Baum mit sehr schmalem Wuchs heran. Die gelben Blattspitzen lassen den Baum golden erscheinen.

Höhe 50 m	Wuchs Schmal säulenförmig	Belaubung Immergrün	Laubform

| Familie | CUPRESSACEAE | Art | *Fitzroya cupressoides* | Autor | (Molina) Johnston |

PATAGONISCHE ZYPRESSE

Blätter Länglich und dick, bis 3 mm lang, mit stumpfer Spitze, zu dritt in Quirlen, dunkelgrün, beiderseits mit zwei weißen Bändern, an schmalen, hängenden Trieben. *Borke* Rotbraun, in langen, senkrechten Streifen abblätternd. *Blüten* Männliche gelb, weibliche gelbgrün, im Frühjahr zapfenförmige Blütenstände, endständig. *Früchte* Rundliche, braune Zapfen, 8 mm dick.
• HERKUNFT Argentinien, Chile
• LEBENSRAUM Gebirge
• ANMERKUNG Auch als Alerce bekannt. Benannt nach Kapitän Fitzroy, auf dessen Schiff „Beagle" Charles Darwin nach Südamerika gesegelt war.

Blätter zu dritt in Quirlen
Stumpfe Blattspitzen
Blätter bleiben mehrere Jahre an den Zweigen

| Höhe | 50 m | Wuchs | Breit säulenförmig | Belaubung | Immergrün | Laubform | |

| Familie | CUPRESSACEAE | Art | *Juniperus chinensis* | Autor | Linné |

CHINESISCHER WACHOLDER

Blätter Ältere schuppenförmig, sehr klein, stumpf, in unregelmäßigen, stumpfen Wedeln, dem Zweig dicht anliegend; jüngere nadelförmig, bis 8 mm lang, zugespitzt, gegenständig oder zu dritt wirtelig, grün, oberseits mit zwei gräulichblauen Streifen. *Borke* Rotbraun, in senkrechten Streifen abblätternd. *Blüten* Zweihäusig, männliche gelb, weibliche klein und purpurgrün, endständig im Frühjahr. *Früchte* Beerenartige, blauweiße bis braune Zapfen, mehlig bereift, bis 8 mm lang.
• HERKUNFT China, Japan
• LEBENSRAUM Bergregionen
• ANMERKUNG Obwohl jüngere und ältere Blätter meist auf derselben Pflanze vorkommen, gibt es Exemplare mit nur älteren oder nur jüngeren. Die Art kann strauchförmig wachsen. Es sind viele Sorten im Handel.

'AUREA' ▷
Diese Sorte hat hellgelbe Triebspitzen.

Spitz zulaufende junge Blätter
J. CHINENSIS
Älteres Laub mit schuppenförmigen Blättern

| Höhe | 25 m | Wuchs | Schmal kegelig | Belaubung | Immergrün | Laubform | |

NADELBÄUME • 45

| Familie | CUPRESSACEAE | Art | *Juniperus communis* | Autor | Linné |

GEMEINER WACHOLDER

Blätter Nadelförmig und schmal, bis 1,5 cm lang, zu dritt wirtelig, zugespitzt, glänzend grün, oberseits weißes, breites Band. *Borke* Rotbraun, in dünnen, senkrechten Streifen abblätternd. *Blüten* Zweihäusig, männliche gelb in Kätzchen, weibliche klein und grün, im Frühjahr in den Blattachseln. *Früchte* Beerenzapfen, ca. 6 mm lang, zunächst grün, später schwarzblau bereift.
• HERKUNFT Gemäßigte Zonen der Nordhalbkugel
• LEBENSRAUM Offenes Gelände, Küste bis Hochgebirge
• ANMERKUNG Die Art ist sehr variabel: Es gibt sie als kissenartige Zwergform, als Strauch und zuweilen als Baum. Ihre Beeren verleihen dem Gin seinen typischen Geschmack und werden als Gewürz verwendet.

Sämtliche Blätter sind nadelförmig

Junge Zapfen sind grün, reife schwarz

Blätter oberseits mit weißem Band

| Höhe | 6 m | Wuchs | Schmal kegelig | Belaubung | Immergrün | Laubform | |

| Familie | CUPRESSACEAE | Art | *Juniperus deppeana* | Autor | Steudel |

ALLIGATOR-WACHOLDER

Blätter Schuppenförmig, klein, bis 3 mm lang, hellgrün, mit auffallender weißer Harzdrüse unterseits und zwei weißen, zur Blattbasis laufenden Bändern, Blattbasis dicht anliegend, zugespitzt, Blattspitze abstehend; Zweige daher rauh, beim Zerreiben aromatisch. *Borke* Dunkelgrau, in kleinen, länglichen Platten ablösend. *Blüten* Unauffällig. *Früchte* Rundliche, rotbraune, bereifte Beerenzapfen, bis 1,5 cm dick.
• HERKUNFT Mexiko, SW-USA
• LEBENSRAUM Felsige Berghänge der Hochgebirge
• ANMERKUNG Auch als *Juniperus deppeana* var. *pachyphlaea* bekannt. Die Art ist leicht an der typischen Plattenborke zu erkennen.

Winzige Blätter mit abstehender Spitze

Das Laub wirkt bleugrau

Blätter mit weißen Harzdrüsen

| Höhe | 15 m | Wuchs | Breit kegelig | Belaubung | Immergrün | Laubform | |

| Familie | CUPRESSACEAE | Art | *Juniperus drupacea* | Autor | Labillardière |

SYRISCHER WACHOLDER

Blätter Nadelförmig, derb, schmal, bis 2,5 cm lang, zu dritt wirtelig, zugespitzt, oberseits mit grünem Mittelstreifen zwischen zwei weißen Bändern, unterseits glänzend grün und rinnig, an dreikantigen Zweigen. *Borke* Orangebraun, in dünnen, senkrechten Streifen abblätternd. *Blüten* Zweihäusig, männliche gelb, weibliche sehr klein und grün, im Frühjahr an den Spitzen der kurzen, beblätterten Zweige. *Früchte* Große, bereifte Beerenzapfen, bis 2,5 cm dick, zunächst blaugrün bis braun, reif purpurschwarz, die dreieckigen Schuppen zugespitzt.
• HERKUNFT SW-Asien, Griechenland
• LEBENSRAUM Bergwälder
• ANMERKUNG Die Art ist leicht an den breiteren Blättern zu erkennen. In gärtnerischer Kultur kommen die großen Zapfen nur selten vor.

• *Blätter oberseits mit zwei weißen Bändern*

• *Typische, ungewöhnlich große Zapfen*

| Höhe | 10 m | Wuchs | Schmal säulenförmig | Belaubung | Immergrün | Laubform | |

| Familie | CUPRESSACEAE | Art | *Juniperus occidentalis* | Autor | W. J. Hooker |

ABENDLÄNDISCHER WACHOLDER

Blätter Schuppenförmig und klein, zu dritt, leicht gezähnt, graugrün, unterseits mit kleiner Drüse, dicht anliegend, an kräftigen Trieben zugespitzt und abstehend. *Borke* Rotbraun, gefurcht, abschuppend. *Blüten* Meist zweihäusig, männliche gelb, weibliche grün, endständig im Frühjahr. *Früchte* Rundliche bis eiförmige, bereifte Beerenzapfen, blauschwarz, bis 1 cm lang, nach zwei Jahren reif.
• HERKUNFT W-USA
• LEBENSRAUM Felsige Berghänge und trockene Böden der Gebirge
• ANMERKUNG Die gezähnten Blattränder erkennt man nur unter der Lupe. In den Gebirgszügen der Sierra Nevada (Kalifornien, USA) wachsen mehr als 2000 Jahre alte Exemplare aus dem nackten Felsen.

Manchmal tragen die kräftigen Zweige Dornen •

| Höhe | 20 m | Wuchs | Breit kegelig | Belaubung | Immergrün | Laubform | |

NADELBÄUME • 47

| Familie CUPRESSACEAE | Art *Juniperus oxycedrus* | Autor Linné |

ROTER WACHOLDER

Blätter Nadelförmig und schmal, bis 2,5 cm lang, zu dritt wirtelig, zugespitzt, oberseits grün, unterseits mit zwei gräulichblauen Bändern. *Borke* Purpurbraun, in senkrechten Streifen abschuppend. *Blüten* Zweihäusig, männliche gelb, weibliche grün, im Frühjahr in den Blattachseln. *Früchte* Beerenzapfen, 1,2 cm dick, zunächst grün und bereift, später rot bis purpurn.
• HERKUNFT SW-Asien, S-Europa
• LEBENSRAUM Trockenes Hügelland, Wälder
• ANMERKUNG Auch als Baumwacholder bekannt. Ein Stoff des Holzes wird gegen Hauterkrankungen verwendet. Auf den Balearen, wo der Gemeine Wacholder (*Juniperus communis*, s. Seite 45) nicht gedeiht, wird aus den Beeren dieser Art Gin hergestellt.

Bereifter junger Zapfen

Die schmalen, zugespitzten Blätter fühlen sich stachelig an

| Höhe 10 m | Wuchs Breit kegelig | Belaubung Immergrün | Laubform |

| Familie CUPRESSACEAE | Art *Juniperus recurva* | Autor Buchanan-Hamilton ex D. Don |

COX-WACHOLDER

Blätter Nadelförmig und schmal, 6–12 mm lang, zu dritt wirtelig, zugespitzt, oberseits blaßgrün, unterseits zwei weiße Bänder, fühlen sich trocken, papierartig an; an überhängenden Zweigen nach vorn gerichtet. *Borke* Rotbraun, in senkrechten Streifen abblätternd. *Blüten* Einhäusig, männliche gelb, weibliche grün, im Frühjahr an den Zweigspitzen. *Früchte* Glänzende, blauschwarze Beerenzapfen, 8–10 mm lang.
• HERKUNFT SW-China, Himalaja
• LEBENSRAUM Hochgebirge
• ANMERKUNG Auch als Himalaja-Wacholder bekannt. *Juniperus recurva* var. *coxii*, hier abgebildet, mit stärker abstehenden Blättern an hängenden Zweigen.

Nadelförmige Blätter, nach vorn gerichtet

Beerenzapfen ähneln Brombeeren

Schlanke, hängende Zweige

JUNIPERUS RECURVA VAR. COXII

| Höhe 15 m | Wuchs Schmal kegelig | Belaubung Immergrün | Laubform |

48 • NADELBÄUME

| Familie | CUPRESSACEAE | Art | *Juniperus scopulorum* | Autor | Sargent |

WESTLICHE ROTZEDER

Blätter Schuppenförmig, sehr klein, graugrün oder gelblich-grün, dem Zweig dicht anliegend. *Borke* Rotbraun, in dünnen Streifen abblätternd. *Blüten* Meist einhäusig, männliche gelb, weibliche grün, endständig im Frühjahr. *Früchte* Blauschwarze, gräulichblau bereifte Beerenzapfen, 6 mm dick, nach zwei Jahren reif.
• HERKUNFT W-Nordamerika
• LEBENSRAUM Wälder und felsige Böden im Gebirge
• ANMERKUNG 'Skyrocket', hier abgebildet, ist die bekannteste Sorte. Die Insel Cypress Island in Washington State (USA) verdankt ihren Namen dieser Art, da sie dort häufig vorkommt.

Mit winzigen Blättern bedeckte Zweige

Bereifter junger Zapfen

JUNIPERUS SCOPULORUM 'SKYROCKET'

| Höhe | 12 m | Wuchs | Schmal kegelig | Belaubung | Immergrün | Laubform | |

| Familie | CUPRESSACEAE | Art | *Juniperus virginiana* | Autor | Linné |

VIRGINISCHE ROTZEDER

Blätter Jüngeres und älteres Laub meist an einer Pflanze vorhanden; ältere Blätter schuppenförmig, sehr klein, zugespitzt, meist grün bis blaugrün, dem Zweig dicht anliegend; jüngere Blätter nadelförmig, bis 6 mm lang, meist paarig, zugespitzt, oberseits graugrün, unterseits gräulichblau, an den Triebspitzen. *Borke* Rotbraun, in senkrechten Streifen abblätternd. *Blüten* Meist zweihäusig, männliche gelb, weibliche grün, an den Zweigspitzen. *Früchte* Gräulichblaue, bereifte Beerenzapfen, 4–6 mm dick, nach einem Jahr reif.
• HERKUNFT O-Nordamerika
• LEBENSRAUM Wälder und felsige Berghänge
• ANMERKUNG Auch als Virginischer Wacholder bekannt. Weit verbreitet. Das Holz wird zur Herstellung von Bleistiften verwendet.

Mehlig bereifter Zapfen

Älteres Laub mit winzigen Blättern

JUNIPERUS VIRGINIANA

Blaugraue Blätter

Einjährige reife Zapfen

'GLAUCA' ▷
Diese Sorte besitzt blaugrünes Laub.

| Höhe | 30 m | Wuchs | Schmal säulenförmig | Belaubung | Immergrün | Laubform | |

NADELBÄUME • 49

| Familie CUPRESSACEAE | Art *Thuja koraiensis* | Autor Nakai |

KOREA-LEBENSBAUM

Blätter Schuppenförmig und klein, oberseits glänzend grün, unterseits mit schneeigweißer Zeichnung, Zweige fächerförmig, beim Zerreiben aromatisch. *Borke* Rotbraun, dünn abschuppend. *Blüten* Einhäusig, männliche grün, mit schwarzen Spitzen, weibliche grün, Blütenstand im Frühjahr zapfenförmig an den Zweigspitzen. *Früchte* Eiförmige bis längliche, aufrechte Zapfen, 1 cm lang, gelbgrün, reif braun, mit acht Schuppen.
• HERKUNFT NO-China, Korea
• LEBENSRAUM Bergwälder
• ANMERKUNG Die Art wächst als kleiner Baum oder als dichter Strauch.

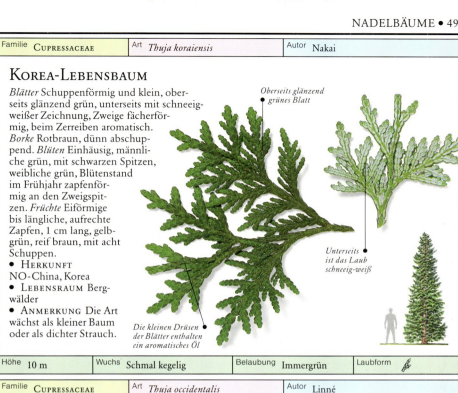

Oberseits glänzend grünes Blatt

Unterseits ist das Laub schneeig-weiß

Die kleinen Drüsen der Blätter enthalten ein aromatisches Öl

| Höhe 10 m | Wuchs Schmal kegelig | Belaubung Immergrün | Laubform |

| Familie CUPRESSACEAE | Art *Thuja occidentalis* | Autor Linné |

ABENDLÄNDISCHER LEBENSBAUM

Blätter Schuppenförmig und sehr klein, oberseits matt dunkelgrün, unterseits blasser grün und ohne weißliche Zeichnung, an abgeflachten, aromatischen Zweigen. *Borke* Orangebraun, in senkrechten Streifen abblätternd. *Blüten* Einhäusig, eingeschlechtig, männliche rot, weibliche gelbbraun, endständig im Frühjahr. *Früchte* Längliche, aufrechte Zapfen, 1 cm lang, gelbgrün, reif braun, mit acht bis zehn Schuppen.
• HERKUNFT O-Nordamerika
• LEBENSRAUM Felsige Berghänge (oft Kalkstein) und Sümpfe
• ANMERKUNG Auch als Thuje bekannt. Gelangte als eine der ersten nordamerikanischen Arten nach Europa. In Kultur gibt es zahlreiche Gartenformen, darunter Sorten mit buntem Laub und viele Zwergformen.

Unterseits mattgrünes Blatt

Aufrechte, endständige Zapfen

| Höhe 20 m | Wuchs Schmal kegelig | Belaubung Immergrün | Laubform |

| Familie | CUPRESSACEAE | Art | *Thuja plicata* | Autor | D. Don |

RIESEN-LEBENSBAUM

Blätter Schuppenförmig, sehr klein, oberseits glänzend dunkelgrün, unterseits weißliche Flecken, stark aromatisch. *Borke* Purpurbraun, senkrecht abblätternd. *Blüten* Einhäusig, eingeschlechtig, männliche rotschwarz, anfangs gelb, weibliche gelbgrün, endständig im Frühjahr. *Früchte* Längliche, aufrechte Zapfen, 1,2 cm lang, gelbgrün, reif braun.
- HERKUNFT NW-Nordamerika
- LEBENSRAUM Gebirge

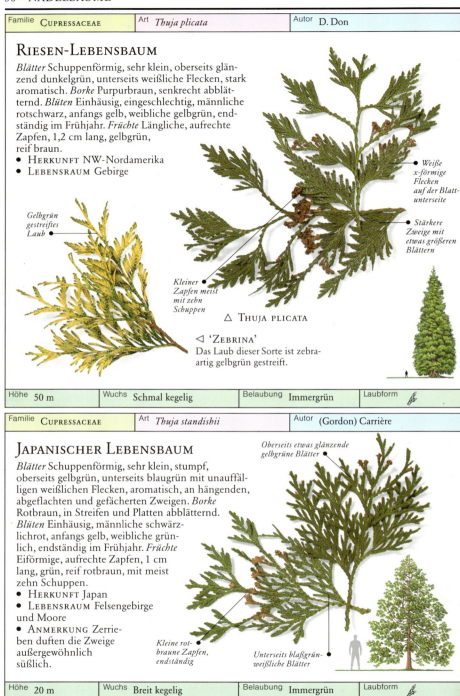

Weiße x-förmige Flecken auf der Blattunterseite

Gelbgrün gestreiftes Laub

Stärkere Zweige mit etwas größeren Blättern

Kleiner Zapfen meist mit zehn Schuppen

△ THUJA PLICATA

◁ 'ZEBRINA'
Das Laub dieser Sorte ist zebraartig gelbgrün gestreift.

| Höhe | 50 m | Wuchs | Schmal kegelig | Belaubung | Immergrün | Laubform | |

| Familie | CUPRESSACEAE | Art | *Thuja standishii* | Autor | (Gordon) Carrière |

JAPANISCHER LEBENSBAUM

Blätter Schuppenförmig, sehr klein, stumpf, oberseits gelbgrün, unterseits blaugrün mit unauffälligen weißlichen Flecken, aromatisch, an hängenden, abgeflachten und gefächerten Zweigen. *Borke* Rotbraun, in Streifen und Platten abblätternd. *Blüten* Einhäusig, männliche schwärzlichrot, anfangs gelb, weibliche grünlich, endständig im Frühjahr. *Früchte* Eiförmige, aufrechte Zapfen, 1 cm lang, grün, reif rotbraun, mit meist zehn Schuppen.
- HERKUNFT Japan
- LEBENSRAUM Felsengebirge und Moore
- ANMERKUNG Zerrieben duften die Zweige außergewöhnlich süßlich.

Oberseits etwas glänzende gelbgrüne Blätter

Kleine rotbraune Zapfen, endständig

Unterseits blaßgrünweißliche Blätter

| Höhe | 20 m | Wuchs | Breit kegelig | Belaubung | Immergrün | Laubform | |

NADELBÄUME • 51

| Familie | CUPRESSACEAE | Art | *Thujopsis dolabrata* | Autor | (Linné f.) Siebold & Zuccarini |

HIBA

Blätter Schuppenförmig, bis 7 mm lang, oberseits glänzend frischgrün bis gelbgrün, an breiten, abgeflachten, fächerförmigen Zweigen. *Borke* Violett bis braun, in dünnen, senkrechten Streifen abblätternd. *Blüten* Einhäusig, eingeschlechtig, männliche schwarzgrün, weibliche blaugrau, endständig im Frühjahr. *Früchte* Braune, bereifte Zapfen, ca. 1,5 cm dick.
* HERKUNFT Japan
* LEBENSRAUM Feuchte Bergwälder

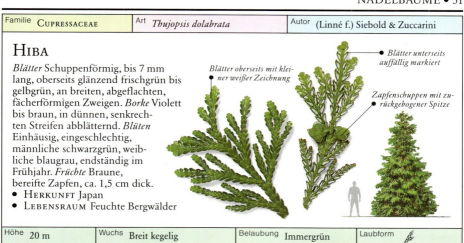

Blätter unterseits auffällig markiert

Blätter oberseits mit kleiner weißer Zeichnung

Zapfenschuppen mit zurückgebogener Spitze

| Höhe | 20 m | Wuchs | Breit kegelig | Belaubung | Immergrün | Laubform | |

GINKGOACEAE

OBWOHL NUR eine Gattung mit einer Art zu dieser Familie gehört, zeigen mehrere Fossilienfunde, daß ähnliche Arten im Jura bis zur Unterkreide (etwa vor 150–200 Millionen Jahren) über die ganze Erde verbreitet waren. Die meist den Nadelbäumen zugeordnete Art ist eigentlich das einzige überlebende Bindeglied zwischen Farnpflanzen und höheren Pflanzen.

| Familie | GINKGOACEAE | Art | *Ginkgo biloba* | Autor | Linné |

GINKGO

Blätter Fächerförmig, ca. 7,5 cm lang, vorn oft eingeschnitten oder zweilappig, parallel- bis gabelnervig, blaßgrün, im Herbst gelb, an Langtrieben einzeln stehend, an Kurztrieben in Büscheln. *Borke* Braun, grob gefurcht und rissig. *Blüten* Zweihäusig, klein und gelbgrün, männliche in Kätzchen, weibliche einzeln oder paarig und länger gestielt, im Frühjahr. *Früchte* Pflaumenähnliche Samen, fleischiger Mantel, gelbgrün, reif goldgelb, mit eßbarem Kern.
* HERKUNFT China
* LEBENSRAUM Nur in gärtnerischer Kultur
* ANMERKUNG Zerdrückte oder verrottende Früchte riechen unangenehm nach Buttersäure.

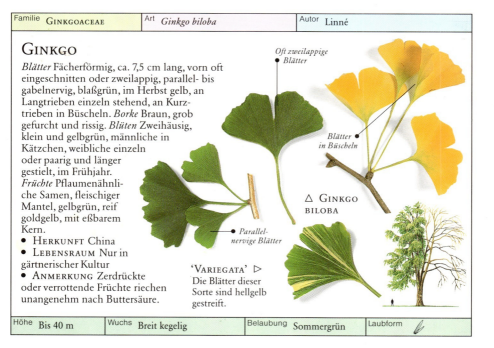

Oft zweilappige Blätter

Blätter in Büscheln

△ GINKGO BILOBA

Parallelnervige Blätter

'VARIEGATA' ▷ Die Blätter dieser Sorte sind hellgelb gestreift.

| Höhe | Bis 40 m | Wuchs | Breit kegelig | Belaubung | Sommergrün | Laubform | |

PINACEAE

TANNEN (*Abies*, s. Seiten 52–57), Lärchen (*Larix*, s. Seiten 60–61) und Kiefern (*Pinus*, s. Seiten 66–75) gehören zu dieser Familie. Die ca. 250 Arten der zehn Gattungen sind vorwiegend in den gemäßigten Zonen der Nordhalbkugel zu finden. Sommergrün sind die Lärchenarten sowie *Pseudolarix* (Seite 76). Die Pflanze ist einhäusig, die weiblichen Blütenstände reifen zu verholzenden Zapfen.

Familie PINACEAE	Art *Abies alba*	Autor Miller

WEISSTANNE

Blätter Linealisch, bis 3 cm, Spitze gekerbt, oberseits glänzend dunkelgrün, unterseits zwei helle Streifen, zweireihig gescheitelt, obere Reihe etwas kürzer und nach vorn gerichtet. *Borke* Grau und glatt, im Alter in kleinen Platten abschuppend. *Blüten* Einhäusig, eingeschlechtig, männliche gelb, an der Zweigunterseite, weibliche grün, aufrecht, im Frühjahr. *Früchte* Zylindrische, aufrechte Zapfen, bis 15 cm, erst grün, dann rotbraun, vorspringende, abwärts gebogene Deckschuppen.
- HERKUNFT Europa
- LEBENSRAUM Bergwälder
- ANMERKUNG Auch als Edeltanne bekannt. Die Art ist in weiten Teilen Mitteleuropas vom Aussterben bedroht.

Stumpf gekerbte Nadelblätter

Beim Öffnen sind die männl. Blüten gelb

Nach unten gebogene Deckschuppen

Weiße Streifen auf der Blattunterseite

Höhe 40 m	Wuchs Schmal säulenförmig	Belaubung Immergrün	Laubform

Familie PINACEAE	Art *Abies bracteata*	Autor (D. Don) Nuttall

GRANNENTANNE

Blätter Nadelförmig, sehr steif, bis 5 cm lang, scharf zugespitzt, oberseits glänzend dunkelgrün, unterseits zwei weiße Streifen, zweireihig gescheitelt. *Borke* Dunkelgrau und glatt. *Blüten* Einhäusig, eingeschlechtig, männliche gelblich, auf der Zweigunterseite, weibliche grün, aufrecht, im Frühjahr. *Früchte* Eiförmige, aufrechte Zapfen, bis 10 cm lang, grün, reif braun, mit auffällig langen, rauhen Deckschuppen.
- HERKUNFT Kalifornien (USA)
- LEBENSRAUM Immergrüne Wälder an felsigen Berghängen
- ANMERKUNG In ihrer Heimat als Santa-Lucia-Tanne bekannt. Die seltenste Tanne Nordamerikas.

Zwei weiße Bänder an den Blattunterseiten

Spitze Blattknospen

Höhe 35 m	Wuchs Schmal kegelig	Belaubung Immergrün	Laubform

NADELBÄUME • 53

| Familie PINACEAE | Art *Abies cephalonica* | Autor Loudon |

GRIECHISCHE TANNE

Blätter Linealisch, steif, bis 3 cm, scharf zugespitzt, oberseits glänzend dunkelgrün, unterseits zwei weiße Streifen, beinahe allseitig vom Zweig abstehend. *Borke* Dunkelgrau, in kleinen Quadraten abschuppend. *Blüten* Einhäusig, männliche rötlich mit gelben Pollen, an der Zweigunterseite, weibliche grün, aufrecht, im Frühjahr. *Früchte* Braune, aufrechte Zapfen, bis 15 cm, zylindrisch, an beiden Enden verjüngend, mit zurückgeschlagenen Deckschuppen.
* HERKUNFT SO-Europa
* LEBENSRAUM Gebirge

Scharf zugespitzte Nadeln

Zwei weiße Streifen auf der Blattunterseite

| Höhe 30 m | Wuchs Schmal kegelig | Belaubung Immergrün | Laubform |

| Familie PINACEAE | Art *Abies concolor* | Autor (Gordon) Lindley |

COLORADO-TANNE

Blätter Linealisch, bis 6 cm, Spitze stumpf, blaugrün bis graugrün, zweireihig abstehend, stark aufwärts gebogen. *Borke* Grau und glatt, im Alter schuppig. *Blüten* Einhäusig, eingeschlechtig, männliche gelb, an der Zweigunterseite, weibliche grüngelb, aufrecht, im Frühjahr. *Früchte* Zylindrische, aufrechte Zapfen, bis 10 cm, grün bis dunkelviolett, reif braun.
* HERKUNFT W-USA
* LEBENSRAUM Berghänge
* ANMERKUNG Auch als Amerikanische Silbertanne bekannt.

Männl. Blütentrauben an der Zweigunterseite

Nadeln oben und unten gleichfarbig

| Höhe 40 m | Wuchs Schmal kegelig | Belaubung Immergrün | Laubform |

| Familie PINACEAE | Art *Abies forrestii* | Autor Rogers |

ABIES FORRESTII

Blätter Linealisch, bis 4 cm, Spitze gekerbt, oberseits dunkelgrün, unterseits mit zwei breiten weißen Streifen, an der Zweigunterseite abstehend, oberseits sehr dicht. *Borke* Grau, glatt. *Blüten* Zweihäusig, eingeschlechtig, männliche beim Öffnen gelb, auf der Zweigunterseite, weibliche dunkelpurpurn, aufrecht, im Frühjahr. *Früchte* Aufrechte Zapfen, bis 10 cm, breit zylindrisch, Spitze flach, dunkelviolett, reif braunpurpurn, Deckschuppen klein und nach unten gebogen.
* HERKUNFT W-China, SO-Tibet
* LEBENSRAUM Hochgebirge

Violette weibl. Blütenstände

Männl. Blüten

Helle Streifen an den Blattunterseiten

| Höhe 20 m | Wuchs Schmal kegelig | Belaubung Immergrün | Laubform |

54 • NADELBÄUME

| Familie | PINACEAE | Art | *Abies grandis* | Autor | (Douglas) Lindley |

RIESENTANNE

Blätter Linealisch, dünn, bis 5 cm, Spitze gekerbt, oberseits glänzend grün, unterseits zwei weiße Streifen, deutlich gescheitelt. *Borke* Graubraun, glatt, im Alter abschuppend. *Blüten* Einhäusig, eingeschlechtig, männliche rötlich mit gelben Pollen, weibliche grün, aufrecht, im Frühjahr. *Früchte* Zylindrische, aufrechte Zapfen, bis 10 cm, grün, reif braun.
- HERKUNFT W-Nordamerika
- LEBENSRAUM Immergrüne Wälder in niedrigeren Gebirgslagen

Kleine Blattknospe an der Zweigspitze

Blätter deutlich gescheitelt

| Höhe | 50 m | Wuchs | Schmal kegelig | Belaubung | Immergrün | Laubform | |

| Familie | PINACEAE | Art | *Abies homolepis* | Autor | Siebold & Zuccarini |

NIKKOTANNE

Blätter Linealisch, bis 3 cm, Spitze gekerbt, oberseits glänzend dunkelgrün, zumindest jung bereift, unterseits zwei breite weiße Streifen, den Zweig ganz umlaufend. *Borke* Grau, mit rosa Flecken, im Alter kleine Schuppen. *Blüten* Einhäusig, eingeschlechtig, männliche rötlich, beim Öffnen gelbgrün, an der Zweigunterseite, weibliche purpurrot, aufrecht, im Frühjahr. *Früchte* Zylindrische, aufrechte Zapfen, bis 10 cm, purpurblau, reif braun.
- HERKUNFT Japan
- LEBENSRAUM Bergwälder

Gekerbte Nadelspitze

Unterseite der Nadelblätter

| Höhe | 30 m | Wuchs | Schmal kegelig | Belaubung | Immergrün | Laubform | |

| Familie | PINACEAE | Art | *Abies koreana* | Autor | Wilson |

KOREANISCHE TANNE

Blätter Linealisch, bis 2 cm, Spitze abgerundet bis gekerbt, oberseits dunkelgrün, unterseits zwei weiße Streifen bzw. weiß, an der Zweigoberseite dicht gedrängt, unterseits locker abstehend. *Borke* Dunkelgraubraun. *Blüten* Einhäusig, männliche gelb, an Zweigunterseite, weibliche purpurrot, aufrecht, im Frühjahr. *Früchte* Zylindrische, aufrechte Zapfen, bis 7,5 cm, Deckschuppen nach unten gebogen.
- HERKUNFT S-Korea
- LEBENSRAUM Gebirge

Oft völlig weiße Unterseite der Nadeln

Purpurne Zapfen an jungen Pflanzen

| Höhe | 15 m | Wuchs | Schmal kegelig | Belaubung | Immergrün | Laubform | |

NADELBÄUME • 55

| Familie | PINACEAE | Art | *Abies lasiocarpa* | Autor | (W. J. Hooker) Nuttall |

ROCKY-MOUNTAINS-TANNE

Blätter Linealisch, bis 4 cm, Spitze gekerbt, oberseits graugrün, unterseits zwei weiße Streifen, an der Zweigoberseite beinahe aufrecht, die mittlere Reihe nach vorn gerichtet, unterseits locker abstehend. *Borke* Grauweiß, glatt, mit Harzdrüsen. *Blüten* Einhäusig, eingeschlechtig, männliche rötlich, verstäubend gelb, an der Zweigunterseite, weibliche purpurn, aufrecht, im Frühjahr. *Früchte* Zylindrische, aufrechte Zapfen, bis 4 cm, dunkelpurpurn, reif braun.
- HERKUNFT W-Nordamerika
- LEBENSRAUM Küste bis Gebirge

ABIES LASIOCARPA ▷

VAR. ARIZONICA ▷
Diese Sorte, auch als Kork-Tanne bekannt, ist im Süden des Verbreitungsgebietes heimisch. Auffällig sind die weißblauen Nadeln und die korkige Borke.

Zwei schmale, weiße Streifen auf der Unterseite der Nadeln

| Höhe | 30 m | Wuchs | Schmal kegelig | Belaubung | Immergrün | Laubform | |

| Familie | PINACEAE | Art | *Abies magnifica* | Autor | Murray |

PRACHTTANNE

Blätter Linealisch, bis 4 cm lang, Spitze stumpf, graugrün, auf der Zweigoberseite hoch aufragend, unterseits abstehend bis aufwärts gebogen. *Borke* Grau, rauh, korkig; bei sehr alten Pflanzen rot. *Blüten* Einhäusig, eingeschlechtig, männliche purpurrot, an der Zweigunterseite, weibliche rot, aufrecht, in Trauben im Frühjahr. *Früchte* Breitkegelige Zapfen, aufrecht, 20 cm und länger, jung purpurn, dann gelbgrün, reif braun.
- HERKUNFT Kalifornien, S-Oregon (USA)
- LEBENSRAUM Trockene Berghänge und Höhenrücken
- ANMERKUNG Verträgt keinen Kalk

Die Nadeln sind aufwärts gebogen

| Höhe | 40 m | Wuchs | Schmal kegelig | Belaubung | Immergrün | Laubform | |

NADELBÄUME

| Familie PINACEAE | Art *Abies nordmanniana* | Autor (Steven) Spach |

NORDMANNSTANNE

Blätter Linealisch, bis 4 cm, Spitze gekerbt, oberseits glänzend grün, unterseits zwei weiße Streifen, an der Zweigoberseite dicht, unterseits locker abstehend. *Borke* Grau, glatt, im Alter in kleinen, eckigen Platten abschuppend. *Blüten* Einhäusig, eingeschlechtig, männliche rötlich, an der Zweigunterseite, weibliche grün, aufrecht, im Frühjahr. *Früchte* Breite, zylindrische Zapfen, bis 15 cm, aufrecht, grün, reif violettbraun, vorragende, umgebogene Deckschuppen.
- HERKUNFT Kaukasus, NO-Türkei
- LEBENSRAUM Bergwälder

Vor dem Verstäuben sind die männl. Blüten gelb

| Höhe 50 m | Wuchs Breit kegelig | Belaubung Immergrün | Laubform |

| Familie PINACEAE | Art *Abies numidica* | Autor Carrière |

NUMIDISCHE TANNE

Blätter Linealisch, steif, bis 2 cm, Spitze gerundet oder gekerbt, oberseits dunkelgraugrün, an der Spitze weißer Fleck, unterseits zwei weiße Streifen, den Zweig umlaufend, oberseits aufrecht, unterseits locker verteilt. *Borke* Rötlichgrau, glatt, im Alter schuppig. *Blüten* Einhäusig, eingeschlechtig, männliche rötlich mit gelben Pollen, an der Zweigunterseite, weibliche grün, aufrecht, im Frühjahr. *Früchte* Zylindrische, aufrechte Zapfen, bis 18 cm, violettgrün, reif braun, mit abgesetzter stumpfer Spitze.
- HERKUNFT Algerien
- LEBENSRAUM Küstengebirge
- ANMERKUNG Die Art kommt wildwachsend nur selten vor. Sie ist eng mit der Spanischen Tanne (*Abies pinsapo*, s. Seite 57) verwandt.

Grüne weibl. Blütenstände

Zapfen mit stumpfer Spitze

Die violettgrünen jungen Zapfen reifen braun

Kurze, gedrungene Nadeln mit stumpfer Spitze

Die Nadeln haben unterseits auffällige weiße Streifen

Oberseits ist an der Spitze ein weißer Fleck

| Höhe 25 m | Wuchs Schmal kegelig | Belaubung Immergrün | Laubform |

NADELBÄUME • 57

| Familie PINACEAE | Art *Abies pinsapo* | Autor Boissier |

SPANISCHE TANNE

Blätter Linealisch und steif, bis 2 cm, Spitze stumpf, graugrün bis graublau, allseitig rechtwinklig bürstenförmig abstehend. *Borke* Dunkelgrau, im Alter in kleinen Platten abschuppend. *Blüten* Einhäusig, eingeschlechtig, männliche rot mit gelben Pollen, an der Zweigunterseite, weibliche grün, aufrecht, im Frühjahr. *Früchte* Zylindrische, aufrechte Zapfen, bis 15 cm, grün, reif braun.
• HERKUNFT S-Spanien
• LEBENSRAUM Trockene Berghänge

Unter- und oberseits weiße Streifen

Starre Nadeln

Rötliche männl. Blütenstände mit gelben Pollen

| Höhe 25 m | Wuchs Breit kegelig | Belaubung Immergrün | Laubform |

| Familie PINACEAE | Art *Abies procera* | Autor Rehder |

EDLE TANNE

Blätter Linealisch, bis 3 cm, Spitze stumpf, oberseits gerillt, graugrün bis graublau. *Borke* Silbriggrau bis leicht violett, im Alter rissig. *Blüten* Einhäusig, eingeschlechtig, männliche rot mit gelben Pollen, an der Zweigunterseite, weibliche rötlich oder grün, aufrecht, im Frühjahr. *Früchte* Breite, zylindrische, aufrechte Zapfen, bis 25 cm, mit weit vorragenden, zurückgeschlagenen Deckschuppen.
• HERKUNFT W-USA
• LEBENSRAUM Westhänge der Gebirge

Unter- und Oberseite der Nadeln mit weißen Streifen

| Höhe 50 m | Wuchs Schmal kegelig | Belaubung Immergrün | Laubform |

| Familie PINACEAE | Art *Abies veitchii* | Autor Lindley |

VEITCHS-TANNE

Blätter Linealisch, bis 3 cm, Spitze gekerbt, oberseits glänzend dunkelgrün, unterseits zwei blauweiße Streifen, dicht nach vorn gerichtet, unterseits abstehend. *Borke* Grau, glatt, im Alter schuppig. *Blüten* Einhäusig, eingeschlechtig, männliche rötlich mit gelben Pollen, an der Zweigunterseite, weibliche purpurrot, aufrecht, im Frühjahr. *Früchte* Zylindrische, aufrechte Zapfen, bis 7,5 cm, purpurblau, reif braun.
• HERKUNFT Japan
• LEBENSRAUM Immergrüne Bergwälder

Helle Streifen auf der Unterseite

Spitzen der Deckschuppen sind hellbraun

| Höhe 25 m | Wuchs Schmal kegelig | Belaubung Immergrün | Laubform |

Familie PINACEAE	Art *Cedrus atlantica*	Autor Manetti

ATLASZEDER

Blätter Nadelförmig und schmal, bis 2 cm, am Langtrieb einzeln, am langsam wachsenden kürzeren Kurztrieb in dichten Büscheln, scharf zugespitzt, graugrün bis dunkelgrün, an behaarten Zweigen. *Borke* Bei alten Pflanzen dunkelgrau, rissig, schuppig. *Blüten* Einhäusig, eingeschlechtig, männliche gelb, weibliche grün, beide aufrecht, Blütenstand kätzchenartig, im Frühjahr. *Früchte* Tonnenförmige, aufrechte Zapfen, bis 7,5 cm, jung violettgrün, später violettbraun, reif braun, bei der Reife im 2. oder 3. Jahr am Baum zerfallend.
- HERKUNFT Algerien, Marokko
- LEBENSRAUM Wälder
- ANMERKUNG Die Art wird zuweilen als geographische Unterart der Libanonzeder (s. Seite 59) beschrieben, von der sie leicht durch ihren Wuchs zu unterscheiden ist. Wildwachsend kommt sie nur im nordafrikanischen Atlasgebirge zwischen dem Mittelmeer und der Sahara vor.

Männl. Blüten öffnen sich im Herbst

An Langtrieben stehen die Nadeln einzeln

CEDRUS ATLANTICA

Die reifen Zapfen zerfallen am Baum

An Kurztrieben sitzen die Nadeln in Büscheln

△ 'GLAUCA'
Die Blaue Atlaszeder ist die am häufigsten anzutreffende Sorte. Ihre Nadeln sind glänzend blaugrün bis silbergrau.

Höhe 40 m	Wuchs Breit kegelig	Belaubung Immergrün	Laubform

Familie PINACEAE	Art *Cedrus brevifolia*	Autor Henry

KURZNADELIGE ZEDER

Blätter Nadelförmig, bis 2 cm lang, an Langtrieben einzeln, an Kurztrieben in dichten Büscheln, dunkelgrün. *Borke* Dunkelgrau, in senkrechten Platten abschuppend. *Blüten* Einhäusig, eingeschlechtig, männliche blaugrün, weibliche grün, beide aufrecht, im Frühjahr. *Früchte* Zylindrische, aufrechte Zapfen, bis 7 cm lang, jung violettgrün, reif braun.
- HERKUNFT Zypern
- LEBENSRAUM Gebirge
- ANMERKUNG Diese Art unterscheidet sich durch ihre kurzen Nadeln von der eng verwandten Libanonzeder (*Cedrus libani*, s. Seite 59).

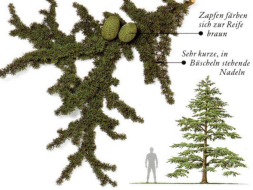

Zapfen färben sich zur Reife braun

Sehr kurze, in Büscheln stehende Nadeln

Höhe 20 m	Wuchs Breit kegelig	Belaubung Immergrün	Laubform

NADELBÄUME • 59

| Familie PINACEAE | Art *Cedrus deodara* | Autor G. Don |

HIMALAJA-ZEDER

Blätter Nadelförmig, bis 4 cm lang, an Langtrieben einzeln, an Kurztrieben in dichten Büscheln, grün bis graugrün, die Spitzen der Zweige überhängend. *Borke* Dunkelgrau, im Alter senkrecht abschuppend. *Blüten* Einhäusig, eingeschlechtig, männliche purpurn mit gelben Pollen, aufrecht, weibliche grün, aufrecht, im Herbst. *Früchte* Tonnenförmige, aufrechte Zapfen, bis 12 cm lang, jung grün, reif rostbraun.
• HERKUNFT W-Himalaja
• LEBENSRAUM Bergwälder
• ANMERKUNG Auch als Deodar-Zeder bekannt.

Lange Nadeln

Teilweise stehen die Nadeln einzeln

Junge, grüne Zapfen sind zur Reife braun

Nadeln an Kurztrieben in Büscheln

Männl. Blütenstände mit gelben Pollen

| Höhe 50 m | Wuchs Breit kegelig | Belaubung Immergrün | Laubform |

| Familie PINACEAE | Art *Cedrus libani* | Autor A. Richard |

LIBANON-ZEDER

Blätter Nadelförmig, bis 3 cm lang, an Langtrieben einzeln, an Kurztrieben in Büscheln, dunkelgrün bis graublau. *Borke* Dunkelgrau, in senkrechten Platten abschuppend. *Blüten* Einhäusig, eingeschlechtig, männliche blaugrün, Pollen gelb, aufrecht, weibliche grün, aufrecht, im Herbst. *Früchte* Tonnenförmige, aufrechte Zapfen, bis 12 cm lang, violettgrün, reif braun.
• HERKUNFT Libanon, SW-Türkei
• LEBENSRAUM Bergwälder
• ANMERKUNG Alte Pflanzen haben ein auffälliges Merkmal: An starken Ästen sitzend, bilden die fächerartigen Zweige eine etagenförmig aufgebaute Krone.

Kürzere Nadeln stehen in dichten Büscheln

Nadeln sind grün bis graublau

Die geöffneten Blütenstände mit gelben Pollen

An Langtrieben stehen einzelne Nadeln

| Höhe 40 m | Wuchs Breit säulenförmig | Belaubung Immergrün | Laubform |

60 • NADELBÄUME

| Familie PINACEAE | Art *Larix decidua* | Autor Miller |

EUROPÄISCHE LÄRCHE

Blätter Nadelförmig und weich, bis 4 cm lang, an Langtrieben einzeln, an Kurztrieben in dichten Büscheln, hellgrün, im Herbst gelb. *Borke* Jung grau, später rotbraun, rissig, schuppig. *Blüten* Einhäusig, eingeschlechtig, männliche gelb, hängend, weibliche rot, aufrecht, in Trauben, im Frühjahr. *Früchte* Eiförmige, braune Zapfen, ca. 4 cm lang.
• HERKUNFT Europa
• LEBENSRAUM Gebirge

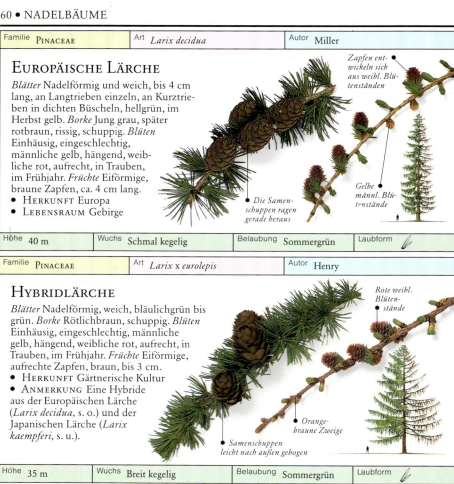

Zapfen entwickeln sich aus weibl. Blütenständen

Die Samenschuppen ragen gerade heraus

Gelbe männl. Blütenstände

| Höhe 40 m | Wuchs Schmal kegelig | Belaubung Sommergrün | Laubform |

| Familie PINACEAE | Art *Larix* x *eurolepis* | Autor Henry |

HYBRIDLÄRCHE

Blätter Nadelförmig, weich, bläulichgrün bis grün. *Borke* Rötlichbraun, schuppig. *Blüten* Einhäusig, eingeschlechtig, männliche gelb, hängend, weibliche rot, aufrecht, in Trauben, im Frühjahr. *Früchte* Eiförmige, aufrechte Zapfen, braun, bis 3 cm.
• HERKUNFT Gärtnerische Kultur
• ANMERKUNG Eine Hybride aus der Europäischen Lärche (*Larix decidua*, s. o.) und der Japanischen Lärche (*Larix kaempferi*, s. u.).

Rote weibl. Blütenstände

Orangebraune Zweige

Samenschuppen leicht nach außen gebogen

| Höhe 35 m | Wuchs Breit kegelig | Belaubung Sommergrün | Laubform |

| Familie PINACEAE | Art *Larix kaempferi* | Autor (A. B. Lambert) Carrière |

JAPANISCHE LÄRCHE

Blätter Nadelförmig, weich, bis 4 cm, an Langtrieben einzeln, an Kurztrieben in Büscheln, graugrün bis blaugrün. *Borke* Rötlichbraun, schuppig. *Blüten* Einhäusig, eingeschlechtig, männliche gelb, hängend, weibliche gelblich oder rosa, aufrecht, im Frühjahr. *Früchte* Eiförmige, aufrechte Zapfen, bis 3 cm.
• HERKUNFT Zentral-Japan
• LEBENSRAUM Gebirge

Nach außen gebogene Samenschuppen

Große, weibl. Blütenstände

Männl. Blütenstände

Nadeln können blaugrün sein

| Höhe 30 m | Wuchs Breit kegelig | Belaubung Sommergrün | Laubform |

NADELBÄUME • 61

| Familie PINACEAE | Art *Larix laricina* | Autor (Du Roi) K. Koch |

AMERIKANISCHE LÄRCHE

Blätter Nadelförmig, weich, bis 3 cm lang, an Langtrieben einzeln, an Kurztrieben in dichten Büscheln, blaugrün, im Herbst gelb. *Borke* Rötlichbraun, schuppig. *Blüten* Einhäusig, eingeschlechtig, männliche gelb, hängend, weibliche rot, aufrecht, im Frühjahr. *Früchte* Eiförmige, aufrechte Zapfen, braun, bis 2 cm lang, wenige, gerade Schuppen.
• HERKUNFT Nordamerika
• LEBENSRAUM Wälder, Sümpfe
• ANMERKUNG Auch Tamarack genannt. Das Verbreitungsgebiet umfaßt den NO der USA mit Alaska und Kanada und reicht bis zum Polarkreis.

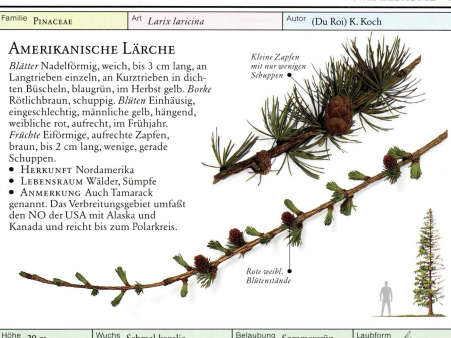

Kleine Zapfen mit nur wenigen Schuppen

Rote weibl. Blütenstände

| Höhe 20 m | Wuchs Schmal kegelig | Belaubung Sommergrün | Laubform |

| Familie PINACEAE | Art *Larix occidentalis* | Autor Nuttall |

WESTAMERIKANISCHE LÄRCHE

Blätter Nadelförmig und weich, bis 4 cm lang, an Langtrieben einzeln, an Kurztrieben in dichten Büscheln, hellgrün, im Herbst gelb. *Borke* Rötlichbraun, dick und schuppig. *Blüten* Einhäusig, eingeschlechtig, männliche gelb, an der Zweigunterseite, weibliche rot, aufrecht, im Frühjahr. *Früchte* Eiförmige, aufrechte Zapfen, braun, bis 4 cm lang, Deckschuppen zwischen Samenschuppen vorragend.
• HERKUNFT W-Nordamerika
• LEBENSRAUM Gebirge
• ANMERKUNG In ihrer Heimat erreichen die Pflanzen rasch ihre größte Höhe. Besonders nach Waldbränden, wenn Samen überreich keimen, ist die Art in Wäldern bestandsbildend.

Dünne, dreikantige Nadeln

Behaarte orangebraune Kurztriebe

| Höhe 50 m | Wuchs Schmal kegelig | Belaubung Sommergrün | Laubform |

62 • NADELBÄUME

| Familie PINACEAE | Art *Picea abies* | Autor (Linné) Karsten |

GEMEINE FICHTE

Blätter Nadelförmig, dünn und steif, bis 2 cm lang, vierkantig, zugespitzt, dunkelgrün, auf der Unterseite der meist kahlen braunen Zweige locker verteilt. *Borke* Rotbraun bis grau, in dünnen Streifen abschuppend. *Blüten* Einhäusig, eingeschlechtig, männliche rot mit gelblichen Pollen, weibliche rot, erst aufwärts gerichtet, dann hängend, im Frühjahr. *Früchte* Zylindrische, hängende Zapfen, braun, bis 15 cm lang.
- HERKUNFT Europa
- LEBENSRAUM Bergwälder, feuchte Böden
- ANMERKUNG Zu dieser bedeutenden Art gehören zahlreiche Unterarten und Sorten. Forstlich angebaut, liefert sie das wichtigste Nutzholz Europas.

Zugespitzte, vierkantige Nadeln

Samenschuppen am Rand gewellt und gezähnt

Aus weibl. Blüten entstehen Zapfen

Unterseite der Nadeln

Nach dem Verstäuben fallen die männl. Blütenstände ab

| Höhe 50 m | Wuchs Schmal kegelig | Belaubung Immergrün | Laubform |

| Familie PINACEAE | Art *Picea breweriana* | Autor Watson |

SISKIYOU-FICHTE

Blätter Nadelförmig, dünn, oft gekrümmt, bis 3 cm, flach, stumpf, dunkelgrün, unterseits zwei weiße Streifen, allseitig um den Zweig stehend. *Borke* Dunkel rötlichgrau, im Alter schuppig. *Blüten* Einhäusig, eingeschlechtig, männliche rot mit gelben Pollen, weibliche rot oder grün, im Frühjahr. *Früchte* Zylindrische, hängende Zapfen, braun, bis 12 cm.
- HERKUNFT N-Kalifornien, S-Oregon (USA)
- LEBENSRAUM Gebirge

Beinahe rechtwinklig stehende Nadeln

Zapfen mit runden, breiten Samenschuppen

| Höhe 35 m | Wuchs Schmal überhängend | Belaubung Immergrün | Laubform |

NADELBÄUME • 63

| Familie PINACEAE | Art *Picea glauca* | Autor (Moench) Voss |

SCHIMMELFICHTE

Blätter Nadelförmig, dünn und steif, bis 1,5 cm lang, vierkantig, blaugrün, mit weißen Streifen, an den fast weißen Zweigen oberseits dicht stehend. *Borke* Graubraun, schuppig. *Blüten* Einhäusig, eingeschlechtig, männliche rot mit grünen Pollen, weibliche purpurrot, im Frühjahr. *Früchte* Zylindrische, hängende Zapfen, hellbraun, bis 6 cm lang.
- HERKUNFT Kanada, NO-USA
- LEBENSRAUM Wälder

Glänzende Zapfen

Auf beiden Seiten der Nadeln weiße Streifen

| Höhe 30 m | Wuchs Schmal kegelig | Belaubung Immergrün | Laubform |

| Familie PINACEAE | Art *Picea jezoensis* | Autor (Siebold & Zuccarini) Carrière |

▽ VAR. HONDOENSIS

AJAN-FICHTE

Blätter Nadelförmig, dünn, bis 1,5 cm, flach, oberseits dunkelgrün, unterseits zwei breite weiße Streifen, an den glatten, fahlen Trieben nach vorn gerichtet, unterseits abstehend. *Borke* Graubraun, tiefe Risse, schuppig. *Blüten* Einhäusig, eingeschlechtig, männliche rötlich, weibliche purpurrot, im Frühjahr. *Früchte* Zylindrische, hängende Zapfen, rotbraun, bis 7,5 cm.
- HERKUNFT NO-Asien, Japan
- LEBENSRAUM Wälder an steilen Mittelgebirgshängen und trockene Hochebenen

Weibl. Blüten

Gezähnte Schuppen

Unreifer grüner Zapfen

| Höhe 50 m | Wuchs Schmal kegelig | Belaubung Immergrün | Laubform |

| Familie PINACEAE | Art *Picea likiangensis* | Autor (Franchet) Pritzel |

LIKIANG-FICHTE

Blätter Nadelförmig und dünn, bis 1,5 cm lang, scharf zugespitzt, oberseits blaugrün, unterseits blauweiß, oberseits zum Ende der meist behaarten, hellbraunen Triebe gerichtet, unterseits abstehend. *Borke* Blaßgrau, schuppig, im Alter rissig. *Blüten* Einhäusig, eingeschlechtig, reich vorkommend, männliche rot mit gelblichen Pollen, weibliche hellrot, im Frühjahr. *Früchte* Zylindrische, hängende Zapfen, bis 10 cm lang, violett, reif hellbraun.
- HERKUNFT W-China, Tibet
- LEBENSRAUM Bergwälder

Weibl. Blütenstände

Samenschuppen am Rande gewellt

| Höhe 30 m | Wuchs Breit kegelig | Belaubung Immergrün | Laubform |

64 • NADELBÄUME

| Familie PINACEAE | Art *Picea mariana* | Autor (Miller) B. S. P. |

SCHWARZFICHTE

Steife, vier-kantige Nadeln

Blätter Nadelförmig und dünn, bis 1,5 cm lang, vierkantig, Spitze stumpf, oberseits blaugrün, unterseits blauweiß, sehr dicht um die behaarten, rötlichbraunen Triebe stehend. *Borke* Graubraun, schuppig. *Blüten* Einhäusig, eingeschlechtig, männliche und weibliche rot, im Frühjahr. *Früchte* Eiförmige, hängende Zapfen, rotbraun, bis 4 cm lang.
• HERKUNFT Kanada, NO-USA
• LEBENSRAUM Berghänge, Sumpfgebiete

Meist kurze Zapfen

| Höhe 30 m | Wuchs Schmal kegelig | Belaubung Immergrün | Laubform |

| Familie PINACEAE | Art *Picea omorika* | Autor (Pančić) Purkyně |

SERBISCHE FICHTE

Vom Zweig abstehende Nadeln

Auf der Unterseite der Nadeln blauweiße Streifen

Blätter Nadelförmig und dünn, bis 2 cm, flach, oberseits glänzend dunkelgrün, meist an der Oberseite der behaarten, hellbraunen Triebe. *Borke* Violettbraun, in eckigen Platten abschuppend. *Blüten* Einhäusig, eingeschlechtig, männliche und weibliche rot, im Frühjahr. *Früchte* Länglich-eiförmige, hängende Zapfen, violettbraun, bis 6 cm.
• HERKUNFT Serbien, Bosnien
• LEBENSRAUM Reliktstandort an der Drina, auf Kalkböden

| Höhe 30 m | Wuchs Schmal kegelig | Belaubung Immergrün | Laubform |

| Familie PINACEAE | Art *Picea orientalis* | Autor (Linné) Link |

KAUKASUS-FICHTE

Steife, stumpfe Nadeln

Zapfen mit Harz

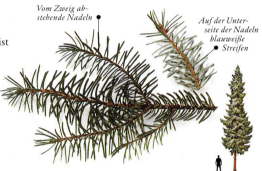

PICEA ▷
ORIENTALIS

Blätter Nadelförmig, bis 8 mm lang, vierkantig, Spitze stumpf, glänzend dunkelgrün, nach vorn gerichtet, dicht um die behaarten, hellbraunen Triebe stehend. *Borke* Rötlichbraun, in kleinen Schuppen. *Blüten* Einhäusig, eingeschlechtig, männliche rot mit gelben Pollen, weibliche rot, im Frühjahr. *Früchte* Zylindrische, hängende Zapfen, bis 10 cm lang, violett, reif braun.
• HERKUNFT Kaukasus, NO-Türkei
• LEBENSRAUM Bergwälder

◁ 'AUREA'
Bei dieser Sorte ist der Austrieb goldgelb.

| Höhe 50 m | Wuchs Schmal kegelig | Belaubung Immergrün | Laubform |

NADELBÄUME • 65

| Familie PINACEAE | Art *Picea pungens* | Autor Engelmann |

STECHFICHTE

Blätter Nadelförmig, bis 3 cm, scharf zugespitzt, stechend, graugrün bis blaugrau, allseitig um die hellbraunen Zweige. *Borke* Rötlichgraubraun, schuppig. *Blüten* Einhäusig, eingeschlechtig, männliche rötlich, weibliche grün, im späten Frühjahr. *Früchte* Hellbraune, hängende Zapfen, bis 10 cm lang.
• HERKUNFT W-USA
• LEBENSRAUM Hochgebirge, an trockenen Hängen und in Flußauen

PICEA ▷
PUNGENS

△ 'KOSTER'
Diese Zierform trägt silbrigblaue Nadeln.

Vierkantige, starre Nadeln

Am Rand gezähnte Schuppen

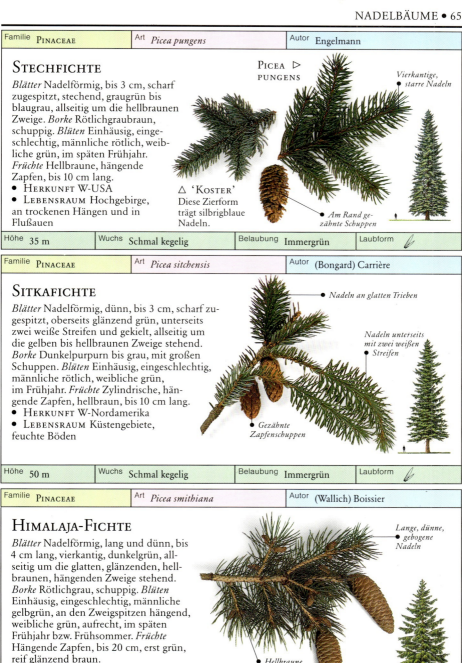

| Höhe 35 m | Wuchs Schmal kegelig | Belaubung Immergrün | Laubform |

| Familie PINACEAE | Art *Picea sitchensis* | Autor (Bongard) Carrière |

SITKAFICHTE

Blätter Nadelförmig, dünn, bis 3 cm, scharf zugespitzt, oberseits glänzend grün, unterseits zwei weiße Streifen und gekielt, allseitig um die gelben bis hellbraunen Zweige stehend. *Borke* Dunkelpurpurn bis grau, mit großen Schuppen. *Blüten* Einhäusig, eingeschlechtig, männliche rötlich, weibliche grün, im Frühjahr. *Früchte* Zylindrische, hängende Zapfen, hellbraun, bis 10 cm lang.
• HERKUNFT W-Nordamerika
• LEBENSRAUM Küstengebiete, feuchte Böden

Nadeln an glatten Trieben

Nadeln unterseits mit zwei weißen Streifen

Gezähnte Zapfenschuppen

| Höhe 50 m | Wuchs Schmal kegelig | Belaubung Immergrün | Laubform |

| Familie PINACEAE | Art *Picea smithiana* | Autor (Wallich) Boissier |

HIMALAJA-FICHTE

Blätter Nadelförmig, lang und dünn, bis 4 cm lang, vierkantig, dunkelgrün, allseitig um die glatten, glänzenden, hellbraunen, hängenden Zweige stehend. *Borke* Rötlichgrau, schuppig. *Blüten* Einhäusig, eingeschlechtig, männliche gelbgrün, an den Zweigspitzen hängend, weibliche grün, aufrecht, im späten Frühjahr bzw. Frühsommer. *Früchte* Hängende Zapfen, bis 20 cm, erst grün, reif glänzend braun.
• HERKUNFT W-Himalaja
• LEBENSRAUM Immergrüne Bergwälder

Lange, dünne, gebogene Nadeln

Hellbraune Zweige

| Höhe 40 m | Wuchs Schmal überhängend | Belaubung Immergrün | Laubform |

66 • NADELBÄUME

| Familie PINACEAE | Art *Pinus ayacahuite* | Autor Ehrenberg |

MEXIKANISCHE WEYMOUTHS-KIEFER

◁ VAR. VEITCHII

Lange, oft gebogene Nadeln, an Trieben hängend

Blätter Nadelförmig und dünn, bis 15 cm lang, in Büscheln zu fünft, blaugrün, an leicht behaarten, gelbbraunen Zweigen. *Borke* Grau, rauh und grob rissig. *Blüten* Einhäusig, eingeschlechtig, männliche gelb, weibliche rot, an Kurztrieben im Frühsommer. *Früchte* Zylindrische, harzige, hängende Zapfen, gelbbraun, bis 45 cm lang, Schuppenspitzen rötlich.
- HERKUNFT N-Guatemala, Mexiko
- LEBENSRAUM Berghänge

| Höhe 35 m | Wuchs Breit kegelig | Belaubung Immergrün | Laubform |

| Familie PINACEAE | Art *Pinus bungeana* | Autor Zuccarini |

BUNGES-KIEFER

Blätter Nadelförmig und starr, bis 7,5 cm lang, in Büscheln zu dritt, scharf zugespitzt, gelbgrün, an graugrünen Zweigen. *Borke* Graugrün und cremigweiß, in kleinen Stücken abblätternd. *Blüten* Einhäusig, eingeschlechtig, männliche gelb, weibliche grün, an Kurztrieben im Frühsommer. *Früchte* Eiförmig gedrungene, gelbbraune Zapfen, bis 7 cm lang, Schuppen mit kurzen Dornen.
- HERKUNFT N-China
- LEBENSRAUM Vorwiegend steile Berghänge, auf Schiefer

Entfernt stehende Nadelbüschel

Kleine, rundliche Zapfen

| Höhe 20 m | Wuchs Breit kegelig | Belaubung Immergrün | Laubform |

| Familie PINACEAE | Art *Pinus cembra* | Autor Linné |

ZIRBELKIEFER

Blätter Nadelförmig, bis 9 cm lang, in Büscheln zu dritt, an der Außenseite glänzend grün, auf der Innenfläche blaugrün, an behaarten, grünlichorangebraunen Zweigen. *Borke* Graubraun, schuppig. *Blüten* Einhäusig, eingeschlechtig, männliche rötlich mit gelben Pollen, weibliche rot, an Kurztrieben im späten Frühjahr. *Früchte* Eiförmige Zapfen, bis 7,5 cm lang, blaurot, reif rotbraun, nie ganz öffnend.
- HERKUNFT N-Asien, Europa
- LEBENSRAUM Gebirge
- ANMERKUNG Auch als Arve oder Zirbe bekannt.

Dicht gebündelte Nadeln

| Höhe 20 m | Wuchs Schmal säulenförmig | Belaubung Immergrün | Laubform |

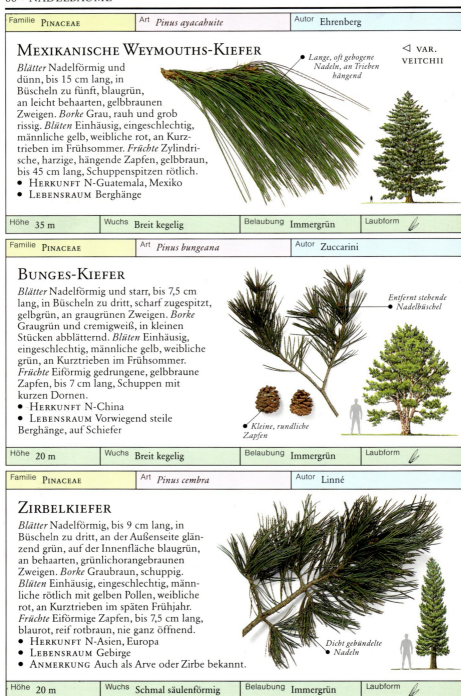

NADELBÄUME • 67

| Familie PINACEAE | Art *Pinus contorta* | Autor Loudon |

DREHKIEFER

Blätter Nadelförmig und gedreht, bis 5 cm lang, paarig, dicht stehend, dunkelgrün oder gelbgrün, an grünbraunen Zweigen. *Borke* Rotbraun, rissig, plattig. *Blüten* Einhäusig, eingeschlechtig, männliche gelb, weibliche rot, an Kurztrieben im späten Frühjahr. *Früchte* Eiförmige, am Zweig nach hinten gerichtete Zapfen, hellbraun, bis 5 cm lang, Schuppen mit schmalem Dorn.
• HERKUNFT W-Nordamerika
• LEBENSRAUM Küsten, Sümpfe
• ANMERKUNG Heimisch von Alaska bis Mexiko. Die Varietät var. *latifolia* kann in ihrer gebirgigen Heimat bis 30 m hoch werden.

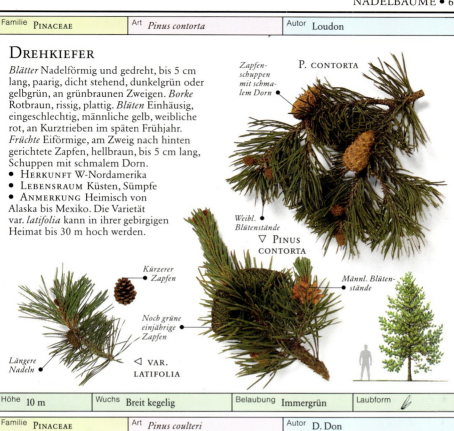

| Höhe 10 m | Wuchs Breit kegelig | Belaubung Immergrün | Laubform |

| Familie PINACEAE | Art *Pinus coulteri* | Autor D. Don |

COULTERS-KIEFER

Blätter Nadelförmig, starr, bis 30 cm, in Büscheln zu dritt, graugrün, an gedrungenen, bereiften Zweigen. *Borke* Rotbraun, schuppig, tiefrissig. *Blüten* Einhäusig, eingeschlechtig, männliche dunkelpurpurn mit gelben Pollen, weibliche rot, an Kurztrieben im späten Frühjahr bis Frühsommer. *Früchte* Eiförmige, harzige Zapfen, gelbbraun, bis 30 cm, Schuppen in gekrümmten Dornen endend, meist mehrere Jahre geschlossen.
• HERKUNFT Kalifornien (USA)
• LEBENSRAUM Trockene Felsengebirge

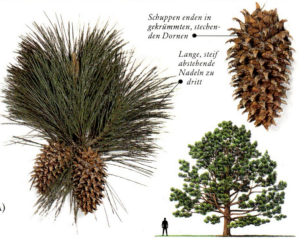

| Höhe 25 m | Wuchs Breit ausladend | Belaubung Immergrün | Laubform |

| Familie PINACEAE | Art *Pinus densiflora* | Autor Siebold & Zuccarini |

JAPANISCHE ROTKIEFER

Blätter Nadelförmig und dünn, bis 10 cm lang, paarig, hellgrün, nach vorn gerichtet, an anfangs grünen Trieben. *Borke* Rotbraun, später graurot, im Alter in unregelmäßige Platten aufplatzend. *Blüten* Einhäusig, eingeschlechtig, männliche gelbbraun, weibliche rot, an Kurztrieben im späten Frühjahr. *Früchte* Kegelige, hellbraune Zapfen, bis 5 cm lang, nach zwei Jahren reif.
- HERKUNFT NO-China, Japan, Korea
- LEBENSRAUM Küste bis Gebirge

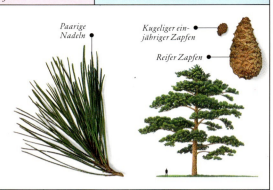

Paarige Nadeln
Kugeliger einjähriger Zapfen
Reifer Zapfen

| Höhe 35 m | Wuchs Breit ausladend | Belaubung Immergrün | Laubform |

| Familie PINACEAE | Art *Pinus x holfordiana* | Autor Jackson |

HOLFORDS-KIEFER

Blätter Nadelförmig, dünn, bis 18 cm lang, in Büscheln zu fünft, Außenfläche hellgrün, Innenfläche blaugrau, an behaarten, grünen Zweigen. *Borke* Grau und rissig. *Blüten* Einhäusig, eingeschlechtig, männliche gelb, weibliche rot, an Kurztrieben im Frühsommer. *Früchte* Harzige, hängende Zapfen, rotbraun, bis 30 cm lang.
- HERKUNFT Aus gärtnerischer Kultur
- ANMERKUNG Eine Hybride aus *Pinus ayacahuite* var. *veitchii* (s. Seite 66) und der Tränenkiefer (*Pinus wallichiana*, s. Seite 75).

Harzige Schuppen, zur Spitze hin dunkler
Nadeln in Büscheln zu fünft

| Höhe 25 m | Wuchs Breit kegelig | Belaubung Immergrün | Laubform |

| Familie PINACEAE | Art *Pinus jeffreyi* | Autor Murray |

JEFFREYS-KIEFER

Blätter Nadelförmig, steif, bis 25 cm lang, zu dritt, blaugrün, an gedrungenen, bereiften Zweigen. *Borke* Dunkelgraubraun, mit tiefen, schmalen Rissen. *Blüten* Einhäusig, eingeschlechtig, männliche rot mit gelben Pollen, weibliche dunkelpurpurn, an Kurztrieben im Frühsommer. *Früchte* Kegelige, gelbbraune Zapfen, bis 30 cm lang, Schuppen mit zurückgebogenen Dornen.
- HERKUNFT W-USA
- LEBENSRAUM Trockene Berghänge der Hochgebirge
- ANMERKUNG Eng verwandt mit der Gelbkiefer (*Pinus ponderosa*, s. Seite 73).

Scharf zugespitzte Nadeln, in Büscheln zu dritt
Bereifter junger Zweig

| Höhe 40 m | Wuchs Breit kegelig | Belaubung Immergrün | Laubform |

NADELBÄUME • 69

| Familie PINACEAE | Art *Pinus koraiensis* | Autor Siebold & Zuccarini |

KOREA-KIEFER

Blätter Nadelförmig und dünn, bis 12 cm lang, in dichten Büscheln zu fünft, Außenfläche glänzend grün, Innenfläche blauweiß. *Borke* Dunkelgrau, dickschuppig. *Blüten* Einhäusig, eingeschlechtig, männliche rot mit gelben Pollen, weibliche rot, an Kurztrieben im Frühsommer. *Früchte* Kegelige, rotbraune Zapfen, bis 12 cm lang.
- HERKUNFT NO-Asien
- LEBENSRAUM Flußtäler und Vorgebirge

| Höhe 35 m | Wuchs Breit kegelig | Belaubung Immergrün | Laubform |

| Familie PINACEAE | Art *Pinus leucodermis* | Autor Antoine |

SCHLANGENHAUTKIEFER

Blätter Nadelförmig, steif, bis 9 cm lang, paarig, scharf zugespitzt, dunkelgrün, gedrängt an den bereiften Zweigen, nach vorn gerichtet. *Borke* Grau, in kleinen, eckigen Platten abschuppend. *Blüten* Einhäusig, eingeschlechtig, männliche gelb, weibliche purpurrot, endständig an Kurztrieben im Frühjahr. *Früchte* Eiförmige Zapfen, bis 10 cm lang, dunkelblau, nach zwei Jahren gelbbraun.
- HERKUNFT Balkan
- LEBENSRAUM Gebirge, vorwiegend auf Kalkstein
- ANMERKUNG Auch als *Pinus heldreichii* var. *leucodermis* bekannt. Leicht an den blauen jungen Zapfen und der schlangenhautartigen gegliederten Oberfläche älterer Zweige zu erkennen.

| Höhe 25 m | Wuchs Schmal kegelig | Belaubung Immergrün | Laubform |

| Familie | PINACEAE | Art | *Pinus monophylla* | Autor | Torrey & Frémont |

ARIZONA-KIEFER

Blätter Nadelförmig, gebogen, steif, bis 5 cm lang, scharfspitzig, graugrün bis blaugrün, einzeln an rotbraunen, gedrungenen Zweigen stehend. **Borke** Grau, mit schmalen Rissen. **Blüten** Einhäusig, eingeschlechtig, männliche gelb, weibliche rot, an Kurztrieben im Frühsommer. **Früchte** Bis 5,5 cm lange Zapfen, erst grün, reif braungrau.
• HERKUNFT N-Mexiko, SW-USA
• LEBENSRAUM Trockene Felsengebirge
• ANMERKUNG Auch als *P. cembroides* var. *monophylla* bekannt. Leicht an den einzeln stehenden Nadeln zu erkennen; bei fast allen Kiefern stehen die Nadeln in Gruppen.

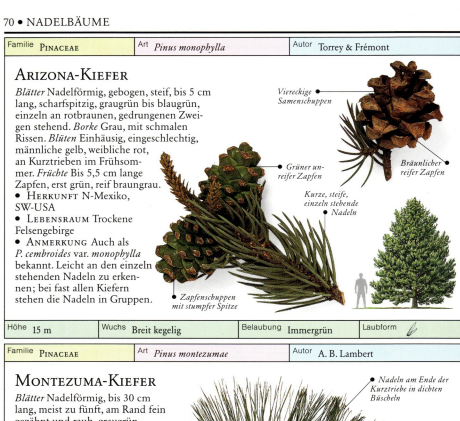

Viereckige Samenschuppen
Grüner unreifer Zapfen
Bräunlicher reifer Zapfen
Kurze, steife, einzeln stehende Nadeln
Zapfenschuppen mit stumpfer Spitze

| Höhe | 15 m | Wuchs | Breit kegelig | Belaubung | Immergrün | Laubform | |

| Familie | PINACEAE | Art | *Pinus montezumae* | Autor | A. B. Lambert |

MONTEZUMA-KIEFER

Blätter Nadelförmig, bis 30 cm lang, meist zu fünft, am Rand fein gezähnt und rauh, graugrün, nach allen Seiten abstehend, an gedrungenen, glatten, rotbraunen Trieben. **Borke** Grau, dick und gefurcht. **Blüten** Einhäusig, eingeschlechtig, männliche purpurn mit gelben Pollen, weibliche rot, an Kurztrieben im Frühsommer. **Früchte** Zylindrische bis eiförmige Zapfen, bis 15 cm lang, blauviolett, reif gelb- oder rotbraun, Schuppen mit Dorn, einzeln oder in Gruppen.
• HERKUNFT Guatemala, Mexiko
• LEBENSRAUM Gebirge
• ANMERKUNG Benannt nach Montezuma II., dem Aztekenherrscher am Anfang des 16. Jh.

Nadeln am Ende der Kurztriebe in dichten Büscheln
Bläulicher unreifer Zapfen
Nadeln meist zu fünft

| Höhe | 20 m | Wuchs | Breit ausladend | Belaubung | Immergrün | Laubform | |

NADELBÄUME • 71

| Familie | PINACEAE | Art | Pinus muricata | Autor | D. Don |

BISCHOFSKIEFER

Blätter Nadelförmig, steif, bis 15 cm lang, paarig, graugrün oder blaugrün, an rotbraunen Zweigen. *Borke* Dunkelrotbraun, dick, gefurcht und rissig. *Blüten* Einhäusig, eingeschlechtig, männliche gelb, weibliche rot, an Kurztrieben im Frühsommer. *Früchte* Schief eiförmige, rotbraune Zapfen, bis 8 cm lang, in Gruppen, bleiben viele Jahre am Baum.
- HERKUNFT Kalifornien (USA)
- LEBENSRAUM Küstengebiete

Paarige Nadeln, unregelmäßig abstehend

Zapfenschuppen mit Dornen

| Höhe | 25 m | Wuchs | Breit säulenförmig | Belaubung | Immergrün | Laubform | |

| Familie | PINACEAE | Art | Pinus nigra | Autor | Arnold |

SCHWARZKIEFER

Blätter Nadelförmig und steif, bis 15 cm lang, paarig, scharf zugespitzt, dunkelgrün, an gedrungenen, glänzend braunen Trieben. *Borke* Fast schwarz, schuppig. *Blüten* Einhäusig, eingeschlechtig, männliche gelb, weibliche rot, an Kurztrieben im späten Frühjahr bis Frühsommer. *Früchte* Eiförmige, braune Zapfen, bis 8 cm lang.
- HERKUNFT Mittel- und SO-Europa
- LEBENSRAUM Gebirge, oft auf Kalkstein

Die Zapfen stehen einzeln oder in Gruppen

△ PINUS NIGRA
◁ SSP. LARICIO
Auch als var. *calabrica* bekannt, besitzt die Korsische Kiefer graugrüne Nadeln.

| Höhe | 40 m | Wuchs | Breit säulenförmig | Belaubung | Immergrün | Laubform | |

| Familie | PINACEAE | Art | Pinus parviflora | Autor | Siebold & Zuccarini |

MÄDCHENKIEFER

Blätter Nadelförmig, leicht gedreht, bis 6 cm lang, in Büscheln zu fünft, Außenseiten grün oder blaugrün, Innenflächen blauweiß, an grünlichen Zweigen. *Borke* Grau, schuppig, tiefrissig. *Blüten* Einhäusig, eingeschlechtig, männliche purpurrot mit gelben Pollen, weibliche rot, an Kurztrieben im Frühsommer. *Früchte* Eiförmige Zapfen, bis 7 cm lang, anfangs grün, reif rotbraun, lederige Schuppen.
- HERKUNFT Japan
- LEBENSRAUM Gebirge, felsige Böden

Lederige Zapfenschuppen

Purpurrote männl. Blüten mit gelben Pollen

Nadeln zu fünft stehend

| Höhe | 25 m | Wuchs | Breit säulenförmig | Belaubung | Immergrün | Laubform | |

| Familie PINACEAE | Art *Pinus peuce* | Autor Grisebach |

MAZEDONISCHE KIEFER

Blätter Nadelförmig und steif, bis 10 cm lang, in dichten Büscheln zu fünft, blaugrün, pinselförmig nach vorn gerichtet, an bereiften, grünen Zweigen. *Borke* Dunkelrotbraun, rissig, in Platten abschuppend. *Blüten* Einhäusig, eingeschlechtig, männliche gelb, weibliche rot, an Kurztrieben im Frühsommer. *Früchte* Zylindrische bis kegelige Zapfen, harzig, hängend, bis 15 cm lang, erst grün, reif braun.
• HERKUNFT SO-Europa
• LEBENSRAUM Gebirge

Weibl. Blüten

Dünne Nadeln in Büscheln zu fünft

| Höhe 30 m | Wuchs Schmal säulenförmig | Belaubung Immergrün | Laubform |

| Familie PINACEAE | Art *Pinus pinaster* | Autor Aiton |

STRANDKIEFER

Blätter Nadelförmig und steif, bis 20 cm, paarig, scharf zugespitzt, graugrün, später dunkelgrün, an gedrungenen Zweigen. *Borke* Dunkelrotbraun, plattig gefurcht, tiefrissig. *Blüten* Einhäusig, eingeschlechtig, männliche gelb, weibliche rot, an Kurztrieben im Frühsommer. *Früchte* Kegelige, glänzend braune Zapfen, bis 20 cm lang, Schuppen mit scharfen Dornen, mehrere Jahre am Ast.
• HERKUNFT N-Afrika, SW-Europa
• LEBENSRAUM Sandige Böden

Alle Nadeln pinselartig nach vorn gerichtet

| Höhe 35 m | Wuchs Breit säulenförmig | Belaubung Immergrün | Laubform |

| Familie PINACEAE | Art *Pinus pinea* | Autor Linné |

PINIE

Blätter Nadelförmig und kräftig, bis 12 cm lang, paarig, graugrün, an rötlichbraunen Zweigen; an jungen Pflanzen einzeln, hellblaugrau. *Borke* Rötlichbraun, tiefrissig. *Blüten* Einhäusig, eingeschlechtig, männliche gelb, weibliche grün, an Kurztrieben im Frühsommer. *Früchte* Fast runde, schwere Zapfen, glänzend braun, bis 12 cm lang.
• HERKUNFT Mittelmeerraum
• LEBENSRAUM Sandige Böden in Küstennähe

Zapfen mit eßbaren Samen

Kräftige, paarige Nadeln

| Höhe 20 m | Wuchs Breit ausladend | Belaubung Immergrün | Laubform |

NADELBÄUME • 73

| Familie PINACEAE | Art *Pinus ponderosa* | Autor Lawson |

GELBKIEFER

Blätter Nadelförmig und steif, bis 25 cm lang, in Büscheln zu dritt, dunkelgraugrün, nach vorn gerichtet, an gedrungenen gelb- bis rotbraunen Zweigen. **Borke** Gelbbraun oder rötlich, dick, tiefrissig. **Blüten** Einhäusig, eingeschlechtig, männliche dunkelpurpurn, weibliche rot, an Kurztrieben im späten Frühjahr. **Früchte** Eiförmige Zapfen, 10 cm oder länger, reif purpurn bis glänzend dunkelbraun.
• HERKUNFT W-Nordamerika
• LEBENSRAUM Berghänge

| Höhe 50 m | Wuchs Breit kegelig | Belaubung Immergrün | Laubform |

| Familie PINACEAE | Art *Pinus radiata* | Autor D. Don |

MONTEREY-KIEFER

Blätter Nadelförmig, dünn, bis 15 cm lang, in Büscheln zu dritt, hellgrün, an graugrünen Zweigen. **Borke** Dunkelgrau, tiefrissig. **Blüten** Einhäusig, eingeschlechtig, männliche gelbbraun, weibliche dunkelpurpurn, an Kurztrieben im Frühsommer. **Früchte** Braune Zapfen, bis 12 cm lang, viele Jahre am Ast.
• HERKUNFT Kalifornien (USA)
• LEBENSRAUM Trockene, küstennahe Hänge

| Höhe 30 m | Wuchs Breit kegelig | Belaubung Immergrün | Laubform |

| Familie PINACEAE | Art *Pinus strobus* | Autor Linné |

WEYMOUTHS-KIEFER

Blätter Nadelförmig, dünn, bis 12 cm lang, in Büscheln zu fünft, Außenseiten graugrün, Innenflächen grauweiß, dichtstehend. **Borke** Dunkelgrau, glatt, später tiefrissig. **Blüten** Einhäusig, eingeschlechtig, männliche gelb, weibliche rosa, an Kurztrieben im Frühsommer. **Früchte** Zylindrische, gebogene Zapfen, hängend, 15 cm oder länger, jung grün, reif hellbraun.
• HERKUNFT O-Nordamerika
• LEBENSRAUM Wälder geringer Höhenlagen

| Höhe 50 m | Wuchs Schmal kegelig | Belaubung Immergrün | Laubform |

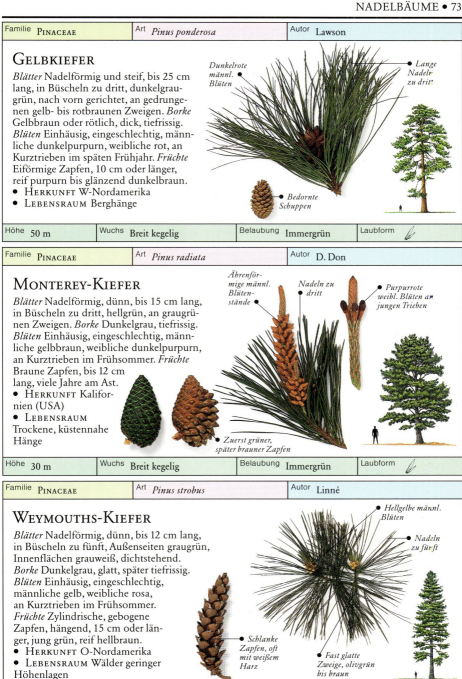

74 • NADELBÄUME

| Familie PINACEAE | Art *Pinus sylvestris* | Autor Linné |

GEMEINE KIEFER, FÖHRE

Blätter Nadelförmig, kräftig, gedreht, bis 7 cm lang, paarig, blaugrün bis blaugrau. *Borke* Graubraun, unregelmäßig abschuppend, im Kronenbereich orange und schuppig. *Blüten* Einhäusig, eingeschlechtig, männliche gelb, weibliche rot, an Kurztrieben im späten Frühjahr bis Frühsommer. *Früchte* Eiförmige Zapfen, bis 7,5 cm lang, jung grün, reif braun.
• HERKUNFT Asien, Europa
• LEBENSRAUM Gebirge, auf sandigen oder kieshaltigen Böden
• ANMERKUNG Einzeln stehend hat die Art einen breit ausladenden Wuchs, als Forstbaum wächst sie schmaler.

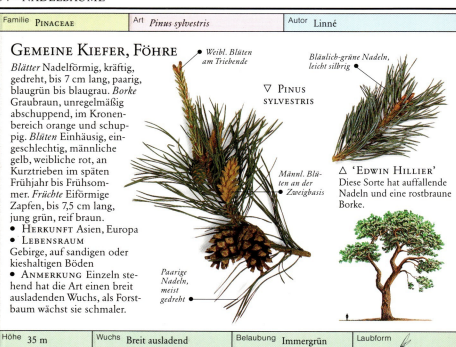

• *Weibl. Blüten am Triebende*

▽ PINUS SYLVESTRIS

Bläulich-grüne Nadeln, leicht silbrig •

Männl. Blüten an der Zweigbasis •

△ 'EDWIN HILLIER'
Diese Sorte hat auffallende Nadeln und eine rostbraune Borke.

Paarige Nadeln, meist gedreht •

| Höhe 35 m | Wuchs Breit ausladend | Belaubung Immergrün | Laubform |

| Familie PINACEAE | Art *Pinus tabuliformis* | Autor Carrière |

CHINESISCHE KIEFER

Blätter Nadelförmig, bis 15 cm lang, meist paarig, manchmal auch zu dritt, grün bis graugrün, an gelbbraunen Zweigen; junge Triebe bereift. *Borke* Grau und rissig, im Kronenbereich orange- oder hellrötlich. *Blüten* Einhäusig, eingeschlechtig, männliche gelb, weibliche dunkelpurpurn, an den Trieben im Frühsommer. *Früchte* Eiförmige, braune Zapfen, bis 6 cm lang, Schuppen mit kleinen Dornen, mehrere Jahre am Zweig.
• HERKUNFT W-, Zentral- und N-China
• LEBENSRAUM Gebirge
• ANMERKUNG Jüngere Pflanzen haben meist einen kegeligen Wuchs; die waagrechten, etagenförmig angeordneten Zweige bilden sich erst mit zunehmendem Alter.

• *Weibl. Blütenstände an der Zweigspitze, dunkelpurpurn*

Gelbe männl. Blütenstände an der Zweigbasis •

Schuppen mit kleinen Dornen •

Nadeln paarig oder zu dritt •

| Höhe 25 m | Wuchs Breit ausladend | Belaubung Immergrün | Laubform |

NADELBÄUME • 75

| Familie PINACEAE | Art *Pinus thunbergii* | Autor Parlatore |

THUNBERGS-KIEFER

Blätter Nadelförmig, steif, bis 10 cm lang, paarig, scharf zugespitzt, dicht stehend und nach vorn gerichtet an glatten, gelbbraunen Zweigen. *Borke* Grau, in unregelmäßigen Platten abschuppend. *Blüten* Einhäusig, eingeschlechtig, männliche gelblich, weibliche purpurn, an Kurztrieben im Frühsommer. *Früchte* Eiförmige Zapfen, bis 7 cm lang, anfangs violett oder grün, reif graubraun.
• HERKUNFT NO-China, Japan, Korea
• LEBENSRAUM In Küstennähe
• ANMERKUNG Die Art ist mit der Schwarzkiefer (*Pinus nigra*, s. Seite 71) verwandt. Im Winter ist sie leicht an den weißen, behaarten Blattknospen zu erkennen.

Kräftige, steife Nadeln, scharf zugespitzt

Junge Zapfen sind grün oder violett

Paarige Nadeln, nach vorn gerichtet

Schuppen ohne Dornen

| Höhe 30 m | Wuchs Breit kegelig | Belaubung Immergrün | Laubform |

| Familie PINACEAE | Art *Pinus wallichiana* | Autor Jackson |

TRÄNENKIEFER

Blätter Nadelförmig, dünn, oft im unteren Drittel geknickt, schlaff, bis 20 cm, in Büscheln zu fünf, Außenseiten grün, Innenflächen blauweiß, an grünen, bereiften Zweigen. *Borke* Grau und glatt, später dunkelgrau und rissig. *Blüten* Einhäusig, eingeschlechtig, männliche gelb, weibliche blaugrün und rosa, an Kurztrieben im Frühsommer. *Früchte* Leicht gebogene, harzige, hängende Zapfen, bis 30 cm lang, jung grün, reif hellbraun.
• HERKUNFT Himalaja
• LEBENSRAUM Bergwälder
• ANMERKUNG Auch als Himalaja- oder Bhutan-Kiefer bekannt. Der letzte Name sollte *P. bhutanica* vorbehalten bleiben, einer erst kürzlich beschriebenen Art aus Bhutan (Südasien).

Dünne Nadeln, in Büscheln zu fünft

Gelbe männl. Blütenstände

Hellbraune Zapfen (jung grün)

Bereifte junge Triebe

• *Das Laub scheint gleichmäßig blaugrau zu sein*

| Höhe 40 m | Wuchs Breit kegelig | Belaubung Immergrün | Laubform |

NADELBÄUME

| Familie PINACEAE | Art *Pseudolarix amabilis* | Autor (Nelson) Rehder |

GOLDLÄRCHE

Blätter Linealisch, dünn, bis 5 cm lang, einzeln an Langtrieben, dicht an den aufwärts weisenden Kurztrieben, im Herbst goldgelb. **Borke** Graubraun, in kleinen, eckigen Platten abschuppend. **Blüten** Einhäusig, eingeschlechtig, gelb, an den Spitzen der Kurztriebe, im späten Frühjahr oder Frühsommer. **Früchte** Eiförmige Zapfen, bis 5 cm lang, grün, reif braun, brechen vor dem Abfallen auseinander.
- HERKUNFT O-China
- LEBENSRAUM Bergwälder
- ANMERKUNG Ein naher Verwandter der Lärche (*Larix*, s. Seiten 60–61).

Nadeln an Kurztrieben in Quirlen

Kurztriebe an der Spitze verdickt

Nadeln im Herbst goldgelb leuchtend

Weiche, biegsame, hellgrüne Nadeln

| Höhe 40 m | Wuchs Breit kegelig | Belaubung Sommergrün | Laubform |

| Familie PINACEAE | Art *Pseudotsuga menziesii* | Autor (Mirbel) Franco |

DOUGLASIE

Blätter Linealisch, bis 3 cm lang, Spitze stumpf, oberseits grün, unterseits mit zwei weißen Streifen, aromatisch, zweizeilig oder allseits den Zweig umlaufend. **Borke** Dunkelrotbraun, dick, rissig. **Blüten** Einhäusig, eingeschlechtig, männliche gelb, an der Zweigunterseite, weibliche grün oder rötlichgrün, im Frühjahr. **Früchte** Rotbraune, hängende Zapfen, bis 10 cm lang, dreispitzige Deckschuppen über Samenschuppen herausragend.
- HERKUNFT W-Nordamerika
- LEBENSRAUM Nadelwälder an feuchten Berghängen
- ANMERKUNG Der Name erinnert an den schottischen Botaniker David Douglas (19. Jh.). Wichtiger Forstbaum.

Zapfen entwickeln sich aus weibl. Blütenständen

Zwei weiße Streifen auf Nadelunterseite

Männl. Blütenstände an der Zweigunterseite

Zapfen mit dreispitzigen Deckschuppen

| Höhe 60 m | Wuchs Schmal kegelig | Belaubung Immergrün | Laubform |

NADELBÄUME • 77

| Familie | PINACEAE | Art | *Tsuga canadensis* | Autor | (Linné) Carrière |

KANADISCHE HEMLOCKSTANNE

Blätter Linealisch, bis 1,2 cm, oberseits dunkelgrün, unterseits blauweißer Mittelstreifen. **Borke** Rötlichbraun, schuppig, rissig. **Blüten** Einhäusig, eingeschlechtig, männliche gelb, an Zweigunterseite, weibliche kleinen grünen Zapfen ähnelnd, an der Zweigspitze, im späten Frühjahr. **Früchte** Eiförmige, hellbraune, hängende Zapfen, bis 2 cm.
• HERKUNFT O-Nordamerika
• LEBENSRAUM Hügelige oder felsige Wälder

Nadeln mit abgerundeter Spitze
Nach dem Aussamen im Herbst bleiben die Zapfen am Zweig
Nadeln flach ausgebreitet am Zweig

| Höhe 30 m | Wuchs Breit kegelig | Belaubung Immergrün | Laubform |

| Familie | PINACEAE | Art | *Tsuga caroliniana* | Autor | Engelmann |

CAROLINA-HEMLOCKSTANNE

Blätter Linealisch, bis 2 cm lang, oberseits dunkelgrün, unterseits zwei weiße Streifen. **Borke** Rotbraun, später gefurcht und gratig. **Blüten** Einhäusig, eingeschlechtig, rötlich, männliche an der Zweigunterseite, weibliche an der Zweigspitze, im späten Frühjahr. **Früchte** Eiförmige, hellbraune, hängende Zapfen, 2,5 cm lang.
• HERKUNFT SO-USA
• LEBENSRAUM Berghänge

Zapfen fallen nach dem Aussamen ab
Nadeln stehen unregelmäßig vom Zweig ab
Gedrungene Nadeln mit parallelen Rändern

| Höhe 20 m | Wuchs Breit kegelig | Belaubung Immergrün | Laubform |

| Familie | PINACEAE | Art | *Tsuga heterophylla* | Autor | (Rafinesque) Sargent |

WESTLICHE HEMLOCKSTANNE

Blätter Linealisch, bis 2 cm lang, Ränder parallel, oberseits dunkelgrün, unterseits zwei weiße Streifen. **Borke** Rötlichbraun, rissig, schuppig. **Blüten** Einhäusig, eingeschlechtig, rötlich, männliche an der Zweigunterseite, weibliche an der Zweigspitze, im Frühjahr. **Früchte** Eiförmige, braune, hängende Zapfen, 2 cm lang.
• HERKUNFT W-Nordamerika
• LEBENSRAUM Wälder

Purpurroter junger Zapfen
Nadeln flach ausgebreitet am Zweig
Reifer Zapfen mit leicht geöffneten Schuppen

| Höhe 60 m | Wuchs Schmal kegelig | Belaubung Immergrün | Laubform |

PODOCARPACEAE

MEHR ALS 100 ARTEN – hauptsächlich der Gattung Podocarpus – gehören zu diesen Gehölzen. Sie sind in den warmen Regionen der Südhemisphäre heimisch. Die meisten Arten sind zweihäusig, männliche Blüten bilden kätzchenartige Blütenstände. Aus weiblichen entstehen fleischige Zapfen oder Samenhüllen.

Familie PODOCARPACEAE	Art *Podocarpus andinus*	Autor Endlicher

PFLAUMEN-STEINEIBE

Blätter Linealisch, bis 2,5 cm lang, mit scharf abgesetzter Spitze, oberseits dunkelblaugrün, unterseits zwei weiße Streifen, allseitig um Zweig angeordnet. *Borke* Dunkelgrau, glatt. *Blüten* Zweihäusig, männliche gelb, 2,5 cm lang, weibliche klein, grün, im Frühsommer. *Früchte* Fleischige, pflaumenähnliche, eßbare Samenhüllen mit einem Samen, grün, reif gelb.
- HERKUNFT Argentinien, S-Chile
- LEBENSRAUM Gebirge

Flache Nadeln

Nadelunterseite mit zwei blassen Streifen

Früchte sind reif blaßgelb

Höhe 15 m	Wuchs Breit kegelig	Belaubung Immergrün	Laubform

Familie PODOCARPACEAE	Art *Saxegothaea conspicua*	Autor Lindley

PATAGONISCHE EIBE

Blätter Linealisch, oft gebogen, bis 3 cm, mit kurz abgesetzter Spitze, oberseits dunkelgrün, unterseits zwei weißliche Streifen, locker zweizeilig oder allseitig umlaufend. *Borke* Violettbraun, glatt, in Streifen ablösend. *Blüten* Einhäusig, eingeschlechtig, männliche rötlichpurpurn, in Blattachseln an Zweigunterseite, weibliche blaugrün, an Zweigspitze, im späten Frühjahr bis Frühsommer. *Früchte* Kugelige, fleischige Zapfen, bis 2 cm dick, mit blaugrünen, nabeldornigen Schuppen.
- HERKUNFT Chile
- LEBENSRAUM Wälder

Kleine männl. Blütenstände, rötlich-purpurn

Nadeln mit kleiner, scharfer Spitze

Schuppen mit Nabeldornen

Höhe 12 m	Wuchs Breit kegelig	Belaubung Immergrün	Laubform

NADELBÄUME • 79

Taxaceae

Diese Familie zählt häufig nicht zu den Nadelgehölzen, weil die Pflanzen ihre Samen nicht in Zapfen ausbilden. Zu den sechs Gattungen gehören 18 Arten immergrüner, meist zweihäusiger Gehölze. Aus der weiblichen Blüte entsteht ein von einem dickfleischigen Samenmantel umgebener Same.

Familie	Art	Autor
Taxaceae	*Taxus baccata*	Linné

Gemeine Eibe

Blätter Linealisch, bis 3 cm lang, leicht zugespitzt, oberseits dunkelgrün, unterseits mit zwei hellgrünen Streifen, meist zweizeilig gescheitelt. *Borke* Rötlichbraun, glatt, in dünnen Streifen lösend. *Blüten* Zweihäusig, klein, männliche blaßgelb, in Ähren blattachselständig, an der Zweigunterseite, weibliche einzeln, an der Spitze junger Triebe, im Frühjahr. *Früchte* Einzelner Same, von dickfleischigem, meist rotem Samenmantel (1 cm lang) umgeben, oben offen mit sichtbarem, grünem Samen.
• Herkunft N-Afrika, SW-Asien, Europa
• Lebensraum Kalkreiche Böden
• Anmerkung Außer dem Samenmantel sind alle Teile giftig.

'Lutea' ▷
Benannt nach ihrem orangegelben Samenmantel.

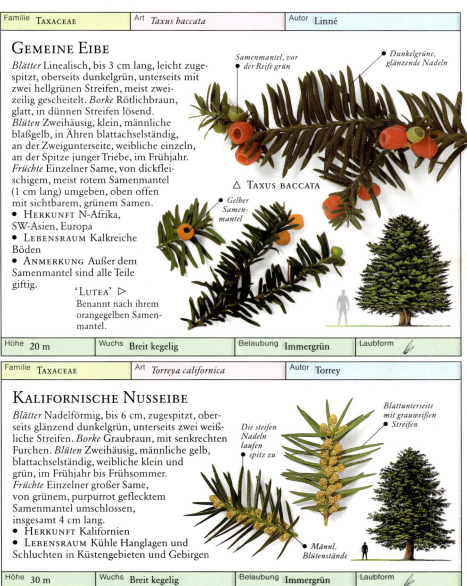

△ Taxus baccata

Höhe	Wuchs	Belaubung	Laubform
20 m	Breit kegelig	Immergrün	

Familie	Art	Autor
Taxaceae	*Torreya californica*	Torrey

Kalifornische Nusseibe

Blätter Nadelförmig, bis 6 cm, zugespitzt, oberseits glänzend dunkelgrün, unterseits zwei weißliche Streifen. *Borke* Graubraun, mit senkrechten Furchen. *Blüten* Zweihäusig, männliche gelb, blattachselständig, weibliche klein und grün, im Frühjahr bis Frühsommer. *Früchte* Einzelner großer Same, von grünem, purpurrot geflecktem Samenmantel umschlossen, insgesamt 4 cm lang.
• Herkunft Kalifornien
• Lebensraum Kühle Hanglagen und Schluchten in Küstengebieten und Gebirgen

Höhe	Wuchs	Belaubung	Laubform
30 m	Breit kegelig	Immergrün	

80 • NADELBÄUME

TAXODIACEAE

DIE FAMILIE DER SUMPFZYPRESSEN umfaßt rund zehn Gattungen mit 15 sommer- und immergrünen Arten, die in Nordamerika, Ostasien und Tasmanien heimisch sind. Ihre Blätter sind nadel- oder schuppenförmig. Sie sind einhäusige, eingeschlechtige Pflanzen, aus deren weiblichen Blütenständen holzige Zapfen entstehen.

| Familie TAXODIACEAE | Art *Athrotaxis laxifolia* | Autor W. J. Hooker |

SCHUPPENFICHTE

Blätter Klein, bis 6 mm lang, mit scharfen, leicht abstehenden Spitzen, gelblich, später dunkelgrün. *Borke* Rotbraun, senkrecht abschälend. *Blüten* Einhäusig, eingeschlechtig, gelbbraun, im zeitigen Frühjahr. *Früchte* Kugelige Zapfen, 2 cm dick, blaßgrün, reif rotbraun, Schuppen mit Dornen.
• HERKUNFT Tasmanien
• LEBENSRAUM Gebirge

Junge Nadeln, gelbgrün

Nadeln an Vorjahrestrieben, dunkelgrün

Zugespitzte Schuppen

| Höhe 10 m | Wuchs Breit kegelig | Belaubung Immergrün | Laubform |

| Familie TAXODIACEAE | Art *Cryptomeria japonica* | Autor D. Don |

SICHELTANNE

Blätter Dünn, bis 1,5 cm lang, flache Basis, zugespitzt, sichelförmig einwärts gebogen, hellgrün. *Borke* Rötlichbraun, weich, dick, senkrecht ablösend. *Blüten* Einhäusig, eingeschlechtig, männliche gelbbraun, blattachselständig, weibliche grün, an den Zweigspitzen, im zeitigen Frühjahr. *Früchte* Kugelige braune Zapfen, 2 cm dick.
• HERKUNFT Japan
• LEBENSRAUM Wälder

Weibl. Blütenstände an Zweigspitzen

▽ CRYPTOMERIA JAPONICA

'LOBBII' ▽
Die Nadeln dieser Sorte stehen an längeren Trieben.

Zapfen reifen im 2. Jahr

Zweige können breit und flach sein

△ 'CRISTATA'
Diese viel kleinere Form wird rund 10 m hoch.

Kürzere Nadeln weniger zugespitzt

| Höhe 30 m | Wuchs Breit kegelig | Belaubung Immergrün | Laubform |

NADELBÄUME • 81

| Familie | TAXODIACEAE | Art | *Cunninghamia lanceolata* | Autor | (A. B. Lambert) W. J. Hooker |

SPIESSTANNE

Blätter Schmal lanzettlich, bis 6 cm lang, glänzend grün, unterseits zwei weiße Streifen. **Borke** Rotbraun, schuppig. **Blüten** Einhäusig, eingeschlechtig, männliche gelbbraun, weibliche gelbgrün, an den Zweigspitzen. **Früchte** Kugelige Zapfen, bis 4 cm dick, jung grün, reif braun.
- **HERKUNFT** China
- **LEBENSRAUM** Nadelwälder

Nadeln mit stechender Spitze

Nadeln schraubig um Zweig gestellt

| Höhe | 25 m | Wuchs | Breit säulenförmig | Belaubung | Immergrün | Laubform | |

| Familie | TAXODIACEAE | Art | *Glyptostrobus pensilis* | Autor | (Staunton) K. Koch |

CHINESISCHE SUMPFZYPRESSE

Blätter Linealisch, schuppenartig, bis 1,5 cm lang, blaugrün, zweizeilig an einjährigen Kurztrieben, ansonsten spiralig angeordnet, rote Herbstfärbung. **Borke** Graubraun, flachrissig. **Blüten** Eingeschlechtig, unauffällig. **Früchte** Kugelige bis eiförmige Zapfen, grün, 2,5 cm.
- **HERKUNFT** SO-China
- **LEBENSRAUM** Sümpfe und Flußauen
- **ANMERKUNG** Die Art ist wildwachsend kaum noch anzutreffen.

Sommergrüne Kurztriebe werden im Herbst abgeworfen

Zapfen mit gezähnten Schuppen

Sehr kleine Blätter an bleibenden Zweigen

| Höhe | 10 m | Wuchs | Schmal kegelig | Belaubung | Sommergrün | Laubform | |

| Familie | TAXODIACEAE | Art | *Metasequoia glyptostroboides* | Autor | Hu & Cheng |

CHINESISCHES ROTHOLZ

Blätter Linealisch, bis 2,5 cm lang, weich, flach, früher hellgrüner Austrieb, später dunkelgrün, gegenständig an einjährigen Kurztrieben, an bleibenden Zweigen schraubig gestellt, Herbstfärbung gelb, rötlich oder rot. **Borke** Rötlich bis rotbraun, in senkrechten Streifen ablösend. **Blüten** Einhäusig, eingeschlechtig, männliche gelb, weibliche grünlich, an Kurztrieben im Frühjahr. **Früchte** Kugelige Zapfen, 2,5 cm dick, grün, reif braun.
- **HERKUNFT** SW-China
- **LEBENSRAUM** Feuchte Böden und Flußauen

Immergrüner Zweig mit Knospen

Sommergrüner Zweig

Unreifer Zapfen

| Höhe | 40 m | Wuchs | Schmal kegelig | Belaubung | Sommergrün | Laubform | |

| Familie | TAXODIACEAE | Art | *Sciadopitys verticillata* | Autor | Siebold & Zuccarini |

SCHIRMTANNE

Blätter Nadelförmig, bis 12 cm lang, beidseitig tief gerillt, oberseits dunkelgrün, unterseits gelbgrün. *Borke* Rotbraun, in langen, senkrechten Streifen ablösend. *Blüten* Einhäusig, eingeschlechtig, männliche gelb, zahlreich, weibliche grün, an den Zweigspitzen, im Frühjahr. *Früchte* Eiförmige Zapfen, bis 7,5 cm lang, anfangs grün, nach zwei Jahren rotbraun.
• HERKUNFT Japan
• LEBENSRAUM Gebirge

Schmale Nadeln, schirmförmig ausgebreitet

Reifer Zapfen mit lockeren Schuppen

Männl. Blüten mit gelben Pollen

| Höhe | 25 m | Wuchs | Schmal kegelig | Belaubung | Immergrün | Laubform | |

| Familie | TAXODIACEAE | Art | *Sequoia sempervirens* | Autor | (D. Don) Endlicher |

KÜSTENSEQUOIE, REDWOOD

Blätter Linealisch, bis 2 cm lang, zugespitzt, oberseits dunkelgrün, unterseits zwei weiße Streifen, zweizeilig gescheitelt. *Borke* Rotbraun, weich, faserig, dick, tief längsrissig. *Blüten* Einhäusig, eingeschlechtig, männliche gelbbraun, weibliche grün, im Spätwinter bis Frühjahr. *Früchte* Walzenförmige bis rundliche Zapfen, rotbraun, bis 3 cm dick, im ersten Jahr reif.
• HERKUNFT Kalifornien, Oregon (USA)
• LEBENSRAUM Pazifisches Küstengebiet

Männl. Blütenknospen

Nadeln an fertilen Zweigen kürzer

| Höhe | 100 m | Wuchs | Schmal kegelig | Belaubung | Immergrün | Laubform | |

| Familie | TAXODIACEAE | Art | *Sequoiadendron giganteum* | Autor | (Lindley) Buchholz |

MAMMUTBAUM

Blätter Bis 8 mm lang, scharf zugespitzt, etwas abstehend, dunkelgraugrün, den Zweig herablaufend. *Borke* Rotbraun, weich, faserig, sehr dick. *Blüten* Einhäusig, eingeschlechtig, männliche gelb, endständig, weibliche grün, im zeitigen Frühjahr. *Früchte* Eiförmige Zapfen, bis 7,5 cm lang, anfangs grün, reif und braun im zweiten Jahr, oft mehrere Jahre am Zweig.
• HERKUNFT Kalifornien (USA)
• LEBENSRAUM Westhänge der Gebirge

Einjähriger noch grüner Zapfen

Wegen der kleinen Nadelspitzen fühlen sich die Zweige rauh an

Männl. Blütenknospen öffnen sich im zeitigen Frühjahr

| Höhe | 80 m | Wuchs | Schmal kegelig | Belaubung | Immergrün | Laubform | |

NADELBÄUME • 83

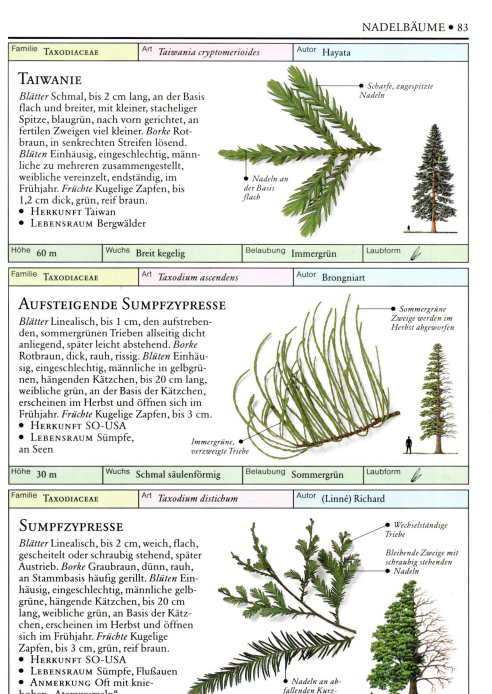

| Familie | TAXODIACEAE | Art | *Taiwania cryptomerioides* | Autor | Hayata |

TAIWANIE

Blätter Schmal, bis 2 cm lang, an der Basis flach und breiter, mit kleiner, stacheliger Spitze, blaugrün, nach vorn gerichtet, an fertilen Zweigen viel kleiner. *Borke* Rotbraun, in senkrechten Streifen lösend. *Blüten* Einhäusig, eingeschlechtig, männliche zu mehreren zusammengestellt, weibliche vereinzelt, endständig, im Frühjahr. *Früchte* Kugelige Zapfen, bis 1,2 cm dick, grün, reif braun.
• HERKUNFT Taiwan
• LEBENSRAUM Bergwälder

Scharfe, zugespitzte Nadeln
Nadeln an der Basis flach

| Höhe | 60 m | Wuchs | Breit kegelig | Belaubung | Immergrün | Laubform | |

| Familie | TAXODIACEAE | Art | *Taxodium ascendens* | Autor | Brongniart |

AUFSTEIGENDE SUMPFZYPRESSE

Blätter Linealisch, bis 1 cm, den aufstrebenden, sommergrünen Trieben allseitig dicht anliegend, später leicht abstehend. *Borke* Rotbraun, dick, rauh, rissig. *Blüten* Einhäusig, eingeschlechtig, männliche in gelbgrünen, hängenden Kätzchen, bis 20 cm lang, weibliche grün, an der Basis der Kätzchen, erscheinen im Herbst und öffnen sich im Frühjahr. *Früchte* Kugelige Zapfen, bis 3 cm.
• HERKUNFT SO-USA
• LEBENSRAUM Sümpfe, an Seen

Sommergrüne Zweige werden im Herbst abgeworfen
Immergrüne, verzweigte Triebe

| Höhe | 30 m | Wuchs | Schmal säulenförmig | Belaubung | Sommergrün | Laubform | |

| Familie | TAXODIACEAE | Art | *Taxodium distichum* | Autor | (Linné) Richard |

SUMPFZYPRESSE

Blätter Linealisch, bis 2 cm, weich, flach, gescheitelt oder schraubig stehend, später Austrieb. *Borke* Graubraun, dünn, rauh, an Stammbasis häufig gerillt. *Blüten* Einhäusig, eingeschlechtig, männliche gelbgrüne, hängende Kätzchen, bis 20 cm lang, weibliche grün, an Basis der Kätzchen, erscheinen im Herbst und öffnen sich im Frühjahr. *Früchte* Kugelige Zapfen, bis 3 cm, grün, reif braun.
• HERKUNFT SO-USA
• LEBENSRAUM Sümpfe, Flußauen
• ANMERKUNG Oft mit kniehohen „Atemwurzeln"

Wechselständige Triebe
Bleibende Zweige mit schraubig stehenden Nadeln
Nadeln an abfallenden Kurztrieben gescheitelt

| Höhe | 40 m | Wuchs | Breit kegelig | Belaubung | Sommergrün | Laubform | |

LAUBBÄUME

ACERACEAE

Zur Familie der Ahorngewächse gehören zwei Gattungen mit etwa 150 Arten sommergrüner, selten immergrüner Gehölze. Wenige Arten sind in den Tropen heimisch, die meisten kommen in den nördlichen gemäßigten Breiten vor.

Die gegenständigen Blätter sind häufig gelappt, manchmal nur gezähnt oder unpaarig gefiedert. Die kleinen, meist eingeschlechtigen Blüten können cremefarben bis gelb, grün, rot oder purpurn sein. Sie öffnen sich meist beim Laubaustrieb auf ein- oder zweihäusigen Pflanzen. Die Frucht besteht aus zwei geflügelten Nüßchen. Beim Ahorn *(Acer)* ist die Teilfrucht einseitig geflügelt, bei *Dipteronia* umschließt der scheibenförmige Flügel das Nüßchen.

Familie ACERACEAE	Art *Acer buergerianum*	Autor Miquel

DREIZAHN-AHORN

Blätter Handförmig gelappt, bis 10 cm lang, breit, sich zur Spreitenbasis verschmälernd, mit drei nach vorn gerichteten Lappen, ganzrandig bis schwach gesägt, oberseits dunkelgrün, unterseits blaugrün, später kahl, im Herbst rot. *Borke* Graubraun, im Alter schuppig, plattig. *Blüten* Klein, gelbgrün, in breit kegeligen, aufrechten Doldenrispen, im Frühjahr mit dem Laubaustrieb. *Früchte* Spaltfrüchte mit parallelen Flügeln, bis 2,5 cm lang, erst grün oder rötlich, reif braun.
• HERKUNFT China, Japan
• LEBENSRAUM Bergwälder

Kleine Blüten werden rasch zu geflügelten Früchten

Blattrand kaum oder nicht gesägt

Typische dreilappige Blätter

Früchte in Gruppen

Blüten öffnen sich, wenn die Blattknospen aufbrechen

Höhe 15 m	Wuchs Breit ausladend	Belaubung Sommergrün	Laubform

LAUBBÄUME • 85

| Familie ACERACEAE | Art *Acer campestre* | Autor Linné |

FELDAHORN

Blätter Handförmig eingeschnitten, bis 7,5 cm lang und 10 cm breit, fünflappig, an Spreitenbasis herzförmig, oberseits dunkelgrün, unterseits heller und flaumig, im Herbst gelb; Blattstiel mit Milchsaft. *Borke* Hellbraun, korkig, im Alter rissig. *Blüten* Klein, grün, in aufrechten Doldenrispen, im Frühjahr mit Laubaustrieb. *Früchte* Bis 2,5 cm, manchmal erst rot, in hängenden Rispen.
• HERKUNFT N-Afrika, SW-Asien, Europa
• LEBENSRAUM Wälder, Feldgehölze und Hecken

'PULVERULENTUM' ▷
Die kleineren Blätter der Sorte sind stark weiß gesprenkelt.

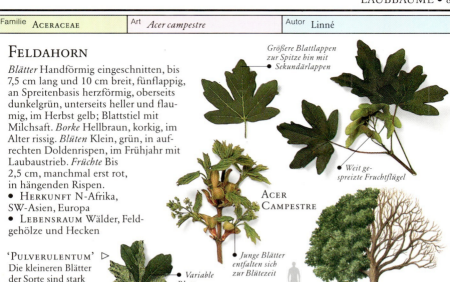

Größere Blattlappen zur Spitze hin mit Sekundärlappen

Weit gespreizte Fruchtflügel

ACER CAMPESTRE

Junge Blätter entfalten sich zur Blütezeit

Variable Blattzeichnung

| Höhe 15 m | Wuchs Breit ausladend | Belaubung Sommergrün | Laubform |

| Familie ACERACEAE | Art *Acer capillipes* | Autor Maximowicz |

ROTER SCHLANGENHAUTAHORN

Blätter Bis 15 cm lang und 10 cm breit, dreilappig, Mittellappen am größten, Seitenlappen kurz, alle in schlanker Spitze auslaufend, gesägt, anfangs rot, später oberseits dunkelgrün, unterseits hellgrün und kahl, im Herbst leuchtend orange bis rot, rote Blattstiele. *Borke* Grün und grau, mit weißlichen Längsstreifen. *Blüten* Klein, grün, in hängenden Trauben, im späten Frühjahr mit Laubaustrieb. *Früchte* Mit fast waagrechten Flügeln, bis 2 cm lang, grün, rot reifend.
• HERKUNFT Japan
• LEBENSRAUM Bergwälder in Flußnähe, auf feuchten Böden
• ANMERKUNG Die Schlangenhautahorne sind leicht an ihrer gestreiften Rinde zu erkennen.

Blüten in schlanken Trauben

Blattfärbung im Herbst

Kleine Erhebungen in den Nervenachseln

Graugrüne, weiß gestreifte Borke

| Höhe 20 m | Wuchs Breit säulenförmig | Belaubung Sommergrün | Laubform |

| Familie ACERACEAE | Art *Acer cappadocicum* | Autor Gleditsch |

KOLCHISCHER SPITZAHORN

Blätter Handförmig gelappt, bis 10 cm lang und 15 cm breit, fünf- bis siebenlappig, mit ganzrandigen, spitz zulaufenden Lappen, Basis herzförmig, oberseits dunkelgrün, unterseits in Achseln der Nerven behaart, sonst beiderseits kahl, im Herbst goldgelb; Blattstiel mit Milchsaft. *Borke* Grau, glatt. *Blüten* Klein, gelbgrün, in aufrechten Doldenrispen, im späten Frühjahr mit Laubaustrieb. *Früchte* Mit weit auseinanderstehenden Flügeln, bis 4 cm.
• HERKUNFT W-Asien bis China
• LEBENSRAUM Wälder
• ANMERKUNG In Tibet werden aus Teilen der Rinde Trinkgefäße gefertigt.

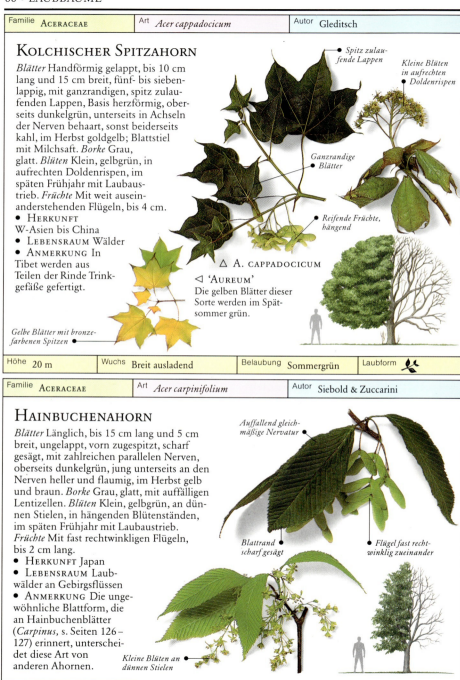

Spitz zulaufende Lappen
Kleine Blüten in aufrechten Doldenrispen
Ganzrandige Blätter
Reifende Früchte, hängend

△ A. CAPPADOCICUM

◁ 'AUREUM'
Die gelben Blätter dieser Sorte werden im Spätsommer grün.

Gelbe Blätter mit bronzefarbenen Spitzen

| Höhe 20 m | Wuchs Breit ausladend | Belaubung Sommergrün | Laubform |

| Familie ACERACEAE | Art *Acer carpinifolium* | Autor Siebold & Zuccarini |

HAINBUCHENAHORN

Blätter Länglich, bis 15 cm lang und 5 cm breit, ungelappt, vorn zugespitzt, scharf gesägt, mit zahlreichen parallelen Nerven, oberseits dunkelgrün, jung unterseits an den Nerven heller und flaumig, im Herbst gelb und braun. *Borke* Grau, glatt, mit auffälligen Lentizellen. *Blüten* Klein, gelbgrün, an dünnen Stielen, in hängenden Blütenständen, im späten Frühjahr mit Laubaustrieb. *Früchte* Mit fast rechtwinkligen Flügeln, bis 2 cm lang.
• HERKUNFT Japan
• LEBENSRAUM Laubwälder an Gebirgsflüssen
• ANMERKUNG Die ungewöhnliche Blattform, die an Hainbuchenblätter (*Carpinus*, s. Seiten 126–127) erinnert, unterscheidet diese Art von anderen Ahornen.

Auffallend gleichmäßige Nervatur
Blattrand scharf gesägt
Flügel fast rechtwinklig zueinander
Kleine Blüten an dünnen Stielen

| Höhe 10 m | Wuchs Breit kegelig | Belaubung Sommergrün | Laubform |

LAUBBÄUME • 87

| Familie ACERACEAE | Art *Acer circinatum* | Autor Pursh |

WEINAHORN

Blätter Bis 12 cm breit, sieben- bis neunlappig, gesägt, oberseits hellgrün, jung unterseits flaumig, im Herbst orange und rot. *Borke* Graubraun, glatt. *Blüten* Klein, mit weißen Kron- und roten Kelchblättern, in hängenden Trauben im späten Frühjahr. *Früchte* Mit fast waagrechten, rötlichen Flügeln, bis 3 cm lang.
• HERKUNFT W-Nordamerika
• LEBENSRAUM Nadelwälder

Lappen mit gesägten Spitzen

Zur Reife färben sich Flügel rot

| Höhe 6 m | Wuchs Breit ausladend | Belaubung Sommergrün | Laubform |

| Familie ACERACEAE | Art *Acer cissifolium* | Autor (Siebold & Zuccarini) K. Koch |

JUNGFERNAHORN

Blätter Mit drei ei- bis verkehrteiförmigen Blättchen, bis 10 cm lang, oberseits dunkelgrün, kahl, im Herbst gelb oder rot. *Borke* Gelbgrau, rauh, mit Lentizellen. *Blüten* Zweihäusig, beide klein, gelb, zahlreich, in schlanken, bis 10 cm langen Trauben, im Frühjahr. *Früchte* Mit fast parallelen Flügeln.
• HERKUNFT Japan
• LEBENSRAUM Flußnähe

Grob gesägter Blattrand

Grüne Früchte, reif rot

Dünne rote Blattstiele

| Höhe 15 m | Wuchs Breit ausladend | Belaubung Sommergrün | Laubform |

| Familie ACERACEAE | Art *Acer crataegifolium* | Autor Siebold & Zuccarini |

WEISSDORNAHORN

Blätter Eiförmig, bis 7,5 cm lang und 5 cm breit, undeutlich dreilappig, gesägt, Mittellappen lang und spitz zulaufend, oberseits dunkelgrün, unterseits heller, kahl. *Borke* Grün, mit weißen Längsstreifen. *Blüten* Klein, gelbgrün, in aufrechten Trauben, im Frühjahr mit Laubaustrieb. *Früchte* Mit fast waagrechten, rötlichen Flügeln, bis 3 cm lang.
• HERKUNFT Zentral- und S-Japan
• LEBENSRAUM Wälder und sonnige Lagen der Vorgebirge

Blätter wachsen zur Blütezeit

Kleine Blüten in dichten Trauben

Wenig gelappte Basis

| Höhe 7 m | Wuchs Breit kegelig | Belaubung Sommergrün | Laubform |

Familie	Art	Autor
ACERACEAE	*Acer davidii*	Franchet

DAVIDS-AHORN

Blätter Eiförmig, bis 15 cm lang und 10 cm breit, nicht oder nur wenig gelappt, Basis leicht herzförmig, gesägt, oberseits dunkelgrün, unterseits anfangs behaart, manche Sorten im Herbst orange. *Borke* Grün, mit weißen Längsstreifen, im Alter grau und rissig. *Blüten* Klein, grün, in hängenden Trauben, im späten Frühjahr mit Laubaustrieb. *Früchte* Flügel stumpfwinklig zueinanderstehend, bis 3 cm lang.

- HERKUNFT China
- LEBENSRAUM Gebirge, Wälder
- ANMERKUNG Die Blätter dieser zu den Schlangenhautahornen zählenden Art variieren in Form und Größe. Mehrere Sorten sind in Kultur.

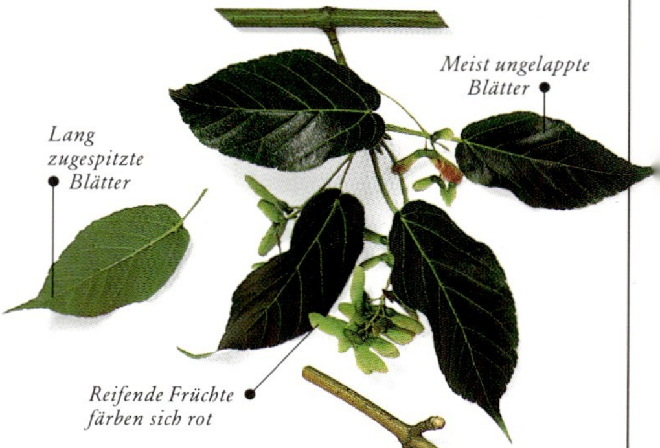

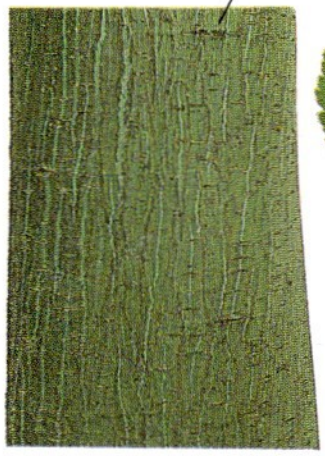

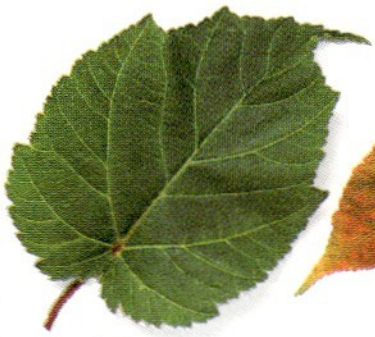

△ ACER DAVIDII

△ 'GEORGE FORREST' Die dunklen Blätter dieser Sorte zeigen kaum Herbstfärbung.

△ 'ERNEST WILSON' Die Blätter dieser Sorte färben sich im Herbst orange.

Höhe	Wuchs	Belaubung	Laubform
15 m	Breit kegelig	Sommergrün	

Familie	Art	Autor
ACERACEAE	*Acer ginnala*	Maximowicz

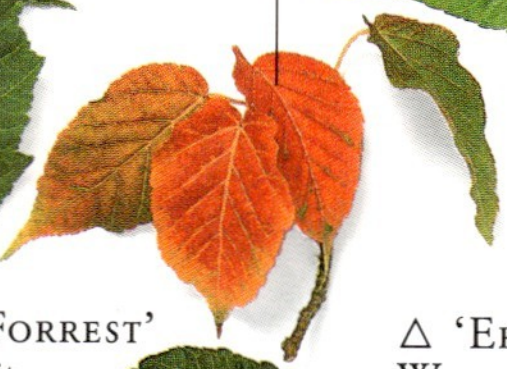

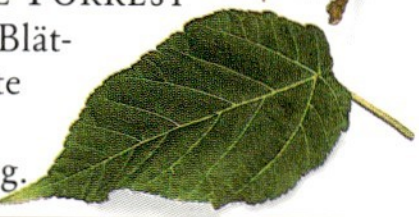

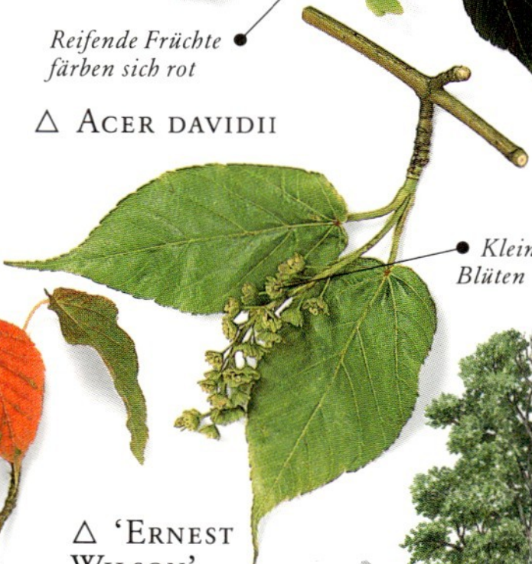

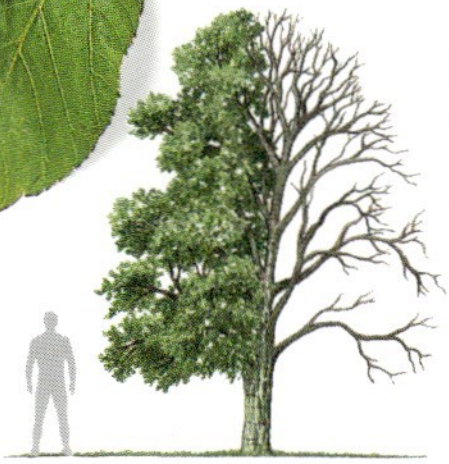

FEUERAHORN

Blätter Eiförmig, bis 7,5 cm lang und 6 cm breit, deutlich dreilappig mit kleineren Seitenlappen, gesägt, oberseits glänzend dunkelgrün, kahl, im Frühherbst orangerot. *Borke* Dunkelgraubraun, glatt. *Blüten* Weißlich, duftend, in aufrechten Büscheln, im späten Frühjahr nach den Blättern. *Früchte* Fast parallele, rötliche Flügel, bis 2,5 cm lang, in hängenden Fruchtständen.

- HERKUNFT China, Japan
- LEBENSRAUM Dickichte in Flußauen und exponierte Lagen in Gebirgstälern

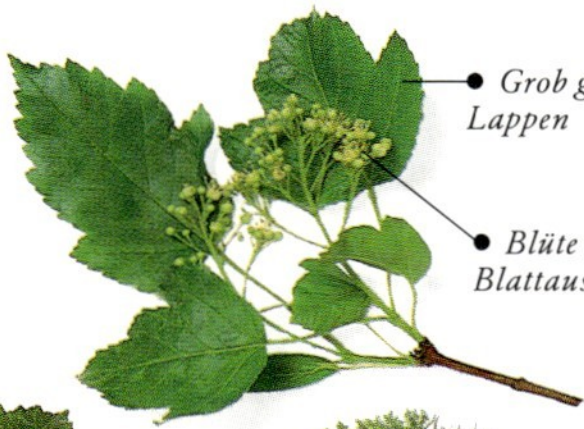

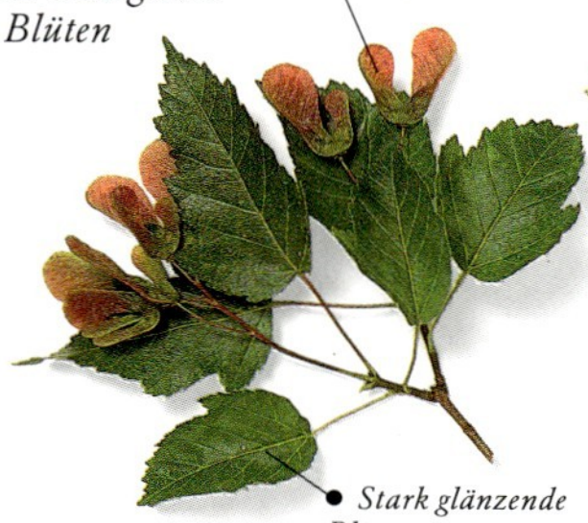

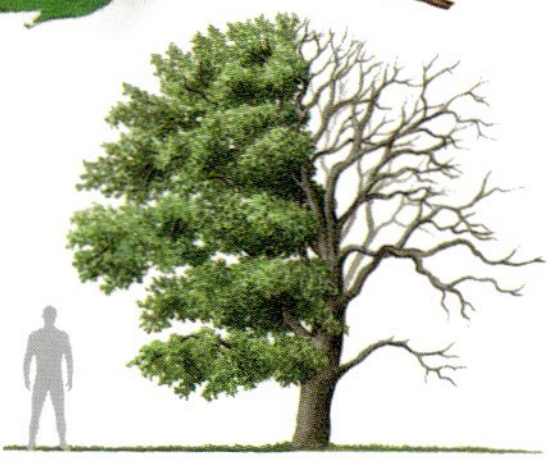

Höhe	Wuchs	Belaubung	Laubform
10 m	Breit ausladend	Sommergrün	

LAUBBÄUME • 89

| Familie ACERACEAE | Art *Acer griseum* | Autor (Franchet) Pax |

ZIMTAHORN

Blätter Mit jeweils drei elliptischen, grob gezähnten Blättchen, mittleres Blättchen bis 10 cm lang und 5 cm breit, Blätter oberseits dunkelgrün, unterseits weißlich-blaugrün und weich behaart, im Herbst rot. *Borke* Rötlich bis hellzimtbraun, in dünnen Streifen ablösend. *Blüten* Klein, gelbgrün, an behaarten Stielen, in hängenden Büscheln, im späten Frühjahr mit Laubaustrieb. *Früchte* Mit breiten, hellgrünen Flügeln, bis 3 cm lang.
• HERKUNFT Zentral-China
• LEBENSRAUM Bergwälder
• ANMERKUNG An der ablösenden Rinde leicht zu erkennen.

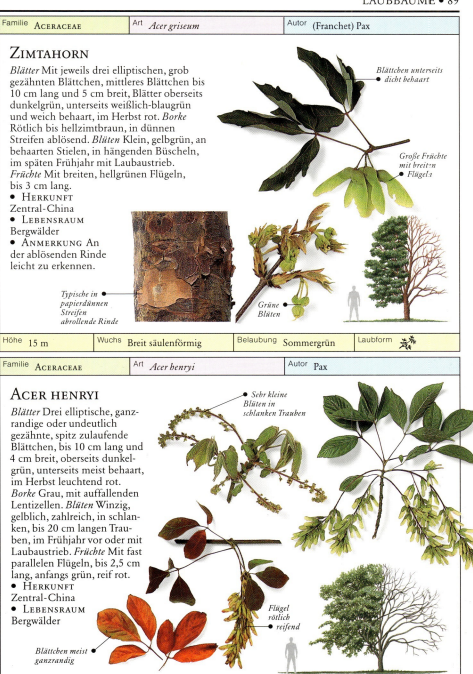

Blättchen unterseits dicht behaart

Große Früchte mit breiten Flügeln

Typische in papierdünnen Streifen abrollende Rinde

Grüne Blüten

| Höhe 15 m | Wuchs Breit säulenförmig | Belaubung Sommergrün | Laubform |

| Familie ACERACEAE | Art *Acer henryi* | Autor Pax |

ACER HENRYI

Blätter Drei elliptische, ganzrandige oder undeutlich gezähnte, spitz zulaufende Blättchen, bis 10 cm lang und 4 cm breit, oberseits dunkelgrün, unterseits meist behaart, im Herbst leuchtend rot. *Borke* Grau, mit auffallenden Lentizellen. *Blüten* Winzig, gelblich, zahlreich, in schlanken, bis 20 cm langen Trauben, im Frühjahr vor oder mit Laubaustrieb. *Früchte* Mit fast parallelen Flügeln, bis 2,5 cm lang, anfangs grün, reif rot.
• HERKUNFT Zentral-China
• LEBENSRAUM Bergwälder

Sehr kleine Blüten in schlanken Trauben

Flügel rötlich reifend

Blättchen meist ganzrandig

| Höhe 15 m | Wuchs Breit ausladend | Belaubung Sommergrün | Laubform |

| Familie ACERACEAE | Art *Acer japonicum* | Autor Thunberg |

THUNBERGS FÄCHERAHORN

Blätter Im Umriß fast rund, sieben- bis elflappig, Blattlappen grob gesägt und eiförmig bis lanzettlich, bis 13 cm lang und breit, anfangs beiderseits seidig behaart, später oberseits dunkelgrün, im Herbst rot, an flaumig behaarten Blattstielen. *Borke* Graubraun, glatt. *Blüten* Klein, purpurrot, mit gelben Staubbeuteln, in langstieligen, hängenden Doldenrispen, im Frühjahr mit Laubaustrieb. *Früchte* Mit weit auseinanderstrebenden Flügeln, grün oder rötlich, bis 2,5 cm.
- HERKUNFT Japan
- LEBENSRAUM Bergwälder, meist in trockenen, sonnigen Lagen
- ANMERKUNG Die abgebildete Form 'Vitifolium' hat etwas größere, zehn- bis zwölflappige Blätter, die anfangs bronzefarben sind.

| Höhe 10 m | Wuchs Breit ausladend | Belaubung Sommergrün | Laubform |

LAUBBÄUME • 91

| Familie ACERACEAE | Art *Acer lobelii* | Autor Tenore |

KALABRISCHER SPITZAHORN

Blätter Handförmig eingeschnitten, bis 15 cm lang und etwas breiter, fünflappig, mit meist welligem, kahlem Rand, zugespitzt, oberseits glänzend dunkelgrün und kahl, unterseits an Achseln der Nerven behaart, an blauweißen, bereiften Zweigen. *Borke* Blaßgrau, glatt, mit flachen Längsrissen. *Blüten* Klein, gelbgrün, in aufrechten Doldenrispen im späten Frühjahr mit Laubaustrieb. *Früchte* Mit fast waagrechten, grünen Flügeln, bis 3 cm, in aufrechten Fruchtständen.
• HERKUNFT S-Italien
• LEBENSRAUM Bergwälder

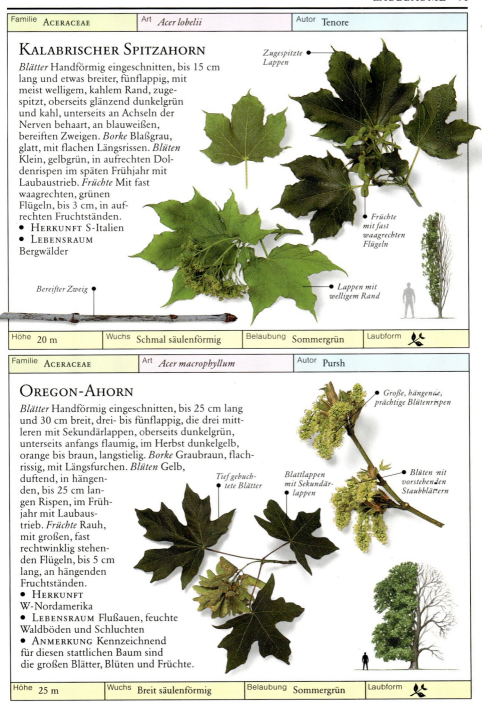

Zugespitzte Lappen

Früchte mit fast waagrechten Flügeln

Lappen mit welligem Rand

Bereifter Zweig

| Höhe 20 m | Wuchs Schmal säulenförmig | Belaubung Sommergrün | Laubform |

| Familie ACERACEAE | Art *Acer macrophyllum* | Autor Pursh |

OREGON-AHORN

Blätter Handförmig eingeschnitten, bis 25 cm lang und 30 cm breit, drei- bis fünflappig, die drei mittleren mit Sekundärlappen, oberseits dunkelgrün, unterseits anfangs flaumig, im Herbst dunkelgelb, orange bis braun, langstielig. *Borke* Graubraun, flachrissig, mit Längsfurchen. *Blüten* Gelb, duftend, in hängenden, bis 25 cm langen Rispen, im Frühjahr mit Laubaustrieb. *Früchte* Rauh, mit großen, fast rechtwinklig stehenden Flügeln, bis 5 cm lang, an hängenden Fruchtständen.
• HERKUNFT W-Nordamerika
• LEBENSRAUM Flußauen, feuchte Waldböden und Schluchten
• ANMERKUNG Kennzeichnend für diesen stattlichen Baum sind die großen Blätter, Blüten und Früchte.

Große, hängende, prächtige Blütenrispen

Tief gebuchtete Blätter

Blattlappen mit Sekundärlappen

Blüten mit vorstehenden Staubblättern

| Höhe 25 m | Wuchs Breit säulenförmig | Belaubung Sommergrün | Laubform |

| Familie ACERACEAE | Art *Acer maximowiczianum* | Autor Miquel |

NIKKO-AHORN

Blätter Mit drei ganzrandigen oder leicht kerbig gezähnten Blättchen, das mittlere bis 10 cm lang und 6 cm breit, die seitlichen kleiner, mit asymmetrischem Spreitengrund, oberseits dunkelgrün und kahl, unterseits graugrün und leicht behaart, im Herbst rot. *Borke* Graubraun und glatt. *Blüten* Klein und gelb, zu dritt an behaarten Stielen hängend, im späten Frühjahr mit Laubaustrieb. *Früchte* Mit breiten, grünen Flügeln, zumindest stumpfwinklig zueinander, bis 5 cm lang.
• HERKUNFT Japan
• LEBENSRAUM In Flußnähe
• ANMERKUNG Auch als *Acer nikoense* bekannt. Auffallendstes Merkmal dieser Art ist die Herbstfärbung. Die Früchte enthalten selten keimfähigen Samen.

Weich behaarte Unterseite der Blättchen

Leuchtende Herbstfärbung

Kaum gezähnte Blättchen

| Höhe 20 m | Wuchs Breit ausladend | Belaubung Sommergrün | Laubform |

| Familie ACERACEAE | Art *Acer miyabei* | Autor Maximowicz |

MIYABES-AHORN

Blätter Handförmig eingeschnitten, bis 13 cm lang, drei- bis fünflappig, die größeren Lappen nach vorne zugespitzt, meist deutliche Sekundärlappen, Basis tief herzförmig, oberseits glänzend grün, unterseits heller, beiderseits flaumig, unterseits dichter behaart, im Herbst gelb, an dünnen roten Stielen; Blattstiel mit Milchsaft. *Borke* Graubraun, korkig, mit flachen, rötlichbraunen Rissen, bei alten Pflanzen dünnschuppig. *Blüten* Entweder männlich oder zwittrig, klein und gelb, an hängenden, dünnstieligen Rispen an der Zweigspitze, im Frühjahr mit Laubaustrieb. *Früchte* Mit meist waagrecht stehenden Flügeln, bis 2,5 cm lang.
• HERKUNFT Japan
• LEBENSRAUM Wälder

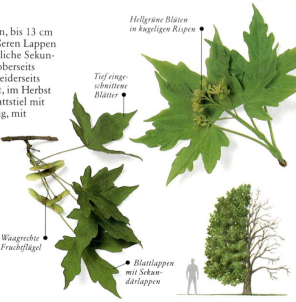

Hellgrüne Blüten in kugeligen Rispen

Tief eingeschnittene Blätter

Waagrechte Fruchtflügel

Blattlappen mit Sekundärlappen

| Höhe 12 m | Wuchs Breit säulenförmig | Belaubung Sommergrün | Laubform |

LAUBBÄUME • 93

Familie	Art	Autor
ACERACEAE	*Acer negundo*	Linné

ESCHENAHORN

Blätter Meist drei- bis fünf- oder siebenzählig gefiedert, Blättchen an dünner Spindel, länglich zugespitzt, das mittlere bis 10 cm lang und 6 cm breit, oberseits dunkelgrün und kahl, unterseits kahl bis behaart. *Borke* Graubraun und glatt. *Blüten* Zweihäusig, klein, bei manchen Sorten rötlich, ohne Kronblätter, aus weiblichen entstehen bald kleine Fruchtflügel, die männlichen in hängenden, quastenförmigen Büscheln, im Frühjahr vor oder mit Laubaustrieb. *Früchte* Mit abwärts zeigenden, bis 4 cm langen Flügeln, spitz- bis stumpfwinklig zueinander, bleiben im Winter am Zweig.
• HERKUNFT Nordamerika
• LEBENSRAUM Flußauen, feuchte Standorte
• ANMERKUNG Das Erscheinungsbild ist variabel; es gibt mehrere buntlaubige Auslesen.

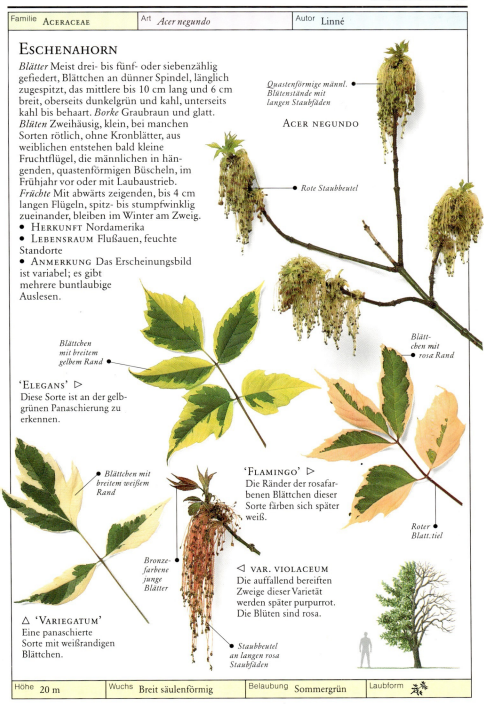

Quastenförmige männl. Blütenstände mit langen Staubfäden

ACER NEGUNDO

Rote Staubbeutel

Blättchen mit breitem gelbem Rand

'ELEGANS' ▷
Diese Sorte ist an der gelbgrünen Panaschierung zu erkennen.

Blättchen mit rosa Rand

Blättchen mit breitem weißem Rand

'FLAMINGO' ▷
Die Ränder der rosafarbenen Blättchen dieser Sorte färben sich später weiß.

Roter Blatt.tiel

Bronzefarbene junge Blätter

◁ VAR. VIOLACEUM
Die auffallend bereiften Zweige dieser Varietät werden später purpurrot. Die Blüten sind rosa.

△ 'VARIEGATUM'
Eine panaschierte Sorte mit weißrandigen Blättchen.

Staubbeutel an langen rosa Staubfäden

Höhe	Wuchs	Belaubung	Laubform
20 m	Breit säulenförmig	Sommergrün	

| Familie ACERACEAE | Art *Acer opalus* | Autor Miller |

SCHNEEBALLAHORN

Blätter Handförmig gelappt, bis 10 cm lang und breit, mit drei bis fünf stumpf gezähnten Blattlappen, oberseits glänzend grün und kahl, unterseits anfangs flaumig, im Herbst gelb. *Borke* Grau, rosa überzogen, in großen, eckigen Platten abschuppend. *Blüten* Klein und hellgelb, im Frühjahr an kahlen Zweigen vor Laubaustrieb. *Früchte* Geflügelt, bis 4 cm lang.
- HERKUNFT S- und W-Europa, von Italien bis Spanien
- LEBENSRAUM Hügelland, Gebirge
- ANMERKUNG Blühend ist diese Art am schönsten.

| Höhe 20 m | Wuchs Breit ausladend | Belaubung Sommergrün | Laubform |

| Familie ACERACEAE | Art *Acer palmatum* | Autor Thunberg |

ECHTER FÄCHERAHORN

Blätter Rundlich im Umriß, mit fünf bis sieben spitz zulaufenden, gesägten Blattlappen, bis 10 cm, hellgrün, kahl, unterseits in Achseln der Nerven behaart, im Herbst rot, orange oder gelb. *Borke* Graubraun, glatt. *Blüten* Klein, purpurrot, in aufrechten bis hängenden Doldenrispen, im Frühjahr mit Laubaustrieb. *Früchte* Mit grünen oder roten Flügeln, bis 1 cm lang.
- HERKUNFT China, Japan, Korea
- LEBENSRAUM Dickichte
- ANMERKUNG Zu den zahlreichen, meist strauchigen Sorten gehören auch Zwergformen und solche mit eingeschnittenen, bunten oder panaschierten Blättern.

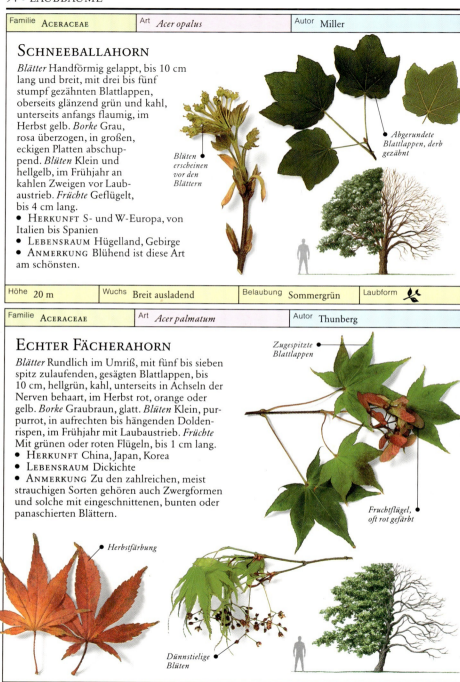

| Höhe 15 m | Wuchs Breit ausladend | Belaubung Sommergrün | Laubform |

LAUBBÄUME • 95

| Familie ACERACEAE | Art *Acer palmatum* | Autor Thunberg |

• Lang zugespitzte Blattlappen

• Blätter im Frühjahr aus schlanken Knospen

• Rötlicher Austrieb

△ 'ATROPURPUREUM'
Diese Sorte zeichnet sich durch ihr schwarzrotes Laub aus, das sich im Herbst leuchtend rot färbt. Meist wächst sie als kleinerer Baum.

Herbstfärbung von Gelb über Orange bis Braun •

△ 'SENKAKI'

◁ 'SENKAKI'
Diese Sorte hat kleine, anfangs orangegelbe, später hellgrüne Blätter und eine bronzegelbe Herbstfärbung.

Die kleinen, gelappten, grob gesägten Blätter stehen sehr dicht •

Die dunklen Blätter sind tief in lange, schlanke • *Lappen eingeschnitten*

△ 'RIBESIFOLIUM'
Diese kleinere Sorte mit kompaktem Wuchs wird rund 5 m hoch.

▷ 'LINEARILOBUM ATROPURPUREUM'
Diese Sorte fällt durch die spinnenartigen, dunkelroten Blattlappen auf. Die geflügelten rötlichen Früchte hängen in kleinen Gruppen.

| Höhe 15 m | Wuchs Breit ausladend | Belaubung Sommergrün | Laubform |

| Familie ACERACEAE | Art *Acer pensylvanicum* | Autor Linné |

AMERIKANISCHER STREIFENAHORN

Blätter Bis 15 cm oder länger, fast genauso breit, dreilappig, die zugespitzten Lappen nach vorn gerichtet, grob gesägt, oberseits dunkelgelbgrün und kahl, unterseits jung rotbraun behaart, im Herbst gelb. *Borke* Grün, rotbraune und weiße Längsstreifen, im Alter grau. *Blüten* Klein, gelbgrün, in hängenden Trauben, im späten Frühjahr mit Laubaustrieb. *Früchte* Mit grünen Flügeln, stumpfwinklig zueinander, bis 2,5 cm lang.
- HERKUNFT O-Nordamerika
- LEBENSRAUM Feuchte Waldböden
- ANMERKUNG Auch als Pennsylvanischer Streifenahorn bekannt. Diese Art ist der einzige in Nordamerika heimische Streifenahorn. Die Borke wird im Winter gerne von Elchen verzehrt.

| Höhe 8 m | Wuchs Breit säulenförmig | Belaubung Sommergrün | Laubform |

LAUBBÄUME • 97

| Familie ACERACEAE | Art *Acer platanoides* | Autor Linné |

SPITZAHORN

Blätter Handförmig gelappt, bis 15 cm lang und 17,5 cm breit, fünflappig, Blattlappen und Sekundärlappen in schmale Spitzen ausgezogen, hellgrün, ausgewachsen beiderseits kahl, im Herbst gelb, zuweilen rot, langer, dünner Blattstiel mit Milchsaft. *Borke* Grau, glatt. *Blüten* Klein, leuchtend gelb, in auffallenden Schirmrispen, im Frühjahr vor und mit Laubaustrieb. *Früchte* Mit großen, fast waagrechten Flügeln, bis 5 cm lang.
• HERKUNFT SW-Asien, Europa
• LEBENSRAUM Bergwälder
• ANMERKUNG Eine heimische Art, die rasch ihre größte Höhe erreicht. In Kultur sind zahlreiche Zierformen mit auffälligem Blattwerk und Wuchs.

Spitz ausgezogene Lappen

Großflügelige Früchte

◁ ACER PLATANOIDES

△ ACER PLATANOIDES

Blüte vor Laubaustrieb

▽ 'CRIMSON KING'
Diese Sorte hat schwarzrote Blätter sowie rote Knospenschuppen und Blütenstiele.

Rote Knospenschuppen

▽ 'CRIMSON SENTRY'
Die leuchtendroten jungen Blätter dieser Sorte färben sich später schwarzrot. Der Wuchs ist aufrecht.

Rote Blütenstiele

Rote Blattstiele

Ausgewachsene Blätter sind schwarzrot

Rötliche junge Blätter

| Höhe 25 m | Wuchs Breit säulenförmig | Belaubung Sommergrün | Laubform |

98 • LAUBBÄUME

| Familie | ACERACEAE | Art | *Acer platanoides* | Autor | Linné |

▽ 'CUCULLATUM'
An dieser Sorte fallen die Blätter auf: sie sind fächerartig und sehen mit nach unten gebogenen, gedrehten, krallenförmigen Lappen wie verwelkt aus.

Junge, purpurrote Blätter

Nach unten gebogene Blattspitzen

Ältere Blätter sind dunkelgrün

△ 'DEBORAH'
Beim Austrieb sind die Blätter dieser Sorte rot, später dunkelgrün.

Blatt oberhalb der Blattmitte geteilt

▽ 'LORBERGII'
Diese kleinere Sorte wird 15 m hoch. Die dunkelgrünen Blätter sind fast bis zur Basis in fünf Lappen mit langer Spitze geteilt.

Breite, gelbliche Blattränder

△ 'DRUMMONDII'
Eine auffällig panaschierte Sorte, bei der die gelblichen Blattränder später weiß werden. Manche Triebe haben jedoch die einfarbig grünen Blätter der Eltern.

Bis zur Blattbasis gelappte Blätter

| Höhe | 25 m | Wuchs | Breit säulenförmig | Belaubung | Sommergrün | Laubform | |

LAUBBÄUME • 99

| Familie | ACERACEAE | Art | *Acer pseudoplatanus* | Autor | Linné |

BERGAHORN

Blätter Handförmig eingeschnitten, bis 12 cm lang und 15 cm breit, mit fünf grob gesägten Blattlappen, oberseits dunkelgrün und kahl, unterseits graugrün. *Borke* Rötlich- bis gelblichgrau, unregelmäßig abschuppend. *Blüten* Klein, gelbgrün, ohne Kronblätter, hängend in walzenförmigen Rispen, im Frühjahr mit Laubaustrieb. *Früchte* Flügel bis 2,5 cm, etwa rechtwinklig zueinander.
- HERKUNFT SW-Asien, Europa
- LEBENSRAUM Sommergrüne Bergwälder
- ANMERKUNG Die Art ist auch in Großbritannien und Nordamerika eingebürgert. Einzeln gepflanzt, besitzt sie einen breit ausladenden Wuchs.

• *An der Basis herzförmige Blätter*

• *Oberseits dunkelgrüne Blätter*

△ ACER PSEUDOPLATANUS

• *Hängende Blütenrispen*

Prächtig gefärbter Laubaustrieb •

• *Leuchtend rote Fruchtflügel*

△ 'ATROPURPUREUM'
Typisches Merkmal dieser Sorte sind die oberseits dunkelgrünen, unterseits dunkelroten Blätter.

△ F. ERYTHROCARPUM
Die jungen Früchte dieser Sorte haben auffällig rote Flügel.

• *Auffallende Panaschierung*

'BRILLIANTISSIMUM' △
Die Blätter dieser Sorte sind beim Austrieb hellrosa; zuerst färben sie sich weißlich, mit grüner Nervatur, später gelbgrün.

• *Rotgrüne Blattunterseite*

◁ 'NIZETII'
Eine Sorte mit oberseits großflächiger, weißlichgrüner Panaschierung. Die Blattunterseite ist rotgrün.

| Höhe | 30 m | Wuchs | Breit säulenförmig | Belaubung | Sommergrün | Laubform | |

100 • LAUBBÄUME

| Familie | ACERACEAE | Art | *Acer rubrum* | Autor | Linné |

ROTAHORN

Blätter Bis 10 cm lang und fast so breit, mit drei oder fünf gesägten Blattlappen, oberseits dunkelgrün und kahl, unterseits blaugrün, Nerven behaart, im Herbst rot oder gelb. *Borke* Dunkelgrau, glatt. *Blüten* Klein, rot, an dünnen Stielen, in Büscheln an Trieben, im zeitigen Frühjahr. *Früchte* Mit roten Flügeln, etwa 2 cm lang.
• HERKUNFT O-Nordamerika
• LEBENSRAUM Feuchte Böden

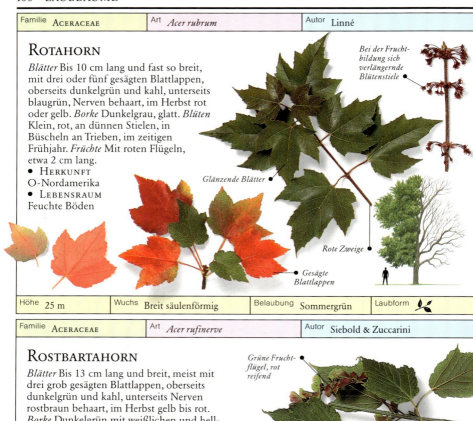

Bei der Fruchtbildung sich verlängernde Blütenstiele

Glänzende Blätter

Rote Zweige

Gesägte Blattlappen

| Höhe | 25 m | Wuchs | Breit säulenförmig | Belaubung | Sommergrün | Laubform | |

| Familie | ACERACEAE | Art | *Acer rufinerve* | Autor | Siebold & Zuccarini |

ROSTBARTAHORN

Blätter Bis 13 cm lang und breit, meist mit drei grob gesägten Blattlappen, oberseits dunkelgrün und kahl, unterseits Nerven rostbraun behaart, im Herbst gelb bis rot. *Borke* Dunkelgrün mit weißlichen und hellgrünen Streifen, rautenförmige Flecken. *Blüten* Klein, gelbgrün, in aufrechten Trauben im Frühjahr. *Früchte* Mit 2 cm langen Flügeln, spitzwinklig zueinander.
• HERKUNFT Japan
• LEBENSRAUM Bergwälder

Grüne Fruchtflügel, rot reifend

Herbstfärbung

Kleine Seitenlappen

Gestreifte Borke

Grüne Kronblätter

Gesägter Blattrand

Auffällige Knospenschuppen

| Höhe | 10 m | Wuchs | Breit säulenförmig | Belaubung | Sommergrün | Laubform | |

LAUBBÄUME • 101

| Familie ACERACEAE | Art *Acer saccharinum* | Autor Linné |

SILBERAHORN

Blätter Handförmig, bis 15 cm lang und breit, fünflappig, mit Sekundärlappen, scharf gesägt, oberseits hellgrün und kahl, unterseits bläulichweiß und wenig behaart, im Herbst meist gelb. *Borke* Grau, glatt, im Alter schuppig. *Blüten* Eingeschlechtig, klein, grünlichgelb, ohne Kronblätter, in Büscheln im zeitigen Frühjahr. *Früchte* Flügel 2 cm lang, stumpfwinklig zueinander.
• HERKUNFT O-Nordamerika
• LEBENSRAUM Feuchte Böden, Flußauen

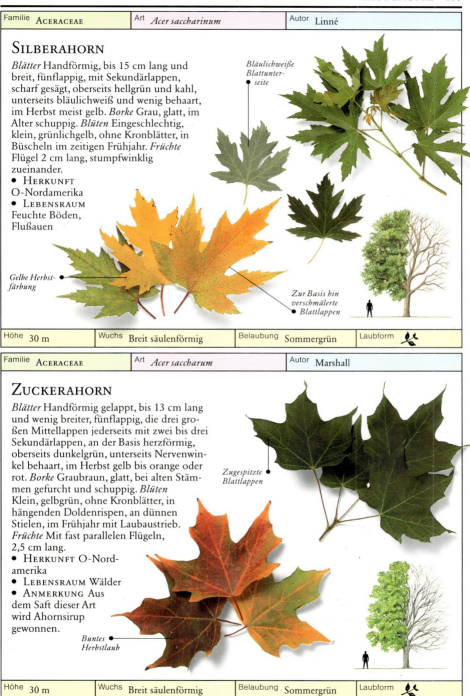

Bläulichweiße Blattunterseite

Gelbe Herbstfärbung

Zur Basis hin verschmälerte Blattlappen

| Höhe 30 m | Wuchs Breit säulenförmig | Belaubung Sommergrün | Laubform |

| Familie ACERACEAE | Art *Acer saccharum* | Autor Marshall |

ZUCKERAHORN

Blätter Handförmig gelappt, bis 13 cm lang und wenig breiter, fünflappig, die drei großen Mittellappen jederseits mit zwei bis drei Sekundärlappen, an der Basis herzförmig, oberseits dunkelgrün, unterseits Nervenwinkel behaart, im Herbst gelb bis orange oder rot. *Borke* Graubraun, glatt, bei alten Stämmen gefurcht und schuppig. *Blüten* Klein, gelbgrün, ohne Kronblätter, in hängenden Doldenrispen, an dünnen Stielen, im Frühjahr mit Laubaustrieb. *Früchte* Mit fast parallelen Flügeln, 2,5 cm lang.
• HERKUNFT O-Nordamerika
• LEBENSRAUM Wälder
• ANMERKUNG Aus dem Saft dieser Art wird Ahornsirup gewonnen.

Zugespitzte Blattlappen

Buntes Herbstlaub

| Höhe 30 m | Wuchs Breit säulenförmig | Belaubung Sommergrün | Laubform |

ACER SHIRASAWANUM

| Familie | ACERACEAE | Art | *Acer shirasawanum* | Autor | Koidzumi |

Blätter Umriß rund, bis 12 cm lang und breit, meist mit elf scharf gesägten Lappen, oberseits hellgrün, beiderseits kahl, im Herbst gelb bis rot. *Borke* Graubraun, glatt. *Blüten* Klein, mit rötlichem Kelch und gelblichen Kronblättern, in fast aufrechten Büscheln, im Frühjahr mit Laubaustrieb. *Früchte* Mit stumpfwinklig stehenden Flügeln, aufrechte Fruchtstände.
- HERKUNFT Japan
- LEBENSRAUM Berghänge und Täler
- ANMERKUNG Die Art wird oft mit dem verwandten Thunbergs-Fächerahorn (*Acer japonicum*, s. Seite 90) verwechselt.

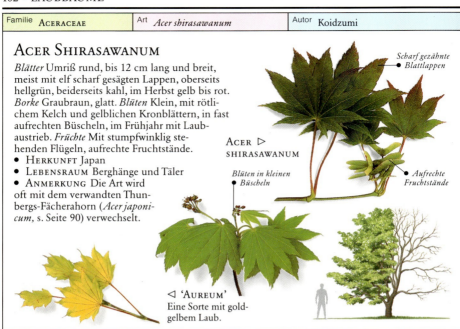

ACER ▷ SHIRASAWANUM

Scharf gezähnte Blattlappen

Blüten in kleinen Büscheln

Aufrechte Fruchtstände

◁ 'AUREUM'
Eine Sorte mit goldgelbem Laub.

| Höhe | 20 m | Wuchs | Breit ausladend | Belaubung | Sommergrün | Laubform | |

SIEBOLDS FÄCHERAHORN

| Familie | ACERACEAE | Art | *Acer sieboldianum* | Autor | Miquel |

Blätter Umriß rund, bis 7,5 cm lang und breit, sieben- bis neun- oder elflappig, Blattlappen bis fast zur Blattmitte, kurz zugespitzt und scharf gesägt, hellgrün, Blattstiel und Zweig jung weißlich behaart, später oberseits dunkelgrün, im Herbst rot. *Borke* Dunkelgraubraun, glatt. *Blüten* Klein, mit gelben Kron- und roten Kelchblättern, in langstieligen, hängenden, behaarten Büscheln, im Frühjahr mit Laubaustrieb. *Früchte* Flügel stumpfwinklig zueinander, bis 2 cm lang.
- HERKUNFT Japan
- LEBENSRAUM Sonnige Bergkämme, Flußauen im Gebirge

Rötlich reifende Frucht

Leuchtendbunte Herbstfärbung

Behaarte Blattstiele

Behaarte junge Triebe

| Höhe | 10 m | Wuchs | Breit ausladend | Belaubung | Sommergrün | Laubform | |

LAUBBÄUME • 103

| Familie | ACERACEAE | Art | *Acer spicatum* | Autor | Lamarck |

VERMONT-AHORN

Blätter Handförmig gelappt, bis 12 cm lang, drei- bis fünflappig, zugespitzt, grob gesägt, oberseits dunkelgelbgrün und kahl, oft runzlig, unterseits behaart, im Herbst gelb, orange oder rot. *Borke* Graubraun, glatt. *Blüten* Klein, grünlichweiß, zahlreich in dichten, schmalen, aufrechten Rispen, diese bis 15 cm lang, im Frühsommer. *Früchte* Flügel fast rechtwinklig zueinander, bis 2,5 cm lang, anfangs grün, später oft rot.
• HERKUNFT O-Nordamerika
• LEBENSRAUM Kühle, feuchte Wälder, meist im Gebirge
• ANMERKUNG Strauch bis kleiner Baum, weit verbreitet. Eine Reihe verwandter Arten in O-Asien heimisch.

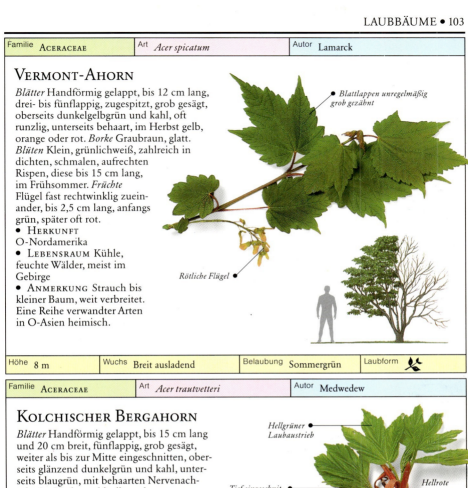

Blattlappen unregelmäßig grob gezähnt

Rötliche Flügel

| Höhe | 8 m | Wuchs | Breit ausladend | Belaubung | Sommergrün | Laubform | |

| Familie | ACERACEAE | Art | *Acer trautvetteri* | Autor | Medwedew |

KOLCHISCHER BERGAHORN

Blätter Handförmig gelappt, bis 15 cm lang und 20 cm breit, fünflappig, grob gesägt, weiter als bis zur Mitte eingeschnitten, oberseits glänzend dunkelgrün und kahl, unterseits blaugrün, mit behaarten Nervenachseln, im Herbst goldgelb, an langen, roten Blattstielen. *Borke* Hellgrau, glatt. *Blüten* Klein und gelb, in aufrechten Blütenständen, im Frühjahr aus hellroten Knopsen austreibende Blätter. *Früchte* Mit breiten, hellroten, fast parallelen Flügeln, bis 5 cm lang.
• HERKUNFT SW-Asien
• LEBENSRAUM Mischwälder
• ANMERKUNG Bei dieser Art fallen besonders die Früchte auf.

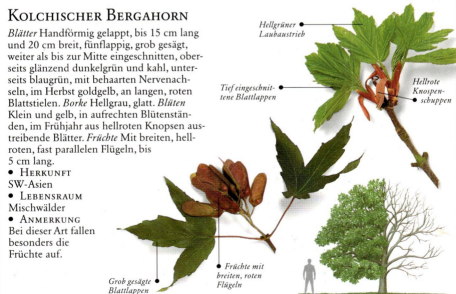

Hellgrüner Laubaustrieb

Tief eingeschnittene Blattlappen

Hellrote Knospenschuppen

Grob gesägte Blattlappen

Früchte mit breiten, roten Flügeln

| Höhe | 15 m | Wuchs | Breit ausladend | Belaubung | Sommergrün | Laubform | |

| Familie ACERACEAE | Art *Acer triflorum* | Autor Komarow |

DREIBLÜTIGER AHORN

Blätter Dreizählig, Blättchen grob gesägt, mittleres bis 10 cm lang und 4 cm breit, oberseits hellgrün, beiderseits behaart, im Herbst leuchtend orange bis rot. *Borke* Hell- bis graubraun, senkrecht abschälend. *Blüten* Klein, gelb, zu dritt hängend, im Frühjahr mit Laubaustrieb. *Früchte* Flügel fast parallel, bis 4 cm lang.
• HERKUNFT NO-China, Korea
• LEBENSRAUM Bergwälder und -schluchten

Grob gesägte Blättchen
Bläuliche Blattunterseite
Stark behaarte Blattstiele
Bronzefarbene junge Blätter
Herbstfärbung

| Höhe 12 m | Wuchs Breit ausladend | Belaubung Sommergrün | Laubform |

| Familie ACERACEAE | Art *Acer velutinum* | Autor Boissier |

PERSISCHER BERGAHORN

Blätter Handförmig gelappt, bis 15 cm lang und breit, meist fünflappig, grob gesägt, oberseits gelbgrün, unterseits weich behaart, langstielig. *Borke* Graubraun, glatt. *Blüten* Klein, grün, in großen, aufrechten Rispen, im späten Frühjahr kurz nach Laubaustrieb. *Früchte* Große Flügel, fast rechtwinklig zueinander, bis 4 cm lang.
• HERKUNFT Kaukasus, N-Iran
• LEBENSRAUM Bergwälder
• ANMERKUNG Blätter ähneln denen des Echten Bergahorns (*Acer pseudoplatanus*, s. Seite 99), sind aber größer.

Gelbgrüne Blattoberseite
Kleine Lappen an der Basis
Grüne Blüten in aufrechten Rispen
Grob gesägte Blattlappen

| Höhe 15 m | Wuchs Breit ausladend | Belaubung Sommergrün | Laubform |

ANACARDIACEAE

Diese Familie ist in den wärmeren Zonen mit rund 600 Arten immer- und sommergrüner Bäume, Sträucher und Lianen in etwa 80 Gattungen vertreten. Die Blätter sind meist wechselständig und einfach oder gefiedert. Die kleinen Blüten stehen oft auf zweihäusigen Pflanzen. Die Blätter mancher Arten, vor allem der Gattung *Rhus*, enthalten einen hautreizenden, teils sogar ätzenden Stoff. Zur Familie gehören auch der Cashewbaum *(Anacardium occidentale)*, der Mangobaum *(Mangifera indica)* und der Kletternde Giftsumach *(Rhus radicans)*.

| Familie | ANACARDIACEAE | Art | *Cotinus obovatus* | Autor | Rafinesque |

AMERIKANISCHER PERÜCKENSTRAUCH

Blätter Verkehrteiförmig, bis 15 cm lang und 7,5 cm breit, dünn, ganzrandig, anfangs bronzefarben, später blaugrün, oberseits kahl, unterseits behaart, im Herbst leuchtend orange und rot. *Borke* Graubraun, im Alter schuppig. *Blüten* Meist zweihäusig, klein und gelb, in langen, endständigen Rispen, im Frühsommer. *Früchte* Einzelfrucht, klein, gruppenweise an dünnen, federartigen Stielen.
• HERKUNFT Zentral- und S-USA
• LEBENSRAUM Felsiges Hügelland

Kleine Blüten in langen Rispen
Bronzefarbene junge Blätter
Leuchtende Herbstfärbung
Ganzrandige Blätter

| Höhe | 10 m | Wuchs | Breit kegelig | Belaubung | Sommergrün | Laubform | |

| Familie | ANACARDIACEAE | Art | *Rhus copallina* | Autor | Linné |

RHUS COPALLINA

Blätter Gefiedert, bis 35 cm lang, mit bis zu 23 länglich zugespitzten, meist ganzrandigen Blättchen, bis 10 cm lang und 4 cm breit, oberseits flaumig, später kahl und glänzend, dunkelgrün, unterseits heller und behaart, im Herbst leuchtend rot. *Borke* Dunkelgrau, mit dünnen Schuppen. *Blüten* Klein, gelblich, in dichten, kegelförmigen, endständigen Rispen, im Sommer. *Früchte* Klein, in kegeligen, hellroten Rispen, bis 20 cm lang.
• HERKUNFT O-Nordamerika
• LEBENSRAUM Gebirge, Wälder, Gebüsch, trockene Standorte

Blattstiel mit breiten Blättchen

| Höhe | 10 m | Wuchs | Breit ausladend | Belaubung | Sommergrün | Laubform | |

| Familie | ANACARDIACEAE | Art | *Rhus trichocarpa* | Autor | Miquel |

RHUS TRICHOCARPA

Blätter Bis 50 cm lang, mit bis zu 17 spitz eiförmigen Blättchen, bis 10 cm lang und 4 cm breit, rötlich, später matt dunkelgrün, flaumig, im Herbst orangerot. *Borke* Hellgraubraun, mit auffälligen Lentizellen. *Blüten* Klein, gelblich, in kegeligen Rispen, blattachselständig, im Sommer. *Früchte* Klein, bräunlichgelb.
- HERKUNFT China, Japan, Korea
- LEBENSRAUM Gebirge und Gebüsch

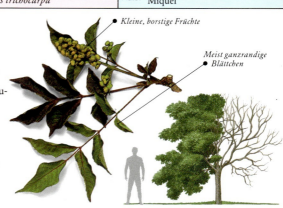

• Kleine, borstige Früchte

• Meist ganzrandige Blättchen

| Höhe | 8 m | Wuchs | Breit ausladend | Belaubung | Sommergrün | Laubform | |

| Familie | ANACARDIACEAE | Art | *Rhus typhina* | Autor | Linné |

ESSIGBAUM

◁ RHUS TYPHINA

Blätter Bis 60 cm lang, mit bis zu 27 lanzettlichen bis länglichen, scharf gesägten Blättchen, bis 12 cm lang und 5 cm breit, oberseits dunkelgrün, unterseits blaugrün, beiderseits anfangs flaumig, später verkahlend, im Herbst hellorange und rot, an kräftigen, samtigen Zweigen. *Borke* Dunkelbraun, glatt. *Blüten* Ein- oder zweihäusig, klein, grün, dicht gedrängt in endständigen Kolbenrispen, im Sommer. *Früchte* Klein, hellrot; dichtstehend, in kolbenförmigen Rispen, diese bis 20 cm lang.
- HERKUNFT O-Nordamerika
- LEBENSRAUM Wiesen, Feldgehölze und Waldränder, oft auf trockenen, felsigen Böden

• Leuchtende Herbstfärbung

RHUS TYPHINA ▷

Geschlitzte Blättchen •

Grüne Blüten

◁ 'DISSECTA'
Diese Sorte hat tief geschlitzte Blättchen.

| Höhe | 10 m | Wuchs | Breit ausladend | Belaubung | Sommergrün | Laubform | |

ANNONACEAE

E INE VORWIEGEND TROPISCHE FAMILIE mit mehr als 2000 Arten, verwandt mit den Magnolien (*Magnolia*, s. Seiten 202–215). Typisches Merkmal der Bäume sind die einfachen, wechselständigen Blätter und die dreizähligen Blütenhüllen. Die Zimtäpfel *(Annona)* sind bekannte Mitglieder der Familie.

Familie ANNONACEAE	Art *Asimina triloba*	Autor (Linné) Dunal

PAPAU

Blätter Länglich bis verkehrteiförmig, bis 25 cm lang, kurz zugespitzt, ganzrandig, hellgrün, unterseits anfangs flaumig, später kahl, im Herbst gelb. *Borke* Graubraun, im Alter etwas rauh und schuppig. *Blüten* Bis 4 cm breit, erst grün, später rötlichbraun, sechs Kronblätter, die drei inneren aufrecht, die drei äußeren größer und abstehend, einzeln, an kurzen, kräftigen Stielen an älteren Zweigen, im späten Frühjahr mit Laubaustrieb.
Früchte Fleischig, eßbar, bis 15 cm lang, erst grün, reif gelbbraun.
- HERKUNFT O-Nordamerika
- LEBENSRAUM Fruchtbare, feuchte Wälder
- ANMERKUNG Der Geschmack der ungewöhnlichen Früchte erinnert etwas an Bananen. Die Art wird manchmal mit *Carica papaya*, dem Papayabaum, verwechselt, ein wegen seiner eßbaren Früchte angebauter tropischer Baum.

Kurz zugespitzte Blätter

Blätter zur Basis hin verschmälert

Gelbbraune, unreif grüne Früchte

Rötlichbraune Blüten

Noch junge grünlichrote Blüten

Höhe 9 m	Wuchs Breit ausladend	Belaubung Sommergrün	Laubform

AQUIFOLIACEAE

Eine vorwiegend in den Tropen und Subtropen verbreitete Familie mit über 400 immergrüner und sommergrüner Arten. Die meisten Arten gehören zur Gattung *Ilex* (Stechpalmen). Die Gehölze haben wechselständige Blätter und kleine, weiße oder rosa Blüten; aus den weiblichen Blüten entstehen im Herbst gelbe, rote, orange oder schwarze Steinfrüchte. Aus den Blättern von *Ilex paraguariensis*, einer südamerikanischen Art, wird der Mate-Tee gewonnen.

Familie AQUIFOLIACEAE	Art *Ilex* x *altaclerensis*	Autor (hort. ex Loudon) Dallimore

GROSSBLÄTTRIGE STECHPALME

Blätter In Größe und Form vielgestaltig, länglich bis eiförmig, bis 13 cm oder länger und 7,5 cm breit, gezähnt, oft stachelig, oberseits glänzend dunkelgrün. *Borke* Grau und glatt. *Blüten* Zweihäusig, klein und weiß, oft purpurn überzogen, duftend, meist zu mehreren in den Blattachseln, im Frühjahr. *Früchte* Große, fleischige, rote Beeren.
• HERKUNFT Aus gärtnerischer Kultur
• ANMERKUNG Eine Hybride zwischen der Gemeinen Stechpalme (*Ilex aquifolium*, s. Seite 109) und *Ilex perado*, einer auf den Kanaren, Madeira und den Azoren heimischen Art, ihre bekannten Sorten mit vielen Zierformen werden gerne in Gärten gepflanzt.

◁ 'BELGICA AUREA'
Die langen Blätter der weiblichen Pflanze haben kaum Stacheln.

Purpurrote Blattstiele

Gelber Blattrand

△ 'CAMELLIIFOLIA'
Weibl. Pflanze mit fast ganzrandigen Blättern.

'GOLDEN KING' ▷
Die breiten, dicken Blätter dieser weiblichen Pflanze haben einen gelben Rand.

Versenkte Nervatur

Weiße Blüten aus rötlichen Knospen

'LAWSONIANA' ▷
Die gelb panaschierten Blätter der weiblichen Pflanze sind fast ganzrandig.

Glänzend dunkelgrüne Blätter

△ 'HODGINSII'
Männl. Pflanze mit wenig bestachelten, großen, dunkelgrünen Blättern und rötlichen Trieben.

◁ 'WILSONII'
Weibl. Pflanze mit großen Blättern.

Unregelmäßig gelb und grün panaschierte Blätter

Höhe 20 m	Wuchs Breit säulenförmig	Belaubung Immergrün	Laubform

LAUBBÄUME • 109

Familie	Art	Autor
AQUIFOLIACEAE	*Ilex aquifolium*	Linné

GEMEINE STECHPALME

Blätter Variabel, eiförmig bis elliptisch, bis 10 cm lang und 5 cm breit, jung ausgeprägt stachelig gezähnt, im Alter mehr oder weniger ganzrandig, oberseits glänzend dunkelgrün. *Borke* Hellgrau und glatt. *Blüten* Zweihäusig, klein und weiß oder rötlich, duftend, in Trauben in den Blattachseln, im späten Frühjahr. *Früchte* Meist rote Beeren, bis 1 cm dick.
- HERKUNFT W-Asien, Europa
- LEBENSRAUM Wälder, insbesondere Eichen- und Buchenwälder
- ANMERKUNG Aus der Art sind viele Sorten mit den verschiedensten Blatt- und Fruchtformen entstanden.

▽ ILEX AQUIFOLIUM

Weibliche Blüten mit vorstehendem grünen Fruchtknoten

Männl. Blüten

◁ ILEX AQUIFOLIUM

Ganzrandige und stachelige Blätter

◁ ILEX AQUIFOLIUM

Rote, dichtstehende Beeren

'CRISPA AUREA PICTA' ▷
Die dicken, oft gedrehten Blätter dieser männlichen Pflanze haben, von der Blattspitze abgesehen, keine Dornen und in der Mitte eine helle Zeichnung.

Dornspitze am eingezogenen vorderen Blattrand

▽ 'ARGENTEA MARGINATA'
Weibliche Pflanze mit rötlichen jungen Blättern, grünen Trieben und roten Beeren.

Gelblicher bestachelter Rand

Zahlreiche Beeren

◁ 'FEROX'
Wegen der auch oberseits bestachelten Blätter wird diese weibliche Pflanze auch Igelstechpalme genannt.

'BACCIFLAVA' △
Eine gelbfrüchtige Sorte mit stachelrandigen Blättern.

Helle Dornen auf der Blattoberseite

Höhe	Wuchs	Belaubung	Laubform
20 m	Breit säulenförmig	Immergrün	🍃

LAUBBÄUME

Familie	Art	Autor
AQUIFOLIACEAE	*Ilex aquifolium*	Linné

▽ 'FLAVESCENS'
Diese weibliche Pflanze hat gelb geflammte Blätter. Auch Blattstiel und Mittelrippe sind gelb.

Cremefarbene Dornen auf Blattoberseite und -rand

Unregelmäßig stachelig gezähnte Blattränder

Beiderseits der Mittelrippe glänzend grün

△ 'FEROX ARGENTEA'
Der Blattrand ist bei dieser männlichen Sorte gelblich bis weiß. Die Blattoberseite ist bestachelt.

Blätter können auch ganzrandig sein

Der Blattrand kann auch leicht rötlich sein

Dichtstehende rote Beeren

◁ 'J. C. VAN TOL'
Eine einhäusige Pflanze mit dicken, oberseits glänzend dunkelgrünen und kahlen Blättern, wenig bestachelt oder ganzrandig.

△ 'HANDSWORTH NEW SILVER'
Rötliche Zweige, cremefarbene Blattränder und kleine, rote Beeren sind typisch für diese weibliche Pflanze.

Tief eingezogene Blattnerven

Höhe	Wuchs	Belaubung	Laubform
20 m	Breit säulenförmig	Immergrün	

LAUBBÄUME • 111

| Familie | AQUIFOLIACEAE | Art | *Ilex aquifolium* | Autor | Linné |

'MADAME BRIOT' ▷
Die breiten Blätter dieser
strauchigen weiblichen
Pflanze haben einen
dunkelgelben Blatt-
rand. Die Beeren sind
im Herbst scharlachrot.

*Rötliche
junge
Triebe und
Blattstiele*

*Ältere Zweige
färben sich
grün*

*Große Blätter
mit kräftigen
Dornen*

*Dichtstehende
Beeren*

△ 'PYRAMIDALIS
FRUCTU LUTEO'
Die elliptischen, glän-
zend grünen, oft ganz-
randigen Blätter dieser
weiblichen Pflanze und
die zahlreichen gelben
Beeren ergeben ein
harmonisches Bild.

*Blätter oft nur
mit einem Dorn
an der Spitze*

*Welliger,
bestachelter
Blattrand*

*Dicht am Zweig
sitzende, kurz-
stielige Beeren*

*Blattachsel-
ständige
Blüten-
knospen*

△ 'SILVER MILKMAID'
Die Blätter dieser alten Sorte
mit roten Beeren sind dunkel-
grün mit cremefarbener Mitte.
Anders als der Name vermuten
läßt, ist auch die früher als
'Silver Milkboy' bekannte
Pflanze weiblich.

*Schwach
graugrüne
Marmorierung*

△ 'SILVER QUEEN'
Eine männliche Pflanze
mit dunkelroten Trieben
und breiten, weiß geränder-
ten Blättern, die beim Austrieb orange bis rosa sind.
Die Zweige sind purpurn.

| Höhe | 20 m | Wuchs | Breit säulenförmig | Belaubung | Immergrün | Laubform | |

Ilex × koehneana

Familie AQUIFOLIACEAE **Art** Ilex x koehneana **Autor** Loesener

Blätter Elliptisch bis länglich, bis 15 cm lang, Rand scharf stachelig gezähnt, anfangs oft bronzefarben, später glänzend dunkelgrün, junge Triebe rötlich. *Borke* Grau, glatt. *Blüten* Zweihäusig, klein, grünlichweiß, in Büscheln in den Blattachseln, im Frühjahr. *Früchte* Rote Beeren, 8 mm dick.
- HERKUNFT Aus gärtnerischer Kultur
- ANMERKUNG Eine zuerst in Florenz bekannt gewordene Hybride aus der Gemeinen Stechpalme (*Ilex aquifolium*, s. Seite 109) und *Ilex latifolia* (s. u.). Die großen Blätter gehen auf *I. latifolia* zurück.

'CHESTNUT LEAF' ▷
Diese Sorte stammt aus Frankreich. Sie hat spitz bestachelte Blätter und kleine, leuchtendrote Beeren.

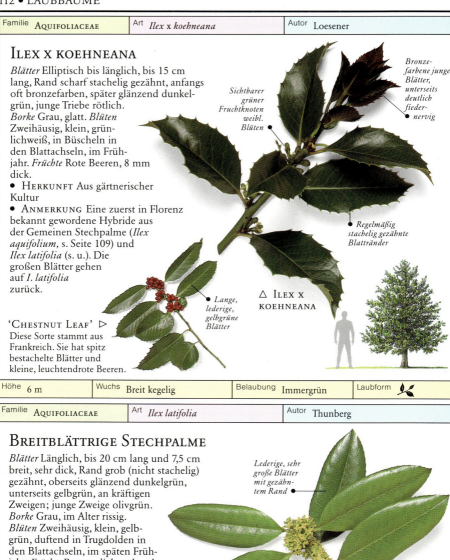

Sichtbarer grüner Fruchtknoten weibl. Blüten

Bronzefarbene junge Blätter, unterseits deutlich fiedernervig

Regelmäßig stachelig gezähnte Blattränder

Lange, lederige, gelbgrüne Blätter

△ ILEX × KOEHNEANA

| Höhe | 6 m | Wuchs | Breit kegelig | Belaubung | Immergrün | Laubform | |

Familie AQUIFOLIACEAE **Art** Ilex latifolia **Autor** Thunberg

BREITBLÄTTRIGE STECHPALME

Blätter Länglich, bis 20 cm lang und 7,5 cm breit, sehr dick, Rand grob (nicht stachelig) gezähnt, oberseits glänzend dunkelgrün, unterseits gelbgrün, an kräftigen Zweigen; junge Zweige olivgrün. *Borke* Grau, im Alter rissig. *Blüten* Zweihäusig, klein, gelbgrün, duftend in Trugdolden in den Blattachseln, im späten Frühjahr. *Früchte* Beeren dichtstehend, rötlich bis orange, reif im Spätherbst.
- HERKUNFT O-China, Japan
- LEBENSRAUM Warme Regionen
- ANMERKUNG Die sehr großen Blätter sind für Stechpalmen der gemäßigten Breiten einzigartig. In Japan wird die Art häufig an Tempeln gepflanzt.

Lederige, sehr große Blätter mit gezähntem Rand

Männl. Blüten mit gelben Staubbeuteln

| Höhe | 20 m | Wuchs | Breit kegelig | Belaubung | Immergrün | Laubform | |

LAUBBÄUME • 113

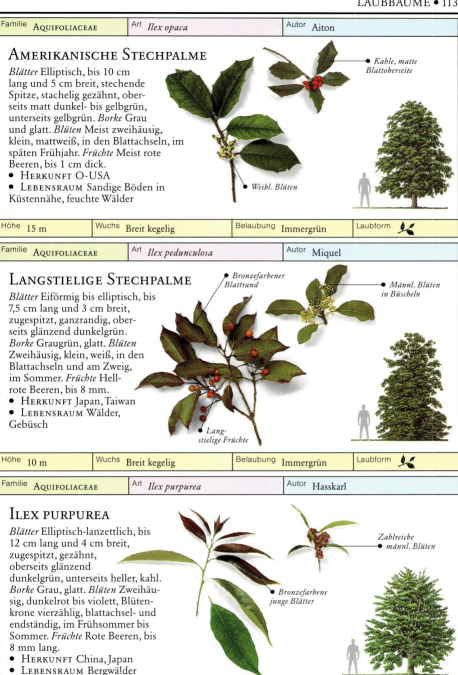

| Familie | AQUIFOLIACEAE | Art | *Ilex opaca* | Autor | Aiton |

AMERIKANISCHE STECHPALME

Blätter Elliptisch, bis 10 cm lang und 5 cm breit, stechende Spitze, stachelig gezähnt, oberseits matt dunkel- bis gelbgrün, unterseits gelbgrün. *Borke* Grau und glatt. *Blüten* Meist zweihäusig, klein, mattweiß, in den Blattachseln, im späten Frühjahr. *Früchte* Meist rote Beeren, bis 1 cm dick.
• HERKUNFT O-USA
• LEBENSRAUM Sandige Böden in Küstennähe, feuchte Wälder

• Kahle, matte Blattoberseite
• Weibl. Blüten

| Höhe | 15 m | Wuchs | Breit kegelig | Belaubung | Immergrün | Laubform |

| Familie | AQUIFOLIACEAE | Art | *Ilex pedunculosa* | Autor | Miquel |

LANGSTIELIGE STECHPALME

Blätter Eiförmig bis elliptisch, bis 7,5 cm lang und 3 cm breit, zugespitzt, ganzrandig, oberseits glänzend dunkelgrün. *Borke* Graugrün, glatt. *Blüten* Zweihäusig, klein, weiß, in den Blattachseln und am Zweig, im Sommer. *Früchte* Hellrote Beeren, bis 8 mm.
• HERKUNFT Japan, Taiwan
• LEBENSRAUM Wälder, Gebüsch

• Bronzefarbener Blattrand
• Männl. Blüten in Büscheln
• Lang-stielige Früchte

| Höhe | 10 m | Wuchs | Breit kegelig | Belaubung | Immergrün | Laubform |

| Familie | AQUIFOLIACEAE | Art | *Ilex purpurea* | Autor | Hasskarl |

ILEX PURPUREA

Blätter Elliptisch-lanzettlich, bis 12 cm lang und 4 cm breit, zugespitzt, gezähnt, oberseits glänzend dunkelgrün, unterseits heller, kahl. *Borke* Grau, glatt. *Blüten* Zweihäusig, dunkelrot bis violett, Blütenkrone vierzählig, blattachsel- und endständig, im Frühsommer bis Sommer. *Früchte* Rote Beeren, bis 8 mm lang.
• HERKUNFT China, Japan
• LEBENSRAUM Bergwälder

Zahlreiche
• männl. Blüten
• Bronzefarbene junge Blätter

| Höhe | 13 m | Wuchs | Breit kegelig | Belaubung | Immergrün | Laubform |

ARALIACEAE

DIESE FAMILIE immer- und sommergrüner Gehölze und Stauden ist mit über 50 Gattungen und 800 Arten weltweit, vor allem in den Tropen verbreitet. Die Blätter sind meist zusammengesetzt oder gelappt; die kleinen, grünlichweißen oder weißen Blüten stehen meist in mehrfach zusammengesetzten Dolden.

| Familie ARALIACEAE | Art *Aralia spinosa* | Autor Linné |

HERKULESKEULE

Blätter Doppelt gefiedert, groß, 40–80 cm oder mehr, mit zahlreichen eiförmigen, zugespitzten, gesägten Blättchen, bis 7,5 cm lang und 4 cm breit, oberseits anfangs bronzefarben, später dunkelgrün, unterseits heller, fast kahl, im Herbst gelb bis purpurrot, mit stacheligem Blattstiel, an kräftigen, stacheligen Zweigen. *Borke* Grau, sehr stachelig. *Blüten* Klein, weißlich, in kleinen Dolden, die mehrfach verzweigte Trauben an einer Hauptachse bilden, im Spätsommer. *Früchte* Kugelig, schwarzrot, bis 6 mm groß.
• HERKUNFT O-USA
• LEBENSRAUM Flußauen und feuchte Wälder
• ANMERKUNG Selten im Handel

▽ ARALIA ELATA
Eine ähnliche Art aus NO-Asien und Japan; Blüten im Herbst, wenn *Aralia spinosa* Früchte trägt.

Kleine schwarzrote Früchte an roten Stielen

ARALIA △ ▽ SPINOSA

Große Blätter mit zahlreichen Blättchen

Blütentrauben an einer Hauptachse

Blüten mit vorragenden gelben Staubbeuteln

Verzweigte Blütenstände

| Höhe 10 m | Wuchs Breit ausladend | Belaubung Sommergrün | Laubform |

LAUBBÄUME • 115

| Familie | ARALIACEAE | Art | *Kalopanax pictus* | Autor | (Thunberg) Nakai |

BAUMARALIE

Blätter Handförmig gelappt, mit fünf bis sieben gesägten Lappen, bis 25 cm lang und breit oder mehr, oberseits glänzend dunkelgrün und kahl, unterseits anfangs flaumig. *Borke* Schwarzbraun, stachelig, tiefrissig. *Blüten* Klein und weiß, zahlreich, dünnstielig, in endständigen Doppeldolden, im Spätsommer. *Früchte* Kugelig, blauschwarz, ca. 5 mm lang.
- HERKUNFT China, O-Rußland
- LEBENSRAUM Flußauen und feuchte Wälder
- ANMERKUNG Die jungen Blätter der Art sind gekocht eßbar. Die ähnliche *Kalopanax pictus* var. *maximowiczii* hat bis weit über die Mitte eingeschnittene Blätter.

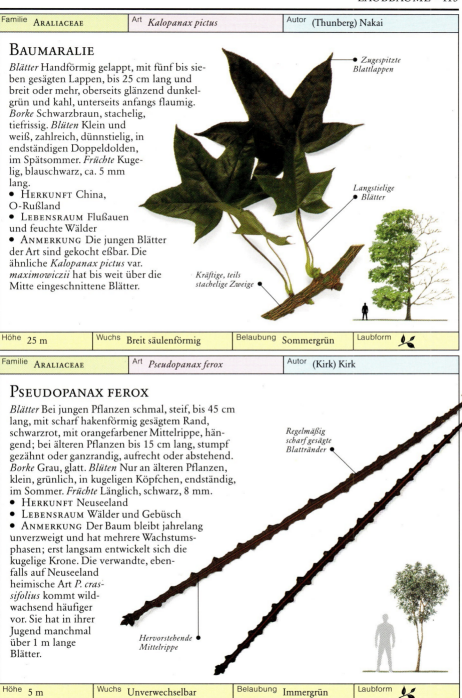

Zugespitzte Blattlappen

Langstielige Blätter

Kräftige, teils stachelige Zweige

| Höhe | 25 m | Wuchs | Breit säulenförmig | Belaubung | Sommergrün | Laubform | |

| Familie | ARALIACEAE | Art | *Pseudopanax ferox* | Autor | (Kirk) Kirk |

PSEUDOPANAX FEROX

Blätter Bei jungen Pflanzen schmal, steif, bis 45 cm lang, mit scharf hakenförmig gesägtem Rand, schwarzrot, mit orangefarbener Mittelrippe, hängend; bei älteren Pflanzen bis 15 cm lang, stumpf gezähnt oder ganzrandig, aufrecht oder abstehend. *Borke* Grau, glatt. *Blüten* Nur an älteren Pflanzen, klein, grünlich, in kugeligen Köpfchen, endständig, im Sommer. *Früchte* Länglich, schwarz, 8 mm.
- HERKUNFT Neuseeland
- LEBENSRAUM Wälder und Gebüsch
- ANMERKUNG Der Baum bleibt jahrelang unverzweigt und hat mehrere Wachstumsphasen; erst langsam entwickelt sich die kugelige Krone. Die verwandte, ebenfalls auf Neuseeland heimische Art *P. crassifolius* kommt wildwachsend häufiger vor. Sie hat in ihrer Jugend manchmal über 1 m lange Blätter.

Regelmäßig scharf gesägte Blattränder

Hervorstehende Mittelrippe

| Höhe | 5 m | Wuchs | Unverwechselbar | Belaubung | Immergrün | Laubform | |

BETULACEAE

Einige der bekanntesten kätzchentragenden Pflanzen gehören zur Familie der Birkengewächse, z. B. die Haselnuß (*Corylus*, s. Seite 127). Die sechs Gattungen mit über 150 Arten sommergrüner Bäume und Sträucher sind vorwiegend in den nördlichen gemäßigten Zonen heimisch, Erlen (*Alnus*, s. Seiten 116–117) auch in den Anden. Die Pflanzen sind einhäusig, mit wechselständigen Blättern. Als Blütenstände werden eingeschlechtige Kätzchen gebildet.

| Familie BETULACEAE | Art *Alnus cordata* | Autor Desfontaines |

ITALIENISCHE ERLE

Blätter Rundlich, bis 10 cm lang und breit, oberseits glänzend dunkelgrün und kahl, unterseits heller, mit behaarten Nervenachseln. *Borke* Grau, glatt, im Alter rissig. *Blüten* Einhäusig, in Kätzchen, männliche bis 7,5 cm, gelb, weibliche klein, rot, aufrecht, im zeitigen Frühjahr. *Früchte* Nüßchen in verholzenden, zapfenförmigen Fruchtständen, 3 cm lang, braun.
• HERKUNFT Korsika, Mittel- und S-Italien
• LEBENSRAUM Laubwälder der Gebirge

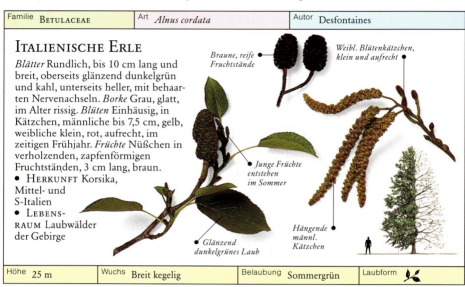

Braune, reife Fruchtstände
Weibl. Blütenkätzchen, klein und aufrecht
Junge Früchte entstehen im Sommer
Glänzend dunkelgrünes Laub
Hängende männl. Kätzchen

| Höhe 25 m | Wuchs Breit kegelig | Belaubung Sommergrün | Laubform |

| Familie BETULACEAE | Art *Alnus glutinosa* | Autor (Linné) Gaertner |

SCHWARZERLE

Blätter Verkehrteiförmig, bis 10 cm lang, 7,5 cm breit, gesägt, oberseits dunkelgrün, kahl, unterseits an den Nervenachseln behaart. *Borke* Dunkelgrau, rissig. *Blüten* Einhäusig, in Kätzchen, männliche bis 10 cm, gelbgrün, hängend, weibliche klein, rot, aufrecht, im zeitigen Frühjahr. *Früchte* In zapfenartigen Fruchtständen, dunkelbraun, 2 cm.
• HERKUNFT N-Afrika, W-Asien, Europa
• LEBENSRAUM Flußauen

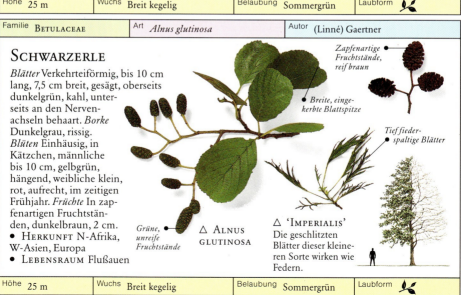

Zapfenartige Fruchtstände, reif braun
Breite, eingekerbte Blattspitze
Tief fiederspaltige Blätter
Grüne, unreife Fruchtstände
△ ALNUS GLUTINOSA
△ 'IMPERIALIS' Die geschlitzten Blätter dieser kleineren Sorte wirken wie Federn.

| Höhe 25 m | Wuchs Breit kegelig | Belaubung Sommergrün | Laubform |

LAUBBÄUME • 117

| Familie BETULACEAE | Art *Alnus incana* | Autor (Linné) Moench |

GRAUERLE

Blätter Eiförmig, bis 10 cm lang und 5 cm breit, kurz zugespitzt, doppelt gesägt, manchmal schwach gelappt, oberseits matt dunkelgrün, anfangs behaart, unterseits grau behaart. *Borke* Dunkelgrau, glatt. *Blüten* Einhäusig, eingeschlechtig, in Kätzchen, männliche bis 10 cm, rötlich, hängend, weibliche klein, rot, aufrecht, im Spätwinter bis zeitigem Frühjahr. *Früchte* Zapfenartige Fruchtstände, bis 2 cm, anfangs grün, reif braun.
• HERKUNFT Kaukasus, Europa
• LEBENSRAUM Gebirge

'AUREA' Eine Sorte mit gelbgrünen Blättern und lachsfarbenen Zweigen.

△ ALNUS INCANA

| Höhe 20 m | Wuchs Breit kegelig | Belaubung Sommergrün | Laubform |

| Familie BETULACEAE | Art *Alnus oregona* | Autor Nuttall |

ROTERLE

Blätter Eiförmig bis elliptisch, bis 10 cm lang und 7,5 cm breit, an der Basis verschmälert, kurz zugespitzt, oberseits dunkelgrün, kahl, unterseits anfangs ganz, später nur an Adern behaart, blaugrün. *Borke* Hellgrau, rauh. *Blüten* Einhäusig, eingeschlechtig, in Kätzchen, männliche bis 15 cm, gelborange, hängend, weibliche klein, rot, aufrecht, im zeitigen Frühjahr. *Früchte* Fruchtstand zapfenartig, bis 2,5 cm.
• HERKUNFT W-Nordamerika
• LEBENSRAUM Flußauen und Canyons, Küstennähe
• ANMERKUNG Erinnert aus der Ferne an weißstämmige Birkenarten.

| Höhe 15 m | Wuchs Breit kegelig | Belaubung Sommergrün | Laubform |

118 • LAUBBÄUME

| Familie BETULACEAE | Art *Betula albosinensis* | Autor Burkill |

KUPFERBIRKE

Blätter Eiförmig, bis 7,5 cm lang und 4 cm breit, zugespitzt, gesägt, jung behaart, später kahl, glänzend grün, im Herbst gelb, an leicht rauhen Zweigen; junge Zweige drüsig.
Borke Orange bis kupferrot, sehr dünn waagrecht abrollend; neue Borke cremefarben.
Blüten Einhäusig, eingeschlechtig, in Kätzchen, männliche bis 6 cm lang, gelb, hängend, weibliche grün, aufrecht, im Frühjahr.
Früchte In Kätzchen, reif aufbrechend.
• HERKUNFT W-China
• LEBENSRAUM Wälder der Hochgebirge
• ANMERKUNG Durch die kupferfarbene, dünn abrollende Rinde ist diese Art eine der auffallendsten Birken.

Glänzende, scharf gesägte Blätter

Kätzchen erscheinen im Sommer und öffnen sich im nächsten Frühjahr

Aufrechte weibl. Kätzchen

Hängende männl. Kätzchen

△ BETULA ALBOSINENSIS

Dünn abrollende rötliche Borke

▽ VAR. SEPTENTRIONALIS
Diese Varietät erkennt man an den blassen, eher mattgrünen Blättern und der kupferfarbenen bis rötlichgrauen Rinde.

Mattgrüne Blätter

Kupferfarbene Rinde mit hellen Lentizellen

Blätter an drüsigen jungen Zweigen

Endständige männl. Kätzchen

Aufrechte weibl. Fruchtkätzchen

| Höhe 25 m | Wuchs Breit kegelig | Belaubung Sommergrün | Laubform |

LAUBBÄUME • 119

| Familie BETULACEAE | Art *Betula alleghaniensis* | Autor Britton |

GELBBIRKE

Blätter Länglich-eiförmig, bis 10 cm lang und 5 cm breit, zugespitzt, gesägt, oberseits mattgrün, unterseits heller, im Herbst gelb, an aromatisch duftenden Zweigen. **Borke** Gelbgrau, waagrecht abrollend. **Blüten** Einhäusig, in Kätzchen, männliche bis 10 cm lang, gelb, weibliche rötlichgrün, im Frühjahr. **Früchte** In kräftigen, aufrechten Kätzchen, reif aufbrechend.
• HERKUNFT O-Nordamerika
• LEBENSRAUM Feuchte Wälder

Die gelbgraue Borke rollt waagrecht dünn ab

Männl. Blüten in hängenden Kätzchen

Scharf gesägter Blattrand

Rötliche weibl. Kätzchen, aufrecht

| Höhe 30 m | Wuchs Breit säulenförmig | Belaubung Sommergrün | Laubform |

| Familie BETULACEAE | Art *Betula ermanii* | Autor Chamisso |

GOLDBIRKE

Blätter Eiförmig, bis 7,5 cm lang und 5 cm breit, lang zugespitzt, oberseits glänzend grün, unterseits an den Adern behaart, im Herbst gelb. **Borke** Gelbweiß, mit waagrechten Lentizellen, abrollend. **Blüten** Einhäusig, eingeschlechtig, in Kätzchen, männliche bis 10 cm, gelblich, hängend, weibliche grün, aufrecht, im Frühjahr. **Früchte** In Kätzchen, reif aufbrechend.
• HERKUNFT NO-Asien, Japan
• LEBENSRAUM Wälder

Grob gesägter Blattrand

Aufrechte Fruchtkätzchen

Hängende männl. Kätzchen

Neue cremefarbene Borke

Borke rollt in papierdünnen Streifen ab

Zweige mit warzigen Drüsen

| Höhe 25 m | Wuchs Breit kegelig | Belaubung Sommergrün | Laubform |

120 • LAUBBÄUME

| Familie BETULACEAE | Art *Betula grossa* | Autor Siebold & Zuccarini |

BETULA GROSSA

Blätter Eiförmig, bis 10 cm lang und 5 cm breit, lang zugespitzt, Basis herzförmig, grob gesägt, oberseits dunkelgrün, unterseits seidig behaarte Adern, im Herbst gelb, an aromatisch duftenden Zweigen. *Borke* Schwarzrot, mit waagrechten Streifen, im Alter dunkelgrau. *Blüten* Einhäusig, eingeschlechtig, in Kätzchen, männliche bis 2,5 cm, gelb, hängend, weibliche grün, aufrecht, im Frühjahr. *Früchte* In aufrechten Kätzchen, reif aufbrechend.
- HERKUNFT Japan
- LEBENSRAUM Bergwälder
- ANMERKUNG Eng verwandt ist die Zuckerbirke (*Betula lenta*, s. u.) aus Nordamerika mit ähnlicher Rinde und aromatisch duftenden Zweigen.

Junge Bäume mit glänzend roter Rinde

Kätzchen erscheinen im Sommer

Aromatische junge Triebe

Scharf gesägte Blattränder, deutliche Blattadern

| Höhe 20 m | Wuchs Breit kegelig | Belaubung Sommergrün | Laubform |

| Familie BETULACEAE | Art *Betula lenta* | Autor Linné |

ZUCKERBIRKE

Blätter Eiförmig, bis 12 cm lang und 6 cm breit, zugespitzt, scharf gesägt, oberseits glänzend dunkelgrün, unterseits heller, Adern seidig behaart, im Herbst gelb, Zweigrinde aromatisch duftend. *Borke* Rotbraun, mit hellen, waagrechten Lentizellen, später dunkel und stark rissig. *Blüten* Einhäusig, eingeschlechtig, in Kätzchen, männliche bis 7,5 cm, gelb, hängend, weibliche grün, aufrecht, im Frühjahr. *Früchte* In aufrechten Kätzchen, reif aufbrechend.
- HERKUNFT O-Nordamerika
- LEBENSRAUM Feuchte Wälder des Tieflands im Norden bis zu Gebirgen im Süden des Verbreitungsgebiets
- ANMERKUNG Auch als Schwarzbirke bekannt.

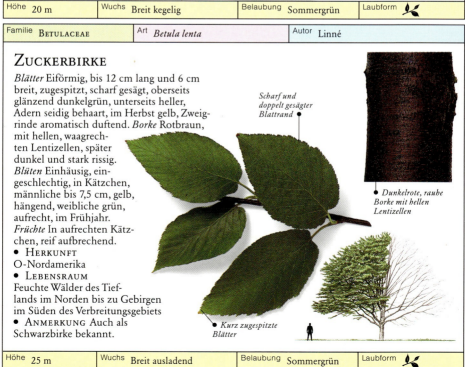

Scharf und doppelt gesägter Blattrand

Dunkelrote, rauhe Borke mit hellen Lentizellen

Kurz zugespitzte Blätter

| Höhe 25 m | Wuchs Breit ausladend | Belaubung Sommergrün | Laubform |

LAUBBÄUME • 121

| Familie | BETULACEAE | Art | *Betula maximowicziana* | Autor | Regel |

MAXIMOWICZS-BIRKE

Blätter Breit eiförmig, bis 15 cm lang und 12 cm breit, zugespitzt, Basis tief herzförmig, scharf doppelt gesägt, oberseits dunkelgrün, später kahl, im Herbst gelb, an warzigen Zweigen. *Borke* Anfangs orangebraun, später grau bis weißlich mit rosa Schimmer, mit waagrechten Lentizellen, dünn abrollend. *Blüten* Einhäusig, eingeschlechtig, in Kätzchen, männliche bis 10 cm lang, gelbbraun, hängend, weibliche grün, abstehend bis hängend, im Spätwinter. *Früchte* In hängenden Kätzchen, reif aufbrechend.
- HERKUNFT Zentral- und N-Japan
- LEBENSRAUM Wälder
- ANMERKUNG Keine andere Birkenart hat so große Blätter.

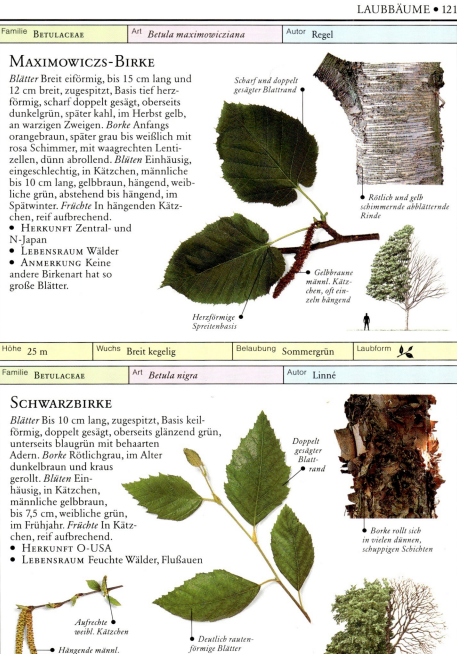

Scharf und doppelt gesägter Blattrand

Rötlich und gelb schimmernde abblätternde Rinde

Gelbbraune männl. Kätzchen, oft einzeln hängend

Herzförmige Spreitenbasis

| Höhe | 25 m | Wuchs | Breit kegelig | Belaubung | Sommergrün | Laubform |

| Familie | BETULACEAE | Art | *Betula nigra* | Autor | Linné |

SCHWARZBIRKE

Blätter Bis 10 cm lang, zugespitzt, Basis keilförmig, doppelt gesägt, oberseits glänzend grün, unterseits blaugrün mit behaarten Adern. *Borke* Rötlichgrau, im Alter dunkelbraun und kraus gerollt. *Blüten* Einhäusig, in Kätzchen, männliche gelbbraun, bis 7,5 cm, weibliche grün, im Frühjahr. *Früchte* In Kätzchen, reif aufbrechend.
- HERKUNFT O-USA
- LEBENSRAUM Feuchte Wälder, Flußauen

Doppelt gesägter Blattrand

Borke rollt sich in vielen dünnen, schuppigen Schichten

Aufrechte weibl. Kätzchen

Hängende männl. Kätzchen

Deutlich rautenförmige Blätter

| Höhe | 30 m | Wuchs | Breit ausladend | Belaubung | Sommergrün | Laubform |

| Familie BETULACEAE | Art *Betula papyrifera* | Autor Marshall |

PAPIERBIRKE

Blätter Eiförmig, bis 10 cm lang und 7,5 cm breit, zugespitzt, grob doppelt gesägt, oberseits dunkelgrün, unterseits heller und anfangs mit behaarten Nervenachseln, im Herbst gelb bis orange. *Borke* Weiß, auffällige dunkle Lentizellen, papierdünn abblätternd; neue Borke blaß rötlichorange. *Blüten* Einhäusig, eingeschlechtig, in Kätzchen, männliche bis 10 cm lang, gelb, hängend, weibliche schlank, grün, abstehend oder hängend, im Frühjahr. *Früchte* In Kätzchen, reif aufbrechend.
- HERKUNFT Nordamerika
- LEBENSRAUM Nördliche Wälder, Gebirge
- ANMERKUNG Im Herkunftsgebiet auch als „Kanubirke" bekannt. Die Rinde wurde von den amerikanischen Ureinwohnern zum Bau von Kanus verwendet. Diese am weitesten verbreitete amerikanische Art gedeiht in N-USA und von Labrador bis Alaska.

Kahle Blattoberseite

Grüne, hängende Fruchtkätzchen

Blattrand grob doppelt gesägt

Hängende männl. Kätzchen, endständig

Gelbe bis orange Herbstfärbung

Helle Blattunterseite mit behaarten Nerven

Dunkle, waagrechte Lentizellen

Etwas abstehende weibl. Kätzchen

Frische orangefarbene bis rötliche Rinde

| Höhe 30 m | Wuchs Breit kegelig | Belaubung Sommergrün | Laubform |

LAUBBÄUME • 123

| Familie BETULACEAE | Art *Betula pendula* | Autor Roth |

SANDBIRKE

Blätter Rautenförmig bis dreieckig, bis 6 cm lang und 4 cm breit, lang zugespitzt, grob doppelt gesägt, oberseits glänzend dunkelgrün, im Herbst gelb, an schlanken, kahlen, warzigen, hängenden Zweigen. *Borke* Weiß, abblätternd, im Alter dunkle, rauhe Risse. *Blüten* Einhäusig, eingeschlechtig, in Kätzchen, männliche bis 6 cm lang, gelb, hängend, weibliche grün, teils aufrecht hängend. *Früchte* In Kätzchen, reif aufbrechend.
* HERKUNFT N-Asien, Europa
* LEBENSRAUM Leichte, sandige Böden
* ANMERKUNG Auch als Weißbirke oder Hängebirke bekannt, bildet ausgedehnte Wälder.

Hängende männl. Kätzchen

△ BETULA PENDULA

Weibl. Kätzchen, aufrecht oder hängend

▽ BETULA PENDULA

Grob doppelt gesägte Blätter

BETULA ▷ PENDULA

Borke älterer Bäume mit breiten, dunklen Rissen

Hängende Fruchtkätzchen

'DALECARLICA' ▷
Die kleinen Blätter dieser Sorte sind tief geschlitzt und unregelmäßig gesägt.

Tief eingeschnittene Blätter

'PURPUREA' △
Diese Sorte fällt durch das schwarzrote Laub und die roten Blattstiele auf. Auch die Borke kann rötlich schimmern.

Blätter an roten Stielen

| Höhe 30 m | Wuchs Schmal überhängend | Belaubung Sommergrün | Laubform |

124 • LAUBBÄUME

| Familie | BETULACEAE | Art | *Betula populifolia* | Autor | Marshall |

PAPPELBLÄTTRIGE BIRKE

Blätter Eiförmig bis dreieckig, bis 7,5 cm lang, sehr lang zugespitzt, scharf gesägt, oberseits glänzend dunkelgrün und drüsig, im Herbst gelb. *Borke* Weiß, lange, waagrechte Lentizellen, im Alter am Fuß schwarz, nicht abrollend. *Blüten* Einhäusig, eingeschlechtig, in Kätzchen, männliche bis 7,5 cm lang, gelbbraun, hängend, weibliche grün, aufrecht, im Frühjahr. *Früchte* In Kätzchen, reif aufbrechend.
- HERKUNFT O-Nordamerika
- LEBENSRAUM Bergwälder
- ANMERKUNG Im Ursprungsgebiet auch als Graubirke bekannt. Der Stamm ist oft schon am Fuß verzweigt. Schnellwüchsig und kurzlebig.

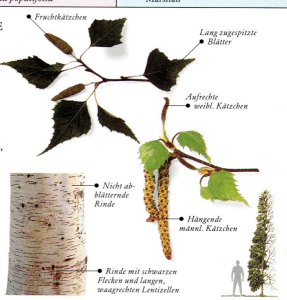

Fruchtkätzchen

Lang zugespitzte Blätter

Aufrechte weibl. Kätzchen

Nicht abblätternde Rinde

Hängende männl. Kätzchen

Rinde mit schwarzen Flecken und langen, waagrechten Lentizellen

| Höhe | 10 m | Wuchs | Schmal kegelig | Belaubung | Sommergrün | Laubform | |

| Familie | BETULACEAE | Art | *Betula pubescens* | Autor | Ehrhart |

MOORBIRKE

Blätter Rundlich bis eiförmig, bis 6 cm lang und 5 cm breit, kurz zugespitzt, doppelt gesägt, oberseits anfangs etwas behaart, unterseits an Adern behaart, im Herbst gelb, an flaumig behaarten Zweigen. *Borke* Weiß, am Stammfuß schwarz. *Blüten* Einhäusig, eingeschlechtig, in Kätzchen, männliche bis 6 cm lang, gelb, hängend, weibliche grün, aufrecht, im Frühjahr. *Früchte* In Kätzchen, reif aufbrechend.
- HERKUNFT N-Asien, Europa
- LEBENSRAUM Wälder
- ANMERKUNG Die Art ist mit der Sandbirke verwandt (*Betula pendula*, s. Seite 123), ist jedoch leicht an den behaarten, nicht hängenden Trieben zu erkennen. Sie bevorzugt nährstoffarme Böden und moorige Lagen.

Fruchtkätzchen

Gesägter Blattrand

Aufrechte weibl. Kätzchen

Junge Blätter an behaarten Zweigen

Endständige, hängende, männl. Kätzchen

| Höhe | 25 m | Wuchs | Breit kegelig | Belaubung | Sommergrün | Laubform | |

LAUBBÄUME • 125

| Familie BETULACEAE | Art *Betula utilis* | Autor D. Don |

HIMALAJA-BIRKE

Blätter Eiförmig, bis 10 cm lang und 6 cm breit, lang zugespitzt, gesägt, oberseits dunkelgrün glänzend, unterseits in den Nervenwinkeln behaart, im Herbst goldgelb, an seidig behaarten Zweigen. *Borke* Sehr variabel, orange- oder kupferfarben, rosa oder rein- weiß, papierdünn abblätternd.
Blüten In Kätzchen, männliche gelb, hängend, bis 12 cm oder län- ger, weibliche grün, aufrecht, im Früh- jahr. *Früchte* In Kätzchen, anfangs grün, reif braun und aufbrechend.
• HERKUNFT China, Himalaja
• LEBENSRAUM Hochgebirgswälder
• ANMERKUNG Die Borke dieser Art wird im Himalaja noch oft zur Herstellung von Papier und zum Decken der Dächer verwendet.

• *Fruchtstand aus weibl. Kätzchen*

△ BETULA UTILIS

▽ BETULA UTILIS

• *Aufrechte weibl. Kätzchen*

• *Die braunen Lentizellen heben sich deutlich von der glatten weißen Rinde ab*

• *Männl. Kätzchen können bis 18 cm lang werden*

• *Waegrecht abrollende Borke*

△ VAR. JACQUEMONTII
Eine an der weißen Rinde zu erkennende Varietät.

VAR. JACQUEMONTII ▽
'SILVER SHADOW'
Eine Sorte mit großen, hängenden, dunkel- grünen Blättern.

VAR. JACQUEMONTII △
'GRAYSWOOD GHOST'
Diese Sorte ist leicht an den stark glänzenden Blättern zu erkennen.

◁ VAR. JACQUEMONTII
'JERMYNS'
Eine robuste Sorte mit breiten Blättern.

| Höhe 25 m | Wuchs Breit kegelig | Belaubung Sommergrün | Laubform |

| Familie BETULACEAE | Art *Carpinus betulus* | Autor Linné |

HAINBUCHE

Blätter Elliptisch bis eiförmig, bis 10 cm lang und 6 cm breit, zugespitzt, doppelt gesägt, mit auffälligen Adern, oberseits dunkelgrün und kahl, unterseits an den Adern behaart, im Herbst gelb. *Borke* Hellgrau, gerieft, im Alter rissig. *Blüten* Einhäusig, eingeschlechtig, in Kätzchen, männliche bis 5 cm lang, gelblich, hängend, weibliche klein, grün, endständig, im Frühjahr. *Früchte* Nüßchen mit dreilappigen Hüllblättern, diese anfangs grün, später gelbbraun, in hängenden Kätzchen, bis 7,5 cm lang.
- HERKUNFT SW-Asien, Europa
- LEBENSRAUM Feldhecken und Laubwälder
- ANMERKUNG Eine weitverbreitete Heckenpflanze.

Doppelt gesägter Blattrand
Hüllblätter, im Sommer grün
Frucht umgeben von einem dreilappigen, meist ganzrandigen Hüllblatt

Früchte reifen im Herbst

Hängende männl. Kätzchen
Endständige weibl. Kätzchen

| Höhe 30 m | Wuchs Breit ausladend | Belaubung Sommergrün | Laubform |

| Familie BETULACEAE | Art *Carpinus caroliniana* | Autor Walter |

AMERIKANISCHE HAINBUCHE

Blätter Eiförmig, bis 10 cm, lang zugespitzt, doppelt gesägt, dunkelgrün, im Herbst orange bis rot, an dünnen Stielen. *Borke* Grau, glatt, gerieft. *Blüten* Einhäusig, eingeschlechtig, in Kätzchen, männliche bis 4 cm, gelblich, hängend, weibliche klein, grün, endständig, im Frühjahr. *Früchte* Nüßchen, mit zwei- oder dreilappigen grünen Hüllblättern, in hängenden Kätzchen, bis 7,5 cm.
- HERKUNFT Mexiko, O-Nordamerika
- LEBENSRAUM Feuchte Wälder, Flußauen, sumpfige Böden
- ANMERKUNG Der Buche (*Fagus*, s. Seiten 151–153) ähnlich, aber an den Früchten leicht zu erkennen.

Grob und doppelt gesägter Blattrand
Gesägte Hüllblätter

| Höhe 10 m | Wuchs Breit ausladend | Belaubung Sommergrün | Laubform |

LAUBBÄUME • 127

| Familie | BETULACEAE | Art | *Carpinus cordata* | Autor | Blume |

HERZBLÄTTRIGE HAINBUCHE

Blätter Länglich eiförmig, bis 12 cm lang und 7,5 cm breit, an der Basis herzförmig, zugespitzt, gesägt, oberseits grün, kahl. *Borke* Graubraun, glatt, im Alter gefurcht und schuppig. *Blüten* Einhäusig, eingeschlechtig, in Kätzchen, männliche bis 5 cm, gelblich, weibliche klein, grün, endständig, im Frühjahr. *Früchte* Nüßchen, grüne Hüllblätter, in hängenden Kätzchen, bis 10 cm lang.
• HERKUNFT Japan
• LEBENSRAUM Bergwälder

| Höhe | 15 m | Wuchs | Breit säulenförmig | Belaubung | Sommergrün | Laubform | |

| Familie | BETULACEAE | Art | *Carpinus japonica* | Autor | Blume |

JAPANISCHE HAINBUCHE

Blätter Länglich-eiförmig, bis 10 cm lang und 4 cm breit, zugespitzt, gesägt, oberseits dunkelgrün und kahl, im Herbst gelb. *Borke* Grau, glatt, im Alter dunkelbraun und schuppig. *Blüten* Einhäusig, in Kätzchen, männliche bis 5 cm lang, gelblich, weibliche klein, grün, endständig, im Frühjahr. *Früchte* Nüßchen mit gezähnten Hüllblättern, in Kätzchen, bis 6 cm lang.
• HERKUNFT Japan
• LEBENSRAUM Wälder und Dickichte

| Höhe | 15 m | Wuchs | Breit ausladend | Belaubung | Sommergrün | Laubform | |

| Familie | BETULACEAE | Art | *Corylus colurna* | Autor | Linné |

BAUMHASEL

Blätter Breit eiförmig, bis 15 cm lang und 10 cm breit, an der Basis herzförmig, grob doppelt gesägt, oberseits dunkelgrün und fast kahl, unterseits an den Adern behaart, im Herbst gelb. *Borke* Grau, korkig. *Blüten* Einhäusig, eingeschlechtig, in Kätzchen, männliche bis 7,5 cm lang, gelb, hängend, weibliche sehr klein, rot, im zeitigen Frühjahr. *Früchte* Eßbare Nüsse, von tiefgeschlitzter Fruchthülle umgeben.
• HERKUNFT SW-Asien, SO-Europa
• LEBENSRAUM Schattige Bergwälder

| Höhe | 25 m | Wuchs | Breit kegelig | Belaubung | Sommergrün | Laubform | |

| Familie BETULACEAE | Art *Ostrya carpinifolia* | Autor Scopoli |

GEMEINE HOPFENBUCHE

Blätter Eiförmig, bis 10 cm lang und 5 cm breit, zugespitzt, doppelt gesägt, schwach behaart, oberseits dunkelgrün. *Borke* Grau, glatt, im Alter braun, schuppig. *Blüten* Einhäusig, eingeschlechtig, in Kätzchen, männliche bis 7,5 cm lang, gelb, hängend, weibliche klein, grün, im Frühjahr. *Früchte* Nüßchen in sackartiger, gelblicher Fruchthülle, in hängenden Fruchtständen, bis 5 cm lang.
- HERKUNFT W-Asien, S-Europa
- LEBENSRAUM Bergwälder

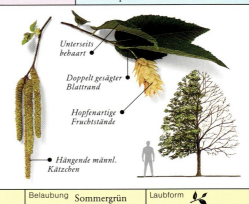

Unterseits behaart

Doppelt gesägter Blattrand

Hopfenartige Fruchtstände

Hängende männl. Kätzchen

| Höhe 20 m | Wuchs Breit kegelig | Belaubung Sommergrün | Laubform |

| Familie BETULACEAE | Art *Ostrya japonica* | Autor Sargent |

JAPANISCHE HOPFENBUCHE

Blätter Eiförmig, bis 12 cm lang und 5 cm breit, lang zugespitzt, scharf gesägt, oberseits dunkelgrün, beiderseits schwach behaart. *Borke* Graubraun, schuppig. *Blüten* Einhäusig, eingeschlechtig, in Kätzchen, männliche bis 7,5 cm lang, gelb, hängend, weibliche sehr klein, grün, im Frühjahr. *Früchte* Nüßchen in sackartiger, gelblicher Fruchthülle, in hängenden Fruchtständen, bis 5 cm lang.
- HERKUNFT China, Japan, Korea
- LEBENSRAUM Bergwälder

Fruchthülle vor dem Abfallen braun

Männl. Kätzchen

Weibl. Kätzchen

| Höhe 25 m | Wuchs Breit kegelig | Belaubung Sommergrün | Laubform |

| Familie BETULACEAE | Art *Ostrya virginiana* | Autor (Miller) K. Koch |

VIRGINISCHE HOPFENBUCHE

Blätter Eiförmig, bis 12 cm lang und 5 cm breit, zugespitzt, gesägt, oberseits dunkelgrün und kahl, unterseits in Nervenwinkeln behaart. *Borke* Graubraun, schuppig. *Blüten* Einhäusig, eingeschlechtig, in Kätzchen, männliche bis 5 cm, gelb, hängend, weibliche klein, grün, im Frühjahr. *Früchte* Nüßchen in sackartiger gelblicher Fruchthülle, in hängenden Fruchtständen, bis 6 cm.
- HERKUNFT O-Nordamerika
- LEBENSRAUM Wälder
- ANMERKUNG Auch als Amerikanische Hopfenbuche bekannt.

Geöffnete Fruchthülle mit kleinem Nüßchen

Blattrand scharf gesägt

| Höhe 20 m | Wuchs Breit kegelig | Belaubung Sommergrün | Laubform |

BIGNONIACEAE

Diese vorwiegend in den Tropen heimische Familie umfaßt immergrüne und sommergrüne Bäume, Sträucher, einige Stauden und viele Lianen. Die rund 850 Arten in 120 Gattungen sind vor allem in Südamerika verbreitet. Ihre Blätter sind oft gegenständig oder wirtelig. Die Kronröhren der Blüten enden oft in einer welligkrausen Glocke mit fransigen Kronblättern.

| Familie BIGNONIACEAE | Art *Catalpa bignonioides* | Autor Walter |

GEMEINER TROMPETENBAUM

Blätter Breit eiförmig, bis 25 cm lang und 20 cm breit, an der Basis herzförmig, scharf zugespitzt, selten schwach gelappt, ganzrandig, oberseits jung grünrot und flaumig, später hellgrün und kahl, unterseits blasser und behaart, lang gestielt. *Borke* Graubraun, schuppig. *Blüten* Glockig, 5 cm lang, zweilippig, weiß, mit gelben und purpurnen Flecken, in großen Rispen im Sommer und Spätsommer. *Früchte* Schmale, bohnenartige, hängende Kapseln, bis 40 cm lang, Samen nicht eßbar, bleiben lange am Zweig.
- HERKUNFT SO-USA
- LEBENSRAUM Flußauen und Wälder in niedrigen Lagen
- ANMERKUNG Auch als Indianerbohne bekannt.

◁ CATALPA BIGNONIOIDES

Trompetenförmige Blüten in lockeren, aufrechten Rispen

Große, breite, meist ungelappte Blätter

▽ CATALPA BIGNONIOIDES

◁ CATALPA BIGNONIOIDES

Blätter zu dritt in Quirlen

Lange Fruchtkapseln sind zuerst grün, später braun

Anfangs gelbe, später grüne Blätter

Früchte bleiben ein Jahr am Zweig

Innen gelb und purpurn gefleckte Blüten

△ 'AUREA'
Die hellgelben Blätter dieser Sorte färben sich im Hochsommer grün.

| Höhe 15 m | Wuchs Breit ausladend | Belaubung Sommergrün | Laubform |

CATALPA × ERUBESCENS

Blätter Dreilappig, bis 30 cm lang und 25 cm breit, ganzrandig, bronzefarben, später hellgrün. *Borke* Graubraun, mit schuppigen Furchen. *Blüten* Glockig, 4 cm lang, weiß, mit gelben und purpurnen Flecken, aromatisch, in großen Rispen im Spätsommer. *Früchte* Bohnenförmige, hängende Kapseln, bis 40 cm lang.
• HERKUNFT Aus gärtnerischer Kultur
• ANMERKUNG Eine Hybride aus dem Gemeinen Trompetenbaum (s. Seite 129) und dem Kleinblütigen Trompetenbaum *(Catalpa ovata)*. Die Sorte 'Purpurea' ist im Austrieb dunkelpurpurn.

| Höhe 15 m | Wuchs Breit ausladend | Belaubung Sommergrün | Laubform |

CATALPA FARGESII

Blätter Breit eiförmig, bis 15 cm lang und 12 cm breit, teils mit einem oder zwei zugespitzten Seitenlappen, anfangs bronzefarben, später glänzend grün, unterseits meist flaumig behaart. *Borke* Dunkelgrau, eckig abplattend. *Blüten* Glockig, 5 cm lang, rosa, innen braun und gelb gefleckt, in Scheindolden, im Sommer. *Früchte* Bohnenförmige, hängende Kapseln, bis 45 cm lang.
• HERKUNFT W-China
• LEBENSRAUM Offenes Bergland
• ANMERKUNG Blüht meist früher als die anderen Arten. Am häufigsten kultiviert wird die Varietät var. *duclouxii*.

| Höhe 20 m | Wuchs Breit säulenförmig | Belaubung Sommergrün | Laubform |

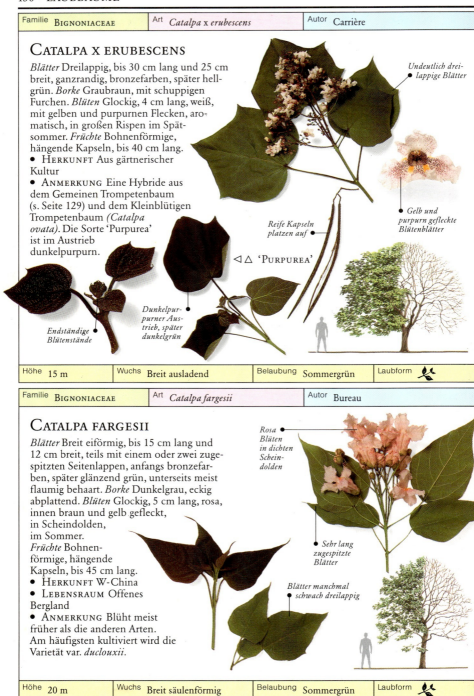

LAUBBÄUME • 131

| Familie BIGNONIACEAE | Art *Catalpa speciosa* | Autor (Warder ex Barney) Engelmann |

PRÄCHTIGER TROMPETENBAUM

Blätter Breit eiförmig, bis 30 cm lang und 20 cm breit, lang zugespitzt, oberseits glänzend dunkelgrün und anfangs flaumig, später kahl, unterseits flaumig behaart, lang gestielt. *Borke* Grau, schuppig und rissig. *Blüten* Glockig, 5 cm lang, weiß, mit gelben und wenigen purpurnen Flecken, in großen Rispen, im Sommer. *Früchte* Schlank, bohnenförmig, hängend, bis 45 cm lang, bleiben bis zum folgenden Jahr.
• HERKUNFT USA
• LEBENSRAUM Flußauen, feuchte Wälder, sumpfige Böden

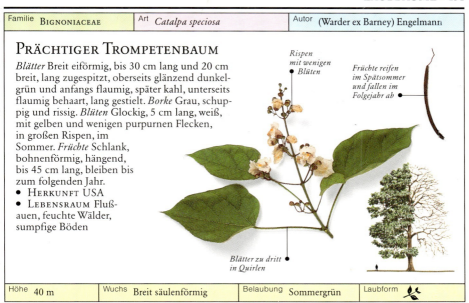

Rispen mit wenigen Blüten

Früchte reifen im Spätsommer und fallen im Folgejahr ab

Blätter zu dritt in Quirlen

| Höhe 40 m | Wuchs Breit säulenförmig | Belaubung Sommergrün | Laubform |

BUXACEAE

DER BUCHSBAUM *(Buxus sempervirens)* ist der bekannteste Vertreter dieser Familie, zu der vier oder fünf Gattungen mit etwa 60 Arten immergrüner Bäume, Sträucher und einige Stauden gehören. Die Blätter sind meist gegenständig und die kleinen Blüten stehen in dichten Knäueln.

| Familie BUXACEAE | Art *Buxus sempervirens* | Autor Linné |

BUCHSBAUM

Blätter Länglich bis eiförmig, bis 2,5 cm lang und 1 cm breit, Spitze eingekerbt, oberseits glänzend dunkelgrün, unterseits heller, an vierkantigen Zweigen. *Borke* Grau, glatt, im Alter in kleinen Platten aufplatzend. *Blüten* Einhäusig, eingeschlechtig, jedoch im selben Knäuel, klein, grün, männliche mit auffälligen gelben Staubblättern, in den Blattachseln, im zeitigen Frühjahr. *Früchte* Kleine, verholzende, grüne Kapseln, bis 8 mm.
• HERKUNFT N-Afrika, SW-Asien, Europa
• LEBENSRAUM Kalkhaltige, trockene Standorte
• ANMERKUNG Kleiner Baum oder Strauch mit sehr hartem, feinem gelbem Holz. In Kultur meist als Heckenpflanze oder ornamental geschnitten.

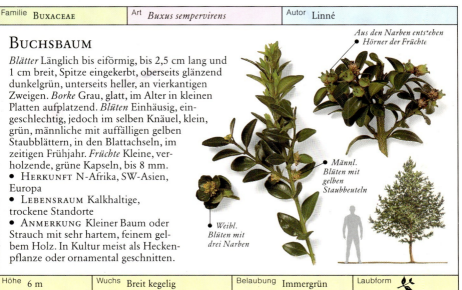

Aus den Narben entstehen Hörner der Früchte

Männl. Blüten mit gelben Staubbeuteln

Weibl. Blüten mit drei Narben

| Höhe 6 m | Wuchs Breit kegelig | Belaubung Immergrün | Laubform |

CELASTRACEAE

Zu dieser weitverbreiteten Familie gehören fast 100 Gattungen mit rund 1000 Arten sommer- und immergrüner Bäume, Sträucher und Lianen. Die Blätter sind meist gegen- oder wechselständig, die Blüten klein und grünlich.

| Familie | CELASTRACEAE | Art | *Euonymus europaea* | Autor | Linné |

PFAFFENHÜTCHEN

Blätter Elliptisch bis eiförmig oder lanzettlich, bis 8 cm lang und 3 cm breit, zugespitzt, leicht gesägt, im Herbst meist rot. *Borke* Grau und glatt. *Blüten* Teils zweihäusig, klein und grünlichweiß, vierzählig, bis zu zehn in Rispen, in den Blattachseln, im späten Frühjahr bis Frühsommer. *Früchte* Hellrot, ca. 1,2 cm dick, vierlappig, Samen weiß mit orangefarbenem Mantel.
- HERKUNFT W-Asien, Europa
- LEBENSRAUM Wälder, Gebüsch und Feldhecken

| Höhe | 6 m | Wuchs | Breit ausladend | Belaubung | Sommergrün | Laubform | |

| Familie | CELASTRACEAE | Art | *Maytenus boaria* | Autor | Molina |

MAYTENUS BOARIA

Blätter Schmal elliptisch bis lanzettlich, bis 5 cm lang und 2 cm breit, zugespitzt, fein gesägt, oberseits anfangs hellgrün, später glänzend dunkelgrün, unterseits blasser, an hängenden Zweigen. *Borke* Grau, glatt, mit senkrechten, schmalen Rissen, am Fuß abblätternd, neue Rinde orange. *Blüten* Sehr klein, hellgrün, mit gelben Staubbeuteln, in Büscheln in den Blattachseln, im Frühjahr bis Frühsommer. *Früchte* Kleine, orangerote Kapseln.
- HERKUNFT Südamerika
- LEBENSRAUM Offenes Bergland

| Höhe | 20 m | Wuchs | Breit überhängend | Belaubung | Sommergrün | Laubform | |

CERCIDIPHYLLACEAE

Die hier beschriebene Pflanze und eine sehr ähnliche Art sind die einzigen Mitglieder dieser Familie. Früher wurde diese Familie zu den Magnolien (*Magnolia*, s. Seite 202–215) gezählt, heute stuft man sie aufgrund ihres primitiven Ursprungs als Verwandte der Platanen (*Platanus*, s. Seiten 234–235) ein.

| Familie | CERCIDIPHYLLACEAE | Art | *Cercidiphyllum japonicum* | Autor | Siebold & Zuccarini |

KATSURABAUM

Blätter Rundlich, bis 7,5 cm lang und breit, herzförmige Basis, stumpf gesägt, bronzefarben, später blaugrün und kahl, im Herbst gelb, rötlich oder purpurn. *Borke* Graubraun, gefurcht, schuppig. *Blüten* Zweihäusig, klein, ohne Blütenblätter, männliche mit zahlreichen roten Staubblättern, weibliche mit vier oder sechs roten Griffeln, in den Blattachseln, im zeitigen Frühjahr. *Früchte* Kleine, gebogene, grüne Balgfrüchte.
• HERKUNFT Himalaja bis Japan
• LEBENSRAUM Bergwälder

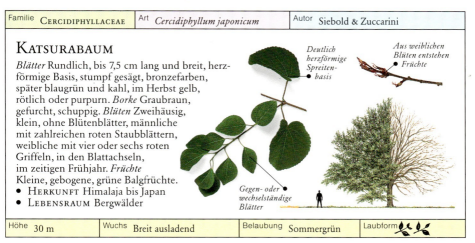

Deutlich herzförmige Spreitenbasis

Aus weiblichen Blüten entstehen Früchte

Gegen- oder wechselständige Blätter

| Höhe | 30 m | Wuchs | Breit ausladend | Belaubung | Sommergrün | Laubform | |

CORNACEAE

Diese Familie umfaßt 12 Gattungen mit 100 Arten sommer- und immergrüner Bäume und Sträucher, zu denen auch die Hartriegel (*Cornus*, s. Seiten 133–138) gehören; meist gedeihen sie in gemäßigten nördlichen Zonen. Die Blätter sind meist gegenständig, die kleinen Blüten oft von Hochblättern umgeben.

| Familie | CORNACEAE | Art | *Cornus alternifolia* | Autor | Linné f. |

WECHSELBLÄTTRIGER HARTRIEGEL

Blätter Elliptisch bis eiförmig, bis 12 cm lang und 6 cm breit, oberseits grün und kahl, unterseits bläulich und behaart. *Borke* Grau bis braun, im Alter rissig. *Blüten* Gelblichweiß, Schirmrispen 6 cm im Durchmesser, im Frühsommer. *Früchte* Beerenartig, blauschwarz, bis 6 mm.
• HERKUNFT O-Nordamerika
• LEBENSRAUM Wälder, Gebüsch, Flußauen

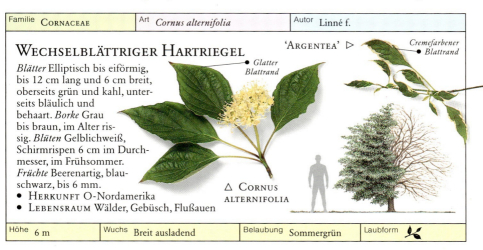

'ARGENTEA'

Cremefarbener Blattrand

Glatter Blattrand

△ CORNUS ALTERNIFOLIA

| Höhe | 6 m | Wuchs | Breit ausladend | Belaubung | Sommergrün | Laubform | |

| Familie | CORNACEAE | Art | *Cornus controversa* | Autor | Hemsley |

PAGODENHARTRIEGEL

Blätter Eiförmig bis elliptisch, bis 15 cm lang und 7,5 cm breit, kurz zugespitzt, ganzrandig, oberseits glänzend dunkelgrün und kahl, unterseits bläulich, im Herbst purpurn, an langen, dünnen Stielen, endständig in Gruppen. *Borke* Glatt, grau, im Alter rissig. *Blüten* Klein und gelblichweiß, vierzählig, in endständigen, flachen, bis 15 cm großen Schirmrispen, an etagenartig angeordneten Zweigen, im Früh- bis Hochsommer. *Früchte* Kleine, kugelige, schwarzblaue Steinfrüchte.
• HERKUNFT O-Asien
• LEBENSRAUM Wälder und Gebüsch
• ANMERKUNG Diese Art und die viel kleinere *Cornus alternifolia* (s. Seite 133) sind die einzigen Hartriegel mit wechselständigen Blättern. In Japan werden aus dem Holz dieser Pflanze Puppen gefertigt.

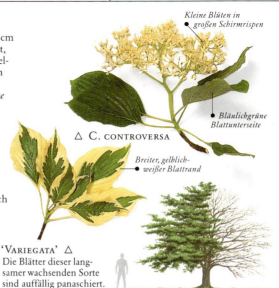

Kleine Blüten in großen Schirmrispen

Bläulichgrüne Blattunterseite

△ C. CONTROVERSA

Breiter, gelblich-weißer Blattrand

'VARIEGATA' △
Die Blätter dieser langsamer wachsenden Sorte sind auffällig panaschiert.

| Höhe | 20 m | Wuchs | Breit ausladend | Belaubung | Sommergrün | Laubform | |

| Familie | CORNACEAE | Art | *C.* 'Eddie's White Wonder' | Autor | – – |

CORNUS 'EDDIE'S WHITE WONDER'

Blätter Breit elliptisch, bis 12 cm lang, kurz zugespitzt, oberseits etwas glänzend, unterseits grau und behaart, im Herbst orange, rot und purpurn. *Borke* Grau, glatt, mit einigen dünnen, hellen Streifen. *Blüten* Klein und grünlich, zahlreich, in dichten, halbkugeligen Blütenständen, umgeben von vier weißen oder leicht rötlichen, anfangs nicht an der Spitze verbundenen Hochblättern, im späten Frühjahr mit Laubaustrieb. *Früchte* Klein und rot, in halbkugeligen Gruppen, die reif auseinanderstreben.
• HERKUNFT Aus gärtnerischer Kultur
• ANMERKUNG Eine Hybride aus dem Blumenhartriegel (*Cornus florida*, s. Seite 135) und *Cornus nuttallii*, (s. Seite 137). Einzeln stehend bringen sie u. U. keine Früchte hervor.

Große Hochblätter umgeben Blüten

Einzelne, winzige Blüten

Alle Blätter verfärben sich im Herbst

| Höhe | 12 m | Wuchs | Breit kegelig | Belaubung | Sommergrün | Laubform | |

| Familie CORNACEAE | Art *Cornus florida* | Autor Linné |

BLUMENHARTRIEGEL

Blätter Eiförmig bis elliptisch, bis 10 cm lang und 6 cm breit, zugespitzt, ganzrandig, oberseits dunkelgrün und kahl, unterseits weißlich und weich behaart, im Herbst rot, an bereiften Zweigen. *Borke* Rotbraun bis schwarz, tiefrissig, in kleinen Platten aufplatzend. *Blüten* Klein, grünlich, zahlreich, in dichten, halbkugeligen Blütenständen, diese von vier weißen bis tiefrosafarbenen, an der Spitze eingekerbten Hochblättern umgeben, im Winter als Knospe, im späten Frühjahr vor oder mit Laubaustrieb öffnend. *Früchte* Klein, rot, in Gruppen, die reif auseinanderstreben.
• HERKUNFT O-Nordamerika
• LEBENSRAUM Saure Waldböden

CORNUS FLORIDA

Blätter mit Herbstfärbung

Bereifte Zweige

Kerbe zeigt, wo die Hochblätter miteinander verbunden waren

Große, reinweiße Hochblätter

Grüne Blütenstände

Ganzrandige Blätter

△ 'WHITE CLOUD'
Diese Auslese ist an den breiten, weißen Hochblättern um die grünen Blüten zu erkennen.

'CHEROKEE CHIEF' △
Die tiefrosa Hochblätter dieser Sorte sind zur Basis hin weißrosa.

| Höhe 12 m | Wuchs Breit ausladend | Belaubung Sommergrün | Laubform |

| Familie | CORNACEAE | Art | *Cornus kousa* | Autor | Hance |

JAPANISCHER BLÜTENHARTRIEGEL

Blätter Eiförmig, bis 7,5 cm lang und 5 cm breit, zugespitzt, Rand gewellt, ganzrandig, oberseits dunkelgrün und kahl, unterseits braun behaarte Nervenwinkel, sonst kahl. *Borke* Rotbraun, im Alter unregelmäßig abschuppend. *Blüten* Klein, gelbweiß oder grünlich, zahlreich, in dichten, halbkugeligen, aufrechten Köpfchen mit langen Stielen, jedes von vier gelblichweißen oder rötlich zugespitzten Hochblättern umgeben, im Frühsommer. *Früchte* Klein, in fleischigem, erdbeerartigem, eßbarem, rotem, hängendem Fruchtstand verwachsen.
- HERKUNFT Japan
- LEBENSRAUM Bergwälder

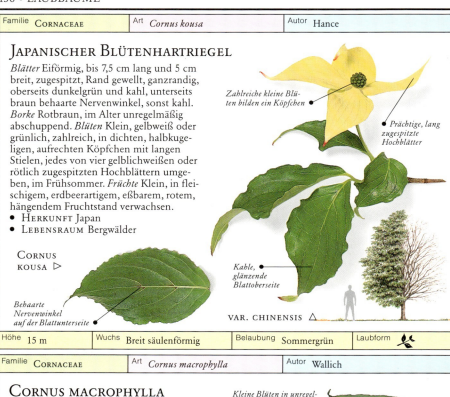

Zahlreiche kleine Blüten bilden ein Köpfchen

Prächtige, lang zugespitzte Hochblätter

CORNUS KOUSA ▷

Behaarte Nervenwinkel auf der Blattunterseite

Kahle, glänzende Blattoberseite

VAR. CHINENSIS △

| Höhe | 15 m | Wuchs | Breit säulenförmig | Belaubung | Sommergrün | Laubform | |

| Familie | CORNACEAE | Art | *Cornus macrophylla* | Autor | Wallich |

CORNUS MACROPHYLLA

Blätter Eiförmig, bis 15 cm lang und 7,5 cm breit, lang zugespitzt, gewellter Blattrand, ganzrandig, oberseits glänzend dunkelgrün und kahl, mit bis zu acht Nervenpaaren, unterseits bläulich und wenig behaart. *Borke* Dunkelgrau, im Alter rissig. *Blüten* Klein, gelblichweiß, vierzählig, in lockeren, 15 cm großen Trugdolden, im Sommer bis Spätsommer. *Früchte* Klein, kugelig, beerenartig, anfangs grün, reif blauschwarz, bis 6 mm dick.
- HERKUNFT China, Himalaja, Japan
- LEBENSRAUM Wälder und Dickichte
- ANMERKUNG Ein schöner Baum, der kaum in Kultur ist.

Kleine Blüten in unregelmäßigen Trugdolden

Deutliche Nervatur auf Blattunterseite

Ganzrandige, gewellte Blätter

| Höhe | 20 m | Wuchs | Breit ausladend | Belaubung | Sommergrün | Laubform | |

LAUBBÄUME • 137

| Familie CORNACEAE | Art *Cornus nuttallii* | Autor Audubon |

NUTTALLS BLÜTENHARTRIEGEL

Blätter Elliptisch bis verkehrteiförmig, bis 15 cm lang und 7,5 cm breit, zugespitzt, ganzrandig, oberseits dunkelgrün und fast kahl, unterseits jung behaart, im Herbst gelb, gelegentlich rot. *Borke* Grau, glatt, mit wenigen dünnen, hellen Streifen, am Fuß gerillt. *Blüten* Klein, grünlich, zahlreich, in dichten, halbkugeligen, aufrechten Köpfchen, jedes umgeben von vier bis sieben bis 7,5 cm langen Hochblättern, gelblichweiß, später weiß oder rosa, im späten Frühjahr. *Früchte* Klein, rot, in halbkugeligen Fruchtständen, die reif auseinanderstreben.
• HERKUNFT
W-Nordamerika
• LEBENSRAUM
Wälder im Flachland, im Süden des Herkunftsgebiets auch im Gebirge

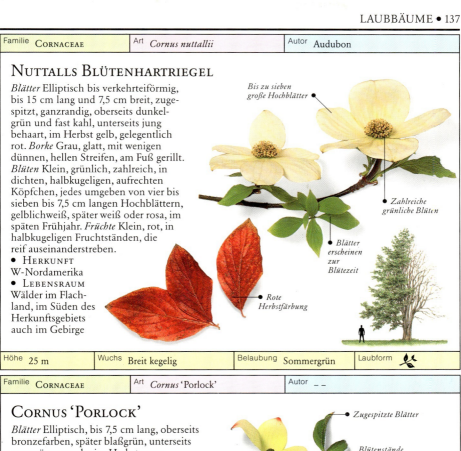

Bis zu sieben große Hochblätter

Zahlreiche grünliche Blüten

Blätter erscheinen zur Blütezeit

Rote Herbstfärbung

| Höhe 25 m | Wuchs Breit kegelig | Belaubung Sommergrün | Laubform |

| Familie CORNACEAE | Art *Cornus* 'Porlock' | Autor _ _ |

CORNUS 'PORLOCK'

Blätter Elliptisch, bis 7,5 cm lang, oberseits bronzefarben, später blaßgrün, unterseits graugrün, manche im Herbst rosa, andere wintergrün. *Borke* Grau, glatt, mit flachen, orangen Rissen, am Fuß abschuppend, darunter blaßbraune und -graue Flecken. *Blüten* Klein, gelblichweiß, zahlreich, in dichten, halbkugeligen, lang gestielten, aufrechten Köpfchen, jedes umgeben von vier zugespitzten Hochblättern, gelblichweiß, später tiefrosa, im Frühsommer. *Früchte* Klein, in fleischigem, erdbeerartigem, eßbarem, rotem, hängendem Fruchtstand verwachsen.
• HERKUNFT
Aus gärtnerischer Kultur
• ANMERKUNG
Eine Hybride aus *Cornus capitata* und *C. kousa* (s. Seite 136).

Zugespitzte Blätter

Blütenstände an zunächst aufrechten Stielen

Hängende Fruchtstände

Gelbliche Hochblätter

| Höhe 8 m | Wuchs Breit ausladend | Belaubung Sommergrün | Laubform |

| Familie CORNACEAE | Art *Cornus walteri* | Autor Wangerin |

CORNUS WALTERI

Blätter Elliptisch, bis 10 cm lang und 5 cm breit, zugespitzt, ganzrandig, oberseits leicht glänzend dunkelgrün, unterseits schwach behaart. *Borke* Hellgraubraun, tiefrissig, mit schmalen, korkigen Furchen. *Blüten* Klein und gelblichweiß, vierzählig, in Schirmrispen von 7,5 cm Durchmesser, im Sommer. *Früchte* Klein, kugelig, schwarz.
- HERKUNFT China
- LEBENSRAUM Bergwälder
- ANMERKUNG Strauch oder kleiner Baum, kommt kaum wildwachsend vor und ist auch in Kultur wenig bekannt. Im Winter ist die der Sonne zugewandte Seite der Triebe rötlich.

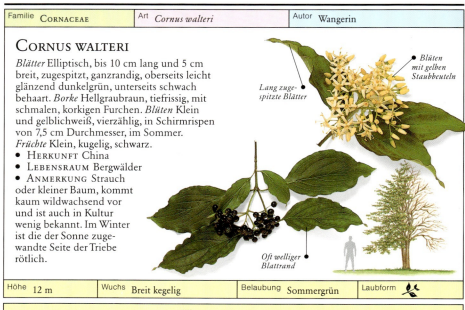

Blüten mit gelben Staubbeuteln

Lang zugespitzte Blätter

Oft welliger Blattrand

| Höhe 12 m | Wuchs Breit kegelig | Belaubung Sommergrün | Laubform |

EBENACEAE

RUND 500 ARTEN in mehreren Gattungen sind bekannt; fast alle gehören zur Gattung *Diospyros*. Die sommergrünen und immergrünen, vorwiegend tropischen und subtropischen Gehölze haben meist wechselständige, ganzrandige Blätter. Die Pflanzen sind größtenteils zweihäusig.

| Familie EBENACEAE | Art *Diospyros kaki* | Autor Linné f. |

KAKIPFLAUME

Blätter Eiförmig bis verkehrteiförmig, ca. 15 cm lang und 7,5 cm breit, zugespitzt, ganzrandig, oberseits glänzend dunkelgrün und meist kahl, unterseits heller und meist behaart, im Herbst rot oder orange. *Borke* Hellgrau und schuppig, durch Abblättern gefurcht. *Blüten* Zweihäusig, klein und glockig, ca. 1,5 cm lang, gelb, männliche in Gruppen, weibliche einzeln, an jungen Trieben, im Sommer. *Früchte* Große, saftige, gelbe bis orangefarbene oder rote Beeren, bis 7,5 cm, reif eßbar.
- HERKUNFT Unbekannt
- LEBENSRAUM Nur in Kultur bekannt
- ANMERKUNG Frucht ist als Kaki bekannt.

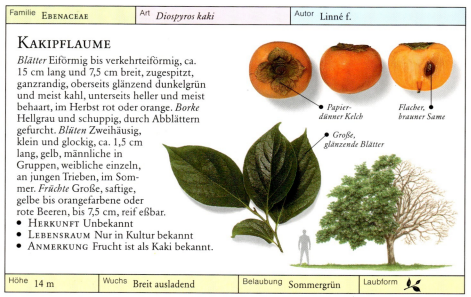

Papierdünner Kelch

Flacher, brauner Same

Große, glänzende Blätter

| Höhe 14 m | Wuchs Breit ausladend | Belaubung Sommergrün | Laubform |

LAUBBÄUME • 139

| Familie | EBENACEAE | Art | *Diospyros lotus* | Autor | Linné |

LOTOSPFLAUME

Blätter Eiförmig bis lanzettlich, bis 15 cm lang, zugespitzt, ganzrandig, oberseits glänzend dunkelgrün, unterseits graugrün, beiderseits kahl oder behaart. *Borke* Grau, glatt, im Alter in eckige Platten aufplatzend. *Blüten* Zweihäusig, glockig, ca. 1 cm lang, gelb, männliche in Büscheln, weibliche einzeln, unterseits der jungen Triebe, im Sommer. *Früchte* Eßbare Beeren, bis 2 cm groß, grün, reif gelbbraun bis blauschwarz, manchmal bereift.
- HERKUNFT SW-Asien und N-Iran
- LEBENSRAUM Wälder
- ANMERKUNG Im Herkunftsgebiet wird die Art wegen der eßbaren Früchte angebaut.

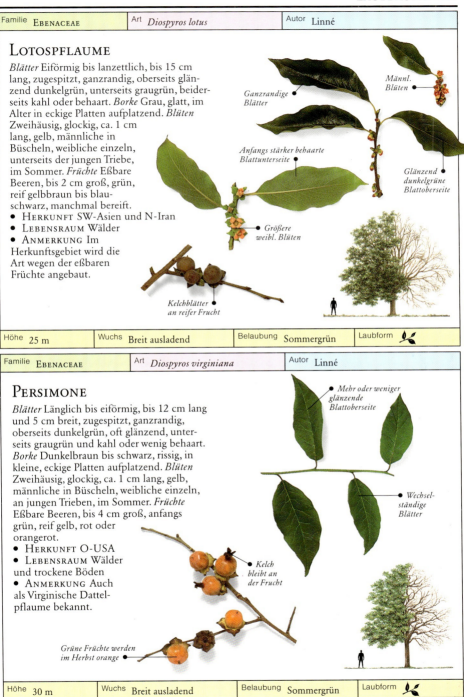

Männl. Blüten

Ganzrandige Blätter

Anfangs stärker behaarte Blattunterseite

Glänzend dunkelgrüne Blattoberseite

Größere weibl. Blüten

Kelchblätter an reifer Frucht

| Höhe | 25 m | Wuchs | Breit ausladend | Belaubung | Sommergrün | Laubform | |

| Familie | EBENACEAE | Art | *Diospyros virginiana* | Autor | Linné |

PERSIMONE

Blätter Länglich bis eiförmig, bis 12 cm lang und 5 cm breit, zugespitzt, ganzrandig, oberseits dunkelgrün, oft glänzend, unterseits graugrün und kahl oder wenig behaart. *Borke* Dunkelbraun bis schwarz, rissig, in kleine, eckige Platten aufplatzend. *Blüten* Zweihäusig, glockig, ca. 1 cm lang, gelb, männliche in Büscheln, weibliche einzeln, an jungen Trieben, im Sommer. *Früchte* Eßbare Beeren, bis 4 cm groß, anfangs grün, reif gelb, rot oder orangerot.
- HERKUNFT O-USA
- LEBENSRAUM Wälder und trockene Böden
- ANMERKUNG Auch als Virginische Dattelpflaume bekannt.

Mehr oder weniger glänzende Blattoberseite

Wechselständige Blätter

Kelch bleibt an der Frucht

Grüne Früchte werden im Herbst orange

| Höhe | 30 m | Wuchs | Breit ausladend | Belaubung | Sommergrün | Laubform | |

ELAEAGNACEAE

Zu den Ölweidengewächsen gehören in drei Gattungen 50 Arten immer- oder sommergrüner Bäume und Sträucher, die in den gemäßigten Zonen der nördlichen Regionen heimisch sind. Die oft dornigen Pflanzen haben ganzrandige, meist schuppige Blätter. Die kleinen Blüten haben keine Kronblätter und wachsen teilweise auf zweihäusigen Pflanzen. Viele Arten tragen eßbare Früchte.

Familie ELAEAGNACEAE	Art *Elaeagnus angustifolia*	Autor Linné

SCHMALBLÄTTRIGE ÖLWEIDE

Blätter Lanzettlich bis länglich, bis 7,5 cm lang und 1,5 cm breit, ganzrandig, oberseits dunkelgrün, unterseits silberschuppig, an silbrigen, oft dornigen Zweigen. *Borke* Rotbraun, rauh, oft abschuppend. *Blüten* Klein und gelb, aromatisch, in Trauben in den Blattachseln, im späten Frühjahr oder Frühsommer. *Früchte* Süße, eßbare, gelbe Beeren, 1 cm lang, mit silbrigen Schuppen.
• HERKUNFT W-Asien
• LEBENSRAUM Küsten, Flußauen, trockene Flußtäler, Überschwemmungsgebiete
• ANMERKUNG Im Herkunftsgebiet hat die Art wegen der Früchte und des Holzes große wirtschaftliche Bedeutung.

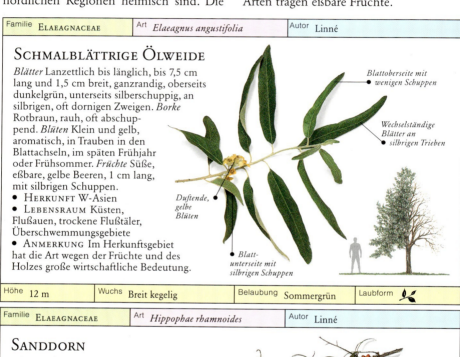

Blattoberseite mit wenigen Schuppen

Wechselständige Blätter an silbrigen Trieben

Duftende, gelbe Blüten

Blattunterseite mit silbrigen Schuppen

Höhe 12 m	Wuchs Breit kegelig	Belaubung Sommergrün	Laubform

Familie ELAEAGNACEAE	Art *Hippophae rhamnoides*	Autor Linné

SANDDORN

Blätter Schmal linealisch, bis 7 cm lang und 1,5 cm breit, ganzrandig, beiderseits silbrig geschuppt, an dornigen Zweigen. *Borke* Grünbraun bis schwarz, rauh, längsrissig. *Blüten* Zweihäusig, eingeschlechtig, sehr klein und gelblich, in kleinen Trauben, im Frühjahr vor den Blättern. *Früchte* Orangerote, selten gelbe Beeren, bis 8 mm lang, in dichten Trauben am Zweig, bleiben meist über Winter am Baum.
• HERKUNFT Asien, Europa
• LEBENSRAUM Küsten, Flußauen, sandige Böden
• ANMERKUNG Auch strauchartig.

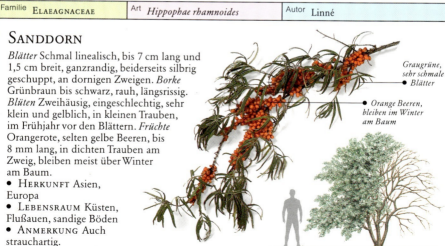

Graugrüne, sehr schmale Blätter

Orange Beeren, bleiben im Winter am Baum

Höhe 3 m	Wuchs Breit ausladend	Belaubung Sommergrün	Laubform

ERICACEAE

DIE HEIDEKRAUTGEWÄCHSE mit ihren rund 100 Gattungen und 3000 Arten kommen nahezu weltweit vor. Sie sind meist immergrüne und sommergrüne Bäume und Sträucher mit vorwiegend wechselständigen Blättern. Die Blüten sind in Gestalt und Größe verschieden, meist jedoch fünfzählig, wobei die Kronblätter oft zumindest an der Basis miteinander verwachsen sind. Bei allen Arten wird die Nährstoffaufnahme von Pilzen an den Wurzeln unterstützt.

| Familie ERICACEAE | Art *Arbutus andrachne* | Autor Linné |

GRIECHISCHER ERDBEERBAUM

Blätter Elliptisch bis verkehrteiförmig, bis 10 cm lang und 5 cm breit, meist ganzrandig, manchmal gesägt, oberseits glänzend dunkelgrün, unterseits heller, kahl. *Borke* Rotbraun, abblätternd, neue Rinde orangebraun. *Blüten* Krugförmig, klein, bis 6 mm lang, anfangs grünlich, später weiß, an kurzen Stielen, in endständigen, aufrechten, bis 10 cm langen Rispen, im zeitigen Frühjahr. *Früchte* Fast glatte, kugelige, orangerote Beeren, bis 1 cm groß.

- HERKUNFT SO-Europa bis SW-Asien
- LEBENSRAUM Wälder, Gebüsch, felsige Hänge
- ANMERKUNG In Nachbarschaft mit dem Erdbeerbaum (*A. unedo*, s. Seite 143) kann die Wildhybride *A.* x *andrachnoides* (s. Seite 142) entstehen.

Die grünlichen Blütenstände öffnen sich im zeitigen Frühjahr weiß

Kahle Jungtriebe

Meist ganzrandige Blätter

Abblätternde alte Borke

Unter der abblätternden Borke erscheint eine leuchtend gefärbte neue Schicht

| Höhe 10 m | Wuchs Breit ausladend | Belaubung Immergrün | Laubform |

| Familie ERICACEAE | Art *Arbutus* x *andrachnoides* | Autor Link |

BASTARD-ERDBEERBAUM

Blätter Eiförmig bis elliptisch, bis 10 cm lang und 5 cm breit, gesägt, oberseits glänzend dunkelgrün, unterseits heller, beiderseits kahl. *Borke* Rotbraun, in dünnen Längsstreifen abblätternd. *Blüten* Krugförmig, klein und weiß, in endständigen, hängenden Rispen, zwischen Herbst und Frühjahr. *Früchte* Erdbeerartige, warzige, rote Beeren, 1,5 cm groß.
- HERKUNFT Griechenland
- LEBENSRAUM Wälder, Gebüsch
- ANMERKUNG Eine natürlich vorkommende Hybride zwischen *Arbutus andrachne* (s. Seite 141), von dem die auffällige, abblätternde Rinde stammt, und *Arbutus unedo* (s. Seite 143). Sie ist wildwachsend in der Nähe der Elternpflanzen zu finden.

Rotbraune Rinde, in Streifen abblätternd

Kleine Blüten in hängenden Trauben

Glänzende, fein gesägte Blätter

| Höhe 10 m | Wuchs Breit ausladend | Belaubung Immergrün | Laubform |

| Familie ERICACEAE | Art *Arbutus menziesii* | Autor Pursh |

MADRONE

Blätter Elliptisch, bis 15 cm lang und 7,5 cm breit, meist ganzrandig, oberseits glänzend dunkelgrün, unterseits blauweiß, kahl. *Borke* Rotbraun, glatt, abblätternd, im Alter dunkel und rissig, neue Rinde grün. *Blüten* Krugförmig, klein und weiß, teils rosa überzogen, aufrecht in großen, aufrechten, endständigen Rispen, bis 15 cm lang, im späten Frühjahr. *Früchte* Erdbeerartige, rauhe, orange bis rote Beeren, 1 cm groß.
- HERKUNFT W-Nordamerika
- LEBENSRAUM Feuchte, bewaldete Hänge, Canyons in Eichen- und Redwoodwäldern, Felsenküsten
- ANMERKUNG Die Früchte sind in kleinen Mengen eßbar. Zur Fruchtreife kommen zahlreiche Vogelarten, die die Samen verbreiten.

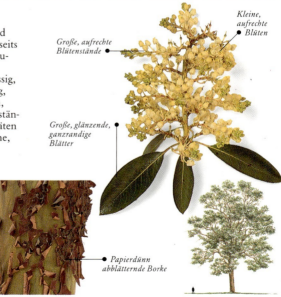

Kleine, aufrechte Blüten

Große, aufrechte Blütenstände

Große, glänzende, ganzrandige Blätter

Papierdünn abblätternde Borke

| Höhe 40 m | Wuchs Breit säulenförmig | Belaubung Immergrün | Laubform |

LAUBBÄUME • 143

| Familie ERICACEAE | Art *Arbutus unedo* | Autor Linné |

ERDBEERBAUM

Blätter Elliptisch bis länglich, bis 10 cm lang und 5 cm breit, gesägt, kahl, oberseits stark glänzend, dunkelgrün, unterseits heller. *Borke* Rotbraun, rauh, schuppig, nicht abblätternd. *Blüten* Krugförmig, klein und weiß, teils hellrosa, in endständigen, hängenden, ca. 5 cm langen Rispen, im Herbst. *Früchte* Erdbeerartige, rauh warzige rote Beeren, 2 cm, im Herbst reif, aus Blüten des Vorjahres.
• HERKUNFT SW-Irland, Mittelmeerraum
• LEBENSRAUM Felsige Böden, Gebüsch
• ANMERKUNG Eine der wenigen Arten der Familie, die auf Kalkböden gedeihen. Die Zweige, die Blüten und Früchte gleichzeitig tragen, machen diesen Baum besonders attraktiv.

Grüne Knopsen

Rauhe, nicht abblätternde Borke

Zur Blütezeit reifende Früchte

Beim Öffnen weiße Blüten

| Höhe 10 m | Wuchs Breit ausladend | Belaubung Immergrün | Laubform |

| Familie ERICACEAE | Art *Oxydendrum arboreum* | Autor (Linné) Candolle |

SAUERBAUM

Blätter Elliptisch bis länglich, bis 20 cm lang und 7,5 cm breit, zugespitzt, fein gesägt, oberseits glänzend dunkelgrün und kahl, unterseits leicht behaart, im Herbst gelb bis rot oder purpurn. *Borke* Graubraun, dick, tiefrissig, schuppig. *Blüten* Krugförmig, klein, weiß, zahlreich, aromatisch duftend, in großen, endständigen, aufrechten Blütenständen, im Herbst. *Früchte* Kleine, verholzende, braune Kapseln.
• HERKUNFT O-Nordamerika
• LEBENSRAUM Wälder, Flußauen
• ANMERKUNG Die Art wächst als Baum oder Strauch. Die Blätter schmecken säuerlich wie die des Sauerklees.

Anfangs aufrechte Blütenstände, später überhängend

Die Einzelblüten sind sehr klein

Herbstfärbung

| Höhe 20 m | Wuchs Breit kegelig | Belaubung Sommergrün | Laubform |

Familie	Art	Autor
ERICACEAE	*Rhododendron arboreum*	W. W. Smith

BAUMRHODODENDRON

Blätter Länglich bis lanzettlich, bis 20 cm lang und 5 cm breit, dick und lederig, zugespitzt, oberseits glänzend dunkelgrün und kahl, Mittelrippe und Nerven eingesenkt, unterseits oft glänzend, silbrig bis rostfarben behaart. *Borke* Rotbraun, rauh, abblätternd. *Blüten* Glockig, bis 5 cm lang, rot, rosa, teils weiß, bis zu 20 in dichten Doldentrauben, im Spätwinter bis Frühjahr. *Früchte* Verholzende, braune Kapseln, bis 2 cm lang, mit zahlreichen kleinen Samen.
- HERKUNFT Himalaja, Unterarten bis SW-China und Sri Lanka
- LEBENSRAUM Wälder und Dickichte im Berg- und Hügelland
- ANMERKUNG Im Herkunftsgebiet wächst die Art als Baum, in weniger günstigen Lagen als großer Strauch. Es handelt sich um die erste Rhododendron-Art, die aus dem Himalaja nach Europa eingeführt wurde. Die jungen Blätter sind giftig.

Parallele Nerven beiderseits der vorstehenden Mittelrippe

Die Blütenfarbe variiert von Weiß über Rosa bis Tiefrot

Dünn behaarte, glänzende Blattunterseite

Tiefrote Staubbeutel mit gelblichen Pollen

Kronblätter innen schwarz gepunktet

Derbe Blätter mit kahler, glänzender Oberseite

Bis zu 20 Blüten in einer rundlichen Doldentraube

Höhe	Wuchs	Belaubung	Laubform
15 m	Breit säulenförmig	Immergrün	

EUCOMMIACEAE

Die einzige Pflanze dieser Familie, *Eucommia ulmoides*, ist ausgewachsen ein stattlicher und robuster Baum. Sie ist wahrscheinlich eng mit den Ulmen (*Ulmus*, s. Seiten 308–309) verwandt. Bei Zweifeln hinsichtlich der Identität hilft der gummiartige Saft, der beim Zerreißen der Blätter austritt, sofort weiter. Da dieser Saft jedoch in viel zu geringen Mengen enthalten ist, wird er nicht kommerziell genutzt.

Dieser Baum ist die einzige in den gemäßigten Zonen vorkommende Art, die diese Substanz produziert.

| Familie | EUCOMMIACEAE | Art | *Eucommia ulmoides* | Autor | Oliver |

GUTTAPERCHABAUM

Blätter Eiförmig bis elliptisch, bis 20 cm lang und 9 cm breit, ledrig, zugespitzt, gezähnt, glänzend dunkelgrün, mit auffälliger Nervatur, an dünnen Zweigen hängend. *Borke* Hell taubengrau, tiefrissig. *Blüten* Zweihäusig, eingeschlechtig, sehr klein, ohne Kronblätter, an älteren Zweigen, im späten Frühjahr kurz vor Laubaustrieb. *Früchte* Geflügelt, 4 cm lang, einsamig, in Büscheln.
• HERKUNFT Unbekannt; wahrscheinlich SW-China
• LEBENSRAUM Meist kultiviert
• ANMERKUNG Der winterharte Baum wurde 1896 aus China nach Europa eingeführt und gedeiht nur in gärtnerischer Kultur. In seiner Heimat wird die Rinde für medizinische Zwecke verwendet.

UNSICHTBARE KRÄFTE ▷
Zerreißt man ein Blatt vorsichtig und hält es am Stiel nach unten, werden die beiden Hälften durch die dünnen Fäden des Guttaperchasaftes wie von einer unsichtbaren Kraft zusammengehalten.

Blätter erscheinen kurz vor der Blüte

Männl. Blüten mit bis zu zehn Staubblättern

Tief versenkte Nerven

Dünne Gummifäden verbinden die Hälften eines Blattes

| Höhe | 20 m | Wuchs | Breit ausladend | Belaubung | Sommergrün | Laubform | |

146 • LAUBBÄUME

EUCRYPHIACEAE

Eine Familie mit einer Gattung und fünf Arten immergrüner Gehölze, die in Chile und SO-Australien (einschließlich Tasmanien) heimisch sind. Die Blätter sind gegenständig, einfach oder zusammengesetzt, gezähnt oder ganzrandig. Die weißen Blüten haben meist vier Blüten- und zahlreiche Staubblätter.

| Familie EUCRYPHIACEAE | Art *Eucryphia cordifolia* | Autor Cavanilles |

ULMO

Blätter Länglich-elliptisch, bis 7,5 cm lang und 5 cm breit, an der Basis herzförmig, gezähnt, oberseits dunkelgrün, unterseits grau und behaart. *Borke* Grau und glatt. *Blüten* 5 cm im Durchmesser, weiß, vierzählig, die zahlreichen Staubblätter sind erst rosa, dann orange, aromatisch, einzeln, in den Blattachseln, im Spätsommer. *Früchte* Kleine, verholzende Kapseln.
• HERKUNFT Chile
• LEBENSRAUM Regenwälder
• ANMERKUNG In Höhenlagen wächst die Art als Strauch.

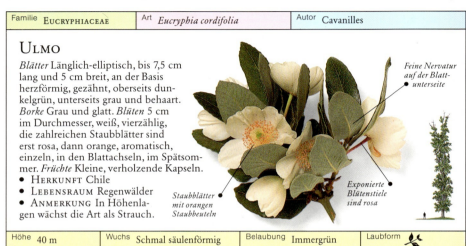

Feine Nervatur auf der Blattunterseite

Staubblätter mit orangen Staubbeuteln

Exponierte Blütenstiele sind rosa

| Höhe 40 m | Wuchs Schmal säulenförmig | Belaubung Immergrün | Laubform |

| Familie EUCRYPHIACEAE | Art *Eucryphia glutinosa* | Autor (Poeppig & Endlicher) Baillon |

EUCRYPHIA GLUTINOSA

Blätter Gefiedert, mit drei oder fünf Blättchen, diese bis 6 cm lang und 3 cm breit, gezähnt, oberseits glänzend dunkelgrün, unterseits heller, beiderseits jung behaart. *Borke* Grau, glatt. *Blüten* 5 cm im Durchmesser, weiß, vierzählig, zahlreiche rosa Staubbeutel, duftend, einzeln in Blattachseln, im Spätsommer. *Früchte* Kleine, verholzende Kapseln.
• HERKUNFT Chile
• LEBENSRAUM Wälder, Flußauen
• ANMERKUNG Pflanzen aus gärtnerischer Kultur sind nur teilweise immergrün oder sommergrün mit orangeroter Herbstfärbung.

'PLENA' ▷
Eine Sorte mit gefüllten Blüten

▽ EUCRYPHIA GLUTINOSA

Blüten mit acht oder mehr Blütenblättern

Auffällig gezähnte, glänzende Blätter

Anfangs tiefrosa gefärbte Staubbeutel

| Höhe 10 m | Wuchs Schmal säulenförmig | Belaubung Immergrün | Laubform |

LAUBBÄUME • 147

| Familie | EUCRYPHIACEAE | Art | *Eucryphia x intermedia* | Autor | Bausch |

EUCRYPHIA X INTERMEDIA

Blätter Entweder einfach und länglich, bis 6 cm lang und 2,5 cm breit, oder mit drei Blättchen, mittleres am größten, beide Typen ganzrandig oder mit wenigen Zähnen zur Spitze hin, oberseits glänzend grün, unterseits graugrün. *Borke* Grau, glatt. *Blüten* 5 cm im Durchmesser, weiß, vierzählig, mit zahlreichen dunkel gefleckten Staubblättern, duftend, einzeln in Blattachseln, im Spätsommer bis Herbst. *Früchte* Kleine, verholzende Kapseln.
• HERKUNFT Aus gärtnerischer Kultur
• ANMERKUNG Eine Hybride aus *E. glutinosa* (s. Seite 146) und *E. lucida* (s. u.), zuerst gezüchtet in Rostrevor, Nordirland. Die von dort stammende und am weitesten verbreitete Sorte 'Rostrevor' ist hier abgebildet.

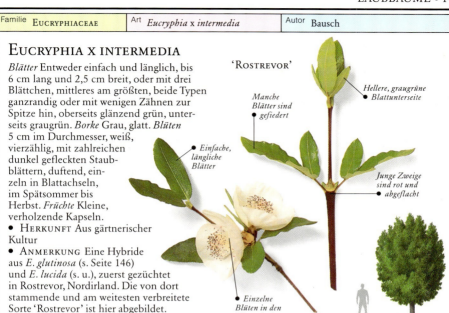

'ROSTREVOR'

Manche Blätter sind gefiedert

Hellere, graugrüne Blattunterseite

Einfache, längliche Blätter

Junge Zweige sind rot und abgeflacht

Einzelne Blüten in den Blattachseln

| Höhe | 10 m | Wuchs | Breit säulenförmig | Belaubung | Immergrün | Laubform | |

| Familie | EUCRYPHIACEAE | Art | *Eucryphia lucida* | Autor | (Labillardière) Baillon |

EUCRYPHIA LUCIDA

Blätter Länglich schmal, bis 5 cm lang und 1,5 cm breit, kurzstielig, ganzrandig, ledrig, Spitze stumpf bis leicht gekerbt, oberseits glänzend dunkelgrün und leicht behaart, unterseits blauweiß und kahl, mit deutlicher Nervatur; an kräftigen Trieben auch dreizählig gefiedert. *Borke* Grau, glatt. *Blüten* Bis 5 cm im Durchmesser, weiß, mit vier rundlichen Blütenblättern, zahlreiche dünne, dunkle Staubblätter, duftend, einzeln in Blattachseln, im Spätsommer, anfangs becherförmig, geöffnet flach. *Früchte* Kleine, verholzende Kapseln, reif aufplatzend.
• HERKUNFT Tasmanien
• LEBENSRAUM Wälder und Flußauen im Bergland
• ANMERKUNG Im Herkunftsgebiet auch als „Lederholz" bezeichnet. Kulturpflanzen werden meist nur 15 m hoch. 'Pink Cloud' ist eine aus Tasmanien stammende, rosablühende Sorte.

Blauweiße Blattunterseite

Staubbeutel bei halbgeöffneter Blüte rosa

Früchte platzen nach einem Jahr auf

| Höhe | 20 m | Wuchs | Schmal säulenförmig | Belaubung | Immergrün | Laubform | |

| Familie | EUCRYPHIACEAE | Art | *Eucryphia milliganii* | Autor | J. D. Hooker |

EUCRYPHIA MILLIGANII

Blätter Länglich, bis 2 cm lang und 8 mm breit, ganzrandig, oberseits glänzend dunkelgrün, unterseits blauweiß. *Borke* Grau, glatt. *Blüten* Bis 2 cm im Durchmesser, weiß, vierzählig mit rosa Staubbeuteln, duftend, einzeln in Blattachseln, im Spätsommer. *Früchte* Kleine, verholzende Kapseln.
- HERKUNFT Tasmanien
- LEBENSRAUM Wälder und Flußauen im Bergland
- ANMERKUNG Baum oder Strauch

Weißliche Unterseite
Leicht gekerbte Blattspitze
Nur wenige Staubblätter

| Höhe | 6 m | Wuchs | Schmal säulenförmig | Belaubung | Immergrün | Laubform | |

| Familie | EUCRYPHIACEAE | Art | *Eucryphia* x *nymansensis* | Autor | Bausch |

EUCRYPHIA X NYMANSENSIS

Blätter Elliptisch, bis 6 cm lang und 3 cm breit oder dreizählig gefiedert, gezähnt, oberseits glänzend dunkelgrün, unterseits heller. *Borke* Grau, glatt. *Blüten* Bis 7,5 cm im Durchmesser, weiß, vierzählig, viele rosa Staubbeutel, in den Blattachseln, im Spätsommer bis Herbst. *Früchte* Kleine, verholzende Kapseln.
- HERKUNFT Aus gärtnerischer Kultur
- ANMERKUNG Hybride aus *Eucryphia cordifolia* (s. Seite 146) und *E. glutinosa* (s. Seite 146).

Blätter teils einfach
Blätter teils dreizählig gefiedert

| Höhe | 15 m | Wuchs | Schmal säulenförmig | Belaubung | Immergrün | Laubform | |

| Familie | EUCRYPHIACEAE | Art | *Eucryphia* 'Penwith' | Autor | _ _ |

EUCRYPHIA 'PENWITH'

Blätter Länglich, bis 7 cm lang und 3 cm breit, an der Basis leicht herzförmig, ganzrandig, oberseits dunkelgrün und kahl, unterseits blauweiß und fast kahl. *Borke* Dunkelgrau, glatt. *Blüten* Bis 5 cm im Durchmesser, weiß, vierzählig, mit zahlreichen rosa Staubbeuteln, duftend, in Blattachseln, im Spätsommer bis Herbst. *Früchte* Kleine, verholzende Kapseln.
- HERKUNFT Aus gärtnerischer Kultur
- ANMERKUNG Hybride aus *Eucryphia cordifolia* (s. Seite 146) und *E. lucida* (s. Seite 147).

Blätter teilweise dreizählig
Gewellter Blattrand

| Höhe | 15 m | Wuchs | Schmal säulenförmig | Belaubung | Immergrün | Laubform | |

FAGACEAE

Zu dieser Familie gehören einige bekannte sommer- und immergrüne Bäume wie die Kastanien (*Castanea*, s. Seiten 149–150), Buchen (*Fagus*, s. Seiten 151–153) und Eichen (*Quercus*, s. Seiten 158–173). Acht Gattungen mit über 1000 Arten sind in den gemäßigten nördlichen Breiten bis in Teile der Südhemisphäre heimisch. Die Blätter sind einfach und gelappt oder gezähnt. Die kleinen Blüten der kätzchenartigen Blütenstände sind meist eingeschlechtig und wachsen auf einhäusigen Pflanzen. Die Frucht ist eine Nuß in einem Fruchtbecher oder -mantel.

Familie FAGACEAE	Art *Castanea dentata*	Autor (Marshall) Borkhausen

AMERIKANISCHE KASTANIE

Blätter Länglich, bis 25 cm lang und 5 cm breit, Blattspitze und Spreitenbasis zugespitzt, scharf gezähnt, kahl, oberseits mattgrün, unterseits hellgrün. *Borke* Dunkelbraun, flach rissig, mit breiten Furchen. *Blüten* Eingeschlechtig, aber im selben bis 20 cm langen Blütenstand, klein und gelblich, im Sommer. *Früchte* Bis zu drei eßbare, glänzend rotbraune Nüsse in stacheligem, bis 6 cm großem Fruchtbecher.
• HERKUNFT O-Nordamerika
• LEBENSRAUM Wälder
• ANMERKUNG Zunehmend seltener

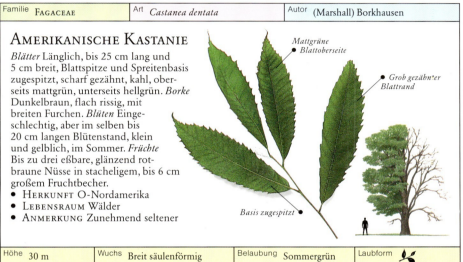

Mattgrüne Blattoberseite

Grob gezähnter Blattrand

Basis zugespitzt

Höhe 30 m	Wuchs Breit säulenförmig	Belaubung Sommergrün	Laubform

Familie FAGACEAE	Art *Castanea mollissima*	Autor Blume

CHINESISCHE KASTANIE

Blätter Länglich bis elliptisch, bis 20 cm lang und 7,5 cm breit, meist runde Basis, kurz zugespitzt, grob gezähnt, oberseits glänzend dunkelgrün und kahl, unterseits jung meist weich behaart. *Borke* Dunkelgrau, glatt, im Alter graubraun und rissig. *Blüten* Eingeschlechtig, aber im selben, bis 20 cm langen Kätzchen, klein und gelblich, im Sommer. *Früchte* Zwei bis drei eßbare, glänzend rotbraune Nüsse in weich stachelig behaartem Fruchtbecher.
• HERKUNFT China
• LEBENSRAUM Bergwälder
• ANMERKUNG Wird in China wegen der Nüsse angepflanzt.

Männl. Blüten in schlanken, aufrechten Kätzchen

Glänzende Blattoberseite

Grobe, nach vorn gerichtete Zähnung

Runde Spreitenbasis

Höhe 25 m	Wuchs Breit säulenförmig	Belaubung Sommergrün	Laubform

| Familie FAGACEAE | Art *Castanea sativa* | Autor Miller |

ESSKASTANIE

Blätter Länglich, bis 20 cm lang und 7,5 cm breit, Spreitenbasis rundlich bis leicht herzförmig, lang zugespitzt, grob gezähnt, oberseits glänzend dunkelgrün und kahl, unterseits grün, nur anfangs behaart. *Borke* Grau, glatt, im Alter meist braun und spiralförmig gefurcht. *Blüten* Eingeschlechtig, meist im selben, bis 25 cm langen Kätzchen, klein und gelblich, im Sommer. *Früchte* Ein bis drei eßbare, glänzend rotbraune Nüsse in stacheligem Fruchtbecher, bis 6 cm dick.
- HERKUNFT N-Afrika, SW-Asien, S-Europa
- LEBENSRAUM Wälder

Grob und stachelig gezähnter Blattrand

Grüne Fruchtbecher

Männl. und weibl. Blüten im selben Kätzchen

Stachelige Hüllen mit bis zu drei Nüssen

| Höhe 30 m | Wuchs Breit säulenförmig | Belaubung Sommergrün | Laubform |

| Familie FAGACEAE | Art *Chrysolepis chrysophylla* | Autor (W. J. Hooker) Hjelmqvist |

CHRYSOLEPIS CHRYSOPHYLLA

Blätter Länglich bis lanzettlich, ca. 10 cm lang und 2,5 cm breit, steif, ledrig, ganzrandig, oberseits glänzend dunkelgrün, unterseits behaart. *Borke* Grau, gefurcht. *Blüten* Eingeschlechtig, meist im selben, bis 4 cm langen Kätzchen, gelblichweiß, duftend, im Sommer. *Früchte* Ein bis drei eßbare, glänzend braune Nüsse in stacheligem Fruchtbecher, bis 4 cm dick.
- HERKUNFT W-USA
- LEBENSRAUM Wälder und Gebüsch in Küstengebirgen

Lang zugespitzte, schlanke Blattspitzen

Nüsse in igeligen Hüllen, nach zwei Jahren reif

Blattunterseite golden behaart

| Höhe 30 m | Wuchs Breit kegelig | Belaubung Immergrün | Laubform |

LAUBBÄUME • 151

| Familie FAGACEAE | Art *Fagus grandifolia* | Autor Ehrhart |

AMERIKANISCHE BUCHE

Blätter Eiförmig bis elliptisch, bis 12 cm lang und 6 cm breit, zugespitzt, gezähnt, 10–15 Seitenadern, oberseits glänzend dunkelgrün, anfangs seidig behaart, unterseits hellgrün, im Herbst gelb. *Borke* Grau und glatt. *Blüten* Eingeschlechtig, einhäusig, in Büscheln, klein, männliche gelb, weibliche grün, im Frühjahr. *Früchte* Ein bis drei kleine, eßbare Nüsse in borstigem Fruchtbecher, bis 2 cm lang.
• HERKUNFT O-Nordamerika
• LEBENSRAUM Fruchtbare Wälder

Scharf gezähnter Blattrand
Bis zu 15 parallele Nervenpaare
Glänzend dunkelgrüne Blattoberseite
Borstiger Fruchtbecher, anfangs grün, später braun

| Höhe 25 m | Wuchs Breit ausladend | Belaubung Sommergrün | Laubform |

| Familie FAGACEAE | Art *Fagus orientalis* | Autor Lipsky |

ORIENT-BUCHE

Blätter Elliptisch bis verkehrteiförmig, bis 12 cm lang und 6 cm breit, Blattrand meist wellig, ganzrandig oder leicht gezähnt, mit bis zu zwölf Nervenpaaren, oberseits dunkelgrün, kahl, unterseits Adern seidig behaart, im Herbst gelb. *Borke* Grau, glatt, teils gefurcht. *Blüten* Eingeschlechtig, einhäusig, in Büscheln, klein, männliche gelb, weibliche grün, im Frühjahr. *Früchte* Ein bis drei kleine, eßbare Nüsse in stacheligem Fruchtbecher, bis 2,5 cm lang.
• HERKUNFT SW-Asien, SO-Europa
• LEBENSRAUM Hügelland, Gebirge

Fruchtbecher in vier Teile aufplatzend
Herbstfärbung
Bis zu zwölf parallele Nervenpaare
Welliger Blattrand, ganzrandig oder leicht gezähnt

| Höhe 30 m | Wuchs Breit ausladend | Belaubung Sommergrün | Laubform |

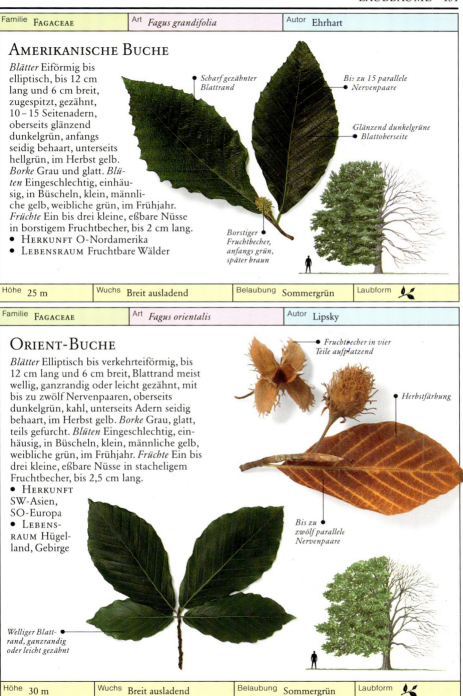

| Familie FAGACEAE | Art *Fagus sylvatica* | Autor Linné |

ROTBUCHE

Blätter Eiförmig bis verkehrteiförmig, bis 10 cm lang und 7 cm breit, kurz zugespitzt, Blattrand wellig, ganzrandig oder schwach gezähnt, weniger als zehn Nervenpaare, oberseits glänzend dunkelgrün und nach Austrieb verkahlend, unterseits heller, im Herbst gelb. *Borke* Grau, glatt. *Blüten* Eingeschlechtig, einhäusig, in Büscheln, männliche gelb, weibliche grün, im Frühjahr mit Laubaustrieb. *Früchte* Ein bis drei kleine, eßbare Nüsse in stacheligem Fruchtbecher, bis 2,5 cm lang.

- HERKUNFT Europa
- LEBENSRAUM Wälder, besonders Kalkböden

Fruchtbecher, dicht mit Borsten überzogen

◁ △ FAGUS SYLVATICA

Welliger, ganzrandiger oder leicht gezähnter Blattrand

Nicht mehr als 10 Nervenpaare

▽ 'ASPLENIIFOLIA'
Die schmalen Blätter dieser Sorte sind tief geschlitzt.

Blätter lang zugespitzt

△ 'AUREA PENDULA'
Die Blätter dieser schlanken Trauerbuche mit herabhängenden Ästen sind im Frühjahr goldgelb und im Herbst grün.

'CRISTATA' ▷
Die dichtstehenden, krausen und gelappten Blätter sind das Merkmal dieser Sorte.

Auffällig gekrauste Blätter

| Höhe 40 m | Wuchs Breit ausladend | Belaubung Sommergrün | Laubform |

LAUBBÄUME • 153

▽ **'DAWYCK PURPLE'**
Merkmal der Blutbuchen ist das schwarzrote Blattwerk. 'Dawyck Purple', eine Sorte dieser Gruppe, wächst als schmal säulenförmiger Baum. Sie ist ein Sämling der Sorte 'Dawyck', deren Blätter grün sind.

Kurz zugespitzte, glänzend dunkelgrüne Blätter

Breite, zugespitzte, schwarzrote Blätter

Asymmetrische Spreitenbasis

△ **'PRINCE GEORGE OF CRETE'**
Diese Sorte wird wegen der besonders großen, breiten Blätter kultiviert. Daneben gibt es noch weitere Sorten mit großen Blättern; sie alle werden als *Fagus sylvatica* f. *latifolia* bezeichnet.

▷ **'ROTUNDIFOLIA'**
Der Name bezieht sich auf die kleinen, rundlichen Blätter, das Merkmal dieser Sorte. Sie stehen an aufwärts gebogenen Zweigen.

Rundliche Blätter

Kleinere Blätter mit weniger parallelen Nervenpaaren

Schwarzrote, grün überzogene Blätter

Blattrand mit dreieckigen Zähnen

◁ **'ROHANII'**
Diese Sorte ähnelt der *Fagus sylvatica* 'Aspleniifolia' (s. Seite 152). Ihre Blätter sind jedoch etwas breiter und schwarzrot gefärbt.

Rote Blattadern und -stiele

| Familie FAGACEAE | Art *Lithocarpus edulis* | Autor (Makino) Nakai |

LITHOCARPUS EDULIS

Blätter Schmal elliptisch, bis 15 cm lang und 5 cm breit, von Blattmitte bis Spreitenbasis spitz zulaufend, kurz zugespitzt, ganzrandig, derb, ledrig, oberseits glänzend dunkelgrün, unterseits graugrün und kahl. *Borke* Graubraun, glatt. *Blüten* Eingeschlechtig, einhäusig, sehr klein und gelblichweiß, männliche an der Spitze, weibliche an der Basis der blattachselständigen, aufrechten Kätzchen, im Spätsommer. *Früchte* Zugespitzte Eicheln, bis 2,5 cm, zu einem Drittel im Fruchtbecher, in ansatzlosen Büscheln, nach zwei Jahren reif.
- HERKUNFT Japan
- LEBENSRAUM Wälder
- ANMERKUNG Die *Lithocarpus*-Arten sind eng verwandt mit den Eichen (*Quercus*, s. Seiten 158–173), tragen jedoch aufrechte Kätzchen.

Aufrechte Kätzchen

Männl. Blüten mit langen Staubblättern

Ganzrandige Blätter

Eicheln in Büscheln, nach zwei Jahren reif

| Höhe 15 m | Wuchs Breit ausladend | Belaubung Immergrün | Laubform |

| Familie FAGACEAE | Art *Lithocarpus henryi* | Autor (Seemann) Rehder & Wilson |

LITHOCARPUS HENRYI

Blätter Elliptisch bis länglich oder lanzettlich, bis 25 cm lang und 7,5 cm breit, lang zugespitzt, ganzrandig, dünn behaart, oberseits mattgrün, später dunkler und leicht glänzend, unterseits jung weißlich, später verkahlend. *Borke* Grau mit hellgrauen Lentizellen, flache, orangebraune Risse am Fuß. *Blüten* In schlanken, aufrechten Kätzchen, sehr klein, gelblichweiß, im selben Kätzchen, im Spätsommer. *Früchte* Rundliche Eicheln, ca. 2 cm lang, in flachem Fruchtbecher, in dichten Büscheln.
- HERKUNFT China
- LEBENSRAUM Bergwälder
- ANMERKUNG Sein kräftiges und zugespitztes Laub macht diesen Baum sehr attraktiv.

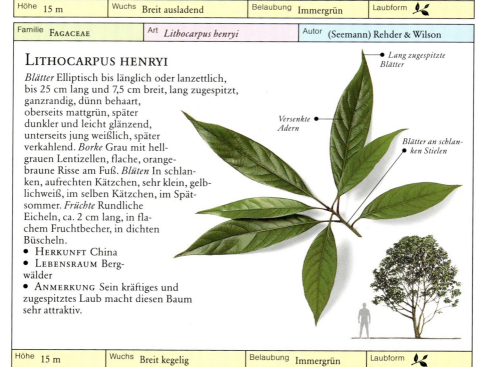

Lang zugespitzte Blätter

Versenkte Adern

Blätter an schlanken Stielen

| Höhe 15 m | Wuchs Breit kegelig | Belaubung Immergrün | Laubform |

LAUBBÄUME • 155

| Familie | FAGACEAE | Art | *Nothofagus antarctica* | Autor | (J. G. Forster) Oersted |

SÜDBUCHE

Blätter Eiförmig, bis 3 cm lang und 2 cm breit, fein gesägt, meist vier Nervenpaare, oberseits glänzend dunkelgrün, beiderseits mehr oder weniger kahl. *Borke* Dunkelgrau, in Platten aufplatzend, im Alter schuppig. *Blüten* Zweihäusig, sehr klein, männliche mit roten Staubbeuteln, einzeln bis zu dritt, weibliche mit roten Narben, meist zu dritt, in den Blattachseln, im späten Frühjahr. *Früchte* Drei kleine Nüsse in kahlem Fruchtbecher, bis 6 mm lang.
• HERKUNFT S-Argentinien, S-Chile
• LEBENSRAUM Laubwälder und Gebüsch in Gebirgen
• ANMERKUNG Im Herkunftsgebiet wächst die Art meist als mittelgroßer Baum, zuweilen auch als großer Strauch.

Meist vier Nervenpaare

Gesägter bis gekerbter Blattrand

Die Fruchtstände: Nüsse in Fruchtbechern

| Höhe | 15 m | Wuchs | Breit säulenförmig | Belaubung | Sommergrün | Laubform | |

| Familie | FAGACEAE | Art | *Nothofagus betuloides* | Autor | (Mirbel) Blume |

NOTHOFAGUS BETULOIDES

Blätter Eiförmig bis elliptisch, bis 2,5 cm lang und 2 cm breit, keilförmig zur oft asymmetrischen Basis zulaufend, gesägt, oberseits glänzend schwärzlichgrün, unterseits heller und glänzend, mit feiner Nervatur; ältere unterseits oft mit kleinen, dunklen Flecken. *Borke* Dunkelgrau, im Alter plattig und schuppig. *Blüten* Zweihäusig, sehr klein, männliche mit roten Staubbeuteln, einzeln, weibliche mit roten Narben, zu dritt in den Blattachseln, im späten Frühjahr. *Früchte* Drei kleine Nüsse in borstigem Fruchtbecher, bis 6 mm lang.
• HERKUNFT Argentinien, Chile
• LEBENSRAUM Nadelwälder
• ANMERKUNG Manchmal strauchförmig.

Feine Nervatur auf der Blattunterseite

Stumpf gesägter Blattrand

Junge Triebe mit kleinen roten Nebenblättern

| Höhe | 25 m | Wuchs | Breit säulenförmig | Belaubung | Immergrün | Laubform | |

| Familie | FAGACEAE | Art | *Nothofagus dombeyi* | Autor | (Mirbel) Blume |

CHILENISCHE SCHEINBUCHE

Blätter Schmal eiförmig, bis 4 cm lang und 1,5 cm breit, die oft asymmetrische Basis abgerundet, fein und scharf gesägt, oberseits glänzend dunkelgrün, unterseits heller und glänzend, mit feiner Nervatur, kahl, mit kleinen, schwarzen Flecken. *Borke* Dunkelgrau, im Alter plattig, schuppig. *Blüten* Zweihäusig, sehr klein, männliche mit roten Staubbeuteln, zu dritt, weibliche mit roten Narben, zu dritt, in den Blattachseln, im späten Frühjahr. *Früchte* Drei kleine Nüsse in borstigem Fruchtbecher, bis 6 mm lang.
- HERKUNFT Argentinien, Chile
- LEBENSRAUM Bergwälder
- ANMERKUNG Die Art ist ähnlich *N. betuloides* (s. Seite 155), hat aber größere Blätter und wird höher.

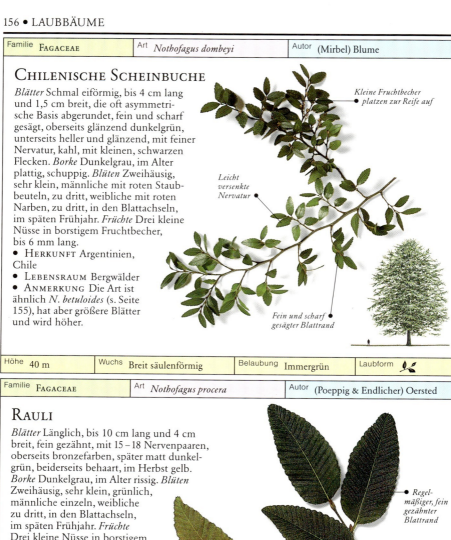

Kleine Fruchtbecher platzen zur Reife auf

Leicht versenkte Nervatur

Fein und scharf gesägter Blattrand

| Höhe | 40 m | Wuchs | Breit säulenförmig | Belaubung | Immergrün | Laubform | |

| Familie | FAGACEAE | Art | *Nothofagus procera* | Autor | (Poeppig & Endlicher) Oersted |

RAULI

Blätter Länglich, bis 10 cm lang und 4 cm breit, fein gezähnt, mit 15–18 Nervenpaaren, oberseits bronzefarben, später matt dunkelgrün, beiderseits behaart, im Herbst gelb. *Borke* Dunkelgrau, im Alter rissig. *Blüten* Zweihäusig, sehr klein, grünlich, männliche einzeln, weibliche zu dritt, in den Blattachseln, im späten Frühjahr. *Früchte* Drei kleine Nüsse in borstigem Fruchtbecher, bis 1 cm lang.
- HERKUNFT Argentinien, Chile
- LEBENSRAUM Wälder
- ANMERKUNG Auch als *Nothofagus nervosa* bekannt.

Regelmäßiger, fein gezähnter Blattrand

Dunkelgrüne reife Blätter

15–18 vorstehende Nervenpaare

Bronzefarbene junge Blätter

Behaarte Blattunterseite

| Höhe | 25 m | Wuchs | Breit kegelig | Belaubung | Sommergrün | Laubform | |

LAUBBÄUME • 157

| Familie | FAGACEAE | Art | *Nothofagus obliqua* | Autor | (Mirbel) Blume |

ROBELBUCHE

Blätter Eiförmig, bis 7,5 cm lang und 4 cm breit, gezähnt, oberseits dunkelgrün, unterseits blaugrün, beiderseits kahl, im Herbst gelb. *Borke* Grau, glatt, im Alter plattig. *Blüten* Klein, grünlich, männliche einzeln, weibliche zu dritt, im späten Frühjahr. *Früchte* Drei Nüsse in schuppigem Fruchtbecher, bis 1 cm lang.
• HERKUNFT Argentinien, Chile
• LEBENSRAUM Wälder

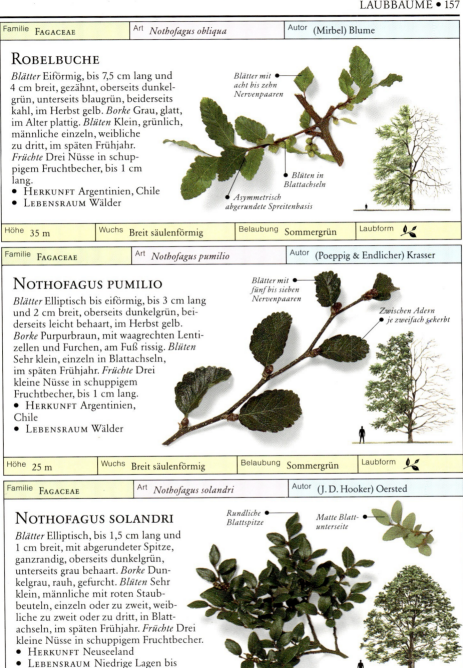

Blätter mit acht bis zehn Nervenpaaren

Blüten in Blattachseln

Asymmetrisch abgerundete Spreitenbasis

| Höhe | 35 m | Wuchs | Breit säulenförmig | Belaubung | Sommergrün | Laubform | |

| Familie | FAGACEAE | Art | *Nothofagus pumilio* | Autor | (Poeppig & Endlicher) Krasser |

NOTHOFAGUS PUMILIO

Blätter Elliptisch bis eiförmig, bis 3 cm lang und 2 cm breit, oberseits dunkelgrün, beiderseits leicht behaart, im Herbst gelb. *Borke* Purpurbraun, mit waagrechten Lentizellen und Furchen, am Fuß rissig. *Blüten* Sehr klein, einzeln in Blattachseln, im späten Frühjahr. *Früchte* Drei kleine Nüsse in schuppigem Fruchtbecher, bis 1 cm lang.
• HERKUNFT Argentinien, Chile
• LEBENSRAUM Wälder

Blätter mit fünf bis sieben Nervenpaaren

Zwischen Adern je zweifach gekerbt

| Höhe | 25 m | Wuchs | Breit säulenförmig | Belaubung | Sommergrün | Laubform | |

| Familie | FAGACEAE | Art | *Nothofagus solandri* | Autor | (J. D. Hooker) Oersted |

NOTHOFAGUS SOLANDRI

Blätter Elliptisch, bis 1,5 cm lang und 1 cm breit, mit abgerundeter Spitze, ganzrandig, oberseits dunkelgrün, unterseits grau behaart. *Borke* Dunkelgrau, rauh, gefurcht. *Blüten* Sehr klein, männliche mit roten Staubbeuteln, einzeln oder zu zweit, weibliche zu zweit oder zu dritt, in Blattachseln, im späten Frühjahr. *Früchte* Drei kleine Nüsse in schuppigem Fruchtbecher.
• HERKUNFT Neuseeland
• LEBENSRAUM Niedrige Lagen bis Bergwälder

Rundliche Blattspitze

Matte Blattunterseite

| Höhe | 25 m | Wuchs | Breit kegelig | Belaubung | Immergrün | Laubform | |

158 • LAUBBÄUME

| Familie FAGACEAE | Art *Quercus acutissima* | Autor Carruthers |

SEIDENRAUPENEICHE

Blätter Länglich, bis 20 cm lang und 6 cm breit, mit 12–16 parallelen Seitenadern, die in schmalspitzigen Zähnen enden, kahl, oberseits glänzend grün, unterseits hellgrün, beiderseits kahl. *Borke* Graubraun, tiefrissig. *Blüten* Eingeschlechtig, einhäusig, männliche in gelbgrünen, hängenden Kätzchen, weibliche unauffällig, im späten Frühjahr. *Früchte* Rundliche Eicheln, bis 2,5 cm, zu zwei Drittel im Becher.
• HERKUNFT Himalaja bis Japan
• LEBENSRAUM Wälder

Fruchtbecher mit locker verteilten, schlanken Schuppen

Blattrand mit kleinen Zähnen

| Höhe 15 m | Wuchs Breit ausladend | Belaubung Sommergrün | Laubform |

| Familie FAGACEAE | Art *Quercus alba* | Autor Linné |

WEISSEICHE

Blätter Verkehrteiförmig, bis 20 cm lang und 10 cm breit, Basis keilförmig verschmälert, beiderseits mit zwei bis vier Blattlappen, oberseits anfangs leicht rosa und weiß behaart, später sattgrün, unterseits blaugrün, im Herbst weinrot. *Borke* Hellgrau, schuppig abblätternd. *Blüten* Eingeschlechtig, einhäusig, männliche in gelbgrünen, hängenden Kätzchen, weibliche unauffällig, im späten Frühjahr. *Früchte* Eicheln, bis 2,5 cm lang, zu einem Viertel in rauhem Becher.
• HERKUNFT O-Nordamerika
• LEBENSRAUM Trockene Wälder
• ANMERKUNG In Deutschland nur selten anzutreffen, obwohl ganz winterhart.

Rauhschuppiger Fruchtbecher

Ganzrandige Blattlappen

Leuchtende Herbstfärbung

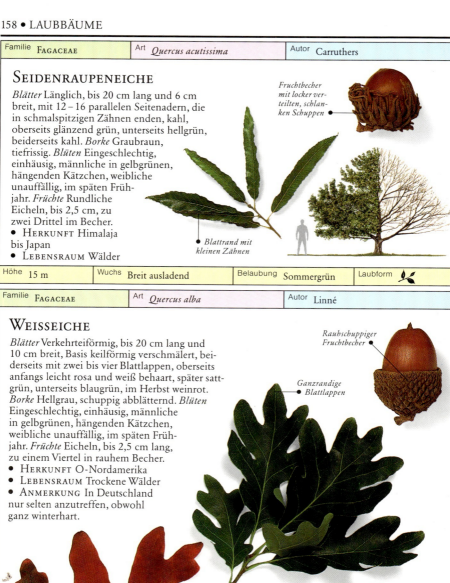

| Höhe 35 m | Wuchs Breit ausladend | Belaubung Sommergrün | Laubform |

LAUBBÄUME

| Familie FAGACEAE | Art *Quercus alnifolia* | Autor Poech |

QUERCUS ALNIFOLIA

Blätter Rundlich und konvex, bis 5 cm lang und breit, ledrig, fein gezähnt, oberseits glänzend dunkelgrün und kahl, unterseits golden filzig. *Borke* Dunkelgrau, mit hellgrauen bis orangebraunen Lentizellen. *Blüten* Eingeschlechtig, einhäusig, männliche in gelbgrünen, hängenden Kätzchen, weibliche unauffällig, im späten Frühjahr. *Früchte* Eicheln, bis 3 cm lang.
- HERKUNFT Zypern
- LEBENSRAUM Gebirge
- ANMERKUNG Von anderen Arten leicht durch die filzige Blattunterseite zu unterscheiden.

Typische goldfilzige Blattunterseite

Längliche Eichel, oberhalb der Mitte verdickt

Dichtbehaarte junge Triebe

Locker geschuppter Fruchtbecher

Junge Blätter, oberseits schuppig behaart

| Höhe 8 m | Wuchs Breit ausladend | Belaubung Immergrün | Laubform |

| Familie FAGACEAE | Art *Quercus canariensis* | Autor Willdenow |

QUERCUS CANARIENSIS

Blätter Elliptisch bis verkehrteiförmig, bis 15 cm lang und 7,5 cm breit, mit jederseits meist acht bis zwölf groben Zähnen, oberseits anfangs rötlich und behaart, später dunkelgrün und kahl, unterseits heller. *Borke* Dunkelgrau, dick, tief rissig. *Blüten* Einhäusig, männliche in gelbgrünen, hängenden Kätzchen, weibliche unauffällig, im späten Frühjahr. *Früchte* Eicheln, bis 2,5 cm lang, zu einem Drittel im Becher.
- HERKUNFT N-Afrika, SW-Europa
- LEBENSRAUM Wälder
- ANMERKUNG Der botanische Name läßt vermuten, daß diese Art von den Kanarischen Inseln stammt, wo sie jedoch nicht heimisch ist.

Dichte, behaarte Schuppen auf dem Fruchtbecher

Blätter mit zahlreichen groben Zähnen

| Höhe 25 m | Wuchs Breit säulenförmig | Belaubung Sommergrün | Laubform |

| Familie FAGACEAE | Art *Quercus castaneifolia* | Autor C. A. Meyer |

KASTANIENBLÄTTRIGE EICHE

Blätter Länglich, bis 20 cm lang und 7,5 cm breit, mit jederseits zehn bis zwölf Zähnen, oberseits glänzend dunkelgrün und kahl, unterseits blaugrün, wenig behaart. *Borke* Grau, glatt. *Blüten* Eingeschlechtig, einhäusig, männliche in gelbgrünen, hängenden Kätzchen, weibliche unauffällig, im späten Frühjahr. *Früchte* Eicheln, bis 2,5 cm lang, bis zur Hälfte im Becher mit langen Schuppen.
- HERKUNFT Kaukasus, N-Iran
- LEBENSRAUM Wälder

Blattadern enden in dreieckigen Zähnen

Blattunterseite

Glänzende Blattoberseite

| Höhe 30 m | Wuchs Breit ausladend | Belaubung Sommergrün | Laubform |

| Familie FAGACEAE | Art *Quercus cerris* | Autor Linné |

ZERREICHE

Blätter Länglich bis elliptisch, bis 12 cm lang und 7,5 cm breit, unregelmäßig und tief gelappt, oberseits glänzend dunkelgrün, unterseits jung flaumig, später kahl. *Borke* Dunkelgraubraun, rauh, dickwulstig. *Blüten* Eingeschlechtig, einhäusig, männliche in gelbgrünen, hängenden Kätzchen, weibliche unauffällig, im Frühsommer. *Früchte* Eicheln, bis 2,5 cm lang, zur Hälfte im Becher mit langen, schmalen Schuppen.
- HERKUNFT Mittel- und S-Europa
- LEBENSRAUM Wälder

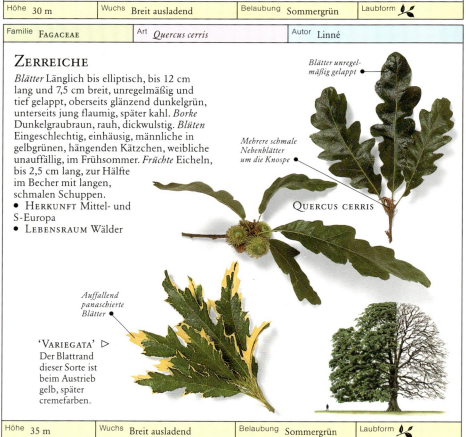

Blätter unregelmäßig gelappt

Mehrere schmale Nebenblätter um die Knospe

QUERCUS CERRIS

Auffallend panaschierte Blätter

'VARIEGATA' ▷ Der Blattrand dieser Sorte ist beim Austrieb gelb, später cremefarben.

| Höhe 35 m | Wuchs Breit ausladend | Belaubung Sommergrün | Laubform |

LAUBBÄUME • 161

| Familie | FAGACEAE | Art | *Quercus coccinea* | Autor | Münchhausen |

SCHARLACHEICHE

Blätter Elliptisch, bis 15 cm lang und 10 cm breit, tief gelappt, gezähnt, oberseits glänzend dunkelgrün, unterseits heller und glänzend, Nervenwinkel braun behaart, im Herbst leuchtend rot. *Borke* Dunkelgraubraun, glatt, im Alter flachwulstig. *Blüten* Eingeschlechtig, einhäusig, männliche in gelbgrünen, hängenden Kätzchen, weibliche unauffällig, im späten Frühjahr. *Früchte* Eicheln, bis 2,5 cm lang, bis zur Hälfte in glänzendem Becher.
• HERKUNFT O-Nordamerika
• LEBENSRAUM Wälder, sandige Böden

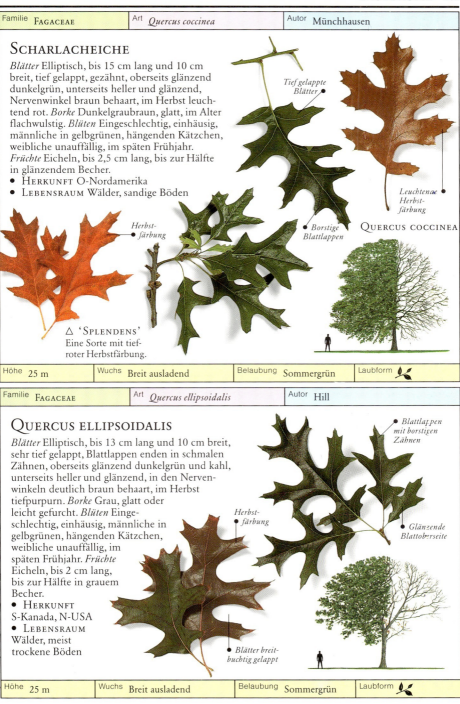

Tief gelappte Blätter

Leuchtende Herbstfärbung

QUERCUS COCCINEA

Herbstfärbung

Borstige Blattlappen

△ 'SPLENDENS'
Eine Sorte mit tiefroter Herbstfärbung.

| Höhe | 25 m | Wuchs | Breit ausladend | Belaubung | Sommergrün | Laubform | |

| Familie | FAGACEAE | Art | *Quercus ellipsoidalis* | Autor | Hill |

QUERCUS ELLIPSOIDALIS

Blätter Elliptisch, bis 13 cm lang und 10 cm breit, sehr tief gelappt, Blattlappen enden in schmalen Zähnen, oberseits glänzend dunkelgrün und kahl, unterseits heller und glänzend, in den Nervenwinkeln deutlich braun behaart, im Herbst tiefpurpurn. *Borke* Grau, glatt oder leicht gefurcht. *Blüten* Eingeschlechtig, einhäusig, männliche in gelbgrünen, hängenden Kätzchen, weibliche unauffällig, im späten Frühjahr. *Früchte* Eicheln, bis 2 cm lang, bis zur Hälfte in grauem Becher.
• HERKUNFT S-Kanada, N-USA
• LEBENSRAUM Wälder, meist trockene Böden

Blattlappen mit borstigen Zähnen

Herbstfärbung

Glänzende Blattoberseite

Blätter breitbuchtig gelappt

| Höhe | 25 m | Wuchs | Breit ausladend | Belaubung | Sommergrün | Laubform | |

Familie FAGACEAE	Art *Quercus falcata*	Autor Michaux

STICHELBLÄTTRIGE EICHE

Blätter Im Umriß elliptisch, bis 18 cm lang und 13 cm breit, jederseits mit ein bis zwei schmalen, sichelförmig zurückgekrümmten Blattlappen, in Grannen auslaufend, Mittellappen stark verlängert, oberseits glänzend dunkelgrün, unterseits graufilzig behaart. *Borke* Dunkelgraubraun, rissig, gratig. *Blüten* Eingeschlechtig, einhäusig, männliche in gelbgrünen, hängenden Kätzchen, weibliche unauffällig, im späten Frühjahr. *Früchte* Eicheln, bis 2 cm lang, zu einem Drittel bis zur Hälfte in breitem, flachem Becher.
- HERKUNFT SO-USA
- LEBENSRAUM Trockene Wälder, von Küsten bis Gebirge

Blattlappen mit borstiger Spitze

Fruchtbecher in schuppige Basis auslaufend

Behaarte Blattunterseite

Jüngere Blätter mit regelmäßigeren Lappen

Höhe 25 m	Wuchs Breit ausladend	Belaubung Sommergrün	Laubform

Familie FAGACEAE	Art *Quercus frainetto*	Autor Tenore

UNGARISCHE EICHE

Blätter Verkehrteiförmig bis länglich, bis 20 cm lang und 12 cm breit, viele Blattlappen, oberseits dunkelgrün und anfangs behaart, unterseits graugrün und filzig. *Borke* Dunkelgrau, rissig, gefurcht. *Blüten* Eingeschlechtig, einhäusig, männliche in gelbgrünen, hängenden Kätzchen, weibliche unauffällig, im späten Frühjahr. *Früchte* Eicheln, bis 2 cm lang, zur Hälfte in Becher.
- HERKUNFT SO-Europa
- LEBENSRAUM Wälder
- ANMERKUNG Die abgebildete Sorte 'Hungarian Crown' hat aufwärtsstrebende Äste und dadurch eine breitovale Krone.

Tief gelappte Blätter mit regelmäßigen Buchten

△ 'HUNGARIAN CROWN'

Große Blattlappen oft nochmals gelappt

Männl. Kätzchen blühen an älteren Zweigen

△ 'HUNGARIAN CROWN'

Höhe 30 m	Wuchs Breit ausladend	Belaubung Sommergrün	Laubform

LAUBBÄUME • 163

| Familie | FAGACEAE | Art | *Quercus* x *hispanica* | Autor | Lamarck |

SPANISCHE EICHE

Blätter Eiförmig oder oval bis länglich, bis 13 cm lang und 5 cm breit, gezähnt, oberseits glänzend dunkelgrün, unterseits grau und flaumig. **Borke** Grau, korkig. **Blüten** Einhäusig, männliche in gelbgrünen, hängenden Kätzchen, weibliche unauffällig, im späten Frühjahr. **Früchte** Eicheln, bis 2,5 cm lang, zu einem Drittel in Becher.
• HERKUNFT SW-Europa
• LEBENSRAUM Wälder, meist mit beiden Eltern
• ANMERKUNG Hybride aus *Q. cerris* (s. Seite 160) und *Q. suber* (s. Seite 172). Die bekannteste Sorte heißt 'Lucombeana'.

'LUCOMBEANA'

Flaumige Blattunterseite

Glänzende Blattoberseite

| Höhe | 30 m | Wuchs | Breit ausladend | Belaubung | Sommergrün | Laubform | |

| Familie | FAGACEAE | Art | *Quercus ilex* | Autor | Linné |

STEINEICHE

Blätter Elliptisch bis schmal eiförmig, bis 7,5 cm lang und 5 cm breit, derb, ledrig, zugespitzt, ganzrandig oder mit wenigen kleinen Zähnen, oberseits anfangs weißfilzig, später glänzend dunkelgrün, unterseits graufilzig. **Borke** Fast schwarz, rauh, in kleine Platten geschuppt. **Blüten** Eingeschlechtig, einhäusig, männliche in gelben, hängenden Kätzchen, weibliche unauffällig, im Frühsommer. **Früchte** Eicheln, bis 2 cm lang, zu einem Drittel in Becher.
• HERKUNFT Mittelmeerraum
• LEBENSRAUM Wälder, Gebüsch, Hügelland, trockene Standorte

Filzige junge Blätter

Graufilzige junge Triebe

Kleine, spitze Eicheln

Männl. Kätzchen blühen an jungen Trieben

Blattoberseite wird kahl

Graufilzige Blattunterseite

| Höhe | 30 m | Wuchs | Breit ausladend | Belaubung | Immergrün | Laubform | |

| Familie | FAGACEAE | Art | *Quercus imbricaria* | Autor | A. Michaux |

SCHINDELEICHE

Blätter Länglich bis lanzettlich, bis 15 cm lang und 7,5 cm breit, zugespitzt, ganzrandig, oberseits anfangs gelb, später glänzend dunkelgrün und kahl, unterseits grau behaart, oft wintergrün. *Borke* Graubraun, anfangs glatt, später rissig. *Blüten* Eingeschlechtig, einhäusig, männliche in gelbgrünen, hängenden Kätzchen, weibliche unauffällig, im Frühsommer. *Früchte* Eicheln, bis 2 cm lang, bis zur Hälfte in Becher mit breiten, behaarten Schuppen.
- HERKUNFT Mittel- und O-USA
- LEBENSRAUM Fruchtbare Wälder und Flußauen
- ANMERKUNG Die ersten Siedler in Nordamerika fertigten aus dem Holz dieser Art Dachschindeln, daher Schindeleiche.

Ganzrandige Blätter mit kleiner, borstiger Spitze

Fruchtbecher mit überlappenden Schuppen

| Höhe | 25 m | Wuchs | Breit ausladend | Belaubung | Sommergrün | Laubform | |

| Familie | FAGACEAE | Art | *Quercus laurifolia* | Autor | A. Michaux |

QUERCUS LAURIFOLIA

Blätter Verkehrtlanzettlich bis länglich, bis 10 cm lang und 4 cm breit, ganzrandig, teils undeutlich gelappt, glänzend grün, beiderseits kahl. *Borke* Grau und schuppig. *Blüten* Eingeschlechtig, einhäusig, männliche in gelbgrünen, hängenden Kätzchen, weibliche unauffällig, im Frühsommer. *Früchte* Eicheln, bis 1,5 cm lang, zu einem Drittel in Becher.
- HERKUNFT SO-USA
- LEBENSRAUM Wälder, sandige Standorte, Sumpfränder der Küstenebenen
- ANMERKUNG Die Blätter sind denen des Lorbeers, *Laurus nobilis* (s. Seite 188), sehr ähnlich. Sie bleiben bis in den Winter hinein am Zweig.

Undeutlich gelappte Blätter

Fast rundliche Eicheln

Keilförmige Spreitenbasis

| Höhe | 20 m | Wuchs | Breit kegelig | Belaubung | Sommergrün | Laubform | |

LAUBBÄUME • 165

| Familie FAGACEAE | Art *Quercus macranthera* | Autor Fischer & C. A. Meyer |

Persische Eiche

Blätter Verkehrteiförmig, bis 15 cm lang und 10 cm breit, jederseits mit sechs bis elf abgerundeten Blattlappen, oberseits dunkelgrün, unterseits graufilzig, an dicht filzigen Zweigen. *Borke* Graubraun, dick und rissig. *Blüten* Eingeschlechtig, einhäusig, männliche in gelbgrünen, hängenden Kätzchen, weibliche unauffällig, im Frühsommer. *Früchte* Eicheln, bis 2,5 cm lang, zur Hälfte in Becher mit behaarten Schuppen.
• HERKUNFT Kaukasus, N-Iran
• LEBENSRAUM Trockene Bergwälder

Behaarte, an Fruchtbecher angedrückte Schuppen

Blätter mit jederseits sechs bis elf Blattlappen

Zur Blattspitze hin kleinere Blattlappen

| Höhe 20 m | Wuchs Breit ausladend | Belaubung Sommergrün | Laubform |

| Familie FAGACEAE | Art *Quercus macrocarpa* | Autor A. Michaux |

Grossfrüchtige Eiche

Blätter Verkehrteiförmig, bis 25 cm lang und 12 cm breit, tief gebuchtet, rundliche Blattlappen und ausgeprägt breite Ausbuchtungen zur Basis hin, oberseits dunkelgrün und kahl, unterseits hellgrün, behaart. *Borke* Grau, rauh, tief gefurcht. *Blüten* Eingeschlechtig, einhäusig, männliche in gelben, hängenden Kätzchen, weibliche unauffällig, im Frühsommer. *Früchte* Eicheln, bis 4 cm lang, zur Hälfte in Becher, dieser am oberen Rand mit fransigen Schuppen.
• HERKUNFT O-Nordamerika
• LEBENSRAUM Fruchtbare Wälder
• ANMERKUNG Die Eicheln sind größer als die aller anderen nordamerikanischen Arten.

Blattlappen im vorderen Teil weniger tief gelappt

Tiefe, breite Buchten zur Spreitenbasis hin

| Höhe 40 m | Wuchs Breit ausladend | Belaubung Sommergrün | Laubform |

| Familie FAGACEAE | Art *Quercus marilandica* | Autor Münchhausen |

QUERCUS MARILANDICA

Blätter Dreieckig verkehrteiförmig, bis 25 cm lang und fast ebenso breit, keilförmige Spreitenbasis, meist drei Blattlappen mit borstigen Spitzen, oberseits glänzend dunkelgrün, unterseits heller und spärlich behaart, später beiderseits kahl. *Borke* Fast schwarz, in kleinen Platten aufplatzend. *Blüten* Eingeschlechtig, einhäusig, männliche in gelbgrünen, hängenden Kätzchen, weibliche unauffällig, im Frühsommer. *Früchte* Eicheln, bis 2 cm lang, zur Hälfte in Becher.
• HERKUNFT O-USA
• LEBENSRAUM Wälder und arme, oft sandige Standorte

Dicker Fruchtbecher mit breiten, behaarten Schuppen

Blattlappen mit borstigen Spitzen

Breite, dreilappige Blattspitze

| Höhe 12 m | Wuchs Breit ausladend | Belaubung Sommergrün | Laubform |

| Familie FAGACEAE | Art *Quercus myrsinifolia* | Autor Blume |

QUERCUS MYRSINIFOLIA

Blätter Lanzettlich, bis 10 cm lang und 3 cm breit, lederig, zugespitzt, undeutlich gesägt, oberseits anfangs tief bronzerot, später dunkelgrün, unterseits blaugrün, beiderseits kahl. *Borke* Dunkelgrau und glatt. *Blüten* Eingeschlechtig, einhäusig, männliche in gelbgrünen, hängenden Kätzchen, weibliche unauffällig, im Frühsommer. *Früchte* Eicheln, bis 2 cm lang, zu einem Drittel in Becher.
• HERKUNFT China, Japan
• LEBENSRAUM Wälder

Zugespitzte Blätter

Fein gesägter Blattrand

Männl. Kätzchen an Vorjahrestrieben

Kleine weibl. Blüten an jungen Trieben

Auffällig geringelter Fruchtbecher

| Höhe 20 m | Wuchs Breit ausladend | Belaubung Immergrün | Laubform |

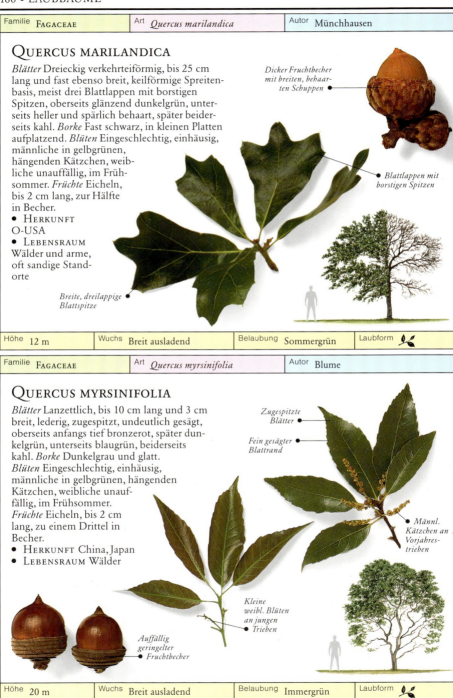

LAUBBÄUME • 167

| Familie | FAGACEAE | Art | *Quercus palustris* | Autor | Münchhausen |

SUMPFEICHE

Blätter Im Umriß oval bis verkehrteiförmig, bis 15 cm lang und 12 cm breit, tief gelappt, beiderseits glänzend grün, unterseits heller, in Nervenwinkeln braun behaart. *Borke* Graubraun, glatt. *Blüten* Eingeschlechtig, einhäusig, männliche in gelbgrünen, hängenden Kätzchen, weibliche unauffällig, im späten Frühjahr. *Früchte* Eicheln, bis 1,5 cm lang, zu einem Viertel bis einem Drittel in flachem Becher.
• HERKUNFT SO-Kanada, O-USA
• LEBENSRAUM Sumpfige Wälder

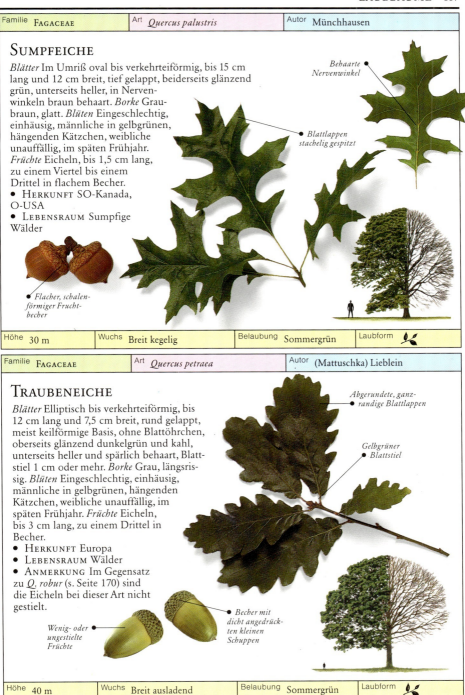

Behaarte Nervenwinkel

Blattlappen stachelig gespitzt

Flacher, schalenförmiger Fruchtbecher

| Höhe | 30 m | Wuchs | Breit kegelig | Belaubung | Sommergrün | Laubform | |

| Familie | FAGACEAE | Art | *Quercus petraea* | Autor | (Mattuschka) Lieblein |

TRAUBENEICHE

Blätter Elliptisch bis verkehrteiförmig, bis 12 cm lang und 7,5 cm breit, rund gelappt, meist keilförmige Basis, ohne Blattöhrchen, oberseits glänzend dunkelgrün und kahl, unterseits heller und spärlich behaart, Blattstiel 1 cm oder mehr. *Borke* Grau, längsrissig. *Blüten* Eingeschlechtig, einhäusig, männliche in gelbgrünen, hängenden Kätzchen, weibliche unauffällig, im späten Frühjahr. *Früchte* Eicheln, bis 3 cm lang, zu einem Drittel in Becher.
• HERKUNFT Europa
• LEBENSRAUM Wälder
• ANMERKUNG Im Gegensatz zu *Q. robur* (s. Seite 170) sind die Eicheln bei dieser Art nicht gestielt.

Abgerundete, ganzrandige Blattlappen

Gelbgrüner Blattstiel

Wenig- oder ungestielte Früchte

Becher mit dicht angedrückten kleinen Schuppen

| Höhe | 40 m | Wuchs | Breit ausladend | Belaubung | Sommergrün | Laubform | |

168 • LAUBBÄUME

| Familie FAGACEAE | Art *Quercus phellos* | Autor Linné |

WEIDENEICHE

Blätter Schmal länglich, bis 10 cm lang und 2,5 cm breit, zugespitzt, ganzrandig, oberseits glänzend grün, unterseits heller, später beiderseits kahl. *Borke* Grau und glatt, im Alter rissig, plattig. *Blüten* Eingeschlechtig, einhäusig, männliche in gelbgrünen, hängenden Kätzchen, weibliche unauffällig, im späten Frühjahr. *Früchte* Eicheln, bis 1,5 cm lang, zu einem Viertel in flachem Becher.
- HERKUNFT O-USA
- LEBENSRAUM Feuchte, sumpfige Standorte
- ANMERKUNG Leicht an den weidenähnlichen Blättern zu erkennen (*Salix*, s. Seiten 291–294).

Lange, schlanke, ganzrandige Blätter

Blätter in langer Spitze auslaufend

Eicheln, im zweiten Jahr reif

| Höhe 30 m | Wuchs Breit ausladend | Belaubung Sommergrün | Laubform |

| Familie FAGACEAE | Art *Quercus phillyreoides* | Autor Gray |

QUERCUS PHILLYREOIDES

Blätter Elliptisch bis länglich, bis 6 cm lang, ledrig, gezähnt oder ganzrandig, oberseits anfangs oft bronzefarben schimmernd, später dunkelgrün, unterseits heller und glänzend, beiderseits kahl. *Borke* Dunkelgrau, flach längsrissig. *Blüten* Eingeschlechtig, einhäusig, männliche in gelbgrünen, hängenden Kätzchen, weibliche unauffällig, im späten Frühjahr. *Früchte* Eicheln, bis 2 cm lang, zu einem Drittel in kegeligem Becher.
- HERKUNFT China, S-Japan
- LEBENSRAUM Felsige Standorte
- ANMERKUNG Ein seltener und ungewöhnlicher kleiner Baum oder Strauch.

Kahle Blattunterseite

Blattrand teils fein gesägt

Männl. Blüten in Kätzchen

Umgekehrtkegeliger Fruchtbecher

| Höhe 15 m | Wuchs Breit ausladend | Belaubung Immergrün | Laubform |

LAUBBÄUME • 169

| Familie | FAGACEAE | Art | *Quercus pontica* | Autor | K. Koch |

PONTISCHE EICHE

Blätter Breit oval bis verkehrteiförmig, bis 15 cm lang und 10 cm breit, Spreitenbasis keilförmig, viele parallele Seitenadern, die in kleinen, spitzen Zähnen enden, oberseits anfangs behaart, später hellgrün und kahl, unterseits blaugrün, im Herbst gelbbraun, an kräftigen Zweigen. *Borke* Grau bis purpurbraun, dünnschuppig, im Alter zerklüftet. *Blüten* Eingeschlechtig, einhäusig, männliche in gelbgrünen, langen, schlanken, hängenden Kätzchen, weibliche unauffällig, im späten Frühjahr. *Früchte* Eicheln, bis 2 cm lang, zur Hälfte in Becher.
• HERKUNFT Kaukasus, NO-Türkei
• LEBENSRAUM Bergwälder
• ANMERKUNG Kleiner Baum oder Strauch.

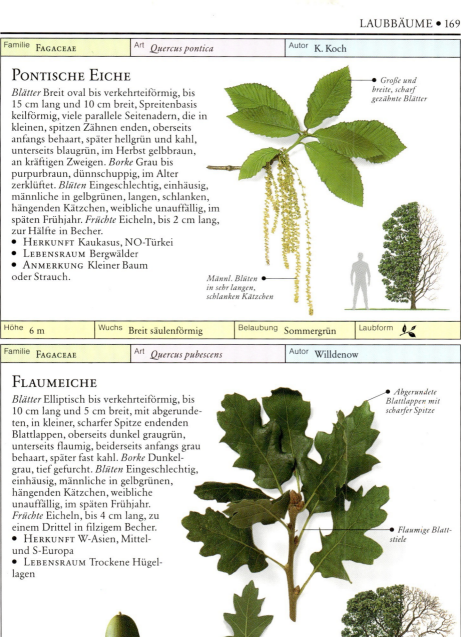

Große und breite, scharf gezähnte Blätter

Männl. Blüten in sehr langen, schlanken Kätzchen

| Höhe | 6 m | Wuchs | Breit säulenförmig | Belaubung | Sommergrün | Laubform | |

| Familie | FAGACEAE | Art | *Quercus pubescens* | Autor | Willdenow |

FLAUMEICHE

Blätter Elliptisch bis verkehrteiförmig, bis 10 cm lang und 5 cm breit, mit abgerundeten, in kleiner, scharfer Spitze endenden Blattlappen, oberseits dunkel graugrün, unterseits flaumig, beiderseits anfangs grau behaart, später fast kahl. *Borke* Dunkelgrau, tief gefurcht. *Blüten* Eingeschlechtig, einhäusig, männliche in gelbgrünen, hängenden Kätzchen, weibliche unauffällig, im späten Frühjahr. *Früchte* Eicheln, bis 4 cm lang, zu einem Drittel in filzigem Becher.
• HERKUNFT W-Asien, Mittel- und S-Europa
• LEBENSRAUM Trockene Hügellagen

Abgerundete Blattlappen mit scharfer Spitze

Flaumige Blattstiele

Fruchtbecher mit filzigen Schuppen

Deutlich behaarte Blattunterseite

| Höhe | 20 m | Wuchs | Breit ausladend | Belaubung | Sommergrün | Laubform | |

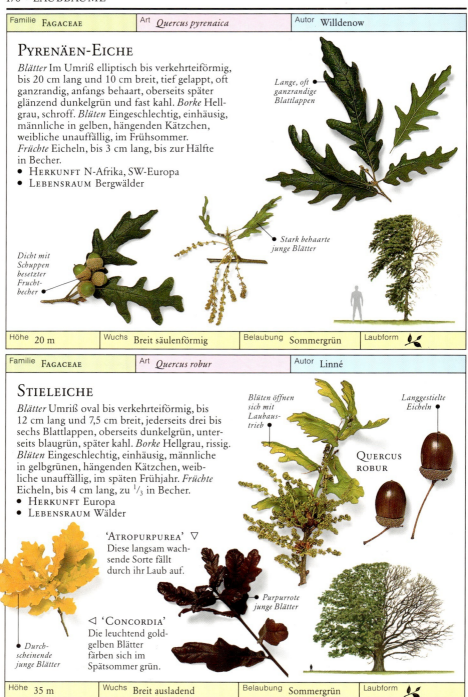

| Familie FAGACEAE | Art *Quercus pyrenaica* | Autor Willdenow |

PYRENÄEN-EICHE

Blätter Im Umriß elliptisch bis verkehrteiförmig, bis 20 cm lang und 10 cm breit, tief gelappt, oft ganzrandig, anfangs behaart, oberseits später glänzend dunkelgrün und fast kahl. *Borke* Hellgrau, schroff. *Blüten* Eingeschlechtig, einhäusig, männliche in gelben, hängenden Kätzchen, weibliche unauffällig, im Frühsommer. *Früchte* Eicheln, bis 3 cm lang, bis zur Hälfte in Becher.
• HERKUNFT N-Afrika, SW-Europa
• LEBENSRAUM Bergwälder

Lange, oft ganzrandige Blattlappen

Stark behaarte junge Blätter

Dicht mit Schuppen besetzter Fruchtbecher

| Höhe 20 m | Wuchs Breit säulenförmig | Belaubung Sommergrün | Laubform |

| Familie FAGACEAE | Art *Quercus robur* | Autor Linné |

STIELEICHE

Blätter Umriß oval bis verkehrteiförmig, bis 12 cm lang und 7,5 cm breit, jederseits drei bis sechs Blattlappen, oberseits dunkelgrün, unterseits blaugrün, später kahl. *Borke* Hellgrau, rissig. *Blüten* Eingeschlechtig, einhäusig, männliche in gelbgrünen, hängenden Kätzchen, weibliche unauffällig, im späten Frühjahr. *Früchte* Eicheln, bis 4 cm lang, zu $1/3$ in Becher.
• HERKUNFT Europa
• LEBENSRAUM Wälder

Blüten öffnen sich mit Laubaustrieb

Langgestielte Eicheln

QUERCUS ROBUR

'ATROPURPUREA' ▽
Diese langsam wachsende Sorte fällt durch ihr Laub auf.

◁ 'CONCORDIA'
Die leuchtend goldgelben Blätter färben sich im Spätsommer grün.

Purpurrote junge Blätter

Durchscheinende junge Blätter

| Höhe 35 m | Wuchs Breit ausladend | Belaubung Sommergrün | Laubform |

LAUBBÄUME • 171

| Familie FAGACEAE | Art *Quercus rubra* | Autor Linné |

ROTEICHE

Blätter Elliptisch, eiförmig oder verkehrt-eiförmig, bis 23 cm lang und 15 cm breit, mit schmal gezähnten Blattlappen, oberseits dunkelgrün und kahl, unterseits heller, in den Nervenwinkeln braun behaart, im Herbst leuchtend rot. *Borke* Grau, glatt, später tief gefurcht. *Blüten* Eingeschlechtig, einhäusig, männliche in gelbgrünen, hängenden Kätzchen, weibliche unauffällig, im späten Frühjahr. *Früchte* Eicheln, bis 3 cm lang, zu einem Viertel in flachem Becher.
• HERKUNFT O-Nordamerika
• LEBENSRAUM Wälder, Gebirge im Süden des Herkunftsgebiets

Eicheln in flachen Bechern

Lappen oft mit Sekundärlappen

Blattlappen mit borstiger Spitze

Mattgrüne Blattoberseite

| Höhe 25 m | Wuchs Breit ausladend | Belaubung Sommergrün | Laubform |

| Familie FAGACEAE | Art *Quercus stellata* | Autor Wangenheim |

PFAHLEICHE

Blätter Verkehrteiförmig, bis 20 cm lang und 10 cm breit, mit jederseits zwei bis drei Blattlappen, das mittlere Paar am größten und oft zur Basis hin verschmälert, oberseits dunkelgrün, rauh, unterseits grau behaart. *Borke* Graubraun, schuppig, gefurcht. *Blüten* Eingeschlechtig, einhäusig, männliche in gelbgrünen, hängenden Kätzchen, weibliche unauffällig, im späten Frühjahr. *Früchte* Eicheln, bis 3 cm lang, zu einem Drittel in Becher.
• HERKUNFT Mittel- und O-USA
• LEBENSRAUM Trockene Standorte

Breite, abgerundete Blattlappen

Eicheln reifen im ersten Jahr

Sehr derbe Blätter mit rauher Oberseite

Behaarte junge Triebe

| Höhe 20 m | Wuchs Breit ausladend | Belaubung Sommergrün | Laubform |

172 • LAUBBÄUME

| Familie | FAGACEAE | Art | *Quercus suber* | Autor | Linné |

KORKEICHE

Blätter Länglich bis eiförmig, bis 7 cm lang und 4 cm breit, derb, meist gezähnt, oberseits glänzend dunkelgrün, unterseits grau behaart. *Borke* Hellgrau, dick, korkig, tief gefurcht, neue Rindenschicht tiefrot. *Blüten* Eingeschlechtig, einhäusig, männliche in gelbgrünen, hängenden Kätzchen, weibliche unauffällig, im späten Frühjahr. *Früchte* Eicheln, bis 3 cm lang, zur Hälfte in Becher.
• HERKUNFT W-Mittelmeerraum
• LEBENSRAUM Wälder in Hügellagen
• ANMERKUNG
Im Herkunftsgebiet wird durch Abschälen der Rinde Kork gewonnen, was das lebende Gewebe der Pflanze nicht schädigt.

Graufilzige Blattunterseite

Blattrand mit wenigen kleinen Zähnen

Eicheln reifen im ersten Jahr

Dicke, aber leichte Korkschicht als Borke

| Höhe | 20 m | Wuchse | Breit ausladend | Belaubung | Immergrün | Laubform | |

| Familie | FAGACEAE | Art | *Quercus* x *turneri* | Autor | Willdenow |

WINTERGRÜNE EICHE

Blätter Verkehrteiförmig bis länglich, bis 12 cm lang und 5 cm breit, Basis keilförmig, jederseits mit drei bis fünf dreieckigen Zähnen, oberseits glänzend dunkelgrün, unterseits heller, teils wintergrün. *Borke* Dunkelgrau, in Platten aufplatzend. *Blüten* Eingeschlechtig, einhäusig, männliche in gelbgrünen, hängenden Kätzchen, weibliche unauffällig, im späten Frühjahr. *Früchte* Eicheln, bis 2 cm lang, zur Hälfte in Becher, oft zu mehreren an langem Stiel.
• HERKUNFT Aus gärtnerischer Kultur
• ANMERKUNG
Eine Hybride aus Steineiche (*Q. ilex*, s. Seite 163) und Stieleiche (*Q. robur*, s. Seite 170)

Nicht alle Eicheln reifen aus

Blätter bis weit in den Winter am Baum

Dichtbehaarte Triebe

Nach vorn gerichtete Zähne

| Höhe | 20 m | Wuchs | Breit ausladend | Belaubung | Sommergrün | Laubform | |

LAUBBÄUME • 173

| Familie | FAGACEAE | Art | *Quercus variabilis* | Autor | Blume |

CHINESISCHE KORKEICHE

Blätter Länglich, bis 20 cm lang und 5 cm breit, lang zugespitzt, viele parallele Seitenadern, die in borstigen Spitzen enden, oberseits glänzend dunkelgrün, kahl, unterseits grau, spärlich behaart. *Borke* Hell graubraun, dick, korkig, tief rissig. *Blüten* Eingeschlechtig, einhäusig, männliche in gelbgrünen, hängenden Kätzchen, weibliche unauffällig, im späten Frühjahr. *Früchte* Eicheln, bis 2 cm lang, fast ganz in Becher mit langen, krausen Schuppen.
• HERKUNFT
China, Japan, Korea
• LEBENSRAUM
Bergwälder

Breite, rundliche Eicheln

Graubehaarte Blattunterseite

Dicke Borke, tief gefurcht

Zahlreiche Zähne mit borstigen Spitzen

| Höhe | 25 m | Wuchs | Breit ausladend | Belaubung | Sommergrün | Laubform | |

| Familie | FAGACEAE | Art | *Quercus velutina* | Autor | Lamarck |

FÄRBEREICHE

Blätter Im Umriß oval bis eiförmig, bis 25 cm lang und 15 cm breit, mit fünf bis sieben borstig zugespitzten Lappen, oberseits glänzend dunkelgrün, kahl, unterseits heller, behaart, später fast kahl mit behaarten Nervenwinkeln. *Borke* Dunkelbraun, gefurcht. *Blüten* Einhäusig, männliche in gelbgrünen, hängenden Kätzchen, weibliche unauffällig, im späten Frühjahr. *Früchte* Eicheln, bis 2 cm lang, zur Hälfte in Becher.
• HERKUNFT
O-Nordamerika
• LEBENSRAUM
Trockene Wälder, Sanddünen

Blattlappen mit borstiger Spitze

Glänzende Blattoberseite

Dicker Fruchtbecher, locker mit Schuppen besetzt

| Höhe | 25 m | Wuchs | Breit ausladend | Belaubung | Sommergrün | Laubform | |

FLACOURTIACEAE

Diese Familie ist vorwiegend in den tropischen und subtropischen Regionen beider Hemisphären heimisch. Sie umfaßt ca. 90 Gattungen mit 900 Arten immergrüner und sommergrüner Gehölze, zu denen auch Arten der südostasiatischen Gattung *Hydrocarpus* gehören. Diese enthalten das Chaulmugraöl, das zur Behandlung einiger Hautkrankheiten verwendet wird.

Familie	FLACOURTIACEAE	Art	*Azara microphylla*	Autor	J. D. Hooker

AZARA MICROPHYLLA

Blätter Verkehrteiförmig bis oval, bis 2,5 cm lang, gesägt, oberseits glänzend dunkelgrün, unterseits heller, kahl, mit kleinen, blattartigen Stipeln. *Borke* Grau, mit waagrechten Lentizellen, dünnschuppig. *Blüten* Klein, ohne Kronblätter, grüne Kelchblätter und auffällige gelbe Staubblätter, in den Blattachseln, im Spätwinter bis zeitiges Frühjahr. *Früchte* Kleine, orangerote Beeren.
• HERKUNFT Argentinien, Chile
• LEBENSRAUM Laubwälder

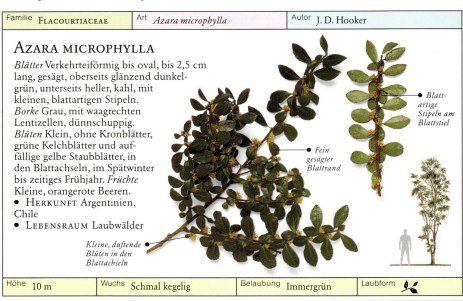

Blattartige Stipeln am Blattstiel

Fein gesägter Blattrand

Kleine, duftende Blüten in den Blattachseln

Höhe	10 m	Wuchs	Schmal kegelig	Belaubung	Immergrün	Laubform	

Familie	FLACOURTIACEAE	Art	*Idesia polycarpa*	Autor	Maximowicz

ORANGENKIRSCHE

Blätter Breit herzförmig, bis 20 cm lang und fast genauso breit, Spreitenbasis herzförmig, zugespitzt, gesägt, oberseits bronzepurpurn überzogen, später dunkelgrün, unterseits bläulichweiß, kahl, langgestielt. *Borke* Grauweiß. *Blüten* Zweihäusig, klein, gelbgrün, ohne Kronblätter, in breiten, hängenden, endständigen Rispen, im Frühsommer. *Früchte* Kleine, orangerote Beeren, in hängenden Fruchtständen.
• HERKUNFT China, Japan
• LEBENSRAUM Berghänge
• ANMERKUNG Bevorzugt sonnige Lagen.

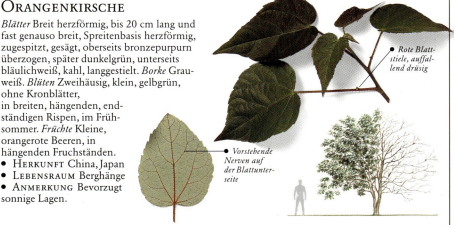

Rote Blattstiele, auffallend drüsig

Vorstehende Nerven auf der Blattunterseite

Höhe	15 m	Wuchs	Breit ausladend	Belaubung	Sommergrün	Laubform	

HAMAMELIDACEAE

EINE FAMILIE mit 25 Gattungen und rund 100 Arten sommergrüner und immergrüner Gehölze der gemäßigten und subtropischen Breiten; in weiten Teilen Südamerikas, Afrikas und in ganz Europa kommen diese Gehölze jedoch nicht wildwachsend vor. Neben den hier beschriebenen Pflanzen gehören auch Gattungen mit Ziersträuchern zu dieser Familie, wie z. B. die meist im Winter blühende Zaubernuß *(Hamamelis)* sowie *Corylopsis* und *Fothergilla*.

Familie	HAMAMELIDACEAE	Art	*Liquidambar formosana*	Autor	Hance

CHINESISCHER AMBERBAUM

Blätter Handförmig gelappt, bis 13 cm lang und 15 cm breit, Spreitenbasis herzförmig, meist dreilappig, zugespitzt, gesägt, anfangs rotbraun, später dunkelgrün, im Herbst rot bis purpurn, an langen, roten Stielen. *Borke* Grauweiß, im Alter dunkler und rissig. *Blüten* Einhäusig, eingeschlechtig, klein, gelbgrün, ohne Kronblätter, in rundlichen Köpfchen, im Frühjahr mit Laubaustrieb. *Früchte* Kleine, braune, miteinander verwachsene Kapseln, 4 cm dick.
• HERKUNFT China, Taiwan
• LEBENSRAUM Wälder und Gebüsch in gebirgigen Lagen

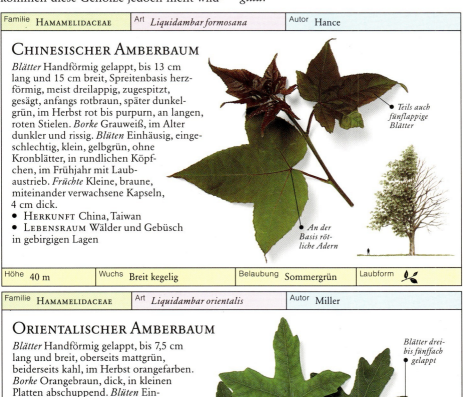

Teils auch fünflappige Blätter

An der Basis rötliche Adern

Höhe	40 m	Wuchs	Breit kegelig	Belaubung	Sommergrün	Laubform	

Familie	HAMAMELIDACEAE	Art	*Liquidambar orientalis*	Autor	Miller

ORIENTALISCHER AMBERBAUM

Blätter Handförmig gelappt, bis 7,5 cm lang und breit, oberseits mattgrün, beiderseits kahl, im Herbst orangefarben. *Borke* Orangebraun, dick, in kleinen Platten abschuppend. *Blüten* Eingeschlechtig, einhäusig, sehr klein, gelbgrün, ohne Kronblätter, in rundlichen Köpfchen, im Frühjahr mit Laubaustrieb. *Früchte* Klein, braun, in rundlichen, hängenden Fruchtständen, 2,5 cm groß.
• HERKUNFT SW-Türkei
• LEBENSRAUM Feuchte Wälder, Überschwemmungsgebiete, Flußauen

Blätter drei- bis fünffach gelappt

Längliche Blattlappen, wenig gesägt

Höhe	25 m	Wuchs	Breit kegelig	Belaubung	Sommergrün	Laubform	

| Familie HAMAMELIDACEAE | Art *Liquidambar styraciflua* | Autor Linné |

AMERIKANISCHER AMBERBAUM

Blätter Handförmig gelappt, bis 15 cm lang und breit, fünf bis sieben Lappen, diese keilförmig zugespitzt, fein gesägt, oberseits glänzend dunkelgrün, im Herbst orange, rot oder purpurn, Zweige oft mit Korkleisten. *Borke* Dunkel graubraun, tief gefurcht, mit schmalen Wülsten. *Blüten* Eingeschlechtig, einhäusig, sehr klein, gelbgrün, ohne Kronblätter, in rundlichen Köpfchen, im späten Frühjahr mit Laubaustrieb. *Früchte* Einzeln, klein, braun, in rundlichen, hängenden Fruchtständen, bis 2,5 cm lang.
- HERKUNFT Z-Amerika, Mexiko, O-USA
- LEBENSRAUM Feuchte Wälder
- ANMERKUNG Im Gegensatz zum Ahorn (*Acer*, s. Seiten 84 – 104) sind die Blätter dieser Art wechselständig.

Blätter mit fünf bis sieben zugespitzten Lappen

Mittellappen größer als Seitenlappen

Herzförmige Spreitenbasis

△ LIQUIDAMBAR STYRACIFLUA

Bunte Herbstfärbung

▽ 'VARIEGATA'
Hellgrüne und gelbliche Flecken kennzeichnen die Blätter dieser Sorte. Sie ist auch als 'Aurea' bekannt und wird oft mit 'Silver King' verwechselt.

△ 'LANE ROBERTS'
Die Blätter dieser Sorte färben sich im Spätsommer orange bis tief purpurrot.

Gelblichweißer Blattrand, auch rosa überzogen

'SILVER KING' ▷
Eine Sorte mit auffälligem Blattwerk. Der breite, gelblichweiße bis gelbe Blattrand ist im Herbst oft rosa überzogen.

Unregelmäßige gelbgrüne Panaschierung

| Höhe 40 m | Wuchs Breit kegelig | Belaubung Sommergrün | Laubform |

LAUBBÄUME • 177

| Familie | HAMAMELIDACEAE | Art | *Parrotia persica* | Autor | (Candolle) C. A. Meyer |

EISENHOLZBAUM

Blätter Verkehrteiförmig bis oval, bis 12 cm lang und 6 cm breit, obere Spreitenhälfte bogig gezähnt, oberseits glänzend grün und kahl, unterseits spärlich behaart. *Borke* Graubraun, schuppig. *Blüten* Klein, ohne Kronblätter, mit roten Staubbeuteln, im zeitigen Frühjahr. *Früchte* Nußartige braune Kapseln, 8 mm lang.
• HERKUNFT O-Kaukasus, N-Iran
• LEBENSRAUM Wälder
• ANMERKUNG Mittelhoher Baum oder breiter Strauch.

Bunte Herbstfärbung

Blätter oberhalb der Mitte breiter

Obere Spreitenhälfte bogig gezähnt

| Höhe | 20 m | Wuchs | Breit ausladend | Belaubung | Sommergrün | Laubform | |

| Familie | HAMAMELIDACEAE | Art | *Parrotiopsis jacquemontiana* | Autor | (Decaisne) Rehder |

SCHEINPARROTIE

Blätter Rundlich, bis 8 cm lang, gezähnt, oberseits glänzend grün, verkahlend, unterseits behaart, kurz gestielt. *Borke* Grau, glatt. *Blüten* Klein, ohne Kronblätter, viele gelbe Staubbeutel, in dichten, endständigen, mit bis zu sechs weißen, unterseits dicht mit winzigen braunen Schuppen (Sternhaaren) bedeckten Hochblättern umgebenen Köpfchen, mit Hochblättern bis 5 cm Durchmesser, im Frühjahr bis späten Frühjahr. *Früchte* Fruchtstände mit kleinen, braunen, borstigen Kapseln.
• HERKUNFT W-Himalaja
• LEBENSRAUM Wälder
• ANMERKUNG Strauchförmig, einzige Art der Gattung.

Rundliche Blätter

Gezähnter Blattrand

Winzige Blüten, in Köpfchen, mit gelben Staubbeuteln

Dunkle Sternhaare auf der Unterseite der Hochblätter

Weiße Hochblätter umgeben die Blüten

| Höhe | 6 m | Wuchs | Breit kegelig | Belaubung | Sommergrün | Laubform | |

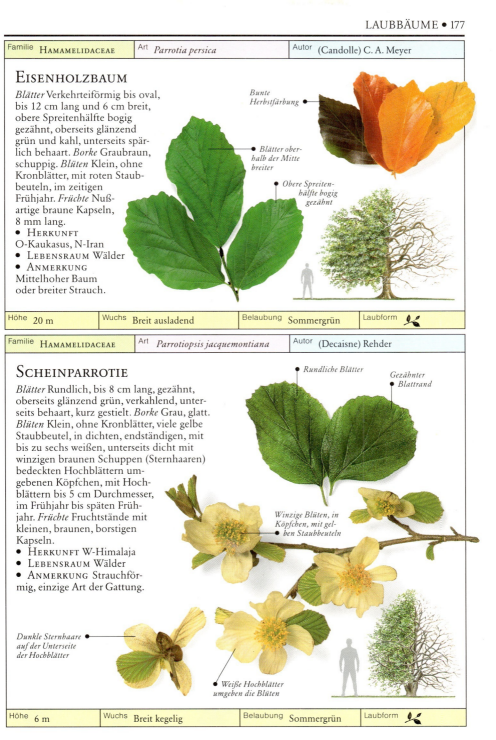

HIPPOCASTANACEAE

Nur zwei Gattungen gehören zu dieser Familie. Die 15 bis 25 Arten sommergrüner Gehölze stammen aus Nordamerika, SO-Europa und O-Asien. Ihre Blätter sind handförmig geteilt und gegenständig. Die hübschen Blüten haben vier oder fünf Kronblätter und stehen in breiten, endständigen Rispen.

Familie	HIPPOCASTANACEAE	Art	*Aesculus californica*	Autor	(Spach) Nuttall

KALIFORNISCHE ROSSKASTANIE

Blätter Handförmig, mit fünf bis sieben länglichen, gesägten Blättchen, bis 15 cm lang, oberseits dunkel blaugrün, unterseits graugrün. *Borke* Hellgrau, fast glatt, dünnschuppig. *Blüten* Weiß oder hellrosa, vier Kronblätter, in bis 20 cm langen Rispen, im Sommer. *Früchte* Glatte, birnenförmige Kapseln, bis 7 cm lang, mit einem glänzend braunen Samen, langgestielt.
• HERKUNFT Kalifornien (USA)
• LEBENSRAUM Trockene Hänge und Canyons in Hügellage

Lang zugespitzte Blättchen
Blüten in dichten Rispen
Lange, herausragende Staubblätter

Höhe	10 m	Wuchs	Breit ausladend	Belaubung	Sommergrün	Laubform	

Familie	HIPPOCASTANACEAE	Art	*Aesculus x carnea*	Autor	Hayne

ROTE ROSSKASTANIE

Blätter Handförmig geteilt, mit fünf bis sieben verkehrteiförmigen, scharf gesägten und wenig oder nicht gestielten Blättchen, bis 25 cm lang, dunkelgrün, Blatt langgestielt. *Borke* Rötlichbraun. *Blüten* Anfangs weiß, gelbgefleckt, später mit rosa Flecken, mit fünf Kronblättern, in kegeligen, aufrechten oder leicht abstehenden Rispen, bis 20 cm lang, im späten Frühjahr. *Früchte* Glatte oder kaum stachelige Kapseln, bis 4 cm.
• HERKUNFT Aus gärtnerischer Kultur
• ANMERKUNG
Eine Hybride aus der Roßkastanie (*A. hippocastanum*, s. Seite 179) und der Roten Pavie (*A. pavia*, s. Seite 181).

Scharf gesägte Blättchen
Derbe, oft gewellte Blättchen
AESCULUS X CARNEA
Kapsel mit bis zu drei Samen

◁ 'BRIOTII'
Eine Sorte mit dunkleren, leuchtend blutroten Blüten.

Höhe	20 m	Wuchs	Breit säulenförmig	Belaubung	Sommergrün	Laubform	

LAUBBÄUME • 179

| Familie | HIPPOCASTANACEAE | Art | *Aesculus flava* | Autor | Solander |

GELBE PAVIE

Blätter Handförmig geteilt, meist mit fünf Blättchen, fein gesägt, kurzgestielt, bis 15 cm lang, dunkelgrün, im Herbst orangerot. *Borke* Graubraun, in breiten, glatten Schuppen abblätternd. *Blüten* Gelb, mit vier Kronblättern, in kegeligen, aufrechten Rispen, bis 15 cm lang, im späten Frühjahr bis Frühsommer. *Früchte* Unbestachelte Kapseln, rund, bis 6 cm, braunschuppig, meist zwei Samen.
• HERKUNFT O-USA
• LEBENSRAUM Feuchte, fruchtbare Wälder
• ANMERKUNG Auch als *A. octandra* bekannt. Die orangerote Herbstfärbung ist besonders schön.

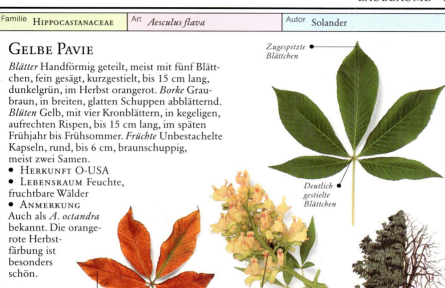

Zugespitzte Blättchen

Deutlich gestielte Blättchen

Blätter verfärben sich im Frühherbst

Blüten mit rosa Fleck

| Höhe | 30 m | Wuchs | Breit kegelig | Belaubung | Sommergrün | Laubform | |

| Familie | HIPPOCASTANACEAE | Art | *Aesculus hippocastanum* | Autor | Linné |

GEMEINE ROSSKASTANIE

Blätter Handförmig geteilt, mit fünf bis sieben Blättchen, diese verkehrteiförmig, scharf gesägt, sitzend, bis 25 cm lang, unterseits hellgrün, im Herbst meist gelb, Blätter langgestielt. *Borke* Rotbraun oder grau, schuppig. *Blüten* Cremefarben mit gelben, später weiß mit roten Flecken, fünf Kronblätter, in breiten, kegeligen, aufrechten Rispen, bis 30 cm lang, im späten Frühjahr. *Früchte* Runde, bestachelte, grüne Kapseln, bis zu drei glänzend braune Samen.
• HERKUNFT Albanien, N-Griechenland
• LEBENSRAUM Bergwälder
• ANMERKUNG Das Herkunftsgebiet war lange nicht bekannt, da die Art in der Türkei kultiviert wurde und so in europäische Gärten gelangte.

AESCULUS ▷
HIPPOCASTANUM

Gelbe, später rote Blütenflecken

Große, aufrechte Blütenrispen

'BAUMANNII' △
Die gefüllten Blüten dieser Sorte fruchten nicht.

Sitzende Blättchen

| Höhe | 30 m | Wuchs | Breit säulenförmig | Belaubung | Sommergrün | Laubform | |

| Familie HIPPOCASTANACEAE | Art *Aesculus indica* | Autor (Cambessèdes) J. D. Hooker |

INDISCHE ROSSKASTANIE

Blätter Handförmig geteilt, mit meist fünf bis sieben Blättchen, verkehrteiförmig bis lanzettlich, gestielt, fein gesägt, bis 20 cm lang, oberseits jung bronzefarben, später glänzend grün, im Herbst orange oder gelb. *Borke* Grau, glatt. *Blüten* Weiß bis hellrosa, gelb gefleckt, später rot gefleckt, mit langen, herausragenden Staubfäden, in kegelförmigen, aufrechten Rispen, bis 30 cm lang, im Sommer. *Früchte* Birnenförmige Kapseln, schuppig, braun, bis zu drei Samen, an kräftigem Stiel.
- HERKUNFT NW-Himalaja
- LEBENSRAUM Wälder, lichtarme Schluchten
- ANMERKUNG Die Art blüht viel später als die Gemeine Roßkastanie (*A. hippocastanum*, s. Seite 179).

Schuppige, stachellose Kapsel mit Samen

Manche Blättchen zur Spitze hin schmal

Manche Blättchen sind etwas breiter

Fein gesägter Blattrand

Kurz zugespitztes Blättchen

Kurzgestielte Blättchen am Blattstiel

Gelbe Flecken, später rot

| Höhe 30 m | Wuchs Breit säulenförmig | Belaubung Sommergrün | Laubform |

LAUBBÄUME • 181

| Familie | HIPPOCASTANACEAE | Art | *Aesculus x neglecta* | Autor | Lindley |

CAROLINA-ROSSKASTANIE

Blätter Handförmig geteilt, mit meist fünf ovalen, zugespitzten, fein gesägten, gestielten Blättchen, bis 20 cm lang und 9 cm breit, Nerven oberseits behaart, sonst kahl, unterseits spärlich behaart. *Borke* Graubraun, flachrissig. *Blüten* 2,5 cm lang, weißlich, in kegeligen, aufrechten Rispen, im späten Frühjahr bis Frühsommer. *Früchte* Runde, glatte Kapseln, ca. 4 cm groß.
• HERKUNFT SO-USA
• LEBENSRAUM Vorwiegend Küstenebene
• ANMERKUNG Eine Hybride aus der Gelben Pavie (*A. flava*, s. Seite 179) und *Aesculus sylvatica*.

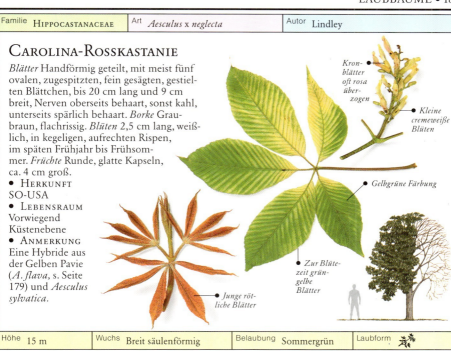

| Höhe | 15 m | Wuchs | Breit säulenförmig | Belaubung | Sommergrün | Laubform | |

| Familie | HIPPOCASTANACEAE | Art | *Aesculus pavia* | Autor | Linné |

ROTE PAVIE

Blätter Handförmig geteilt, mit fünf Blättchen, diese oval bis lanzettlich, scharf gesägt, gestielt, bis 15 cm lang, oberseits glänzend dunkelgrün, im Herbst rot. *Borke* Dunkel graubraun, glatt. *Blüten* Schmal, rot, 4 cm lang, vier Kronblätter, in aufrechten Rispen, im Frühsommer. *Früchte* Runde bis birnenförmige Kapseln, glatt, braun, ein bis zwei glänzend braune Samen.
• HERKUNFT SO-USA
• LEBENSRAUM Feuchte, fruchtbare Wälder und Gebüsch
• ANMERKUNG Ein Elternteil von *A. x carnea* (s. Seite 178).

| Höhe | 5 m | Wuchs | Breit ausladend | Belaubung | Sommergrün | Laubform | |

JUGLANDACEAE

Sieben Gattungen mit rund 60 Arten vorwiegend sommergrüner Bäume sind in Amerika, von SO-Europa bis Japan und in SO-Asien heimisch. Die Blätter sind meist wechselständig und gefiedert. Die kleinen Blüten der einhäusigen Pflanzen besitzen keine Kronblätter und stehen in Kätzchen. Als Früchte entstehen Nüsse oder Steinfrüchte, die klein und geflügelt oder groß sind.

| Familie JUGLANDACEAE | Art *Carya cordiformis* | Autor (Wangenheim) K. Koch |

BITTERNUSS

Blätter Gefiedert, mit meist fünf bis neun Blättchen, diese deutlich gesägt, bis 15 cm lang, oberseits dunkelgrün, im Herbst goldgelb, Knospen mit rauhen, gelben Schuppen. *Borke* Grau, glatt, später dick, gefurcht, rissig. *Blüten* Einhäusig, eingeschlechtig, klein, ohne Kronblätter, männliche in dreiteiligen, hängenden Kätzchen, bis 7,5 cm lang, weibliche unauffällig, im späten Frühjahr bis Frühsommer. *Früchte* Dünnschalige Steinfrucht, bitter, nicht eßbar, grau, in grünem Exocarp mit vier Flügeln, bis 4 cm lang.
- HERKUNFT O-Nordamerika
- LEBENSRAUM Laubwälder, Sümpfe, Flußauen

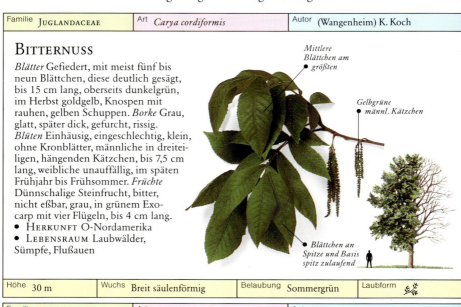

Mittlere Blättchen am größten

Gelbgrüne männl. Kätzchen

Blättchen an Spitze und Basis spitz zulaufend

| Höhe 30 m | Wuchs Breit säulenförmig | Belaubung Sommergrün | Laubform |

| Familie JUGLANDACEAE | Art *Carya illinoinensis* | Autor (Wangenheim) K. Koch |

PEKANNUSS

Blätter Gefiedert, mit 9–17 Blättchen, bis 15 cm lang, schmal, zugespitzt, Spitze sichelförmig gekrümmt, gesägt, dunkelgrün. *Borke* Grau, dick, gefurcht, rissig. *Blüten* Einhäusig, eingeschlechtig, klein, ohne Kronblätter, in hängenden Kätzchen, männliche gelbgrün, dreigeteilt, bis 7,5 cm lang, weibliche unauffällig, im späten Frühjahr bis Frühsommer. *Früchte* Dünnschalige, süße, eßbare, rotbraune Nuß in Exocarp mit vier Flügeln, bis 8 cm lang.
- HERKUNFT S-USA
- LEBENSRAUM Feuchte Wälder und Täler
- ANMERKUNG Die Nüsse sind ein wichtiger Wirtschaftsfaktor.

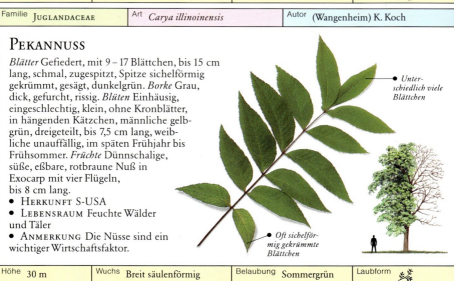

Unterschiedlich viele Blättchen

Oft sichelförmig gekrümmte Blättchen

| Höhe 30 m | Wuchs Breit säulenförmig | Belaubung Sommergrün | Laubform |

LAUBBÄUME • 183

| Familie | JUGLANDACEAE | Art | *Carya ovata* | Autor | (Miller) K. Koch |

SCHINDELBORKIGE HICKORY

Blätter Gefiedert, meist fünf Blättchen, diese zugespitzt, bis 20 cm lang, mit Ausnahme der Basis gesägt, oberseits dunkel gelbgrün, im Herbst goldgelb, Knospen mit dunklen, an der Spitze abstehenden Schuppen. *Borke* Grau bis braun, im Alter schindelartig ablösend. *Blüten* Einhäusig, eingeschlechtig, klein, ohne Kronblätter, in hängenden Kätzchen, männliche gelbgrün, dreigeteilt, bis 13 cm lang, weibliche unauffällig, im späten Frühjahr bis Frühsommer. *Früchte* Dickschalige, süße, eßbare, weißliche Nuß, Exokarp grün mit vier Furchen, bis 6 cm lang.
• HERKUNFT O-Nordamerika
• LEBENSRAUM Fruchtbare Wälder und Täler
• ANMERKUNG Der deutsche Name dieser Art stammt von der schindelartig ablösenden Borke.

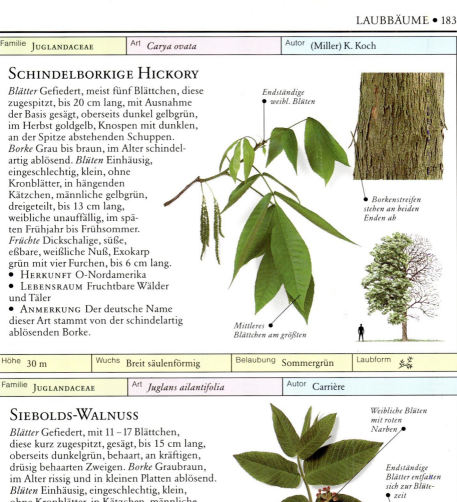

Endständige weibl. Blüten

Borkenstreifen stehen an beiden Enden ab

Mittleres Blättchen am größten

| Höhe | 30 m | Wuchs | Breit säulenförmig | Belaubung | Sommergrün | Laubform | |

| Familie | JUGLANDACEAE | Art | *Juglans ailantifolia* | Autor | Carrière |

SIEBOLDS-WALNUSS

Blätter Gefiedert, mit 11–17 Blättchen, diese kurz zugespitzt, gesägt, bis 15 cm lang, oberseits dunkelgrün, behaart, an kräftigen, drüsig behaarten Zweigen. *Borke* Graubraun, im Alter rissig und in kleinen Platten ablösend. *Blüten* Einhäusig, eingeschlechtig, klein, ohne Kronblätter, in Kätzchen, männliche Kätzchen hängend, grünlich, bis 30 cm lang, an Vorjahrestrieben, weibliche Kätzchen bis 10 cm lang, mit roten Narben, endständig an jungen Trieben, im späten Frühjahr bis Frühsommer. *Früchte* Braune Nuß mit flacher Grube in klebrigem, grünlichem Exokarp, bis 5 cm lang, bis zu 20 in Büscheln.
• HERKUNFT Japan
• LEBENSRAUM Feuchtgebiete, Flußauen
• ANMERKUNG Die giftige Fruchthülle wird in Japan zum Angeln verwendet. Die Nüsse sind eßbar, das Holz wird u. a. für Schnitzarbeiten verwendet.

Weibliche Blüten mit roten Narben

Endständige Blätter entfalten sich zur Blütezeit

Kräftige, stark behaarte Stiele

Fruchthülle mit kurzen, klebrigen Haaren

| Höhe | 25 m | Wuchs | Breit ausladend | Belaubung | Sommergrün | Laubform | |

| Familie JUGLANDACEAE | Art *Juglans cinerea* | Autor Linné |

BUTTERNUSS

Blätter Gefiedert, mit 7–17 Blättchen, diese gesägt, bis 13 cm lang, alle außer mittlerem sitzend, oberseits dunkelgrün, beiderseits behaart, vor allem unterseits. *Borke* Grau, gefurcht, rissig. *Blüten* Einhäusig, eingeschlechtig, klein, ohne Kronblätter, in Kätzchen, männliche Kätzchen grünlich, bis 10 cm lang, hängend, weibliche Kätzchen kurz, im späten Frühjahr bis Frühsommer. *Früchte* Längliche, süße, eßbare, ölige, rauhe Nuß in klebrigem, grünem Exokarp, bis 6 cm lang, bis zu fünft in Gruppen.
• HERKUNFT O-Nordamerika
• LEBENSRAUM Fruchtbare Wälder, feuchte Täler und Berghänge

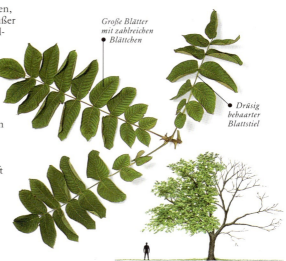

Große Blätter mit zahlreichen Blättchen

Drüsig behaarter Blattstiel

| Höhe 25 m | Wuchs Breit ausladend | Belaubung Sommergrün | Laubform |

| Familie JUGLANDACEAE | Art *Juglans nigra* | Autor Linné |

SCHWARZNUSS

Blätter Gefiedert, mit 11–23 Blättchen, diese schmal, zugespitzt, scharf gesägt, bis 12 cm lang, oberseits glänzend dunkelgrün, unterseits behaart, duftend. *Borke* Dunkel graubraun bis schwarz, tief rissig. *Blüten* Einhäusig, eingeschlechtig, klein, ohne Kronblätter, in Kätzchen, männliche Kätzchen gelbgrün, hängend, bis 10 cm lang, weibliche Kätzchen kurz, im späten Frühjahr bis Frühsommer. *Früchte* Runde, eßbare, braune Nuß in grünem Exokarp, bis 5 cm lang, einzeln oder zu zweit.
• HERKUNFT Mittel- und O-USA
• LEBENSRAUM Fruchtbare Wälder
• ANMERKUNG Das Holz und die Nüsse des Baumes werden wirtschaftlich verwertet.

Endblättchen fehlen oft

Männl. Kätzchen

Frucht mit einzelner, eßbarer Nuß

| Höhe 30 m | Wuchs Breit ausladend | Belaubung Sommergrün | Laubform |

LAUBBÄUME • 185

| Familie | JUGLANDACEAE | Art | *Juglans regia* | Autor | Linné |

WALNUSS

Blätter Gefiedert, mit fünf bis neun Blättchen, diese kurz zugespitzt, bis 12 cm lang, Endblättchen am größten, anfangs bronzefarben, später dunkelgrün, kahl, aromatisch duftend. *Borke* Silbergrau, glatt, im Alter rissig. *Blüten* Einhäusig, eingeschlechtig, klein, ohne Kronblätter, in Kätzchen, männliche Kätzchen gelbgrün, hängend, bis 10 cm lang, weibliche Kätzchen kurz, im späten Frühjahr bis Frühsommer. *Früchte* Eßbare Nuß, gelblichweiß, später bräunlich, in grünem Exokarp, bis 5 cm groß.
• HERKUNFT China bis SO-Europa
• LEBENSRAUM Täler und Flußauen

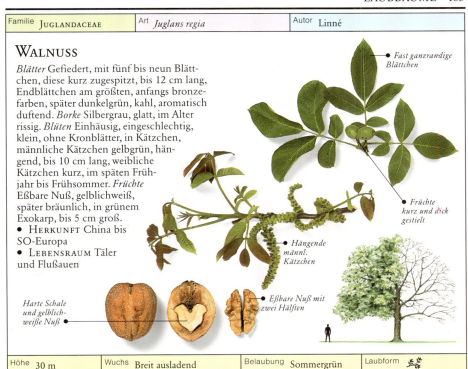

Fast ganzrandige Blättchen

Früchte kurz und dick gestielt

Hängende männl. Kätzchen

Eßbare Nuß mit zwei Hälften

Harte Schale und gelblichweiße Nuß

| Höhe | 30 m | Wuchs | Breit ausladend | Belaubung | Sommergrün | Laubform | |

| Familie | JUGLANDACEAE | Art | *Platycarya strobilacea* | Autor | Siebold & Zuccarini |

PLATYCARYA STROBILACEA

Blätter Gefiedert, mit bis zu 15 Blättchen, diese lang zugespitzt, fein gesägt, sitzend, bis 10 cm lang und 3 cm breit, beiderseits behaart, später verkahlend, im Herbst gelb. *Borke* Gelbbraun, längsrissig. *Blüten* Einhäusig, eingeschlechtig, klein, ohne Kronblätter, in aufrechten Kätzchen, männliche Kätzchen bis 10 cm lang, büschelartig um ein weibliches Kätzchen angeordnet, im Sommer. *Früchte* Kegelig, braun, aufrecht, bis 4 cm, lange am Zweig.
• HERKUNFT O-Asien
• LEBENSRAUM Wälder in trockenen, sonnigen Lagen
• ANMERKUNG Ein außergewöhnlicher Verwandter der Flügelnuß (*Pterocarya*, s. Seiten 186–187), leicht an den kegeligen Fruchtständen zu erkennen.

Lang zugespitzte Blättchen

Gelblichgrüne männl. Kätzchen

Früchte des Vorjahres

| Höhe | 25 m | Wuchs | Breit ausladend | Belaubung | Sommergrün | Laubform | |

| Familie | JUGLANDACEAE | Art | *Pterocarya fraxinifolia* | Autor | (Lamarck) Spach |

KAUKASISCHE FLÜGELNUSS

Blätter Gefiedert, mit 11–27 sitzenden Blättchen, diese gesägt, bis 15 cm lang und 4 cm breit, oberseits glänzend dunkelgrün, kahl, im Herbst gelb, an ungeflügelter Blattspindel, Blattknospen im Winter braun behaart. *Borke* Weißlichgrau, glatt, im Alter gefurcht. *Blüten* Einhäusig, eingeschlechtig, klein, ohne Kronblätter, mit rosa Narben, in grünen, hängenden Kätzchen, männliche gedrungen, bis 12 cm lang, weibliche schmal, bis 15 cm lang, im Frühjahr, Narbe verlängert sich zur Fruchtreife. *Früchte* Kleine Nuß umgeben von zwei halbkreisförmigen grünen Flügeln, in schlanken, hängenden Kätzchen, bis 50 cm lang.
- HERKUNFT O-Kaukasus, N-Iran
- LEBENSRAUM Wälder, Flußauen, sumpfige Lagen

Ungeflügelte Blattspindel

Früchte mit zwei Flügeln

Früchte in langen, hängenden Kätzchen

| Höhe | 30 m | Wuchs | Breit ausladend | Belaubung | Sommergrün | Laubform | |

| Familie | JUGLANDACEAE | Art | *Pterocarya x rehderiana* | Autor | Schneider |

PTEROCARYA X REHDERIANA

Blätter Gefiedert, mit 11–21 sitzenden Blättchen, bis 12 cm lang, oberseits glänzend dunkelgrün, kahl, im Herbst gelb, Blattspindel mit kleinen, ganzrandigen Flügeln. *Borke* Purpurbraun, mit diagonalen, blaßorangen Rissen. *Blüten* Einhäusig, eingeschlechtig, klein, ohne Kronblätter, in grünen, hängenden Kätzchen, männliche bis 12 cm lang, im Frühjahr. *Früchte* Kleine Nuß mit zwei länglichen, grünen Flügeln, in schlanken, hängenden Fruchtkätzchen, bis 45 cm.
- HERKUNFT Aus gärtnerischer Kultur
- ANMERKUNG Eine Hybride aus der Kaukasischen Flügelnuß (*P. fraxinifolia*, s. o.) und *P. stenoptera* (s. Seite 187), entstanden im Arnold-Arboretum der Harvard-Universität, Boston.

Endständige weibl. Kätzchen

Hängende männl. Kätzchen

Blattspindel mit schmalen, aufrechten Flügeln

| Höhe | 25 m | Wuchs | Breit ausladend | Belaubung | Sommergrün | Laubform | |

LAUBBÄUME • 187

| Familie | JUGLANDACEAE | Art | *Pterocarya rhoifolia* | Autor | Siebold & Zuccarini |

JAPANISCHE FLÜGELNUSS

Blätter Gefiedert, mit 11–21 sitzenden Blättchen, diese lang zugespitzt, gezähnt, bis 12 cm lang, oberseits glänzend grün, im Herbst gelb, an ungeflügelter Blattspindel, Knospen im Winter mit Schuppen. *Borke* Dunkelgrau, im Alter längsrissig. *Blüten* Einhäusig, eingeschlechtig, klein, ohne Kronblätter, in grünen, hängenden Kätzchen, männliche bis 7,5 cm lang, an der Basis junger Zweige, weibliche endständig, im Frühjahr. *Früchte* Kleine, grüngeflügelte Nuß, in schlanken, hängenden Kätzchen, bis 30 cm lang.
- HERKUNFT Japan
- LEBENSRAUM An Gebirgsflüssen
- ANMERKUNG Im Winter leicht an den Knospenschuppen zu erkennen.

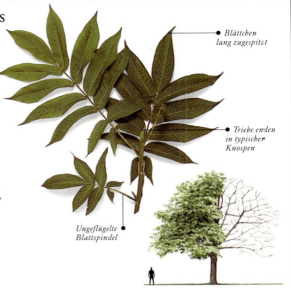

Blättchen lang zugespitzt

Triebe enden in typischer Knospen

Ungeflügelte Blattspindel

| Höhe | 25 m | Wuchs | Breit ausladend | Belaubung | Sommergrün | Laubform | |

| Familie | JUGLANDACEAE | Art | *Pterocarya stenoptera* | Autor | C. de Candolle |

CHINESISCHE FLÜGELNUSS

Blätter Gefiedert, mit 11–21 sitzenden Blättchen, diese gesägt, oberseits frischgrün, kahl, im Herbst gelb, Flügelleisten der Blattspindel meist gesägt. *Borke* Graubraun, tief rissig. *Blüten* Einhäusig, eingeschlechtig, klein, ohne Kronblätter, in grünen, hängenden Kätzchen, männliche bis 6 cm lang, im Frühjahr. *Früchte* Kleine Nuß mit zwei schmalen Flügeln, in schlanken, hängenden Kätzchen, bis 30 cm lang.
- HERKUNFT China
- LEBENSRAUM Feuchte Wälder und Flußauen
- ANMERKUNG Charakteristisch für die Art sind die gesägten Flügelleisten der Blattspindeln.

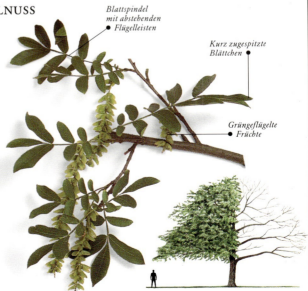

Blattspindel mit abstehenden Flügelleisten

Kurz zugespitzte Blättchen

Grüngeflügelte Früchte

| Höhe | 25 m | Wuchs | Breit ausladend | Belaubung | Sommergrün | Laubform | |

LAURACEAE

D IE 32 GATTUNGEN mit über 2000 Arten gehören zu dieser weitverbreiteten Familie; viele sind in den Tropen Südamerikas und Südostasiens heimisch. Die sommer- und immergrünen Pflanzen haben ganzrandige, gegen- oder wechselständige, meist aromatisch duftende Blätter. Die einander sehr ähnlichen Kron- und Kelchblätter sind jeweils dreizählig, die Früchte Beeren oder Steinfrüchte.

Familie	Art	Autor
LAURACEAE	*Laurus nobilis*	Linné

LORBEERBAUM

Blätter Elliptisch bis eiförmig, bis 10 cm lang und 4 cm breit, zugespitzt, leicht gewellter Blattrand, oberseits glänzend dunkelgrün, unterseits heller, kahl, ledrig, zerrieben aromatisch duftend. *Borke* Dunkelgrau, glatt. *Blüten* Zweihäusig, bis 1 cm lang, gelbgrün, männliche mit vielen gelben Staubblättern, in Büscheln in den Blattachseln, im Frühjahr. *Früchte* Kugelige Beeren, bis 1 cm, anfangs grün, reif schwarz.
• HERKUNFT Mittelmeerraum
• LEBENSRAUM Nadelwälder, Gebüsch und felsige Standorte
• ANMERKUNG Diese und die verwandte Art *Laurus azorica* sind die einzigen in Europa heimischen Mitglieder der Familie.

Blätter zur Basis hin lang keilförmig

Männl. Blüten mit vielen gelben Staubblättern

Kleine weibl. Blüten

Ganzrandige, leicht gewellte Blätter

Beeren anfangs grün, später schwarz

Blütenknospen erscheinen im Herbst

Höhe	Wuchs	Belaubung	Laubform
15 m	Breit kegelig	Immergrün	

LAUBBÄUME • 189

| Familie | LAUREACEAE | Art | *Sassafras albidum* | Autor | (Nuttall) Nees |

SASSAFRAS

Blätter Eiförmig bis elliptisch, bis 15 cm lang und 10 cm breit, ganzrandig, manchmal dreilappig, oberseits frischgrün, unterseits blaugrün und kahl, im Herbst gelb bis orange oder purpurn, aromatisch. *Borke* Rotbraun, dick, gefurcht, aromatisch. *Blüten* Zweihäusig, eingeschlechtig, sehr klein, gelb oder grünlich, ohne Kronblätter, in kleinen Büscheln oder Rispen, im Frühjahr. *Früchte* Eiförmige, blauschwarze Steinfrucht, bis 1 cm lang.
• HERKUNFT O-Nordamerika
• LEBENSRAUM Wälder und Gebüsch
• ANMERKUNG Auch als *S. officinale* bekannt. Der Umriß der Blätter kann an ein Feigenblatt erinnern (*Ficus carica*, s. Seite 219). Die Wurzelrinde wird verwendet, um Tee oder Bier herzustellen.

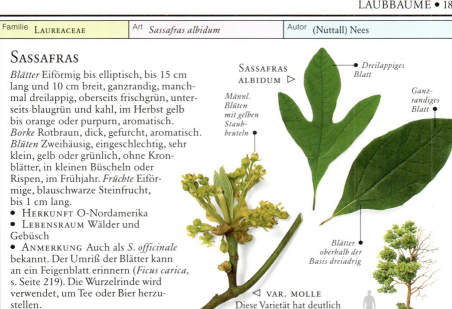

SASSAFRAS ALBIDUM ▷

Männl. Blüten mit gelben Staubbeuteln

Dreilappiges Blatt

Ganzrandiges Blatt

Blätter oberhalb der Basis dreiadrig

◁ VAR. MOLLE
Diese Varietät hat deutlich flaumige junge Triebe und Blätter.

| Höhe | 20 m | Wuchs | Breit säulenförmig | Belaubung | Sommergrün | Laubform | |

| Familie | LAURACEAE | Art | *Umbellularia californica* | Autor | (W. J. Hooker & Arnott) Nuttall |

KALIFORNISCHER LORBEER

Blätter Länglich bis oval, bis 10 cm lang und 2,5 cm breit, ganzrandig, frischgrün oder dunkelgelbgrün. *Borke* Dunkelgrau, im Alter in kleinen Platten ablösend. *Blüten* 1 cm im Durchmesser, ohne Kronblättern, mit sechs gelbgrünen Kelchblättern, bis zu zehn in Gruppen, in den Blattachseln, im Spätwinter bis Frühjahr. *Früchte* Kugelige bis eiförmige Beeren, ca. 2,5 cm lang, anfangs grün, reif dunkelpurpurn.
• HERKUNFT SW-Oregon, Kalifornien (USA)
• LEBENSRAUM Nadelwälder und Gebüsch in Canyons und Tälern
• ANMERKUNG Auch als Kalifornischer Berglorbeer bekannt. In feuchten, geschützten Lagen ein breiter Baum, in trockenen, exponierten Lagen nur Strauchform. Zerrieben entwickeln die Blätter einen beißenden Geruch, der zu Kopfschmerzen und Übelkeit führen kann.

Glänzend grüne, lederige Blätter

Ganzrandige, kahle Blätter

Blüten mit sechs gelbgrünen Kelchblättern

Deutliche, feine Nervatur

| Höhe | 30 m | Wuchs | Breit ausladend | Belaubung | Immergrün | Laubform | |

LEGUMINOSAE

DIE **FAMILIE** der Hülsenfrüchtler umfaßt weltweit ca. 700 Gattungen mit rund 15 000 Arten (Gehölze und krautige Pflanzen). Die Blätter sind zusammengesetzt und häufig gefiedert oder haben drei Blättchen. Die Arten der gemäßigten Breiten haben Schmetterlingsblüten. Die Früchte, meist Hülsen, platzen zur Samenreife entlang der beiden Nähte auf oder zerfallen in Fragmente.

Familie LEGUMINOSAE	Art *Acacia dealbata*	Autor Link

SILBERAKAZIE

Blätter Doppelt gefiedert, bis 12 cm lang, mit zahlreichen linealischen Blättchen, diese bis 5 mm lang, ganzrandig, blaugrün, fein behaart. *Borke* Glatt, grün oder blaugrün, im Alter fast schwarz. *Blüten* Sehr klein, mit leuchtend gelben Kronblättern und vielen auffälligen Staubblättern, duftend, in verzweigten Rispen, im Spätwinter bis zeitigen Frühjahr.
Früchte Flache Hülsen, bis 7,5 cm lang, anfangs grün, später blauweiß, reif braun.
• **HERKUNFT** SO-Australien, Tasmanien
• **LEBENSRAUM** Flußauen, Erosionsrinnen im Gebirge

Flache grüne Hülsen, braun reifend

Kleine Blüten in lockeren Blütenständen

Bläulichweiße Zweige

Gefiederte Blätter mit zahlreichen kleinen Blättchen

Blütenstände entwickeln sich im Herbst

Höhe 20 m	Wuchs Breit kegelig	Belaubung Immergrün	Laubform

LAUBBÄUME • 191

ACACIA FALCIFORMIS ▷
Diese Art kommt in SO-Australien vor, sie hat einfache Blätter. Im Frühjahr erscheinen an langen Rispen kleine kugelige Köpfchen mit gelben Blüten.

Gelbbehaarte Blütenstiele

Zugespitzte Blätter

Kugelige, dunkelgelbe Blütenköpfchen

Kleine Drüsen an der Basis

◁ **ACACIA GLAUCOPTERA**
Die miteinander verwachsenen Blätter dieser westaustralischen Art bilden am Zweig blaugrüne Flügel.

Starkduftende Blüten

◁ **ACACIA MEARNSII**
Diese Art kommt wildwachsend in O- und S-Australien vor.

Schmalgratige Zweige

Doppelt gefiederte junge Blätter

ACACIA MELANOXYLON ▷
Die Sämlinge von Akazienarten mit gewöhnlich einfachen Blättern haben anfangs zusammengesetzte Blätter, die im Laufe der Zeit dem älteren Laub weichen. Beim Übergang vom jungen zum älteren Laub finden sich beide Formen.

Einfache ältere Blätter

Übergangsbelaubung

| Familie | LEGUMINOSAE | Art | *Albizia julibrissin* | Autor | (Willdenow) Durazzini |

ALBIZIE

Blätter Doppelt gefiedert, bis 50 cm lang, mit zahlreichen kleinen, zugespitzten, ganzrandigen Blättchen, ca. 1 cm lang, beiderseits dunkelgrün und kahl. *Borke* Dunkelbraun und glatt. *Blüten* Einzelblüte klein mit vielen auffällig langen rosa Staubfäden, in dichten Köpfchen, im Spätsommer bis Frühherbst. *Früchte* Hülsen, bis 15 cm lang.
- HERKUNFT SW-Asien
- LEBENSRAUM Wälder und Flußauen
- ANMERKUNG Auch als Persische Albizie bekannt.

Doppelt gefiederte Blätter mit vielen Blättchen

Blütenstände mit auffälligen rosa Staubfäden

| Höhe | 12 m | Wuchs | Breit ausladend | Belaubung | Sommergrün | Laubform | |

| Familie | LEGUMINOSAE | Art | *Cercis canadensis* | Autor | Linné |

KANADISCHER JUDASBAUM

Blätter Rundlich, bis 10 cm lang und 12 cm breit, an der Basis herzförmig, ganzrandig, oberseits bronzefarben, später frischgrün und kahl, unterseits kahl oder behaart, im Herbst manchmal gelb. *Borke* Dunkel graubraun bis schwarz. *Blüten* Schmetterlingsblüten, ca. 1 cm lang, am älteren Holz, auch am Stamm, im Frühjahr bis Frühsommer, vor oder mit Laubaustrieb. *Früchte* Abgeflachte Hülsen, bis 8 cm lang, anfangs grün, später rosa, reif braun.
- HERKUNFT Nordamerika
- LEBENSRAUM Feuchte Wälder

Laubaustrieb zur Blütezeit

Bronzefarbenes junges Blatt

Kleine, dünnstielte Blüten

CERCIS CANADENSIS

◁ 'FOREST PANSY'
An dieser Sorte fällt das prächtige schwarzrote Laub auf.

Blätter werden nicht grün

| Höhe | 10 m | Wuchs | Breit ausladend | Belaubung | Sommergrün | Laubform | |

| Familie LEGUMINOSAE | Art *Cercis racemosa* | Autor Oliver |

CERCIS RACEMOSA

Blätter Rundlich, bis 13 cm lang und 10 cm breit, Basis abgerundet, oberseits dunkelgrün, unterseits behaart. *Borke* Hellgrau, im Alter schuppig. *Blüten* Schmetterlingsblüten, ca. 1 cm lang, hellrosa, in Trauben an Vorjahres- und älteren Zweigen, im späten Frühjahr bis Frühsommer. *Früchte* Abgeflachte Hülsen, bis 10 cm lang, anfangs grün, später rosa überzogen, reif tiefbraun.
- HERKUNFT China
- LEBENSRAUM Wälder, Flußauen in Gebirgen
- ANMERKUNG Eine seltene Art.

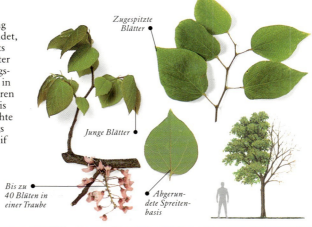

Zugespitzte Blätter

Junge Blätter

Bis zu 40 Blüten in einer Traube

Abgerundete Spreitenbasis

| Höhe 10 m | Wuchs Breit säulenförmig | Belaubung Sommergrün | Laubform |

| Familie LEGUMINOSAE | Art *Cercis siliquastrum* | Autor Linné |

GEMEINER JUDASBAUM

Blätter Rundlich, bis 10 cm lang und 12 cm breit, Basis tief herzförmig, ganzrandig, oberseits anfangs bronzefarben, später dunkel blaugrün, kahl. *Borke* Graubraun, in kleinen Platten abschuppend. *Blüten* Schmetterlingsblüten, 2 cm lang, rosa, am älteren Holz, auch am Stamm, im späten Frühjahr bis Frühsommer, vor und mit Laubaustrieb. *Früchte* Abgeflachte Hülsen, bis 10 cm lang, anfangs grün, später rosa, reif braun, oft noch nach Laubfall am Baum.
- HERKUNFT W-Asien, SO-Europa
- LEBENSRAUM Trockene, felsige Standorte

CERCIS SILIQUASTRUM

Früchte anfangs grün, reif braun

Blätter oft gefaltet

◁ 'BODNANT' Eine im National Trust Garden in Bodnant (GB) gezüchtete Sorte.

Rosa Blüten

Blüten auch an den Ästen

| Höhe 10 m | Wuchs Breit ausladend | Belaubung Sommergrün | Laubform |

| Familie | LEGUMINOSAE | Art | *Cladrastis lutea* | Autor | K. Koch |

AMERIKANISCHES GELBHOLZ

Blätter Gefiedert, mit sieben bis elf ovalen bis eiförmigen, ganzrandigen Blättchen, bis 10 cm lang, Endblättchen am größten, oberseits frischgrün, beiderseits kahl, im Herbst hellgelb, Blattstiel am Grund verdickt, die Knospe enthaltend. *Borke* Grau, glatt, oft waagrecht runzlig. *Blüten* Schmetterlingsblüten, klein, bis 3 cm lang, leicht duftend, in breiten, hängenden Doppeltrauben, diese bis 45 cm lang, endständig, im Frühsommer. *Früchte* Abgeflachte braune Hülsen, bis 10 cm lang.
- HERKUNFT SO-USA
- LEBENSRAUM Fruchtbare Wälder, felsige Küsten
- ANMERKUNG Die Art kommt selten wildwachsend vor und ist nur in wenigen US-Staaten heimisch. Aus dem Holz wird ein gelbes Färbemittel gewonnen.

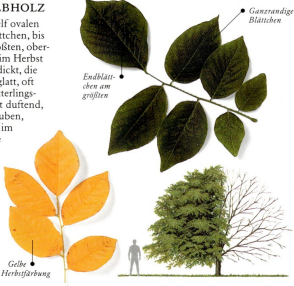

Ganzrandige Blättchen
Endblättchen am größten
Gelbe Herbstfärbung

| Höhe | 15 m | Wuchs | Breit ausladend | Belaubung | Sommergrün | Laubform | |

| Familie | LEGUMINOSAE | Art | *Genista aetnensis* | Autor | (Bivona) Candolle |

ÄTNA-GINSTER

Blätter Linealisch, klein, bis 1 cm lang, sehr entfernt verteilt, an dünnen, hellgrünen Zweigen, zur Blütezeit oft fehlend. *Borke* Graubraun, am Fuß tief rissig. *Blüten* Schmetterlingsblüten, klein, bis 1,5 cm lang, leuchtend goldgelb, duftend, zahlreich, einzeln entlang junger Triebe, im Sommer bis Spätsommer. *Früchte* Kleine, schwarzbraune Hülsen, ca. 1 cm lang, mit kurzer, schmaler Spitze und zwei bis drei Samen.
- HERKUNFT Sardinien, Sizilien
- LEBENSRAUM Felsige Hänge
- ANMERKUNG Großer Strauch oder kleiner Baum. Wildwachsend kommt er vor allem an den Hängen des Ätna vor, wo er auf vulkanischer Lava gedeiht. Die dünnen, überhängenden Zweige haben die Aufgabe der Photosynthese übernommen. Sie bleiben auch im Winter grün.

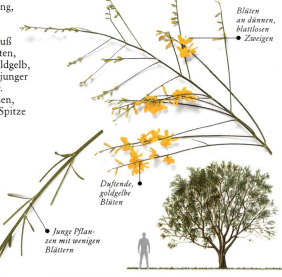

Blüten an dünnen, blattlosen Zweigen
Duftende, goldgelbe Blüten
Junge Pflanzen mit wenigen Blättern

| Höhe | 10 m | Wuchs | Breit ausladend | Belaubung | Sommergrün | Laubform | |

| Familie | LEGUMINOSAE | Art | *Gleditsia triacanthos* | Autor | Linné |

GLEDITSCHIE

Blätter Erste Blätter an Kurztrieben des alten Holzes gefiedert, jüngere Blätter an jungen Trieben meist doppelt gefiedert, mit zahlreichen kleinen Blättchen, bis 4 cm lang, leicht gesägt, glänzend grün, im Herbst gelb, Zweige meist dornig. **Borke** Dunkelgrau, schuppig mit büschelig angeordneten Dornen. **Blüten** Einhäusig, sehr klein, gelbgrün, in schlanken, zylindrischen, meist aufrechten, bis 7 cm langen Trauben, an alten Zweigen, im Frühsommer. **Früchte** Große, oft gedrehte, braune, hängende Hülsen, bis 40 cm lang.
• HERKUNFT Nordamerika
• LEBENSRAUM Fruchtbare feuchte Wälder

GLEDITSIA TRIACANTHOS

Blätter teils gefiedert

Blätter teils doppelt gefiedert

Leuchtende, junge Blätter

'SUNBURST' ▷
Das Laub dieser Sorte ist anfangs goldgelb, später dunkelgrün.

| Höhe | 30 m | Wuchs | Breit ausladend | Belaubung | Sommergrün | Laubform | |

| Familie | LEGUMINOSAE | Art | *Gymnocladus dioicus* | Autor | (Linné) K. Koch |

GEWEIHBAUM

Blätter Doppelt gefiedert, sehr breit, bis 100 cm lang, mit vielen eiförmigen Blättchen, diese bis 8 cm lang, ganzrandig, oberseits erst bronzefarben, später dunkelgrün, unterseits bläulich, beiderseits verkahlend, sehr kurz gestielt. **Borke** Dunkelbraun, rauh, mit schuppigen Wülsten. **Blüten** Meist zweihäusig, grünlichweiß, duftend, ca. 2,5 cm, in kegeligen Rispen, männliche bis 10 cm, weibliche bis 30 cm lang, im späten Frühjahr bis Frühsommer. **Früchte** Große, lederige, rotbraune, hängende Hülsen, bis 25 cm lang, lange am Baum.
• HERKUNFT Mittel- und O-USA
• LEBENSRAUM Feuchte Wälder

Endblättchen fehlen oft

Wechsel- oder gegenständige Blättchen

Einfache Blättchen an der Basis

| Höhe | 25 m | Wuchs | Breit säulenförmig | Belaubung | Sommergrün | Laubform | |

196 • LAUBBÄUME

| Familie | LEGUMINOSAE | Art | + *Laburnocytisus adamii* | Autor | (Poiteau) Schneider |

ADAMS-GOLDREGEN

Blätter Variabel, mit drei Blättchen, einem Elternteil ähnelnd oder habituell zwischen beiden Eltern. *Borke* Dunkelgrau, glatt, im Alter flachrissig. *Blüten* Schmetterlingsblüten, drei Typen, entweder gelb (von *Laburnum*) bzw. purpurn (von *Cytisus*) oder purpurrosa mit Gelb überzogen, in hängenden Trauben, diese bis 15 cm lang, im späten Frühjahr bis Frühsommer. *Früchte* Braune Hülsen, bis 7,5 cm lang, an hängenden Fruchtständen, mit schwarzen Samen aus den gelben Blüten.

- HERKUNFT Aus gärtnerischer Kultur
- ANMERKUNG Eine Pfropfhybride aus dem Gemeinen Goldregen (*L. anagyroides*, s. Seite 197) und dem Purpur-Geißklee *(Cytisus purpureus)*. Eine Pfropfhybride ist keine eigentliche Hybride, da sich das Gewebe aus den Zellen beider genetisch verschiedener Partner zusammensetzt. Alle Teile der Pflanze sind giftig.

Zwischenbelaubung oberseits dunkelgrün, unterseits heller

Übergangsblüten an den meisten Zweigen

△ + LABURNOCYTISUS ADAMII

Matt graugrüne Goldregenblätter

◁ LABURNUM ANAGYROIDES
Der Gemeine Goldregen *(Laburnum anagyroides)* bildet die Unterlage der Pfropfhybride.

Gelbe Goldregenblüten in überhängenden Trauben

Dichtstehende Geißklee-Blüten an manchen Zweigen

Geißklee-Blätter mit winzigen Blättchen

△ CYTISUS PURPUREUS
Die äußeren Teile der Pfropfhybride werden vom Geißklee *(Cytisus purpureus)* gebildet.

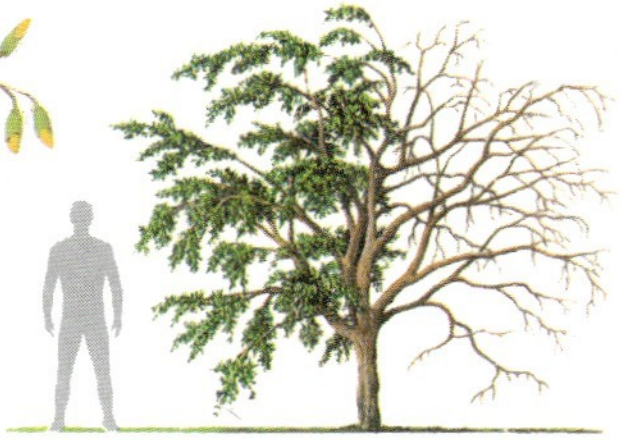

| Höhe | 6 m | Wuchs | Breit ausladend | Belaubung | Sommergrün | Laubform | |

LAUBBÄUME • 197

| Familie | LEGUMINOSAE | Art | *Laburnum alpinum* | Autor | (Miller) Berchtold & Presl |

ALPEN-GOLDREGEN

Blätter Jedes mit drei einzelnen, elliptischen Blättchen, bis 10 cm lang, leicht zugespitzt, oberseits glänzend dunkelgrün, kahl, unterseits anfangs fast kahl. *Borke* Dunkelgrau und glatt, im Alter flachrissig. *Blüten* Schmetterlingsblüten, ca. 2 cm lang, hell goldgelb, duftend, in langen, schlanken, hängenden Trauben, diese bis 45 cm lang, im Frühsommer. *Früchte* Kahle, braune Hülsen, bis 7,5 cm lang, oberer Rand zu schmalem Flügel abgeflacht, mit braunen Samen.
• HERKUNFT Mittel- und S-Europa, von den Alpen bis zum Balkan
• LEBENSRAUM Gebirge
• ANMERKUNG Dieser am spätesten blühende Goldregen wächst als kleiner Baum oder Strauch. Die sehr langen Blütenstände sind ein besonderes Merkmal. Alle Teile der Pflanze, insbesondere die Samen, sind giftig.

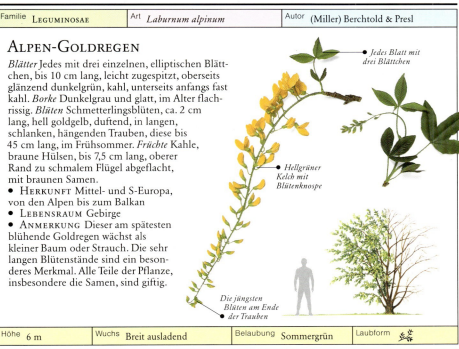

Jedes Blatt mit drei Blättchen

Hellgrüner Kelch mit Blütenknospe

Die jüngsten Blüten am Ende der Trauben

| Höhe | 6 m | Wuchs | Breit ausladend | Belaubung | Sommergrün | Laubform | |

| Familie | LEGUMINOSAE | Art | *Laburnum anagyroides* | Autor | Medikus |

GEMEINER GOLDREGEN

Blätter Dreizählig, Blättchen elliptisch, diese bis 9 cm lang, Spitze abgerundet, oberseits matt dunkelgrün, unterseits graugrün und jung seidig behaart. *Borke* Dunkelgrau, kahl, im Alter flachrissig. *Blüten* Schmetterlingsblüten, 2,5 cm lang, goldgelb, in dichten Trauben, diese bis 30 cm lang, hängend, im späten Frühjahr bis Frühsommer. *Früchte* Anliegend behaarte, oben breitere, braune Hülsen, bis 7,5 cm lang, mit schwarzen Samen, zu mehreren.
• HERKUNFT Mittel- und S-Europa
• LEBENSRAUM Gebirge, Wälder, Gebüsch
• ANMERKUNG Alle Teile der Pflanze enthalten ein äußerst giftiges Alkaloid. Die unreifen Samen erinnern an junge grüne Erbsen.

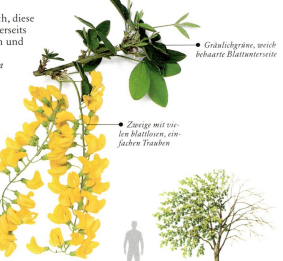

Gräulichgrüne, weich behaarte Blattunterseite

Zweige mit vielen blattlosen, einfachen Trauben

| Höhe | 7 m | Wuchs | Breit ausladend | Belaubung | Sommergrün | Laubform | |

| Familie | LEGUMINOSAE | Art | *Laburnum* x *watereri* | Autor | (Wettstein) Dippel |

BASTARD-GOLDREGEN

Blätter Mit drei verkehrt-eiförmigen Blättchen, bis 7 cm lang, oberseits dunkelgrün, unterseits grün, jung behaart. *Borke* Dunkelgrau, kahl, im Alter flachrissig. *Blüten* Schmetterlingsblüten, bis 2,5 cm lang, goldgelb, in dichten, hängenden Trauben, bis 40 cm lang, im späten Frühjahr bis Frühsommer. *Früchte* Braune, ca. 6 cm lange Hülsen, oft in geringer Anzahl, mit wenigen Samen.
- HERKUNFT Österreich, Schweiz
- LEBENSRAUM Gebirge, mit den Elternpflanzen
- ANMERKUNG Eine Hybride aus *L. alpinum* und *L. anagyroides* (s. Seite 197), die die langen Blütentrauben des ersten Elternteils mit den breiten Blüten des zweiten kombiniert. Am bekanntesten ist die abgebildete Sorte 'Vossii', deren Blütentrauben bis 50 cm oder länger werden.

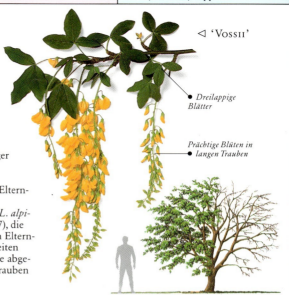

◁ 'VOSSII'

● *Dreilappige Blätter*

● *Prächtige Blüten in langen Trauben*

| Höhe | 7 m | Wuchs | Breit ausladend | Belaubung | Sommergrün | Laubform | |

| Familie | LEGUMINOSAE | Art | *Maackia chinensis* | Autor | Takeda |

MAACKIA CHINENSIS

Blätter Gefiedert, bis 20 cm lang, mit 9–13 Blättchen, diese oval bis eiförmig, ganzrandig, kurzgestielt, bis 6 cm lang und 2 cm breit, oberseits anfangs silbrig blaugrau, später grün, unterseits filzig. *Borke* Graubraun, mit auffälligen Lentizellen. *Blüten* Schmetterlingsblüten, 1 cm lang, weiß, in dichten, aufrechten, endständigen, büschelig stehenden Trauben, im Sommer bis Spätsommer. *Früchte* Kleine Hülsen, ca. 5 cm lang.
- HERKUNFT SW-China
- LEBENSRAUM Wälder und Gebüsch in Gebirgen
- ANMERKUNG Die Gattung ist mit *Cladrastis* (s. Seite 194) verwandt, ist jedoch leicht an ihren Blüten zu erkennen, die in aufrechten Trauben stehen.

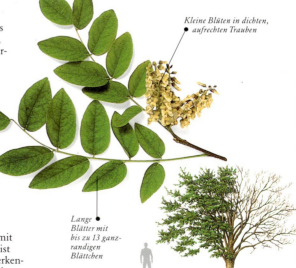

Kleine Blüten in dichten, aufrechten Trauben

Lange Blätter mit bis zu 13 ganzrandigen Blättchen

| Höhe | 15 m | Wuchs | Breit ausladend | Belaubung | Sommergrün | Laubform | |

LAUBBÄUME • 199

| Familie | LEGUMINOSAE | Art | *Robinia* x *holdtii* | Autor | Beissner |

ROBINIA X HOLDTII

Blätter Gefiedert, bis 45 cm lang, mit bis zu 21 länglichen Blättchen, diese bis 5 cm lang und 2,5 cm breit, Spitze oft leicht gekerbt mit abgesetztem Spitzchen, oberseits dunkelgrün, unterseits graugrün, beiderseits leicht behaart. *Borke* Graubraun, tief gefurcht, mit schuppigen Wülsten. *Blüten* Schmetterlingsblüten, bis 2 cm lang, weiß, rosa überzogen, leicht duftend, in hängenden Trauben, lange Blüte im Sommer. *Früchte* Leicht klebrige, borstige, rote Hülsen, ca. 6 cm lang.
• HERKUNFT Aus gärtnerischer Kultur
• ANMERKUNG Dieser prächtige Baum ist eine Hybride aus der rosablütigen, oft strauchigen *Robinia luxurians* und der Gemeinen Robinie (*Robinia pseudoacacia*, s. u.). Im Habitus ähnelt er eher letzterer, von der er leicht durch die Farbe der Blüten zu unterscheiden ist.

Lange Blätter mit gegenständigen Blättchen

Blüten bis in den frühen Herbst

Blättchen mit winziger Spitze

| Höhe | 20 m | Wuchs | Breit säulenförmig | Belaubung | Sommergrün | Laubform | |

| Familie | LEGUMINOSAE | Art | *Robinia pseudoacacia* | Autor | Linné |

GEMEINE ROBINIE

Blätter Gefiedert, bis 30 cm lang, mit 7–19 Blättchen, diese oval bis eiförmig, ganzrandig, bis 5 cm lang, Spitze oft leicht gekerbt mit abgesetztem Spitzchen, oberseits blaugrün, unterseits graugrün und anfangs etwas behaart, verkahlend, Nebenblätter an der Stielbasis oft als Dornen ausgebildet. *Borke* Graubraun, tief gefurcht mit schuppigen Wülsten. *Blüten* Schmetterlingsblüten, bis 2 cm lang, weiß, mit gelbgrünem Fleck, duftend, in dichten, hängenden Trauben, diese bis 20 cm lang, im Frühsommer bis Sommer. *Früchte* Kahle, dunkelbraune, hängende Hülsen, bis 10 cm lang.
• HERKUNFT SO-USA
• LEBENSRAUM Wälder, Gebüsch
• ANMERKUNG Ein weitverbreiteter Zierbaum.

Fünfzähniger, rötlichbrauner Kelch

△ ROBINIA PSEUDOACACIA

Dünne, weiche Blätter

△ 'FRISIA'
Eine kleinere, weniger robuste Sorte. Ihr Laub ist von Frühjahr bis Frühherbst goldgelb.

| Höhe | 25 m | Wuchs | Breit säulenförmig | Belaubung | Sommergrün | Laubform | |

| Familie LEGUMINOSAE | Art *Sophora japonica* | Autor Linné |

JAPANISCHER SCHNURBAUM

Blätter Gefiedert, bis 25 cm lang, mit 7–17 Blättchen, diese eiförmig, zugespitzt, bis 5 cm lang, oberseits weißlich, später glänzend dunkelgrün, unterseits bläulich, behaart, im Herbst manchmal gelb. *Borke* Graubraun, mit kräftigen Wülsten. *Blüten* Schmetterlingsblüten, 1,5 cm lang, weiß, duftend, in hängenden Trauben, diese bis 30 cm lang, endständig, im Spätsommer bis Frühherbst. *Früchte* Hülsen, bis 8 cm lang, mit eingeschnürten Samen.
- HERKUNFT China, Korea
- LEBENSRAUM Wälder, Gebüsch, trockene Gebirgstäler
- ANMERKUNG Auch als Pagoden-Baum bekannt.

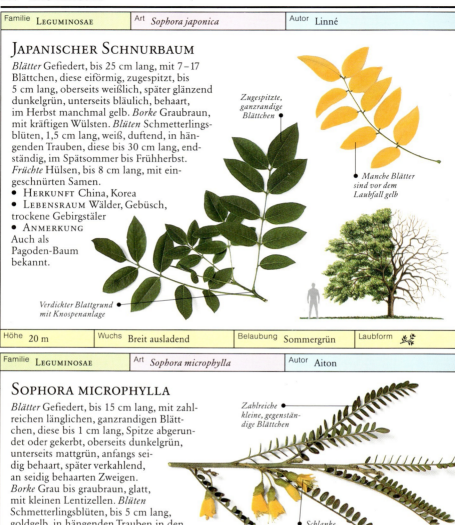

Zugespitzte, ganzrandige Blättchen

Manche Blätter sind vor dem Laubfall gelb

Verdickter Blattgrund mit Knospenanlage

| Höhe 20 m | Wuchs Breit ausladend | Belaubung Sommergrün | Laubform |

| Familie LEGUMINOSAE | Art *Sophora microphylla* | Autor Aiton |

SOPHORA MICROPHYLLA

Blätter Gefiedert, bis 15 cm lang, mit zahlreichen länglichen, ganzrandigen Blättchen, diese bis 1 cm lang, Spitze abgerundet oder gekerbt, oberseits dunkelgrün, unterseits mattgrün, anfangs seidig behaart, später verkahlend, an seidig behaarten Zweigen. *Borke* Grau bis graubraun, glatt, mit kleinen Lentizellen. *Blüten* Schmetterlingsblüten, bis 5 cm lang, goldgelb, in hängenden Trauben in den Blattachseln, im Spätwinter bis Frühjahr. *Früchte* Geflügelte, braune Hülsen, bis 15 cm oder länger, jung behaart.
- HERKUNFT Chile, Neuseeland
- LEBENSRAUM Wälder, offenes Gelände, Flußauen, alle Höhenlagen
- ANMERKUNG Kleiner Baum oder breiter Strauch. Die Art ist eng verwandt mit *Sophora tetraptera*. Die Pflanzen sind in der Jugend reich verzweigt und benötigen viele Jahre bis zur ersten Blüte.

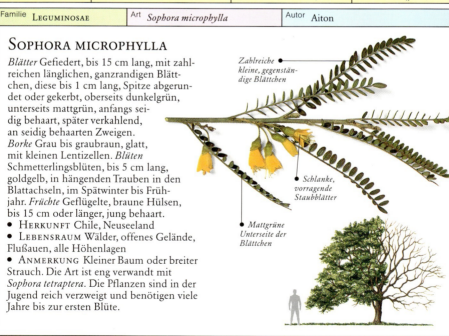

Zahlreiche kleine, gegenständige Blättchen

Schlanke, vorragende Staubblätter

Mattgrüne Unterseite der Blättchen

| Höhe 10 m | Wuchs Breit ausladend | Belaubung Sommergrün | Laubform |

MAGNOLIACEAE

D IESE FAMILIE MIT zwölf Gattungen und etwa 200 Arten besitzt zwei Hauptverbreitungsgebiete: Ostasien (vom Himalaja über China bis Japan) und Südostasien (bis nach Neuguinea); nur wenige Arten sind im östlichen Nordamerika, Mexiko bis hin zum tropischen Südamerika zu finden. Die immergrünen und sommergrünen Bäume und Sträucher haben wechselständige, ganzrandige und (gelegentlich) gelappte Blätter. Die prächtigen Blüten stehen einzeln.

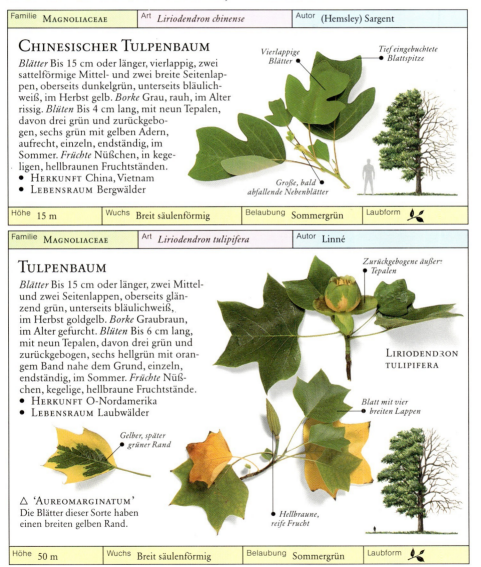

| Familie | MAGNOLIACEAE | Art | *Liriodendron chinense* | Autor | (Hemsley) Sargent |

CHINESISCHER TULPENBAUM

Blätter Bis 15 cm oder länger, vierlappig, zwei sattelförmige Mittel- und zwei breite Seitenlappen, oberseits dunkelgrün, unterseits bläulichweiß, im Herbst gelb. *Borke* Grau, rauh, im Alter rissig. *Blüten* Bis 4 cm lang, mit neun Tepalen, davon drei grün und zurückgebogen, sechs grün mit gelben Adern, aufrecht, einzeln, endständig, im Sommer. *Früchte* Nüßchen, in kegeligen, hellbraunen Fruchtständen.
• HERKUNFT China, Vietnam
• LEBENSRAUM Bergwälder

Vierlappige Blätter
Tief eingebuchtete Blattspitze
Große, bald abfallende Nebenblätter

| Höhe | 15 m | Wuchs | Breit säulenförmig | Belaubung | Sommergrün | Laubform | |

| Familie | MAGNOLIACEAE | Art | *Liriodendron tulipifera* | Autor | Linné |

TULPENBAUM

Blätter Bis 15 cm oder länger, zwei Mittel- und zwei Seitenlappen, oberseits glänzend grün, unterseits bläulichweiß, im Herbst goldgelb. *Borke* Graubraun, im Alter gefurcht. *Blüten* Bis 6 cm lang, mit neun Tepalen, davon drei grün und zurückgebogen, sechs hellgrün mit orangem Band nahe dem Grund, einzeln, endständig, im Sommer. *Früchte* Nüßchen, kegelige, hellbraune Fruchtstände.
• HERKUNFT O-Nordamerika
• LEBENSRAUM Laubwälder

Zurückgebogene äußere Tepalen

LIRIODENDRON TULIPIFERA

Blatt mit vier breiten Lappen

△ 'AUREOMARGINATUM'
Die Blätter dieser Sorte haben einen breiten gelben Rand.

Gelber, später grüner Rand
Hellbraune, reife Frucht

| Höhe | 50 m | Wuchs | Breit säulenförmig | Belaubung | Sommergrün | Laubform | |

| Familie MAGNOLIACEAE | Art *Magnolia acuminata* | Autor Linné |

GURKENMAGNOLIE

Blätter Oval bis eiförmig, bis 25 cm lang und 15 cm breit, zugespitzt, ganzrandig, oberseits hell- bis dunkelgrün, unterseits blaugrün, weich behaart. *Borke* Graubraun, gefurcht. *Blüten* Becherförmig, bis 9 cm lang, mit neun grünlichen, aufrechten Tepalen, einzeln, endständig, im Frühsommer bis Sommer. *Früchte* Zapfenförmig, bis 8 cm lang, anfangs grün, später rosa, dann rot.
- HERKUNFT O-Nordamerika
- LEBENSRAUM Fruchtbare Wälder
- ANMERKUNG Der deutsche Name stammt von den Fruchtständen, die unreif wie Gurken aussehen. Die Blüten sind oft von breiten Blättern verdeckt.

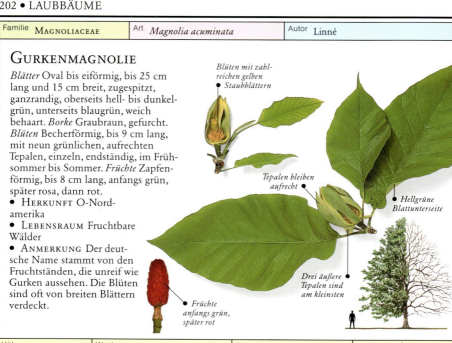

Blüten mit zahlreichen gelben Staubblättern

Tepalen bleiben aufrecht

Hellgrüne Blattunterseite

Drei äußere Tepalen sind am kleinsten

Früchte anfangs grün, später rot

| Höhe 30 m | Wuchs Breit kegelig | Belaubung Sommergrün | Laubform |

| Familie MAGNOLIACEAE | Art *Magnolia ashei* | Autor Weatherby |

MAGNOLIA ASHEI

Blätter Breit elliptisch bis länglich verkehrteiförmig, ca. 30 cm lang und 20 cm breit, dünn, meist mit Stipeln am Blattgrund, oberseits grün und kahl, unterseits blauweiß und fein behaart, in breiten, endständigen Quirlen. *Borke* Hellgrau, glatt. *Blüten* Becherförmig, bis 30 cm im Durchmesser, weiß, mit neun Tepalen, die inneren am Grund meist purpurn gezeichnet, endständig, im Frühsommer bis Sommer. *Früchte* Kegelig bis eiförmig, rosa, ca. 7,5 cm lang.
- HERKUNFT NW-Florida
- LEBENSRAUM Feuchte Wälder
- ANMERKUNG Die Art ist eng verwandt mit *Magnolia macrophylla* (s. Seite 209). Sie kommt wildwachsend nur selten und als kleiner Baum oder großer Strauch vor.

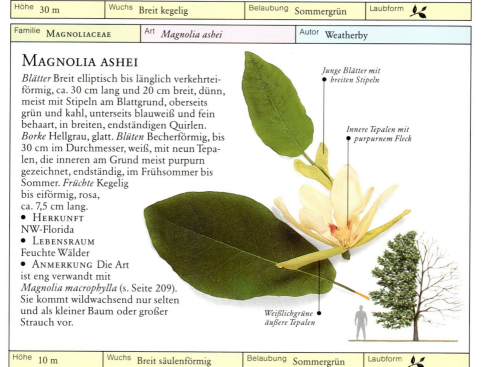

Junge Blätter mit breiten Stipeln

Innere Tepalen mit purpurnem Fleck

Weißlichgrüne äußere Tepalen

| Höhe 10 m | Wuchs Breit säulenförmig | Belaubung Sommergrün | Laubform |

LAUBBÄUME • 203

| Familie | MAGNOLIACEAE | Art | *Magnolia campbellii* | Autor | J. D. Hooker & Thomson |

CAMPBELLS MAGNOLIE

Blätter Länglich bis eiförmig oder verkehrteiförmig, bis 25 cm oder länger, meist kurz zugespitzt, ganzrandig, oberseits anfangs bronzefarben, später dunkel graugrün und kahl, unterseits heller, kahl oder weiß behaart. *Borke* Grau, glatt. *Blüten* Sehr groß, 30 cm im Durchmesser, hellrosa bis purpurn oder weiß, schwach duftend, bis zu 16 Tepalen, die äußeren abstehend, die inneren aufrecht, endständig an kahlen Stielen, im Spätwinter bis zeitigen Frühjahr, vor Laubaustrieb. *Früchte* Zapfenförmige rote Fruchtstände, bis 15 cm lang.
• HERKUNFT SW-China, Himalaja
• LEBENSRAUM Bergwälder
• ANMERKUNG Ein prächtiger Baum, der wegen seiner großen Blüten oft in Gärten und Parks gepflanzt wird. Aus Samen gezogene Pflanzen blühen erst nach 20 Jahren.

MAGNOLIA CAMPBELLII

Kahle Blütenstiele

Aufrechte innere Tepalen

Große, kahle Blätter erscheinen nach den Blüten

△ MAGNOLIA CAMPBELLII

△ SSP. MOLLICOMATA
Die Blüten dieser Unterart erscheinen etwas früher und auch an jüngeren Pflanzen.

Weit abstehende äußere Tepalen

| Höhe | 30 m | Wuchs | Breit kegelig | Belaubung | Sommergrün | Laubform | |

| Familie | MAGNOLIACEAE | Art | *Magnolia dawsoniana* | Autor | Rehder & Wilson |

MAGNOLIA DAWSONIANA

Blätter Elliptisch bis verkehrteiförmig, bis 15 cm lang und 7,5 cm breit, Spitze abgerundet, oberseits dunkelgrün und kahl, unterseits heller und bis auf Nerven kahl. *Borke* Grau, kahl, mit vorstehenden Lentizellen, am Fuß rissig. *Blüten* Seitlich abstehend, bis 12 cm lang, hellrosa, schwach duftend, neun bis zwölf hängende Tepalen, im Spätwinter bis zeitigen Frühjahr, vor Laubaustrieb. *Früchte* Zylindrische Fruchtstände, rötlichgrün, bis 10 cm lang.
- HERKUNFT
W-China
- LEBENSRAUM
Bergwälder
- ANMERKUNG
Eine der am frühesten blühenden Magnolien.

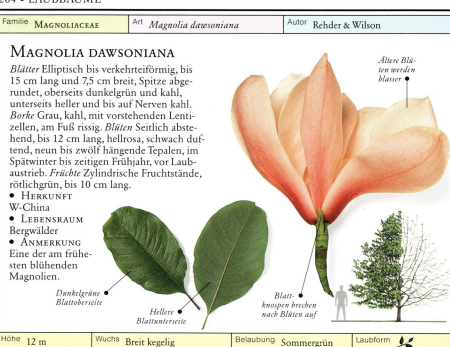

Ältere Blüten werden blasser

Dunkelgrüne Blattoberseite

Hellere Blattunterseite

Blattknospen brechen nach Blüten auf

| Höhe | 12 m | Wuchs | Breit kegelig | Belaubung | Sommergrün | Laubform | |

| Familie | MAGNOLIACEAE | Art | *Magnolia delavayi* | Autor | Franchet |

MAGNOLIA DELAVAYI

Blätter Oval bis länglich, bis 30 cm lang und 15 cm breit, oberseits dunkelgrün, unterseits anfangs flaumig, später beiderseits mehr oder weniger kahl. *Borke* Dunkelbraun, längsrissig. *Blüten* Schalenförmig, bis 20 cm im Durchmesser, duftend, neun fleischige Tepalen, die drei äußeren grünlichweiß, zurückgeschlagen, die sechs inneren gelblichweiß, abstehend, im Spätsommer. *Früchte* Zylindrische Fruchtstände, bis 10 cm lang, anfangs grün, reif hellbraun.
- HERKUNFT SW-China
- LEBENSRAUM
Gebüsch, offenes Land

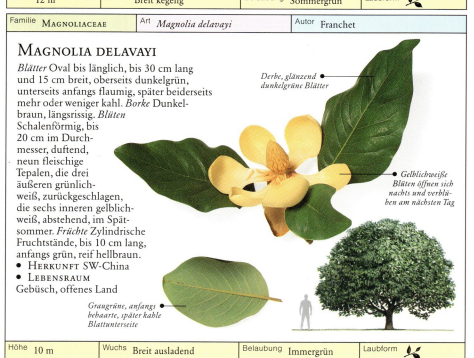

Derbe, glänzend dunkelgrüne Blätter

Gelblichweiße Blüten öffnen sich nachts und verblühen am nächsten Tag

Graugrüne, anfangs behaarte, später kahle Blattunterseite

| Höhe | 10 m | Wuchs | Breit ausladend | Belaubung | Immergrün | Laubform | |

LAUBBÄUME • 205

| Familie | MAGNOLIACEAE | Art | *Magnolia fraseri* | Autor | Walter |

BERGMAGNOLIE

Blätter Verkehrteiförmig, bis 40 cm lang und 20 cm breit, Stipeln am Blattgrund, zugespitzt, oberseits anfangs bronzefarben, später hellgrün, beiderseits kahl. *Borke* Braun oder grau, kahl. *Blüten* Knospe urnenförmig, bis 12 cm lang, geöffnet schalenförmig, neun gelblichweiße Tepalen, außen grün überzogen, einzeln, endständig, im späten Frühjahr bis Frühsommer. *Früchte* Zapfenförmige, rote Fruchtstände, bis 10 cm lang.
• HERKUNFT SO-USA
• LEBENSRAUM Fruchtbare Bergwälder

Gelblichweiße Blüten öffnen sich nach Laubaustrieb

Große, dünne, weiche Blätter in Quirlen

| Höhe | 14 m | Wuchs | Breit ausladend | Belaubung | Sommergrün | Laubform | |

| Familie | MAGNOLIACEAE | Art | *Magnolia grandiflora* | Autor | Linné |

IMMERGRÜNE MAGNOLIE

Blätter Elliptisch bis lanzettlich, bis 25 cm lang und 10 cm breit, derb und ledrig, oberseits glänzend dunkelgrün und kahl, unterseits heller oder filzig rostfarben. *Borke* Grau, in kleinen Platten abschuppend. *Blüten* Becherförmig, bis 30 cm groß, rahmweiß, duftend, mit neun bis zwölf dicken Tepalen, einzeln, endständig, im Frühsommer. *Früchte* Eiförmige Fruchtstände, bis 10 cm lang.
• HERKUNFT SO-USA
• LEBENSRAUM Flußauen, feuchte Lagen in Küstennähe
• ANMERKUNG In kühleren Breiten kultivierte Pflanzen blühen im Spätsommer bis Herbst.

Große, stark duftende, rahmweiße Blüten

Blüten mit neun bis zwölf oder mehr Tepalen

Blattunterseite oft rostbraun filzig

Glänzend dunkelgrüne Blattoberseite

| Höhe | 25 m | Wuchs | Breit kegelig | Belaubung | Immergrün | Laubform | |

Familie MAGNOLIACEAE	Art *Magnolia* 'Heaven Scent'	Autor – –

MAGNOLIA 'HEAVEN SCENT'

Blätter Breit elliptisch, bis 20 cm lang, zugespitzt, oberseits glänzend dunkelgrün, unterseits heller. *Borke* Grau und kahl. *Blüten* Aufrecht, becherförmig, bis 13 cm lang, erst schlank, später weiter geöffnet, stark duftend, neun hellrosa Tepalen, am Grund dunkler, außen mit deutlichem dunklerem Streifen, im Frühjahr bis Frühsommer, vor und mit Laubaustrieb. *Früchte* Zapfenförmig, reife Samen treten vor und bleiben.

- HERKUNFT Aus gärtnerischer Kultur
- ANMERKUNG Diese Hybride aus der strauchigen *M. liliiflora* 'Nigra' und *M.* x *veitchii* (s. Seite 214) gehört zu den Gresham-Hybriden, die im Laufe des Hybridisierungsprogramms von Drury Todd Gresham in den 50er Jahren in Kalifornien entstanden. Durch sorgfältige Auswahl der Eltern und Nachkommen erzeugte Gresham kleine Bäume, die die besten Eigenschaften der Magnolien in sich vereinen. 'Peppermint Stick' und 'Sayonara' sind Beispiele für die Hybriden.

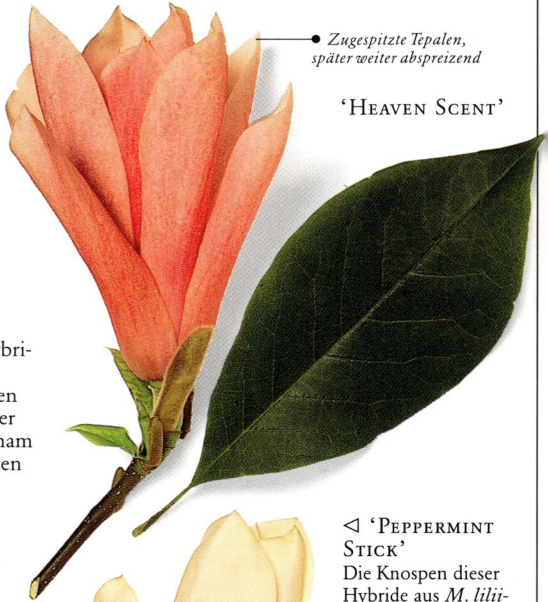

Zugespitzte Tepalen, später weiter abspreizend

'HEAVEN SCENT'

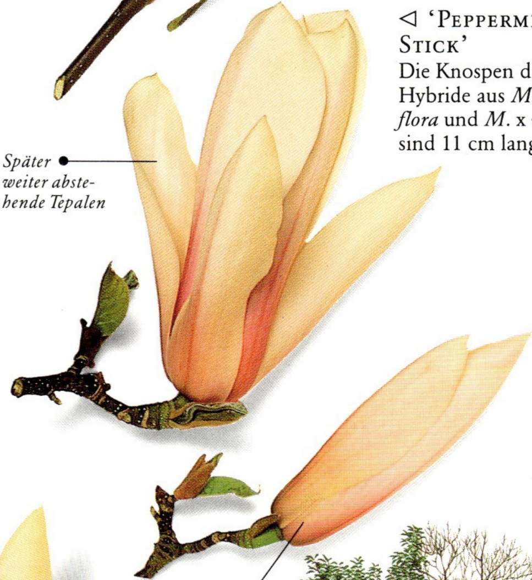

◁ 'PEPPERMINT STICK'
Die Knospen dieser Hybride aus *M. liliiflora* und *M.* x *veitchii* sind 11 cm lang.

Später weiter abstehende Tepalen

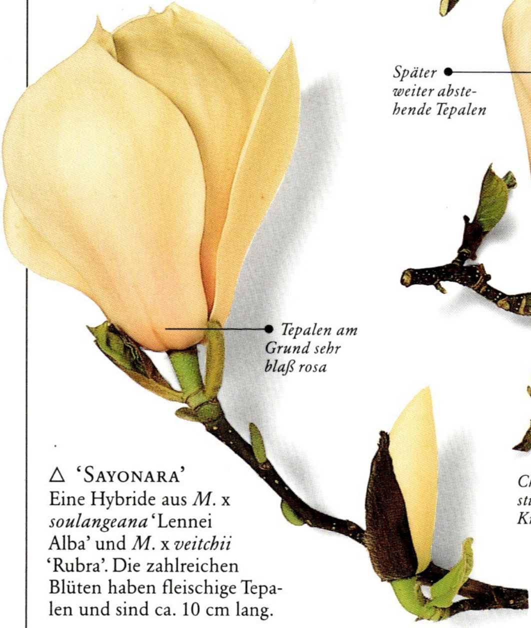

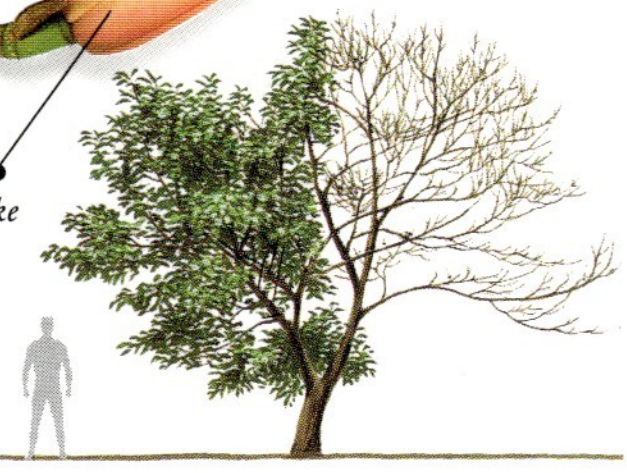

Charakteristische schlanke Knospen

Tepalen am Grund sehr blaß rosa

△ 'SAYONARA'
Eine Hybride aus *M.* x *soulangeana* 'Lennei Alba' und *M.* x *veitchii* 'Rubra'. Die zahlreichen Blüten haben fleischige Tepalen und sind ca. 10 cm lang.

Höhe 10 m	Wuchs Breit ausladend	Belaubung Sommergrün	Laubform

LAUBBÄUME • 207

| Familie | MAGNOLIACEAE | Art | *Magnolia hypoleuca* | Autor | Siebold & Zuccarini |

MAGNOLIA HYPOLEUCA

Blätter Verkehrteiförmig, bis 45 cm lang, kurz zugespitzt, oberseits dunkelgrün und kahl, unterseits bläulich, jung behaart, in breiten, endständigen Quirlen. *Borke* Grau, glatt. *Blüten* Groß, becherförmig, bis 20 cm im Durchmesser, sehr stark duftend, mit neun bis zwölf rahmweißen Tepalen, die äußeren teils rosa schimmernd, Staubfäden und Narben karminrot, im Sommer. *Früchte* Große, zylindrische, rosa Fruchtstände, bis 20 cm lang, reife rote Samen vorstehend.
• HERKUNFT Japan
• LEBENSRAUM Bergwälder
• ANMERKUNG Auch als *Magnolia obovata* bekannt. Der intensive Blütenduft ist typisch für die Art. In Japan werden die breiten Blätter zum Verpacken von Lebensmitteln verwendet.

Große, quirlständige Blätter

Äußere Tepalen oft rosa überzogen

| Höhe | 30 m | Wuchs | Breit säulenförmig | Belaubung | Sommergrün | Laubform | |

| Familie | MAGNOLIACEAE | Art | *Magnolia kobus* | Autor | Candolle |

KOBUSHI-MAGNOLIE

Blätter Oval bis verkehrteiförmig, bis 18 cm lang und 10 cm breit, Basis keilförmig, vorn kurz zugespitzt, oberseits dunkelgrün und kahl, unterseits heller und an Nerven behaart. *Borke* Grau, glatt. *Blüten* Meist seitlich abstehend, bis 10 cm im Durchmesser, rahmweiß, am Grund teils rosa überzogen, schwach duftend, mit sechs bis neun kronblattähnlichen und drei kleineren kelchblattähnlichen Tepalen, im zeitigen Frühjahr vor Laubaustrieb. *Früchte* Zylindrische, rosa bis rote Fruchtstände, bis 10 cm lang, reife rote Samen vorstehend.
• HERKUNFT Japan, S-Korea
• LEBENSRAUM Bergwälder

Sehr kleine, äußere Tepalen

Kahle Blätter nach der Blüte

Keilförmige Spreitenbasis

| Höhe | 20 m | Wuchs | Breit kegelig | Belaubung | Sommergrün | Laubform | |

208 • LAUBBÄUME

| Familie | MAGNOLIACEAE | Art | *Magnolia* x *loebneri* | Autor | Kache |

MAGNOLIA X LOEBNERI

Blätter Verkehrtlanzettlich bis oval, bis 15 cm lang, oberseits glänzend dunkel- bis hellgrün, meist kahl. *Borke* Grau, glatt. *Blüten* Variabel, aufrecht bis seitlich abstehend, bis 15 cm im Durchmesser, weiß bis rosa, bis zu 16 größere und drei kleinere, kelchblattartige Tepalen, im Frühjahr. *Früchte* Zylindrische, rosarote Fruchtstände, bis 10 cm lang.

- HERKUNFT Aus gärtnerischer Kultur
- ANMERKUNG Eine Gruppe mit Hybriden aus *M. kobus* (s. Seite 207) und der meist strauchigen *M. stellata*, zuerst in Deutschland gezüchtet, mit vielen Sorten, die die besten Eigenschaften der Eltern in sich vereinen. Die sternförmigen Blüten stammen von *M. stellata*, der Sternmagnolie.

◁ 'LEONARD MESSEL'
Jede der rosa Blüten dieser Sorte besitzt zwölf hängende Tepalen.

Leicht abstehende, aufrechte Blütenknospen

Viele schlanke Tepalen

'LEONARD MESSEL'

Blüte anfangs rosa, später weiß

Breite, kurz zugespitzte Blätter, Basis keilförmig

◁ 'MERRILL'

Relativ schmale Blätter

◁ 'MERRILL'

Die geöffneten Blüten sind ganz weiß

Knospenschuppen der Blüten seidig behaart

△ 'MERRILL'
Diese kräftige Pflanze hat breite, weiße Blüten, die anfangs leicht rosa überzogen sind. Die Blüten haben bis zu 15 Tepalen.

| Höhe | 10 m | Wuchs | Breit ausladend | Belaubung | Sommergrün | Laubform | |

LAUBBÄUME • 209

Familie	Art	Autor
MAGNOLIACEAE	*Magnolia macrophylla*	A. Michaux

GROSSBLÄTTRIGE MAGNOLIE

Blätter Sehr breit, dünn, breit elliptisch bis länglich eiförmig, bis 60 cm lang und 30 cm breit, Basis herzförmig bis geöhrt, oberseits dunkelgrün und kahl, unterseits bläulich und fein behaart, in breiten, endständigen Quirlen, an kräftigen Zweigen. *Borke* Hellgrau, glatt. *Blüten* Sehr breit, schalenförmig, bis 30 cm im Durchmesser, rahmweiß bis gelblich, duftend, neun Tepalen, die inneren sechs kronblattähnlich und am Grund meist rosa, die äußeren kelchblattähnlich, aufrecht, endständig, im Frühsommer bis Sommer, mit Laubaustrieb. *Früchte* Rundliche, rosa Fruchtstände, ca. 8 cm lang, reife rote Samen vorstehend.
- HERKUNFT SO-USA
- LEBENSRAUM Fruchtbare, feuchte Wälder
- ANMERKUNG Die riesigen Blätter und Blüten zählen zu den größten unter den in den gemäßigten Breiten heimischen Laubbäumen.

Charakteristische breite Blätter

Gelbliche innere Tepalen

Graugrüner Zweig, weich behaart

Bläuliche Blattunterseite mit ausgeprägter Mittelrippe

Geöhrte Spreitenbasis

Höhe	Wuchs	Belaubung	Laubform
15 m	Breit säulenförmig	Sommergrün	

| Familie | MAGNOLIACEAE | Art | *Magnolia officinalis* | Autor | Rehder & Wilson |

MAGNOLIA OFFICINALIS

Blätter Verkehrteiförmig, bis 45 cm lang und 20 cm breit, Basis keilförmig, Spitze abgerundet bis kurz zugespitzt, oberseits hellgrün und kahl, unterseits weißlich und jung weich behaart, in endständigen Quirlen. *Borke* Hellgrau, glatt. *Blüten* Becher- bis schalenförmig, 15 cm im Durchmesser, rahmweiß, duftend, Staubblätter mit roten Staubfäden, endständig, im späten Frühjahr bis Frühsommer. *Früchte* Länglicher, rosaroter, zapfenförmiger Fruchtstand, bis 15 cm lang, reife rote Samen vorstehend.
- HERKUNFT Zentral-China
- LEBENSRAUM Heute nur in Kultur bekannt
- ANMERKUNG Die hier abgebildete Varietät, var. *biloba*, unterscheidet sich von der Art nur durch die deutlich gekerbte Blattspitze. Die Rinde wurde früher für medizinische Zwecke verwendet. Dieses Abschälen der Rinde vom Stamm, das zum Absterben des Baumes führt, ist wahrscheinlich der Grund dafür, daß die Art wildwachsend nicht mehr vorkommt.

Große, im Herbst erscheinende Fruchtstände

△ VAR. BILOBA

VAR. BILOBA ▷

Bald welkende Blüten

Große Blätter quirlständig unter der Blüte

Gewellter Blattrand

| Höhe | 20 m | Wuchs | Breit säulenförmig | Belaubung | Sommergrün | Laubform | |

LAUBBÄUME • 211

Familie	Art	Autor
MAGNOLIACEAE	*Magnolia* x *soulangiana*	Soulange-Bodin

TULPENMAGNOLIE

Blätter Oval bis verkehrteiförmig, bis 20 cm lang und 12 cm breit, Basis keilförmig, vorn meist abgerundet und kurz zugespitzt, oberseits dunkelgrün und kahl, unterseits heller und weich behaart. *Borke* Grau, glatt. *Blüten* Variabel, glockenbis schalenförmig, je nach Sorte bis 25 cm im Durchmesser, meist neun weißrosa oder dunkelrosa Tepalen, im Frühjahr bis Frühsommer, vor bis nach Laubaustrieb. *Früchte* Walzenförmiger Fruchtstand, bis 10 cm lang, anfangs grün, später rosa.
- HERKUNFT Aus gärtnerischer Kultur
- ANMERKUNG Eine Hybride aus *M. denudata* und *M. liliiflora*.

Kurz zugespitzte Blätter

Innere Tepalen abstehend

Spreite zur Basis hin keilförmig

Drei kleinere äußere Tepalen

Tepalen am Grund tiefrosa, an der Spitze hellrosa bis weiß

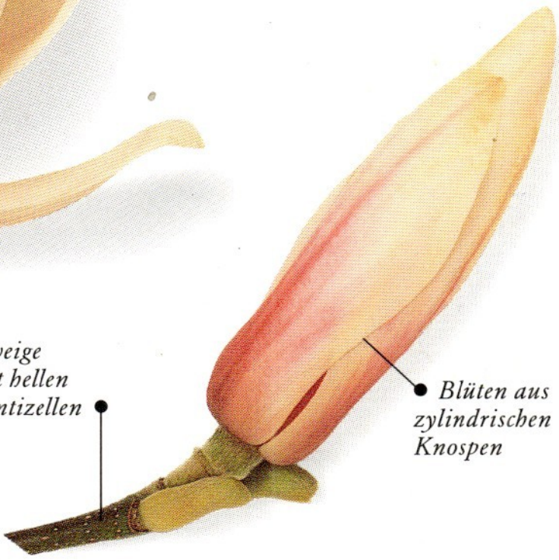

Zweige mit hellen Lentizellen

Blüten aus zylindrischen Knospen

Fruchtstände anfangs grün, später rosa

Seidig behaarte Blütenknospen

Höhe	Wuchs	Belaubung	Laubform
9 m	Breit ausladend	Sommergrün	

Familie	Art	Autor
MAGNOLIACEAE	*Magnolia* x *soulangiana*	Soulange-Bodin

▽ 'BROZZONII'
Der raschwüchsige Baum hat breite, weiße, am Grund zart rosa Blüten. Voll entfaltet sind sie ca. 25 cm breit. Der Baum blüht von April bis in den Frühsommer.

Große Blüten mit sechs Tepalen

Mitte und Grund der Tepalen kräftiger rosa gefärbt

Rand der Tepalen nahezu weiß

Schlanke Knospen, die sich später weit öffnen

Tepalen am Grund zart rosa

△ 'PICTURE'
Die Blüten dieser Sorte sind kräftig rosa überlaufen. Die Pflanze besitzt einen kompakten, aufrechten Wuchs, ist also weniger breit ausladend.

Prächtig gefärbte Tepalen

Seidig behaarte Blattknospenschuppen

Kelchförmige Blüten aus dicken Knospen

'RUSTICA RUBRA' ▷
Eine Sorte mit breiten, kelchförmigen Blüten. Die Tepalen sind außen vor allem an der Basis tiefrosa. Zur Spitze hin sind sie rosa überzogen.

Die ersten Blüten öffnen sich vor Laubaustrieb

Höhe	Wuchs	Belaubung	Laubform
9 m	Breit ausladend	Sommergrün	

LAUBBÄUME • 213

| Familie | MAGNOLIACEAE | Art | *Magnolia salicifolia* | Autor | (Sieb. & Zucc.) Maximowicz |

WEIDENBLÄTTRIGE MAGNOLIE

Blätter Verkehrteiförmig bis schmal elliptisch, bis 15 cm lang und 6 cm breit, oberseits dunkelgrün, unterseits bläulich und kahl, gerieben duftend. *Borke* Grau, glatt, gerieben mit Zitronenduft. *Blüten* Meist seitlich abstehend, bis 13 cm im Durchmesser, weiß, duftend, mit sechs schmalen Tepalen, die inneren drei kronblattähnlich, bis 6 cm lang, die äußeren kleiner, im zeitigen Frühjahr vor Laubaustrieb. *Früchte* Zylindrische rosa Fruchtstände, bis 7,5 cm lang.
- HERKUNFT Japan
- LEBENSRAUM Eichen- und Buchenwälder im Gebirge

| Höhe | 10 m | Wuchs | Breit kegelig | Belaubung | Sommergrün | Laubform | |

| Familie | MAGNOLIACEAE | Art | *Magnolia tripetala* | Autor | Linné |

SCHIRMMAGNOLIE

Blätter Verkehrteiförmig bis oval, bis 50 cm lang und 20 cm breit, Basis keilförmig, vorn zugespitzt, oberseits dunkelgrün, unterseits graugrün, behaart, in breiten, endständigen Quirlen. *Borke* Hellgrau, glatt. *Blüten* Bis 20 cm im Durchmesser, rahmweiß, stark duftend, mit meist sechs bis neun kron- und drei viel kürzeren grünlichen kelchblattähnlichen Tepalen, aus typischen schlanken, endständigen Knospen, im späten Frühjahr bis Frühsommer, mit Laubaustrieb. *Früchte* Walzen- bis kegelförmige rosa Fruchtzapfen, bis 10 cm lang.
- HERKUNFT O-USA
- LEBENSRAUM Fruchtbare Wälder
- ANMERKUNG Der wissenschaftliche Name (mit drei Petalen) ist mißverständlich und bezieht sich wahrscheinlich auf die drei Kelchblätter. Der starke Blütenduft wird manchmal als unangenehm empfunden.

| Höhe | 12 m | Wuchs | Breit ausladend | Belaubung | Sommergrün | Laubform | |

Familie	Art	Autor
MAGNOLIACEAE	*Magnolia* x *veitchii*	Bean

VEITCHS MAGNOLIE

Blätter Verkehrteiförmig bis länglich, bis 30 cm lang und 15 cm breit, kurz zugespitzt, oberseits anfangs bronzefarben, später dunkelgrün und kahl, unterseits zumindest Nerven behaart.
Borke Grau, glatt. *Blüten* Kelchförmig, bis 15 cm lang, weiß bis rosa, duftend, mit meist neun Tepalen, im Frühjahr, meist vor Laubaustrieb. *Früchte* Zylindrische Fruchtstände, bis 10 cm lang, anfangs rötlichgrün, reif braun.
• HERKUNFT Aus gärtnerischer Kultur
• ANMERKUNG Eine Hybride aus der oft strauchigen *M. denudata* und *M. campbellii* (s. Seite 203). Die starkwüchsige Art hat ihre Größe von letzterem Elternteil, der wildwachsend bis zu 30 m erreicht. Ist sehr dekorativ, blüht früh und zahlreich und besitzt schönes junges Laub.

• *Aufrechte innere und äußere Tepalen*

△ 'ISCA'
Diese Sorte blüht im Frühjahr.

Glänzende, grün-bronzefarbene junge Blätter •

• *Blüten am Grund leicht rosa überzogen*

• *Rosa überzogene weiße Blüten scheinen von weitem hellrosa zu sein*

△ 'PETER VEITCH'
Die kelchförmigen, zartrosa Blüten dieser winterharten Magnolie erscheinen vor Laubaustrieb. Auch junge Pflanzen blühen bereits.

• *Ältere Blätter sind oberseits dunkelgrün*

Höhe	Wuchs	Belaubung	Laubform
30 m	Breit säulenförmig	Sommergrün	

| Familie | MAGNOLIACEAE | Art | *Magnolia* 'Wada's Memory' | Autor | _ _ |

MAGNOLIA 'WADA'S MEMORY'

Blätter Verkehrt- bis länglich eiförmig, bis 18 cm lang, Basis keilförmig, vorn kurz zugespitzt, oberseits dunkelpurpurn, später glänzend dunkelgrün, unterseits blaugrün, beiderseits kahl. *Borke* Grau, glatt. *Blüten* Seitlich abstehend, bis 15 cm lang, rahmweiß, später weiß, duftend, Tepalen bald überhängend, Knospenschuppen filzig, nicht immer fruchtend. *Früchte* Zylindrische, rosa bis rote Fruchtstände, bis 10 cm lang.
- HERKUNFT Aus gärtnerischer Kultur
- ANMERKUNG Wahrscheinlich eine Hybride aus *M. kobus* (s. Seite 207) und *M. salicifolia* (s. Seite 213), die aus Japan stammt. Sie ist nach dem japanischen Gärtner Koichiro Wada benannt.

Bald nach Öffnen zurückgeschlagene Tepalen

Am Grund der Blüte kleinere Tepalen

Purpurne junge Blätter

Seidig behaarte Knospenschuppen

Junge Blätter erscheinen bald nach den ersten Blüten

Ältere Blätter olivgrün

| Höhe | 9 m | Wuchs | Breit kegelig | Belaubung | Sommergrün | Laubform | |

MALVACEAE

M IT RUND 1500 ARTEN in über 75 Gattungen ist die Malvenfamilie von den Tropen bis in die gemäßigten Zonen heimisch. Es sind sommer- und immergrüne Gehölze und krautige Pflanzen. Die wechselständigen Blätter sind oft handförmig gelappt. Die Blüten sind teils groß und auffällig und teils sehr klein.

Familie	Art	Autor
MALVACEAE	*Hoheria glabrata*	Sprague & Summerhayes

HOHERIA GLABRATA

Blätter Eiförmig, bis 10 cm lang und 5 cm breit, Basis herzförmig, gezähnt, oberseits dunkelgrün, beiderseits kahl oder wenig behaart, im Herbst gelb. *Borke* Grau, glatt. *Blüten* Bis 4 cm im Durchmesser, fünf Kronblätter und gelbe Staubbeutel, in Thyrsen in den Blattachseln, im Sommer. *Früchte* Klein, braun.
• HERKUNFT Neuseeland
• LEBENSRAUM Wälder, Feldgehölze

HOHERIA ▷ GLABRATA

Gesägte, kahle Blätter

HOHERIA LYALLII ▷
Eine sehr ähnliche Art, die aber nur 6 m hoch wird.

Doppelt gesägte, behaarte Blätter

Gelbe Blütenknospen, geöffnet weiß

Höhe	Wuchs	Belaubung	Laubform
10 m	Breit kegelig	Sommergrün	

Familie	Art	Autor
MALVACEAE	*Hoheria sexstylosa*	Colenso

HOHERIA SEXSTYLOSA

Blätter Lanzettlich, bis 15 cm lang und 5 cm breit, Basis verschmälert, vorn lang zugespitzt, scharf gesägt, oberseits glänzend dunkelgrün, unterseits heller, beiderseits kahl. *Borke* Grau, glatt. *Blüten* Bis 2 cm, weiß, fünf Kronblätter, in kleinen Thyrsen in den Blattachseln, im Spätsommer. *Früchte* Klein, braun.
• HERKUNFT Neuseeland
• LEBENSRAUM Wälder
• ANMERKUNG In der Jugend wächst die Pflanze strauchig und hat grober gesägte, teils sogar gelappte Blätter.

Scharf gesägter Blattrand

Kleine, sternförmige Blüten

Purpurner Griffel

Blüten in Thyrsen

Höhe	Wuchs	Belaubung	Laubform
8 m	Schmal kegelig	Immergrün	

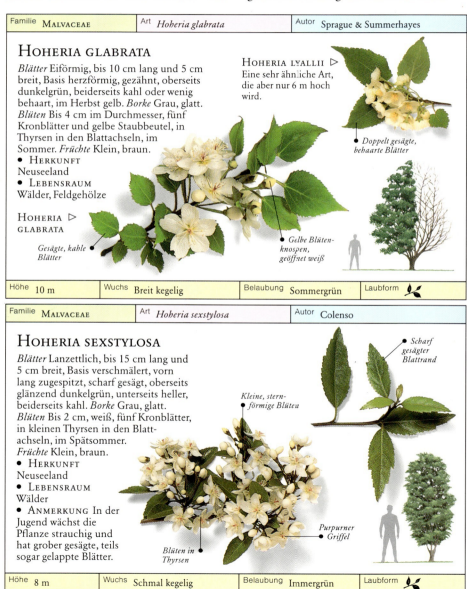

MELIACEAE

Die in den gemässigten Breiten Ostasiens vorkommende, meist tropische und subtropische Familie umfaßt ca. 50 Gattungen mit rund 600 Arten. Die sommergrünen und immergrünen Gehölze tragen meist gefiederte, wechselständige Blätter. Die kleinen Einzelblüten sind meist in großen Fruchtständen angeordnet. Die Frucht ist eine verholzende Kapsel. Viele Bäume dieser Familie sind wichtige Nutzholzlieferanten, einige Arten liefern das Edelholz Mahagoni.

| Familie | MELIACEAE | Art | *Toona sinensis* | Autor | (Jussieu) Roemer |

SURENBAUM

Blätter Gefiedert, bis 60 cm lang, bis zu 26 Blättchen, diese länglich lanzettlich, zugespitzt, entfernt gezähnt, bis 15 cm lang, Endblättchen oft fehlend, oberseits beim Austrieb bronzefarben und behaart, später kahl und dunkelgrün, im Herbst gelb, zerrieben mit Zwiebelgeruch. *Borke* Längsrissig, in langen Streifen ablösend. *Blüten* Klein, weiß, duftend, in breiten, endständigen, hängenden Rispen, diese über 30 cm lang, im Sommer. *Früchte* Verholzende, braune Kapseln, bis 3 cm lang.
- HERKUNFT China
- LEBENSRAUM Wälder
- ANMERKUNG Auch als *Cedrela sinensis* bekannt.

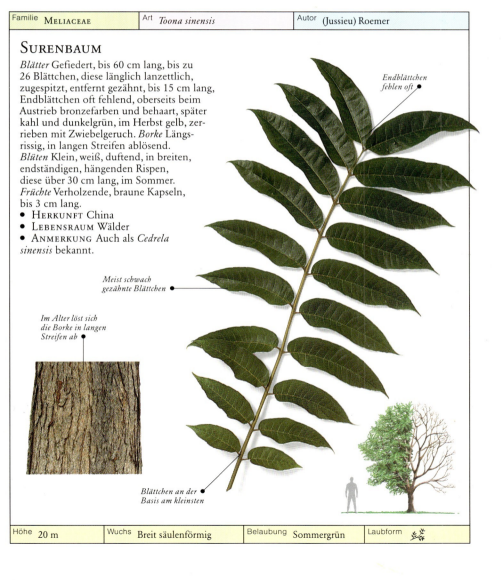

Endblättchen fehlen oft

Meist schwach gezähnte Blättchen

Im Alter löst sich die Borke in langen Streifen ab

Blättchen an der Basis am kleinsten

| Höhe | 20 m | Wuchs | Breit säulenförmig | Belaubung | Sommergrün | Laubform | |

MORACEAE

Zu dieser grossen Familie gehören u. a. die Feigen (*Ficus*, s. Seite 219) und Maulbeeren (*Morus*, s. Seite 220). Die etwa 40 Gattungen mit über 1200 Arten Gehölze und krautiger Pflanzen sind vor allem in den Tropen und Subtropen verbreitet. Die Blätter sind meist wechselständig und einfach, gelegentlich gelappt. Die Blüten sind eingeschlechtig und in kleinen Blütenständen vereint.

Familie	Art	Autor
MORACEAE	*Broussonetia papyrifera*	(Linné) Ventenat

PAPIERMAULBEERE

Blätter Eiförmig oder dreilappig, bis 20 cm lang und 15 cm breit, grob gesägt, oberseits erst purpurn, dann matt dunkelgrün, rauh, unterseits weich behaart. *Borke* Graubraun, flachrissig. *Blüten* Zweihäusig, eingeschlechtig, klein, männliche weiß, in hängenden Kätzchen, weibliche grün, mit dünnen, purpurnen, vorstehenden Narben, dicht in Köpfchen, im späten Frühjahr bis Frühsommer. *Früchte* Rot, an runden Fruchtständen abstehend, diese ca. 2 cm im Durchmesser.
• HERKUNFT China, Japan
• LEBENSRAUM Sonnige, fruchtbare Standorte
• ANMERKUNG In Japan wird aus dem Bast feinstes Papier hergestellt.

Männl. Blüten in gedrungenen, hängenden Kätzchen

Weich behaarte Blattunterseite

Rote Früchte an runden Fruchtständen

Weibl. Blüten mit purpuren Narben

Junge Blätter purpurn überzogen

Blätter teils tief gelappt

Rauhe Blattoberseite

Höhe	Wuchs	Belaubung	Laubform
15 m	Breit ausladend	Sommergrün	

LAUBBÄUME • 219

Familie	Art	Autor
MORACEAE	*Ficus carica*	Linné

FEIGE

Blätter Im Umriß rundlich, bis 30 cm lang und breit, tief drei- bis fünffach gelappt, Basis herzförmig, gezähnt, oberseits dunkelgrün, beiderseits rauh behaart, im Herbst gelb. *Borke* Grau, glatt. *Blüten* Zweihäusig, sehr klein, unauffällig in fleischigen, hohlen, grünen Blütenständen, im späten Frühjahr. *Früchte* Steinfrucht (Feige), zahlreiche kleine Samen zu Fruchtstand vereint, anfangs grün, später braun bis purpurn, wohlschmeckend.
- HERKUNFT SW-Asien
- LEBENSRAUM Laubwälder
- ANMERKUNG Im Mittelmeerraum allgemein eingebürgert. Bevorzugt felsige Standorte, auch alte Mauern. Wird von weiblichen Wespen befruchtet, die Pollen von dem Baum, an dem sie geschlüpft sind, zu dem Baum tragen, an dem sie ihre Eier ablegen. Angebaute Sorten fruchten meist ohne Bestäubung.

Fleischige Frucht mit zahlreichen winzigen Samen

Manche Früchte sind reif braunviolett

Grüne, unreife Frucht

Langer Blattstiel

Derbe Blätter mit deutlichen Rippen und Adern

Höhe	Wuchs	Belaubung	Laubform
10 m	Breit ausladend	Sommergrün	

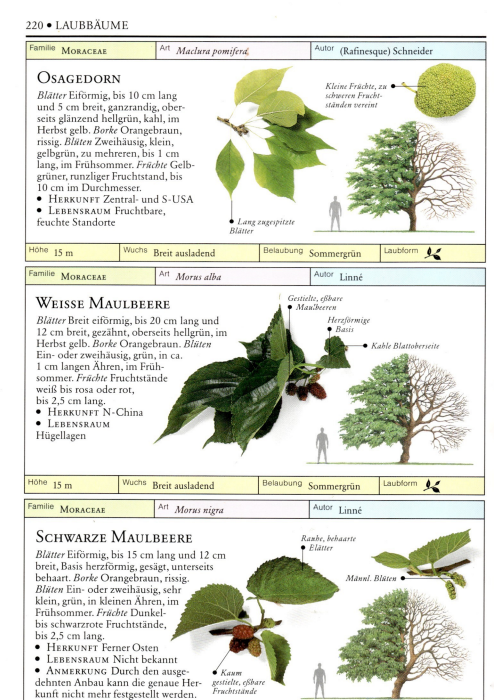

| Familie | MORACEAE | Art | *Maclura pomifera* | Autor | (Rafinesque) Schneider |

OSAGEDORN

Blätter Eiförmig, bis 10 cm lang und 5 cm breit, ganzrandig, oberseits glänzend hellgrün, kahl, im Herbst gelb. *Borke* Orangebraun, rissig. *Blüten* Zweihäusig, klein, gelbgrün, zu mehreren, bis 1 cm lang, im Frühsommer. *Früchte* Gelbgrüner, runzliger Fruchtstand, bis 10 cm im Durchmesser.
- HERKUNFT Zentral- und S-USA
- LEBENSRAUM Fruchtbare, feuchte Standorte

Kleine Früchte, zu schweren Fruchtständen vereint

Lang zugespitzte Blätter

| Höhe | 15 m | Wuchs | Breit ausladend | Belaubung | Sommergrün | Laubform | |

| Familie | MORACEAE | Art | *Morus alba* | Autor | Linné |

WEISSE MAULBEERE

Blätter Breit eiförmig, bis 20 cm lang und 12 cm breit, gezähnt, oberseits hellgrün, im Herbst gelb. *Borke* Orangebraun. *Blüten* Ein- oder zweihäusig, grün, in ca. 1 cm langen Ähren, im Frühsommer. *Früchte* Fruchtstände weiß bis rosa oder rot, bis 2,5 cm lang.
- HERKUNFT N-China
- LEBENSRAUM Hügellagen

Gestielte, eßbare Maulbeeren

Herzförmige Basis

Kahle Blattoberseite

| Höhe | 15 m | Wuchs | Breit ausladend | Belaubung | Sommergrün | Laubform | |

| Familie | MORACEAE | Art | *Morus nigra* | Autor | Linné |

SCHWARZE MAULBEERE

Blätter Eiförmig, bis 15 cm lang und 12 cm breit, Basis herzförmig, gesägt, unterseits behaart. *Borke* Orangebraun, rissig. *Blüten* Ein- oder zweihäusig, sehr klein, grün, in kleinen Ähren, im Frühsommer. *Früchte* Dunkel- bis schwarzrote Fruchtstände, bis 2,5 cm lang.
- HERKUNFT Ferner Osten
- LEBENSRAUM Nicht bekannt
- ANMERKUNG Durch den ausgedehnten Anbau kann die genaue Herkunft nicht mehr festgestellt werden.

Rauhe, behaarte Blätter

Männl. Blüten

Kaum gestielte, eßbare Fruchtstände

| Höhe | 10 m | Wuchs | Breit ausladend | Belaubung | Sommergrün | Laubform | |

MYRTACEAE

Eine vor allem auf der Südhalbkugel verbreitete große Familie. Obwohl sie auch in den gemäßigten Breiten der Nordhalbkugel vorkommt, ist sie in Nordamerika wildwachsend nicht und in Europa nur durch die Myrte *(Myrtus communis)* vertreten. Die Familie umfaßt mehr als 100 Gattungen mit fast 4000 Arten meist immergrüner und häufig aromatisch duftender Gehölze. Die Blätter sind oft gegenständig. Die Blüten haben meist vier oder fünf Kronblätter und zahlreiche Staubblätter. Bei den Eukalyptusarten bilden die Kronblätter eine Haube, die beim Öffnen der Blüte abgeworfen wird.

Familie MYRTACEAE	Art *Callistemon*-Arten	Autor _ _

ZYLINDERPUTZER

Zylinderputzer sind in Australien heimisch, wo sie meist feuchte Standorte besiedeln. Manche wachsen als kleine Bäume bis zu 10 m hoch (z. B. *C. salignus* und *C. viminalis*). Die meisten aber sind strauchig. Die immergrünen Pflanzen haben meist schmale, spitze Blätter, die jung oft bronzefarben oder rot sind. Die Blüten haben sehr kleine Kronblätter, jedoch zahlreiche lange Staubfäden, die rahmweiß oder gelb, rot, rosa oder purpurn sind. Sie umgeben den Stiel radiär und bilden so dichte Büschel, die ein charakteristisches Merkmal der Pflanzen sind.

Junge Triebe entstehen oberhalb der Blütenstände

Auffällige Blütenstände mit roten Staubblättern

Den Zweig umschließende, verholzende Fruchtstände

△ CALLISTEMON SUBULATUS
Die in SO-Australien heimische Art hat dünne, spitze, jung seidig behaarte Blätter. Die breiten Blütenstände mit ihren roten Staubblättern öffnen sich im Sommer.

Lange, grünliche Staubblätter mit hellgelben Staubbeuteln

Schmale, spitze Blätter

△ CALLISTEMON VIRIDIFLORUS
Diese Art ist in Tasmanien heimisch, wo sie auf feuchten Standorten in Hügellagen vorkommt. Die Blütenstände sind geprägt von dichtstehenden hell gelbgrünen Staubblättern. Sie erscheinen in den Sommermonaten.

Höhe 10 m	Wuchs Breit säulenförmig	Belaubung Immergrün	Laubform

| Familie MYRTACEAE | Art *Eucalyptus coccifera* | Autor J. D. Hooker |

TRICHTERFRUCHT-EUKALYPTUS

Blätter Jugendblätter rundlich, meist gräulichblau, sitzend, Altersblätter lanzettlich, bis 5 cm lang und 2 cm breit, schief, plötzlich kurz zugespitzt, beiderseits grün bis blaugrün, kahl, aromatisch, oft an bereiften Zweigen. *Borke* Grau-weiß, glatt, spiralig ablösend, junge Rinde rahmweiß. *Blüten* Weiß, mit zahlreichen Staubblättern, drei bis sieben in Büscheln in den Blattachseln, im Frühsommer. *Früchte* Schmal trichterförmige Kapseln, verholzend, bis 1 cm lang.
- HERKUNFT Tasmanien
- LEBENSRAUM Gebirge
- ANMERKUNG Die Jugendblätter sind gegenständig, die Altersblätter wechselständig, oft beide Sorten an einer Pflanze. Bei älteren Pflanzen erscheinen Jugendblätter an Zweigen am Fuß des Stammes.

Drei bis sieben Blüten in Büscheln

Abgeflachte, verholzende Früchte

| Höhe 25 m | Wuchs Breit ausladend | Belaubung Immergrün | Laubform |

| Familie MYRTACEAE | Art *Eucalyptus cordata* | Autor Labillardière |

EUCALYPTUS CORDATA

Blätter Fast rundlich bis eiförmig, bis 10 cm lang und 6 cm breit, stumpf gezähnt, beiderseits blaugrau und bereift, sehr aromatisch, sitzend, an vierkantigen, weiß bereiften Zweigen. *Borke* Glatt, weiß, mit grauen und grünen Flecken, in langen Streifen ablösend. *Blüten* Rahmweiß, mit zahlreichen Staubblättern, zu dritt in Büscheln in den Blattachseln, bereifte Knospen und Stiele, im Winter. *Früchte* Halbkugelige Kapseln, klein, bereift, bis 1 cm lang.
- HERKUNFT Tasmanien
- LEBENSRAUM Wälder in Berg- und Hügellagen
- ANMERKUNG Jugend- und Altersblätter ähnlich: Die Laubform verändert sich im Gegensatz zu den meisten Eukalyptusarten nicht.

Blütenknospen zu dritt

Blätter überlappen sich

Vierkantige Zweige

Kleine bereifte Früchte

| Höhe 15 m | Wuchs Breit säulenförmig | Belaubung Immergrün | Laubform |

LAUBBÄUME • 223

| Familie | MYRTACEAE | Art | *Eucalyptus dalrympleana* | Autor | Maiden |

AUSTRALISCHER GUMMIBAUM

Blätter Jugendblätter rundlich, sitzend, Altersblätter lanzettlich, bis 18 cm lang und 4 cm breit, lang zugespitzt, jung bronzefarben, später blaugrün, beiderseits kahl.
Borke Graubraun, glatt, in breiten Längsstreifen ablösend, junge Rinde rahmweiß.
Blüten Weiß, mit zahlreichen Staubblättern, zu dritt in Büscheln in den Blattachseln, im Spätsommer. *Früchte* Halbkugelige, kleine, verholzende Kapseln, bis 1 cm lang.
• HERKUNFT
SO-Australien, Tasmanien
• LEBENSRAUM
Berghänge
• ANMERKUNG Jugendblätter gegenständig, Altersblätter wechselständig, oft beide Sorten an einer Pflanze.

Jugendblätter

Übergangsblätter

Unter der abblätternden Borke rahmweiße Rinde

Schlanke Altersblätter mit gekrümmter Spitze

| Höhe | 30 m | Wuchs | Breit säulenförmig | Belaubung | Immergrün | Laubform | |

| Familie | MYRTACEAE | Art | *Eucalyptus gunnii* | Autor | J. D. Hooker |

GUNNS-EUKALYPTUS

Blätter Jugendblätter rundlich, sitzend, bis 4 cm lang, graublau, Altersblätter eiförmig bis lanzettlich, bis 10 cm lang und 4 cm breit, anfangs silbrig, später blaugrün, beiderseits kahl. *Borke* Grau, grün, auch orange, am Fuß rauh, in langen Streifen ablösend, junge Rinde rahmweiß.
Blüten Weiß, mit zahlreichen Staubblättern, zu dritt in Büscheln in den Blattachseln, im späten Frühjahr bis Sommer. *Früchte* Becherförmig, grün oder bereift, 5 mm lang.
• HERKUNFT Tasmanien
• LEBENSRAUM Bergwälder
• ANMERKUNG Jugendblätter gegenständig, Altersblätter wechselständig, oft beide Sorten an einer Pflanze.

Silbrig graublaue junge Blätter

Rundliche Jugendblätter

Becherförmige Früchte

Borke in breiten Streifen ablösend

Lange, zugespitzte Altersblätter

| Höhe | 25 m | Wuchs | Breit säulenförmig | Belaubung | Immergrün | Laubform | |

| Familie MYRTACEAE | Art *Eucalyptus pauciflora* | Autor Siebold ex Sprengel |

EUCALYPTUS PAUCIFLORA

Blätter Jugendblätter eiförmig bis rundlich, bis 6 cm lang, lederig, grau, Altersblätter lanzettlich, bis 15 cm lang und 4 cm breit, oft gebogen, glänzend grün und kahl. *Borke* Grau und weiß, in langen Streifen ablösend. *Blüten* Weiß, mit zahlreichen Staubblättern, in Büscheln in den Blattachseln, im Sommer. *Früchte* Kugelig, verholzend, bis 6 mm lang.
- HERKUNFT SO-Australien, Tasmanien
- LEBENSRAUM Küste bis Baumgrenze

Bis zu zwölf Blüten in Büscheln

◁ EUCALYPTUS PAUCIFLORA

Altersblätter an roten Zweigen

◁ SSP. NIPHOPHILA

◁ SSP. NIPHOPHILA Diese Hochgebirgsform wächst oft strauchig.

| Höhe 15 m | Wuchs Breit ausladend | Belaubung Immergrün | Laubform |

| Familie MYRTACEAE | Art *Eucalyptus perriniana* | Autor Mueller ex Rodway |

EUCALYPTUS PERRINIANA

Blätter Jugendblätter blaugrau, zu zweit an der Basis verwachsen, Altersblätter lanzettlich, bis 12 cm lang und 2,5 cm breit, jung oft purpurn, später dunkel blaugrün, beiderseits kahl, hängend. *Borke* Grau und braun, ablösend. *Blüten* Weiß, zahlreiche Staubblätter, in Büscheln in den Blattachseln, im Spätsommer. *Früchte* Klein, verholzend, bis 5 mm lang.
- HERKUNFT SO-Australien, Tasmanien
- LEBENSRAUM Gebirge, feuchte Standorte

Altersblätter mit schlanker Spitze

Sehr kleine, becherförmige, holzige Früchte

Am Grund zusammengewachsene Jugendblätter

Welke Jugendblätter drehen sich beim Abfallen

Kleine Blüten zu dritt

| Höhe 7 m | Wuchs Breit ausladend | Belaubung Immergrün | Laubform |

LAUBBÄUME • 225

| Familie | MYRTACEAE | Art | *Eucalyptus urnigera* | Autor | J. D. Hooker |

URNEN-EUKALYPTUS

Blätter Jugendblätter rundlich, bis 5 cm lang, blauweiß bereift, Altersblätter eiförmig bis lanzettlich, bis 12 cm lang und 5 cm breit, glänzend dunkel- bis blaugrün, beiderseits kahl. *Borke* Hellgrau bis rahmweiß oder orangegelb, in langen Streifen ablösend. *Blüten* Gelblichweiß, zahlreiche Staubblätter, zu dritt in Büscheln in den Blattachseln, im Frühjahr. *Früchte* Kapseln, urnenförmig eingeschnürt, bis 6 mm lang.
• HERKUNFT SO-Tasmanien
• LEBENSRAUM Felsige Berghänge
• ANMERKUNG Jugendblätter gegenständig, Altersblätter wechselständig, beide Formen an einer Pflanze. Die Art ist *E. gunnii* (s. Seite 223) ähnlich, jedoch leicht an den Früchten zu erkennen.

Urnenförmige Früchte
Rundliche, gegenständige Jugendblätter
Blüten in Büscheln zu dritt
Lanzettliche, wechselständige Altersblätter
Auffällige Staubblätter

| Höhe | 12 m | Wuchs | Breit säulenförmig | Belaubung | Immergrün | Laubform | |

| Familie | MYRTACEAE | Art | *Luma apiculata* | Autor | Molina |

LUMA-MYRTE

Blätter Breit oval, bis 2,5 cm lang, kurz zugespitzt, ganzrandig, oberseits jung bronzefarben-purpurn, später glänzend dunkelgrün und kahl, unterseits heller, aromatisch. *Borke* Hell zimtbraun, in Platten ablösend, junge Rinde grünlichweiß. *Blüten* 2 cm im Durchmesser, weiß, vier Kronblätter, zahlreiche Staubblätter, gelbe Staubbeutel, einzeln, in den Blattachseln an jungen Zweigen, im Spätsommer bis Herbst. *Früchte* Kugelig, fleischig, 1 cm lang, rot, reif purpurschwarz.
• HERKUNFT Argentinien, Chile
• LEBENSRAUM Wälder
• ANMERKUNG Auch als *Myrtus luma* oder *Myrtus apiculata* bekannt.

Vierzählige Blüten mit zahlreichen Staubblättern
Zugespitzte Blätter
Gegenständige Blätter
Bronzefarbene junge Blätter

| Höhe | 12 m | Wuchs | Breit ausladend | Belaubung | Immergrün | Laubform | |

NYSSACEAE

Die drei Gattungen und elf Arten der Tupelofamilie sind in Nordamerika und Ostasien heimisch. Am bekanntesten ist die Gattung *Nyssa* mit ihrer leuchtenden Herbstfärbung. Die Blätter sind wechselständig, die Blüten klein und ohne Kronblätter. *Davidia involucrata* besitzt zwei auffällige breite Hochblätter.

| Familie | NYSSACEAE | Art | *Davidia involucrata* | Autor | Baillon |

TASCHENTUCHBAUM

Blätter Herzförmig, bis 15 cm lang und 12 cm breit, lang zugespitzt, scharf gezähnt, oberseits hellgrün, unterseits dicht behaart. *Borke* Orangebraun, in kleinen Längsstreifen abschuppend. *Blüten* Klein, in kugeligen Köpfchen, diese 2 cm im Durchmesser, Staubbeutel auffällig purpurn, umgeben von zwei weißen, ungleich großen, bis 20 cm langen Hochblättern, im späten Frühjahr, mit Laubaustrieb. *Früchte* Kugelige Steinfrucht, bis 3,5 cm lang, grün, reif purpurbraun.
- HERKUNFT China
- LEBENSRAUM Feuchte Bergwälder

VAR. VILMORINIANA ▷
Die Blätter dieser Varietät sind unterseits kahl.

◁ DAVIDIA INVOLUCRATA

Scharf gezähnter Blattrand
Weiße Hochblätter
Purpurne Staubbeutel
Weich behaarte Blattunterseite

| Höhe | 20 m | Wuchs | Breit kegelig | Belaubung | Sommergrün | Laubform |

| Familie | NYSSACEAE | Art | *Nyssa sinensis* | Autor | Oliver |

NYSSA SINENSIS

Blätter Länglich lanzettlich bis elliptisch, bis 20 cm lang und 6 cm breit, ganzrandig, oberseits anfangs rötlich, später dunkelgrün, unterseits heller, im Herbst rot, orange und gelb. *Borke* Graubraun, im Alter rissig und schuppig. *Blüten* Zweihäusig, meist eingeschlechtig, sehr klein, grün, fünfzählig, meist in langgestielten Blütenständen in den Blattachseln, im Sommer. *Früchte* Bläuliche, beerenartige Steinfrucht, ca. 1 cm lang.
- HERKUNFT Zentral-China
- LEBENSRAUM Bergwälder, Flußauen

Leuchtende Herbstfärbung
Zugespitzte Blätter
Kleine grüne Blüten

| Höhe | 15 m | Wuchs | Breit kegelig | Belaubung | Sommergrün | Laubform |

LAUBBÄUME • 227

| Familie NYSSACEAE | Art *Nyssa sylvatica* | Autor Marshall |

TUPELOBAUM

Blätter Variabel, verkehrteiförmig bis oval, bis 15 cm lang und 8 cm breit, vorn abgerundet, kurz zugespitzt, ganzrandig, oberseits glänzend dunkelgrün, unterseits bläulich, im Herbst gelb bis orange, rot oder purpur. *Borke* Dunkelgrau, längsrissig und grob gefeldert. *Blüten* Einhäusig, meist eingeschlechtig, sehr klein, grün, fünfzählig, in lang gestielten Köpfchen in den Blattachseln, im Sommer. *Früchte* Schwarzblaue, beerenartige Steinfrucht, bis 12 mm lang.
- HERKUNFT O-Nordamerika
- LEBENSRAUM Feuchte Wälder, Sümpfe
- ANMERKUNG Auch als *Nyssa multiflora* bekannt.

Kleine grüne Blüten

Orange und rote Herbstfärbung

| Höhe 25 m | Wuchs Breit säulenförmig | Belaubung Sommergrün | Laubform |

OLEACEAE

EINE WEITVERBREITETE Familie mit ca. 25 Gattungen und 600 bis 1000 Arten sommergrüner und immergrüner Gehölze. Die Pflanzen haben gegenständige, manchmal zusammengesetzte Blätter. Die Blüten haben entweder keine Kronblätter oder vier, dann meist verwachsene Kronblätter.

| Familie OLEACEAE | Art *Chionanthus retusus* | Autor Lindley |

CHINESISCHER SCHNEEFLOCKENSTRAUCH

Blätter Oval bis verkehrteiförmig, bis 10 cm lang und 5 cm breit, zugespitzt oder gekerbt, ganzrandig oder fein gesägt, oberseits glänzend grün, unterseits heller und flaumig behaart. *Borke* Graubraun, korkig, tief gefurcht. *Blüten* Zweihäusig, ca. 2 cm lang, weiß, mit vier schmalen, länglichen Blütenblättern, in endständigen, aufrechten Rispen, an jungen Trieben, im Sommer. *Früchte* Dunkelblaue, eiförmige Steinfrucht, ca. 1,5 cm lang.
- HERKUNFT China, Japan
- LEBENSRAUM Wälder und Felsenhänge sonniger, feuchter Standorte

Blätter teils fein gesägt

Weiße Blüten mit vier schmalen, länglichen Blütenblättern

| Höhe 10 m | Wuchs Breit ausladend | Belaubung Sommergrün | Laubform |

| Familie | OLEACEAE | Art | *Chionanthus virginicus* | Autor | Linné |

VIRGINISCHER SCHNEEFLOCKENSTRAUCH

Blätter Elliptisch, bis 20 cm lang und 10 cm breit, kurz zugespitzt, ganzrandig, oberseits glänzend grün, im Herbst gelb. *Borke* Grau, glatt, im Alter gefurcht. *Blüten* Meist zweihäusig, ca. 3 cm lang, weiß, leicht duftend, mit vier bis sechs schmalen, länglichen Blütenblättern, an dünnen, überhängenden Stielen, in kegeligen, aufrechten Rispen, männliche bis 20 cm lang, weibliche kürzer, im Sommer. *Früchte* Dunkelblaue, eiförmige, bereifte Steinfrucht, ca. 2 cm lang.
- HERKUNFT O-USA
- LEBENSRAUM Feuchte Wälder, Flußauen
- ANMERKUNG Strauch oder kleiner Baum. Die dünnen weißen Kronblätter erinnern an Schneeflocken.

Zugespitzte Blätter
Ganzrandige Blätter
Vier- bis sechszählige Blüten

| Höhe | 10 m | Wuchs | Breit ausladend | Belaubung | Sommergrün | Laubform | |

| Familie | OLEACEAE | Art | *Fraxinus americana* | Autor | Linné |

WEISSESCHE

Blätter Gefiedert, bis 38 cm lang, fünf bis neun Blättchen, diese eiförmig bis lanzettlich, zugespitzt, ganzrandig bis gesägt, bis 12 cm lang und 7 cm breit, seitliche Blättchen kurzgestielt, oberseits dunkelgrün und kahl, unterseits kahl oder leicht behaart, im Herbst meist gelb manchmal purpurn, Blattknospen dunkelbraun oder fast schwarz. *Borke* Graubraun, rissig oder gefurcht. *Blüten* Zweihäusig, sehr klein, grün oder purpurn, ohne Kronblätter, in Büscheln im Frühjahr, vor Laubaustrieb. *Früchte* Geflügelte Nuß, bis 5 cm lang, anfangs grün, reif hellbraun.
- HERKUNFT O-Nordamerika
- LEBENSRAUM Fruchtbare Wälder
- ANMERKUNG Aus dem harten, stabilen Holz werden Werkzeuggriffe hergestellt.

Entfernt gesägte Blättchen

| Höhe | 30 m | Wuchs | Breit säulenförmig | Belaubung | Sommergrün | Laubform | |

LAUBBÄUME • 229

| Familie | OLEACEAE | Art | *Fraxinus angustifolia* | Autor | Vahl |

SCHMALBLÄTTRIGE ESCHE

Blätter Gefiedert, bis 25 cm lang, 5 bis 13 Blättchen, diese lanzettlich, bis 10 cm lang und 2,5 cm breit, lang zugespitzt, scharf gesägt, oberseits glänzend grün und kahl, Seitenblättchen sitzend, Knospen dunkelbraun. *Borke* Graubraun mit vorstehenden Wülsten. *Blüten* Sehr klein, grün oder purpurn, ohne Kronblätter, in Büscheln, im Frühjahr vor Laubaustrieb. *Früchte* Geflügelte Nuß, bis 4 cm lang, grün, reif hellbraun, in hängenden Fruchtständen.
• HERKUNFT N-Afrika, SW-Europa
• LEBENSRAUM Wälder, Flußauen

Scharf gesägte Blättchen

Lang zugespitzte Blättchen

Blätter meist zu dritt in Quirlen

| Höhe | 25 m | Wuchs | Breit säulenförmig | Belaubung | Sommergrün | Laubform | |

| Familie | OLEACEAE | Art | *Fraxinus excelsior* | Autor | Linné |

GEMEINE ESCHE

Blätter Gefiedert, bis 30 cm lang, mit 9 bis 13 Blättchen, diese eiförmig länglich bis lanzettlich, bis 10 cm lang und 3 cm breit, zugespitzt, scharf gesägt, oberseits dunkelgrün, Seitenblättchen sitzend. *Borke* Hellgrau, glatt, im Alter rissig. *Blüten* Ein- oder zweihäusig, klein, purpurn, ohne Kronblätter, schwarze Knospen, im Frühjahr, vor Laubaustrieb. *Früchte* Längliche, geflügelte Nuß, bis 4 cm lang, grün, reif hellbraun, in hängenden Büscheln.
• HERKUNFT Europa
• LEBENSRAUM Feuchte Wälder, Flußauen

FRAXINUS EXCELSIOR

Unterseits behaarte Mittelrippe

Flügelfrüchte in dichten Büsche'n

Zweige und Knospen im Winter

◁ 'JASPIDEA'
Im Winter ist diese Sorte leicht an den kräftigen gelben Trieben zu erkennen, die einen auffälligen Kontrast zu den schwarzen Blattknospen bilden.

| Höhe | 40 m | Wuchs | Breit säulenförmig | Belaubung | Sommergrün | Laubform | |

| Familie OLEACEAE | Art *Fraxinus ornus* | Autor Linné |

BLUMENESCHE

Blätter Gefiedert, bis 30 cm lang, fünf bis neun Blättchen, diese eiförmig bis länglich, lang zugespitzt, scharf gesägt, bis 10 cm lang und 4 cm breit, Seitenblättchen deutlich gestielt, oberseits dunkelgrün, unterseits heller, Knospen graubraun. *Borke* Grau, glatt. *Blüten* Klein, weiß, mit vier schlanken Kronblättern, diese 6 mm lang, duftend, in breiten, dichten Rispen, diese bis 20 cm lang, im späten Frühjahr bis Frühsommer. *Früchte* Geflügelte Nuß, bis 4 cm lang, grün, reif hellbraun, in Büscheln.
• HERKUNFT SW-Asien, S-Europa
• LEBENSRAUM Wälder in sonnigen, trockenen Lagen
• ANMERKUNG Die Blüten der meisten Eschenarten sind unauffällig. Diese Art hat jedoch, wie ihr deutscher Name schon sagt, prächtige Blütenstände. Sie ist auch als Mannaesche bekannt.

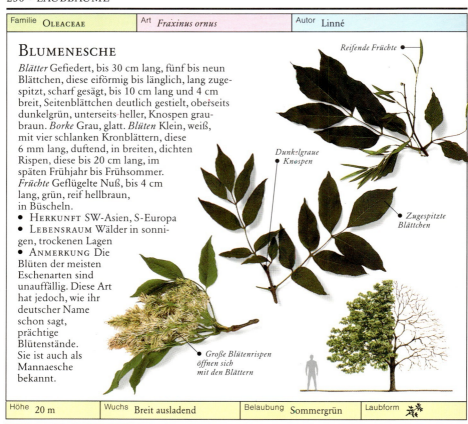

Reifende Früchte
Dunkelgraue Knospen
Zugespitzte Blättchen
Große Blütenrispen öffnen sich mit den Blättern

| Höhe 20 m | Wuchs Breit ausladend | Belaubung Sommergrün | Laubform |

| Familie OLEACEAE | Art *Fraxinus pennsylvanica* | Autor Marshall |

ROTESCHE

Blätter Gefiedert, bis 30 cm lang, fünf bis neun Blättchen, diese lanzettlich bis eiförmig, zugespitzt, gezähnt bis ganzrandig, bis 14 cm lang und 5 cm breit, Seitenblättchen deutlich gestielt, oberseits glänzend grün, im Herbst gelb, Knospen braun behaart. *Borke* Graubraun mit schmalen Furchen. *Blüten* Zweihäusig, sehr klein, grün oder purpurn, ohne Kronblätter, in Büscheln, im Frühjahr, vor Laubaustrieb. *Früchte* Geflügelte Nuß, bis 5 cm lang, anfangs grün, reif hellbraun, in Büscheln.
• HERKUNFT Nordamerika
• LEBENSRAUM Feuchte Wälder

Blättchen gezähnt oder ganzrandig
Braune Knospen

| Höhe 25 m | Wuchs Breit säulenförmig | Belaubung Sommergrün | Laubform |

LAUBBÄUME • 231

| Familie OLEACEAE | Art *Ligustrum lucidum* | Autor Aiton f. |

GLANZLIGUSTER

Blätter Eiförmig, bis 12 cm lang und 6 cm breit, lang zugespitzt, ganzrandig, oberseits anfangs bronzefarben, später glänzend dunkelgrün, unterseits heller, matt, beiderseits kahl. *Borke* Grau und glatt. *Blüten* Klein, weiß, stark duftend, mit vier verwachsenen Kronblättern, in bis zu 20 cm langen und breiten, reichblühenden, aufrechten Rispen, von Spätsommer bis Herbst. *Früchte* Blauschwarze Beeren, bis 1 cm lang.
• HERKUNFT China
• LEBENSRAUM Wälder und Flußtäler in Hügel- und Gebirgslage
• ANMERKUNG Großer Strauch oder kleiner Baum. Blüht ungewöhnlich lange.

'EXCELSUM SUPERBUM' ▷
Die Blätter dieser Sorte sind anfangs bronzefarben, später hellgrün. Der Blattrand ist dann gelb, später rahmweiß.

Kleine Blüten in Rispen

Hellere Blattunterseite

Glänzend grüne ältere Blätter

LIGUSTRUM LUCIDUM

▽ 'TRICOLOR'
Die jungen Blätter dieser Sorte sind rosa überzogen.

| Höhe 12 m | Wuchs Breit kegelig | Belaubung Immergrün | Laubform |

| Familie OLEACEAE | Art *Phillyrea latifolia* | Autor Linné |

BREITBLÄTTRIGE STEINLINDE

Blätter Eiförmig bis lanzettlich, bis 5 cm lang und 4 cm breit, gesägt, oberseits glänzend dunkelgrün, unterseits heller, beiderseits kahl, bei jungen Pflanzen variabel. *Borke* Hellgrau, glatt, später dunkler, in kleinen Platten abschuppend. *Blüten* Sehr klein, gelblich, die vorstehenden Staubblätter mit gelben Staubbeuteln, in Büscheln in den Blattachseln, im späten Frühjahr bis Frühsommer. *Früchte* Kleine Beeren, blauschwarz, bis 1 cm groß.
• HERKUNFT S-Europa
• LEBENSRAUM Nadelwälder

Durch gelbe Staubblätter auffallende kleine Blüten

Dunkelgrüne, lederige Blätter

| Höhe 10 m | Wuchs Breit ausladend | Belaubung Immergrün | Laubform |

Palmae

DIE PALMEN bilden eine einkeimblättrige Familie mit mehr als 200 Gattungen und über 2500 Arten, die vor allem in den Tropen und Subtropen vorkommen. In Europa sind lediglich zwei Arten im westlichen Mittelmeerraum und auf Kreta heimisch.

Palmen sind Bäume, Sträucher oder Lianen. Sie unterscheiden sich von anderen Bäumen z. B. dadurch, daß der Stamm bis auf wenige Ausnahmen unverzweigt bleibt und im Durchmesser nicht zunimmt. Bei den oft sehr großen Blättern sind vor allem zwei Sorten zu erkennen: Sie sind entweder in Segmenten gefächert (die der Fächerpalmen, z. B. *Trachycarpus*), oder gefiedert (die der Fiederpalmen, z. B. *Phoenix*). Die kleinen Blüten, die auf teils zweihäusigen Pflanzen wachsen, haben drei Kelch- und drei Kronblätter. Sie bilden große, schwere Blütenstände.

Familie PALMAE	Art *Trachycarpus fortunei*	Autor (W. J. Hooker) Wendland

HANFPALME

Blätter In Segmenten gefächert, bis 120 cm im Durchmesser, oberseits dunkelgrün, unterseits blaugrün. *Borke* Stamm dicht mit den braunen, faserigen Resten der alten Blätter besetzt. *Blüten* Zweihäusig, sehr klein, gelb, duftend, in breiten, hängenden Rispen, im Frühsommer. *Früchte* Kugelige bis nierenförmige, dreiklappige, blauschwarze Beeren, 1,2 cm groß.
• HERKUNFT Zentral- und S-China
• LEBENSRAUM Berghänge

V-förmige Blattspitze

Blattstiel am Rand mit scharfen Dornen

Männl. Blüten mit gelben Staubbeuteln

Zwischen Blättern treten kräftige Blütenstiele hervor

Zahlreiche kleine Blüten, zu Rispen vereint

Schmale Blätter in der Mitte nach oben gefaltet

Höhe 10 m	Wuchs Unverwechselbar	Belaubung Immergrün	Laubform

Pittosporaceae

Die neun Gattungen dieser Familie mit mehr als 200 Arten immergrüner Gehölze sind vor allem in Australien, aber auch in anderen tropischen Gebieten verbreitet. Die Blätter sind wechselständig und oft ganzrandig. Aus den kleinen, meist röhrenförmigen, fünfzähligen Blüten entstehen trockene oder fleischige Früchte.

Familie	Art	Autor
Pittosporaceae	*Pittosporum tenuifolium*	Solander ex Gaertner

Schmalblättriger Klebsame

Blätter Länglich bis elliptisch, bis 6 cm lang und 2 cm breit, Rand wellig, hellgrün, glänzend, kahl, an tief schwarzroten Zweigen. *Borke* Dunkelgrau, glatt. *Blüten* Klein, röhrenförmig, ca. 1 cm lang, weißlich, mit fünf zurückgebogenen, dunkelpurpurnen Lappen und gelben Staubbeuteln, stark duftend, einzeln oder in Büscheln in den Blattachseln, im späten Frühjahr. *Früchte* Kugelige Kapseln, ca. 1,2 cm dick, anfangs grün, reif fast schwarz.
- Herkunft Neuseeland
- Lebensraum Wälder aller Höhenlagen

Glänzende, wellige Blätter

Fünflappige, purpurrote Blüten mit gelben Staubbeuteln

△ Pittosporum tenuifolium

'Abbotsbury Gold' ▷
Die gelb-grünen Flecken dieser Sorte sind bei jungen Blättern besonders deutlich zu sehen.

Junge Blätter

▽ 'Eila Keightley'
Für diese Sorte ist die gelb-grüne Panaschierung typisch.

Ältere, deutlich panaschierte Blätter

'Irene Paterson' ▷
Die rahmweißen jungen Blätter dieser Sorte sind später dunkelgrün mit weißen Flecken.

Undeutliche Panaschierung älterer Blätter

◁ 'Purpureum'
Die jungen, hellgrünen Blätter dieser Sorte sind später dunkel purpurrot.

Ältere Blätter fast vollständig grün

Grüne junge Blätter

Purpurne ältere Blätter

Höhe	Wuchs	Belaubung	Laubform
10 m	Breit säulenförmig	Immergrün	

PLATANACEAE

Die Familie der Platanen umfaßt sieben Arten in einer einzigen Gattung. Die breiten, sommergrünen Bäume sind vorwiegend in Nordamerika und Mexiko heimisch. Ihre Blätter sind wechselständig und handförmig gelappt. Eine Ausnahme ist die südostasiatische *Platanus kerrii* mit ihren ungelappten Blättern. Die kleinen, dichtstehenden Blüten sind in kugeligen Blütenständen vereint.

| Familie PLATANACEAE | Art *Platanus* x *acerifolia* | Autor Willdenow |

AHORNBLÄTTRIGE PLATANE

Blätter Handförmig drei- bis fünffach gelappt, bis 20 cm lang und 25 cm breit, Lappen ganzrandig oder wenig gezähnt, oberseits glänzend grün, unterseits heller, anfangs braun behaart. *Borke* Braun, grau und cremefarben, in Platten ablösend. *Blüten* Einhäusig, eingeschlechtig, sehr klein, männliche gelb, weibliche rötlich, in kugeligen Blütenständen, im späten Frühjahr. *Früchte* Kugelige Fruchtstände, bis 3 cm groß, anfangs grün, reif braun, borstig, zwei bis vier an einem Stiel, im Winter am Baum.
- HERKUNFT Aus gärtnerischer Kultur
- ANMERKUNG Auch als *P.* x *hispanica* bekannt. Vermutlich eine Hybride aus *P. occidentalis* und *P. orientalis* (s. Seite 235).

Adern laufen meist an Basis zusammen

Glänzend grüne Blattoberseite

Hellgrüne Blattunterseite

Grob gezähnte Blattlappen

Bis zu vier Fruchtstände an einem Stiel

| Höhe 35 m | Wuchs Breit säulenförmig | Belaubung Sommergrün | Laubform |

LAUBBÄUME • 235

| Familie | PLATANACEAE | Art | *Platanus occidentalis* | Autor | Linné |

AMERIKANISCHE PLATANE

Blätter Meist dreilappig, bis 22 cm lang und 25 cm breit, oberseits glänzend grün, unterseits heller. *Borke* Grau, braun und weiß, schuppig. *Blüten* Einhäusig, eingeschlechtig, sehr klein, männliche gelb, weibliche rötlich, in kugeligen Blütenständen, im späten Frühjahr. *Früchte* Kugelige, braune Fruchtstände, bis 3 cm dick.
• HERKUNFT O-Nordamerika
• LEBENSRAUM Fruchtbare, feuchte Standorte

Undeutlich gelappte, oft scharf gezähnte Blätter

Basis manchmal herzförmig

| Höhe | 35 m | Wuchs | Breit säulenförmig | Belaubung | Sommergrün | Laubform | |

| Familie | PLATANACEAE | Art | *Platanus orientalis* | Autor | Linné |

MORGENLÄNDISCHE PLATANE

Blätter Fünf bis sieben tiefe Lappen, bis 20 cm lang und 25 cm breit, ganzrandig oder grob gezähnt, oben glänzend grün, unterseits heller und anfangs braun behaart. *Borke* Grau, braun und cremefarben, in Platten ablösend. *Blüten* Einhäusig, eingeschlechtig, sehr klein, männliche gelb, weibliche rötlich, in kugeligen Blütenständen, im späten Frühjahr. *Früchte* Kugelige Fruchtstände, bis 3 cm dick, braun, borstig, bis zu sechs an einem Stiel, im Winter am Baum.
• HERKUNFT SO-Europa
• LEBENSRAUM Bergwälder, Flußauen, feuchte Standorte

Tief gebuchtete Blätter mit schlanken Lappen

Blattunterseite verkahlend

Fruchtstände platzen vor dem Fall auf

Bis zu sechs Fruchtstände an einem Stiel

| Höhe | 30 m | Wuchs | Breit säulenförmig | Belaubung | Sommergrün | Laubform | |

PROTEACEAE

Rund 75 Gattungen mit mehr als 1000 Arten immergrüner Gehölze gehören zu dieser Familie. Im gesamten Verbreitungsgebiet, der Südhalbkugel, sind sie wildwachsend anzutreffen. Manche Arten sind auch in den wärmeren Regionen der Nordhalbkugel zu finden. Die Blätter sind wechselständig und einfach bis gefiedert. Der kronblattähnliche Kelch ist vierlappig, während die Kronblätter selbst eher klein und unauffällig sind.

Die Familie ist durch ihre Zierpflanzen bekannt (z. B. *Grevillea*-, *Banksia*-, *Protea*- und *Telopea*-Arten), aber auch durch die *Macadamia*-Arten, die in Australien und auf Hawaii wegen der eßbaren Nüsse angepflanzt werden.

Familie PROTEACEAE	Art *Embothrium coccineum*	Autor J. R. & J. G. Forster

CHILENISCHER FEUERBUSCH

Blätter Elliptisch bis länglich, variabel, bis 15 cm lang und 3 cm breit, ganzrandig, oberseits dunkel- bis blaugrün, unterseits heller, ledrig, beiderseits kahl. *Borke* Dunkel bräunlich, glatt, im Alter schuppig. *Blüten* Erst röhrenförmig, bis 5 cm lang, vierteilig öffnend, dann zurückgebogene Lappen mit vorstehendem Griffel, leuchtend orangerot, in Büscheln, im späten Frühjahr bis Frühsommer. *Früchte* Holzige Kapseln, bis 3 cm lang, mit langem Schnabel.
• HERKUNFT Argentinien, Chile
• LEBENSRAUM Offenes Gelände jeder Höhenlage
• ANMERKUNG Die Art gehört zu den prächtigsten ihrer Familie.

Geöffnete Blüten mit zurückgerollten Lappen

Langer Griffel in geschlossenen Blüten

Nur in milden Gebieten immergrün

Achselständige Blütenbüschel

Neuer Trieb in der Blattachsel

Höhe 9 m	Wuchs Breit säulenförmig	Belaubung Immergrün	Laubform

RHAMNACEAE

Die 58 Gattungen dieser Familie mit rund 900 Arten sommergrüner und immergrüner Gehölze kommen weltweit wildwachsend vor. Sie sind oft dornenbewehrt und haben wechselständige oder gegenständige Blätter sowie kleine, meist zwittrige Blüten, die manchmal zweihäusig verteilt sind. Manche Kreuzdornarten *(Rhamnus)* werden zur Gewinnung von Färbemitteln verwendet.

Familie	Art	Autor
RHAMNACEAE	*Rhamnus catharticus*	Linné

PURGIERKREUZDORN

Blätter Breit eiförmig bis fast rund, bis 6 cm lang und 4 cm breit, kurz zugespitzt, fein gesägt, oberseits glänzend grün, unterseits heller, im Herbst gelb, an verdornten Zweigen. *Borke* Dunkel orangebraun, schuppig. *Blüten* Klein, mit kleinen Kronblättern und grünem, vierzähligem Kelch, duftend, in Büscheln, im Frühsommer bis Sommer. *Früchte* Kugelig, fleischig, beerenartig, bis 1 cm groß, anfangs grün, reif schwarz.
• HERKUNFT Asien, Europa
• LEBENSRAUM Wälder, Gebüsch und Hecken, auf Kalkböden

Dichtstehende reife Früchte

Blattrand mit abgerundeten Zähnen

Kleine grüne Blüten

Höhe	Wuchs	Belaubung	Laubform
10 m	Breit ausladend	Sommergrün	

Familie	Art	Autor
RHAMNACEAE	*Rhamnus frangula*	Linné

FAULBAUM (PULVERHOLZ)

Blätter Verkehrteiförmig, bis 7 cm lang und 4 cm breit, kurz und stumpf zugespitzt, ganzrandig, oberseits glänzend dunkelgrün, unterseits heller, im Herbst gelb. *Borke* Grau, glatt, mit hellen, flachen Längsrissen. *Blüten* Sehr klein, grüner, fünfzähliger Kelch, in Büscheln, im Frühsommer bis Sommer. *Früchte* Kugelig, fleischig, beerenartig, bis 1 cm groß, anfangs grün, später rot, reif schwarz.
• HERKUNFT N-Afrika, W-Asien, Europa
• LEBENSRAUM Wälder, Gebüsch, meist auf feuchten Standorten
• ANMERKUNG Auch als *Frangula alnus* bekannt.

Dunkle, glänzende Blattoberseite

Rote, reif schwarze Früchte

Ganzrandige Blätter

Kleine, zartrosa Blüten

Höhe	Wuchs	Belaubung	Laubform
5 m	Breit ausladend	Sommergrün	

ROSACEAE

EINE WEITVERBREITETE FAMILIE sommergrüner oder immergrüner Bäume, Sträucher und krautiger Pflanzen mit etwa 100 Gattungen und 3000 Arten, die viele gärtnerisch wertvolle Pflanzen enthält.
Die Blätter sind meist wechselständig, zusammengesetzt oder einfach und ganzrandig. Die Blüten haben meist fünf Kronblätter. Die Pflanzen bringen unterschiedliche Fruchttypen hervor, und die Familie ist nach deren Struktur unterteilt. Die hier beschriebenen Bäume haben fleischige, oft eßbare Früchte, die in zwei Gruppen unterteilt werden: während die Früchte der *Prunus*-Arten einsamig sind, sind jene der *Amelanchier*-, *Cotoneaster*-, *Crataegus*-, *Malus*-, *Mespilus*-, *Photinia*-, *Pyrus*- und *Sorbus*-Arten zwei- oder mehrsamig.

Familie ROSACEAE	Art *Amelanchier arborea*	Autor (A. Michaux) Fernald

SCHNEE-FELSENBIRNE

Blätter Eiförmig bis verkehrteiförmig, bis 10 cm lang und 5 cm breit, Basis rund bis herzförmig, meist kurz zugespitzt, fein gesägt, oberseits später dunkelgrün, unterseits erst weißfilzig, später verkahlend, im Herbst orange bis rot. *Borke* Jung grau und glatt, im Alter rissig und schuppig. *Blüten* Weiß, fünf linealische Kronblätter, in aufrechten Trauben, diese bis 5 cm lang, im Frühjahr mit den noch gefalteten Blättern. *Früchte* Kugelig, trocken und süß, eßbar, bräunlichrot, bis 8 mm dick, reif im Sommer.
• HERKUNFT Zentral- und O-USA
• LEBENSRAUM Wälder, Gebüsch, feuchte Standorte

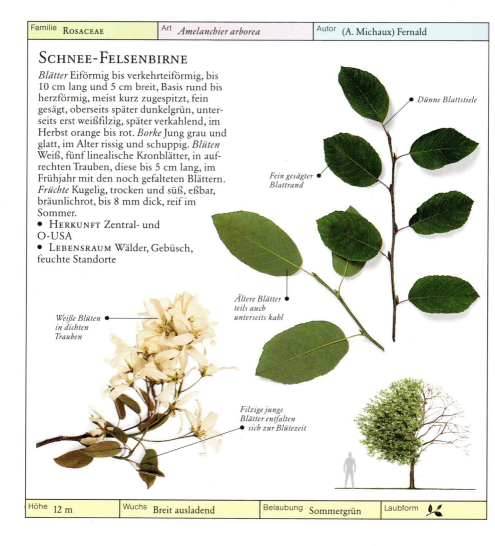

Dünne Blattstiele

Fein gesägter Blattrand

Ältere Blätter teils auch unterseits kahl

Weiße Blüten in dichten Trauben

Filzige junge Blätter entfalten sich zur Blütezeit

Höhe 12 m	Wuchs Breit ausladend	Belaubung Sommergrün	Laubform

LAUBBÄUME • 239

Familie	Art	Autor
ROSACEAE	*Amelanchier asiatica*	(Siebold & Zuccarini) Walpers

JAPAN-FELSENBIRNE

Blätter Eiförmig, bis 8 cm lang und 4 cm breit, Basis rund, zugespitzt, gesägt, oberseits dunkelgrün, unterseits behaart, verkahlend, im Herbst orangegelb bis rot. *Borke* Graubraun, im Alter rissig. *Blüten* Weiß, in aufrechten, später übergeneigten Blütenständen, diese bis 6 cm lang, im Frühjahr. *Früchte* Blauschwarz, bis 1 cm dick.
- HERKUNFT China, Japan, Korea
- LEBENSRAUM Trockene, sonnige Standorte

Fünf schmale Kronblätter
Fein gesägte Blätter
Zugespitzte Blätter

Höhe	Wuchs	Belaubung	Laubform
12 m	Breit ausladend	Sommergrün	

Familie	Art	Autor
ROSACEAE	*Amelanchier laevis*	Wiegand

KAHLE FELSENBIRNE

Blätter Elliptisch bis eiförmig oder verkehrteiförmig, bis 6 cm lang und 2,5 cm breit, zugespitzt, fein gesägt, oberseits kupferrot, später dunkelgrün, kahl, im Herbst kirschrot. *Borke* Graubraun, kahl. *Blüten* Weiß, mit 5 schlanken Kronblättern, in aufrechten bis abstehenden Trauben, diese bis 7,5 cm lang, im Frühjahr. *Früchte* Kugelig, saftig, blauschwarz, bis 1 cm dick.
- HERKUNFT O-Nordamerika
- LEBENSRAUM Wälder, Gebüsch

Blüten in lockeren Trauben
Kahle, kupferrote, junge Blätter

Höhe	Wuchs	Belaubung	Laubform
12 m	Breit ausladend	Sommergrün	

Familie	Art	Autor
ROSACEAE	*Amelanchier lamarckii*	Schroeder

KUPFER-FELSENBIRNE

Blätter Eiförmig bis oval, bis 8 cm lang und 4 cm breit, zugespitzt, fein gesägt, kupferrot, später dunkelgrün. *Borke* Grau, glatt, später längsrissig. *Blüten* Weiß, fünf schlanke Kronblätter, in aufrechten oder abstehenden Trauben, diese bis 7,5 cm lang, im Frühjahr. *Früchte* Kugelig, saftig, eßbar, blauschwarz, 1 cm dick.
- HERKUNFT O-Nordamerika
- LEBENSRAUM Sandige Standorte

Rote Herbstfärbung
Seidig behaarte junge Blätter

Höhe	Wuchs	Belaubung	Laubform
12 m	Breit ausladend	Sommergrün	

Familie ROSACEAE	Art *Cotoneaster frigidus*	Autor Wallich

BAUM-ZWERGMISPEL

Blätter Oval bis eiförmig, bis 12 cm lang und 6 cm breit, stumpf, ganzrandig, oft wellig, oberseits dunkelgrün und kahl, unterseits dicht hellgrau behaart, verkahlend. *Borke* Grau, im Alter schuppig. *Blüten* 8 mm breit, weiß, in dichten, bis 5 cm großen Schirmrispen, im Sommer. *Früchte* Kugelig, leuchtend rot, 5 mm, in hängenden Fruchtständen an dicken Stielen.
- HERKUNFT Himalaja
- LEBENSRAUM Gebüsch, Flußauen
- ANMERKUNG Bei uns nur als Strauch.

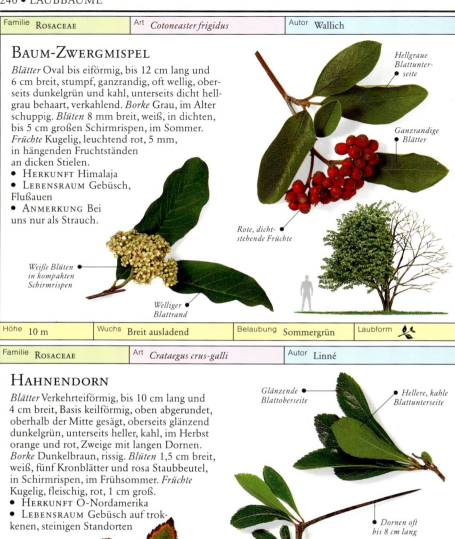

Höhe 10 m	Wuchs Breit ausladend	Belaubung Sommergrün	Laubform

Familie ROSACEAE	Art *Crataegus crus-galli*	Autor Linné

HAHNENDORN

Blätter Verkehrteiförmig, bis 10 cm lang und 4 cm breit, Basis keilförmig, oben abgerundet, oberhalb der Mitte gesägt, oberseits glänzend dunkelgrün, unterseits heller, kahl, im Herbst orange und rot, Zweige mit langen Dornen. *Borke* Dunkelbraun, rissig. *Blüten* 1,5 cm breit, weiß, fünf Kronblätter und rosa Staubbeutel, in Schirmrispen, im Frühsommer. *Früchte* Kugelig, fleischig, rot, 1 cm groß.
- HERKUNFT O-Nordamerika
- LEBENSRAUM Gebüsch auf trockenen, steinigen Standorten

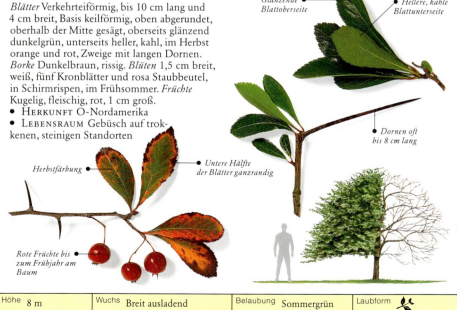

Höhe 8 m	Wuchs Breit ausladend	Belaubung Sommergrün	Laubform

LAUBBÄUME • 241

| Familie ROSACEAE | Art *Crataegus laciniata* | Autor Ucria |

BALKAN-WEISSDORN

Blätter Im Umriß verkehrteiförmig, tief gelappt, Lappen vorn scharf gezähnt, bis 5 cm lang und breit, oberseits glänzend dunkelgrün, unterseits graufilzig. *Borke* Grau, in dünnen Platten abschuppend. *Blüten* 2 cm groß, weiß, fünf Kronblätter und rosa Staubbeutel, in dichten Blütenständen, im Frühsommer. *Früchte* Kugelig oder länglich, rot oder gelb-rot, bis 2 cm dick, oben abgeflacht.
• HERKUNFT SW-Asien, SO-Europa
• LEBENSRAUM Waldränder, Gebüsch

Beiderseits zwei bis vier Blattlappen

Scharf gesägte Stipeln

Schöne Früchte

| Höhe 6 m | Wuchs Breit ausladend | Belaubung Sommergrün | Laubform |

| Familie ROSACEAE | Art *Crataegus laevigata* | Autor (Poiret) Candolle |

ZWEIGRIFFLIGER WEISSDORN

Blätter Eiförmig bis verkehrteiförmig, bis 5 cm lang und breit, undeutlich gelappt, gesägt, oberseits glänzend dunkelgrün, unterseits heller, verkahlend. *Borke* Grau, glatt, im Alter rissig. *Blüten* 2 cm groß, meist weiß, fünf Kronblätter und zwei Griffel, in Doldenrispen, im späten Frühjahr. *Früchte* Kugelig bis eiförmig, rot, 2 cm lang.
• HERKUNFT Europa
• LEBENSRAUM Wälder, Gebüsch

▽ 'GIREOUDII'
Das anfangs grüne junge Laub dieser Sorte ist später panaschiert.

Frucht mit zwei Steinkernen

Auffällig tiefrosa gefüllte Blüten

Gelb-grün panaschierte Blätter

◁ 'PAUL'S SCARLET'
Diese Sorte mit den hellroten, gefüllten Blüten ist bei uns als „Rotdorn" bekannt.

| Höhe 10 m | Wuchs Breit ausladend | Belaubung Sommergrün | Laubform |

| Familie ROSACEAE | Art *Crataegus* x *lavallei* | Autor Hérincq ex Lavallée |

LEDER-WEISSDORN

Blätter Verkehrteiförmig bis elliptisch, bis 10 cm lang und 5 cm breit, Basis keilförmig, zugespitzt, gezähnt, oberseits glänzend dunkelgrün, lederig, unterseits heller, behaart. *Borke* Grau, schuppig. *Blüten* 2 cm groß, weiß, fünf Kronblätter und rosa Staubbeutel, in flachen Doldenrispen, an behaarten Stielen, im Frühsommer bis Sommer. *Früchte* Rundlich, rot, 2 cm lang.
• HERKUNFT Aus gärtnerischer Kultur
• ANMERKUNG Vermutlich eine Hybride aus *C. crus-galli* (s. Seite 240) und *C. pubescens*. Früher als *C. carrierei* bekannt.

Früchte reifen im Spätherbst

Laubfall im Spätwinter

'CARRIEREI'

Behaarte Blütenstiele

| Höhe 10 m | Wuchs Breit ausladend | Belaubung Sommergrün | Laubform |

| Familie ROSACEAE | Art *Crataegus mollis* | Autor (Torrey & Gray) Scheele |

WEICHHAARIGER WEISSDORN

Blätter Breit eiförmig, bis 10 cm lang und breit, beiderseits bis zu fünf wenig eingeschnittene Lappen, scharf gesägt, oberseits dunkelgrün und behaart, unterseits vor allem jung weich behaart, ca. 5 cm lange Dornen. *Borke* Rotbraun, später graubraun, längs abschuppend. *Blüten* Bis 2,5 cm groß, weiß, gelbe Staubbeutel, in breiten Doldenrispen, an behaarten Stielen, im späten Frühjahr bis Frühsommer. *Früchte* Kugelig, behaart, rot, bis 2,5 cm dick.
• HERKUNFT Zentral-USA
• LEBENSRAUM Flußnähe in Wäldern, oft auf Kalkböden

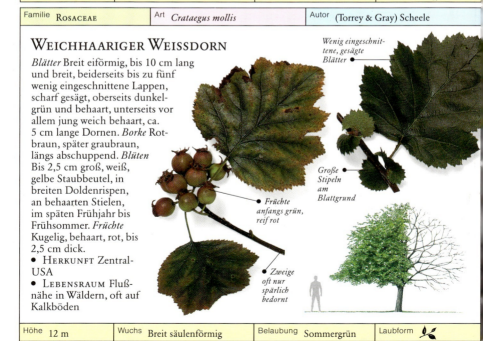

Wenig eingeschnittene, gesägte Blätter

Große Stipeln am Blattgrund

Früchte anfangs grün, reif rot

Zweige oft nur spärlich bedornt

| Höhe 12 m | Wuchs Breit säulenförmig | Belaubung Sommergrün | Laubform |

LAUBBÄUME • 243

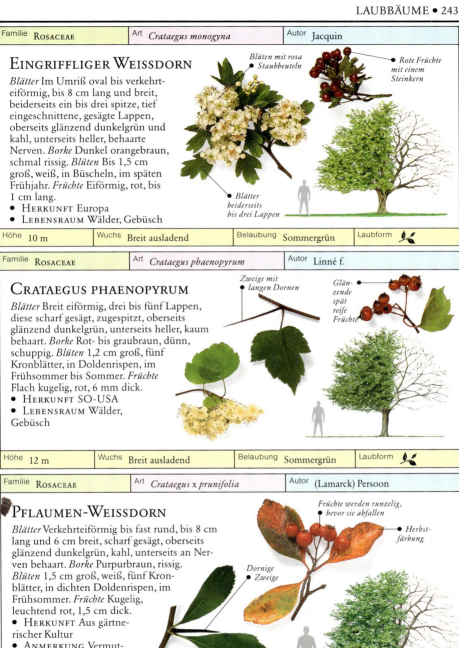

| Familie | ROSACEAE | Art | *Crataegus monogyna* | Autor | Jacquin |

EINGRIFFLIGER WEISSDORN

Blätter Im Umriß oval bis verkehrteiförmig, bis 8 cm lang und breit, beiderseits ein bis drei spitze, tief eingeschnittene, gesägte Lappen, oberseits glänzend dunkelgrün und kahl, unterseits heller, behaarte Nerven. *Borke* Dunkel orangebraun, schmal rissig. *Blüten* Bis 1,5 cm groß, weiß, in Büscheln, im späten Frühjahr. *Früchte* Eiförmig, rot, bis 1 cm lang.
• HERKUNFT Europa
• LEBENSRAUM Wälder, Gebüsch

Blüten mit rosa Staubbeuteln
Rote Früchte mit einem Steinkern
Blätter beiderseits bis drei Lappen

| Höhe | 10 m | Wuchs | Breit ausladend | Belaubung | Sommergrün | Laubform | |

| Familie | ROSACEAE | Art | *Crataegus phaenopyrum* | Autor | Linné f. |

CRATAEGUS PHAENOPYRUM

Blätter Breit eiförmig, drei bis fünf Lappen, diese scharf gesägt, zugespitzt, oberseits glänzend dunkelgrün, unterseits heller, kaum behaart. *Borke* Rot- bis graubraun, dünn, schuppig. *Blüten* 1,2 cm groß, fünf Kronblätter, in Doldenrispen, im Frühsommer bis Sommer. *Früchte* Flach kugelig, rot, 6 mm dick.
• HERKUNFT SO-USA
• LEBENSRAUM Wälder, Gebüsch

Zweige mit langen Dornen
Glänzende spät reife Früchte

| Höhe | 12 m | Wuchs | Breit ausladend | Belaubung | Sommergrün | Laubform | |

| Familie | ROSACEAE | Art | *Crataegus x prunifolia* | Autor | (Lamarck) Persoon |

PFLAUMEN-WEISSDORN

Blätter Verkehrteiförmig bis fast rund, bis 8 cm lang und 6 cm breit, scharf gesägt, oberseits glänzend dunkelgrün, kahl, unterseits an Nerven behaart. *Borke* Purpurbraun, rissig. *Blüten* 1,5 cm groß, weiß, fünf Kronblätter, in dichten Doldenrispen, im Frühsommer. *Früchte* Kugelig, leuchtend rot, 1,5 cm dick.
• HERKUNFT Aus gärtnerischer Kultur
• ANMERKUNG Vermutlich eine Hybride aus *C. crus-galli* (s. Seite 240) und *C. succulenta*.

Früchte werden runzelig, bevor sie abfallen
Herbstfärbung
Dornige Zweige

| Höhe | 6 m | Wuchs | Breit ausladend | Belaubung | Sommergrün | Laubform | |

244 • LAUBBÄUME

| Familie | ROSACEAE | Art | x *Crataemespilus grandiflora* | Autor | (W. W. Smith) E. G. Camus |

DORNMISPEL

Blätter Elliptisch bis verkehrteiförmig, bis 7,5 cm lang und 5 cm breit, oberseits glänzend grün, im Herbst hellorange, an jungen Trieben tief gelappt. *Borke* Hell orangebraun, in dünnen Platten abschuppend. *Blüten* 2,5 cm groß, weiß, fünf Kronblätter, höchstens zu dritt, im späten Frühjahr. *Früchte* Kugelig, spärlich behaart, orangebraun, bis 1,5 cm dick.
• HERKUNFT Aus gärtnerischer Kultur
• ANMERKUNG Vermutlich eine Hybride aus dem Zweigriffligen Weißdorn (*C. laevigata*, s. Seite 241) und der Mispel (*Mespilus germanica*, s. Seite 255).

+ CRATAEMESPILUS DARDARII ▽ 'JULES D'ASNIÈRES'
Eine Pfropfhybride mit abgerundeten Blattlappen, kleineren Blüten und kleinen, braunen Früchten.

Gelappte Blätter an jungen Trieben
Bleibende Kelchblätter
Blätter teils fein gesägt
X CRATAEMESPILUS △ GRANDIFLORA

| Höhe | 8 m | Wuchs | Breit ausladend | Belaubung | Sommergrün | Laubform |

| Familie | ROSACEAE | Art | *Cydonia oblonga* | Autor | Miller |

ECHTE QUITTE

Blätter Breit elliptisch bis eiförmig, bis 10 cm lang und 6 cm breit, ganzrandig, oberseits jung grünlichgrau und behaart, später stumpfgrün, unterseits grau und behaart, kurzgestielt. *Borke* Purpurbraun, schuppig ablösend, junge Rinde orangebraun. *Blüten* 5 cm groß, rosa bis weiß, fünf Kronblätter, einzeln, im späten Frühjahr. *Früchte* Apfel- oder birnenförmig, gelb, bis 10 cm lang, erst filzig, dann ölig kahl, duftend, an wildwachsenden Pflanzen viel kleiner.
• HERKUNFT Zentral- und SW-Asien
• LEBENSRAUM Waldränder, Wälder, Berghänge, oft auf Kalkböden

Filzige junge Blätter
Ältere Blätter oberseits kahl
Blätter unterseits bleiben filzig
Scharf gesägte Stipeln

Dünnhäutige Früchte mit sehr festem Fleisch

| Höhe | 5 m | Wuchs | Breit ausladend | Belaubung | Sommergrün | Laubform |

LAUBBÄUME • 245

| Familie ROSACEAE | Art *Malus baccata* | Autor (Linné) Borkhausen |

BEERENAPFEL

Blätter Eiförmig bis elliptisch, bis 8 cm lang und 4 cm breit, zugespitzt, fein gesägt, oberseits dunkelgrün, unterseits heller, beiderseits kahl. *Borke* Graubraun, in Platten abschuppend, junge Rinde rötlichbraun. *Blüten* Bis 4 cm groß, weiß, anfangs zartrosa, fünf Kronblätter und gelbe Staubbeutel, duftend, in Dolden, im Frühjahr, mit Laubaustrieb. *Früchte* Kugelig, rot oder gelb, bis 1 cm dick.
• HERKUNFT O-Asien
• LEBENSRAUM Wälder und Gebüsch

Hellgrüne junge Blätter entfalten sich zur Blüte

Kleine Früchte an dünnen Stielen

Fein gesägter Blattrand

| Höhe 15 m | Wuchs Breit ausladend | Belaubung Sommergrün | Laubform |

| Familie ROSACEAE | Art *Malus coronaria* | Autor (Linné) Miller |

KRONENAPFEL

Blätter Eiförmig, bis 10 cm lang und 6 cm breit, grob und oft doppelt gesägt, oberseits erst rötlich und behaart, später dunkelgrün, kahl, an jungen Trieben zur Basis hin leicht gelappt. *Borke* Rotbraun, schuppig, längsrissig. *Blüten* 4 cm groß, rosa, in Dolden, im späten Frühjahr. *Früchte* Flach kugelig, grün, ca. 4 cm groß.
• HERKUNFT O-Nordamerika
• LEBENSRAUM Wälder, Gebüsch

Duftende Blüten

Blätter verfärben sich oft im Herbst

MALUS CORONARIA

Behaarte Unterseite junger Blätter

Harte Früchte bleiben grün

◁ 'CHARLOTTAE'
Eine Sorte mit gefüllten, nach Veilchen duftenden Blüten.

| Höhe 9 m | Wuchs Breit ausladend | Belaubung Sommergrün | Laubform |

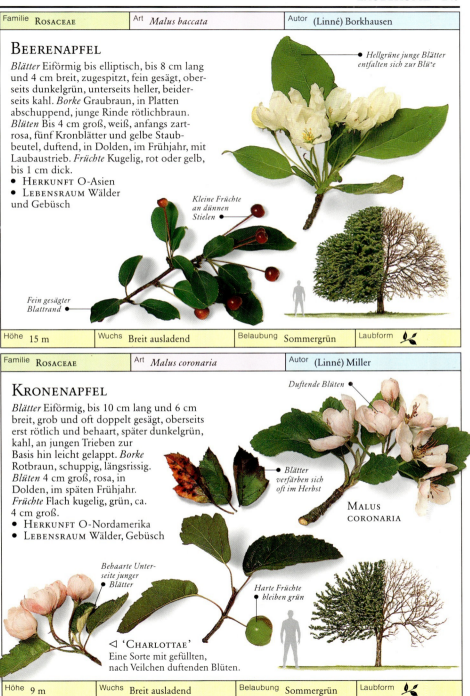

| Familie ROSACEAE | Art *Malus domestica* | Autor Borkhausen |

KULTURAPFEL

Blätter Elliptisch bis eiförmig, bis 12 cm lang und 7,5 cm breit, gesägt, oberseits erst gelblichgrün, später dunkelgrün, unterseits oft auch behaart. *Borke* Graubraun bis purpurbraun, in kleinen und dünnen Platten abschuppend. *Blüten* Bis 5 cm groß, weiß, rosa überlaufen, fünf Kronblätter, in Dolden, im späten Frühjahr. *Früchte* Kugelig, süß bis sauer, bis 10 cm dick, gelb bis grün mit roten Flächen oder rot.
• HERKUNFT Aus gärtnerischer Kultur
• ANMERKUNG Eine Hybride aus verschiedenen europäischen und asiatischen Arten. Wird seit langem, heute in allen gemäßigten Zonen der Welt, angebaut.

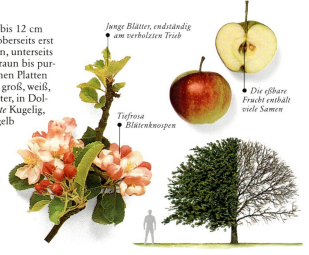

Junge Blätter, endständig am verholzten Trieb

Die eßbare Frucht enthält viele Samen

Tiefrosa Blütenknospen

| Höhe 10 m | Wuchs Breit ausladend | Belaubung Sommergrün | Laubform |

| Familie ROSACEAE | Art *Malus florentina* | Autor (Zuccagni) Schneider |

MALUS FLORENTINA

Blätter Breit eiförmig, bis 6 cm lang und 5 cm breit, gelappt, gesägt, oberseits dunkelgrün, unterseits dicht behaart, im Herbst purpurn bis rot. *Borke* Rotbraun bis purpurbraun, in kleinen, dünnen Platten abschuppend, junge Rinde orangebraun. *Blüten* 2 cm groß, weiß, fünf Kronblätter und gelbe Staubbeutel, in Doldentrauben, im späten Frühjahr bis Frühsommer. *Früchte* Rundlich bis birnenförmig, rotorange, ca. 1 cm dick.
• HERKUNFT N-Italien bis N-Türkei
• LEBENSRAUM Feldgehölz, Berghänge
• ANMERKUNG Vielleicht eine Hybride aus einer Apfelart und der Elsbeere (*Sorbus torminalis*, s. Seite 282), selten wildwachsend anzutreffen.

Blätter zur Fruchtreife purpurn

Kleine Früchte an langen, dünnen Stielen

Gelbliche, unreife Frucht

Spitze Blattlappen

Blüten in lockeren Doldentrauben

| Höhe 8 m | Wuchs Breit säulenförmig | Belaubung Sommergrün | Laubform |

LAUBBÄUME

| Familie | ROSACEAE | Art | *Malus floribunda* | Autor | Siebold ex van Houtte |

JAPANISCHER APFEL

Blätter Elliptisch bis eiförmig, bis 10 cm lang und 5 cm breit, zugespitzt, scharf gesägt, oberseits dunkelgrün und kahl, unterseits jung behaart, an jungen Trieben manchmal gelappt. *Borke* Purpurbraun, im Alter in dünnen Platten abschuppend. *Blüten* 3 cm groß, geschlossen tiefrot, später rosa bis fast weiß, fünf Kronblätter, sehr zahlreich, in Dolden, im Frühjahr. *Früchte* Kugelig, gelb, bis 2 cm dick.
- HERKUNFT Aus gärtnerischer Kultur
- ANMERKUNG Eine Hybride unbekannten Ursprungs, aus Japan eingeführt.

| Höhe | 5 m | Wuchs | Breit ausladend | Belaubung | Sommergrün | Laubform | |

| Familie | ROSACEAE | Art | *Malus hupehensis* | Autor | (Pampanini) Rehder |

TEEAPFEL

Blätter Eiförmig bis elliptisch, bis 10 cm lang und 6 cm breit, zugespitzt, fein gesägt, oberseits später dunkelgrün und kahl. *Borke* Purpurbraun, in Platten abschuppend, junge Rinde orangebraun. *Blüten* 5 cm groß, geschlossen rosa, später weiß, fünf große, überlappende Kronblätter, duftend, meist sehr zahlreich, in breiten Dolden, im Frühjahr. *Früchte* Abgeflacht kugelig, tiefrot, 1 cm dick, lange, dünne, rote Stiele, bis lange nach Laubfall am Baum.
- HERKUNFT China
- LEBENSRAUM Bergwälder

| Höhe | 12 m | Wuchs | Breit ausladend | Belaubung | Sommergrün | Laubform | |

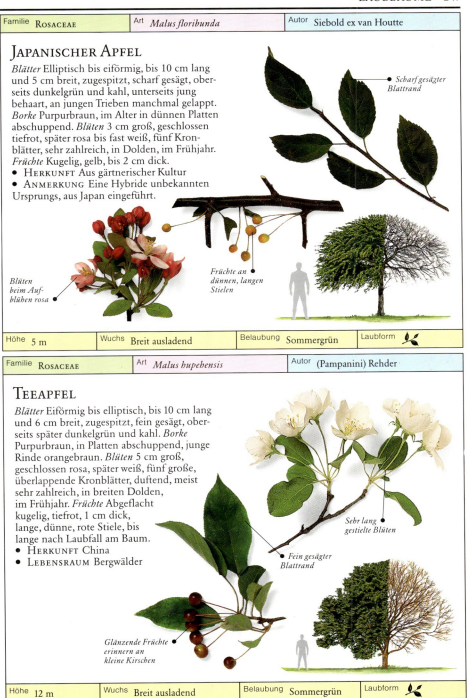

| Familie ROSACEAE | Art *Malus ioensis* | Autor (Wood) Britton |

PRÄRIEAPFEL

Blätter Breit eiförmig, bis 10 cm lang und 5 cm breit, gesägt, leicht gelappt, oberseits glänzend grün, unterseits filzig behaart, im Herbst orangerot. *Borke* Rötlichbraun bis purpurbraun, schuppig. *Blüten* Rosa bis weiß, fünf Kronblätter, bis zu sechs in Doldentrauben, im Frühjahr. *Früchte* Kugelig, kahl, hart und sauer, hellgrün oder grün mit roten Flächen, bis 3 cm dick.
- HERKUNFT Zentral-USA
- LEBENSRAUM Flußauen, Waldränder

▽ 'PLENA'
Die halbgefüllten Blüten dieser Sorte sind anfangs rosa und werden später weiß.

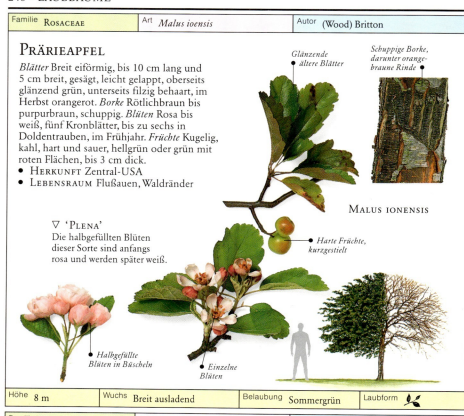

Glänzende ältere Blätter

Schuppige Borke, darunter orangebraune Rinde

MALUS IONENSIS

Harte Früchte, kurzgestielt

Halbgefüllte Blüten in Büscheln

Einzelne Blüten

| Höhe 8 m | Wuchs Breit ausladend | Belaubung Sommergrün | Laubform |

| Familie ROSACEAE | Art *Malus prunifolia* | Autor (Willdenow) Borkhausen |

KIRSCHAPFEL

Blätter Elliptisch bis eiförmig, bis 10 cm lang und 6 cm breit, gesägt, dunkelgrün. *Borke* Purpurbraun bis graubraun, in Platten abschuppend, junge Rinde rotbraun. *Blüten* 4 cm groß, geschlossen rosa, später weiß, fünf Kronblätter, duftend, bis zu zehn in Dolden, im Frühjahr. *Früchte* Kugelig bis eiförmig, rot oder gelb, ca. 2 cm dick, mit bleibenden Kelchblättern.
- HERKUNFT Aus gärtnerischer Kultur
- ANMERKUNG Obwohl der Ursprung dieser Pflanze nicht genau bekannt ist, wird vermutet, daß sie aus NO-Asien in den Westen gelangte und eine Hybride ist.

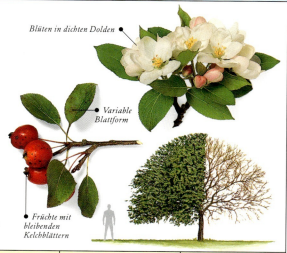

Blüten in dichten Dolden

Variable Blattform

Früchte mit bleibenden Kelchblättern

| Höhe 10 m | Wuchs Breit ausladend | Belaubung Sommergrün | Laubform |

LAUBBÄUME • 249

| Familie | ROSACEAE | Art | *Malus x purpurea* | Autor | (Barbier) Rehder |

PURPURAPFEL

Blätter Elliptisch bis schmal eiförmig, bis 7,5 cm lang, zugespitzt, gesägt, rötlichgrün. *Borke* Purpurbraun, rissig, schuppig. *Blüten* 4 cm groß, geöffnet purpurn bis tiefrosa, in Dolden, im Frühjahr. *Früchte* Kugelig, dunkelrot, bis 2,5 cm dick.
• HERKUNFT Aus gärtnerischer Kultur
• ANMERKUNG Eine Hybride aus *M. x atrosanguinea* und *M. sieversii*.

Blüten mit fünf Kronblättern

| Höhe | 8 m | Wuchs | Breit ausladend | Belaubung | Sommergrün | Laubform | |

| Familie | ROSACEAE | Art | *Malus sieboldii* | Autor | (Regel) Rehder |

MALUS SIEBOLDII

Blätter Elliptisch bis eiförmig, bis 6 cm lang und 3 cm breit, zugespitzt, gesägt, oberseits matt dunkelgrün, unterseits heller, beiderseits jung behaart, später fast kahl, an Langtrieben drei- bis fünflappig. *Borke* Dunkelgrau, in kleinen Platten abschuppend. *Blüten* 2 cm groß, geschlossen rosa, später weiß, fünf Kronblätter, duftend, in kleinen Dolden, im Frühjahr. *Früchte* Kugelig, rot oder bräunlichgelb, 8 mm dick, reif ohne Kronblätter, dünngestielt, länger am Baum.
• HERKUNFT Japan
• LEBENSRAUM Feuchte, sonnige Standorte
• ANMERKUNG Auch als *M. toringo* bekannt.

Langtriebe mit tief gelappten Blättern

Kleine Blüten an dünnen Stielen

Grob gesägte Blattlappen

Grüne Stiele, zur Fruchtreife rot

| Höhe | 10 m | Wuchs | Breit überhängend | Belaubung | Sommergrün | Laubform | |

| Familie | ROSACEAE | Art | *Malus transitoria* | Autor | (Batalin) Schneider |

MALUS TRANSITORIA

Blätter Variabel, klein, länglich, bis 2,5 cm lang an Kurztrieben, bis 7,5 cm lang und 6 cm breit an jungen Trieben, drei sehr tiefe Lappen, Mittellappen jederseits mit einem Seitenlappen, scharf gesägt, oberseits glänzend grün, unterseits heller, leicht behaart. *Borke* Purpurbraun, in glatten Längsplatten abschuppend. *Blüten* 2 cm groß, weiß, fünf Kronblätter, in Dolden, im späten Frühjahr. *Früchte* Kugelig, leicht abgeflacht, gelb, bis 8 mm dick, an roten, dünnen Stielen.
- HERKUNFT NW-China
- LEBENSRAUM Wälder, Gebüsch

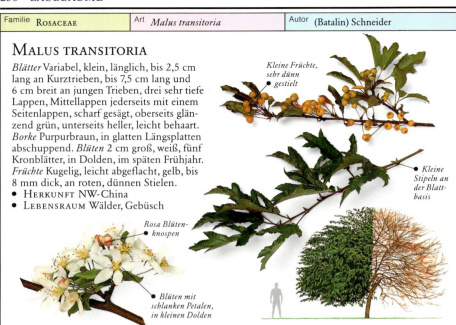

Kleine Früchte, sehr dünn gestielt

Kleine Stipeln an der Blattbasis

Rosa Blütenknospen

Blüten mit schlanken Petalen, in kleinen Dolden

| Höhe | 10 m | Wuchs | Breit ausladend | Belaubung | Sommergrün | Laubform | |

| Familie | ROSACEAE | Art | *Malus trilobata* | Autor | (Labillardière) Schneider |

MALUS TRILOBATA

Blätter Bis 9 cm lang und 12 cm breit, tief dreilappig, Mittellappen drei- oder mehrlappig, Seitenlappen mehrlappig, oberseits glänzend dunkelgrün und kahl, unterseits heller und anfangs behaart, im Herbst gelb oder prachtvoll rot. *Borke* Dunkel graubraun, in kleinen Platten abschuppend, Stamm spannrückig. *Blüten* 4 cm groß, weiß, fünf Kronblätter und gelbe Staubbeutel, Knospen wollig behaart, in endständigen Dolden, im Sommer. *Früchte* Klein und fest, grün oder grün mit roten Flächen, 2 cm dick.
- HERKUNFT SW-Asien, Griechenland
- LEBENSRAUM Wälder, Gebüsch

Borke mit sehr kleinen Platten

Die breiten Blüten bleiben becherförmig

Tief eingeschnittene Blätter, langgestielt

| Höhe | 15 m | Wuchs | Schmal säulenförmig | Belaubung | Sommergrün | Laubform | |

LAUBBÄUME • 251

| Familie ROSACEAE | Art *Malus tschonoskii* | Autor (Maximowicz) Schneider |

WOLLAPFEL

Blätter Breit eiförmig, bis 12 cm lang und 7,5 cm breit, zugespitzt, gesägt, oberseits erst grau und behaart, später kahl und glänzend, unterseits spärlich behaart. *Borke* Purpurbraun, glatt, im Alter rissig, rauh. *Blüten* 3 cm groß, geschlossen rosa, später weiß, fünf Kronblätter und gelbe Staubbeutel, bis zu fünf in Dolden, im späten Frühjahr. *Früchte* Kugelig, gelbgrün und rotbackig, bis 3 cm dick, mit Lentizellen.
• HERKUNFT Japan
• LEBENSRAUM Steinige Waldböden

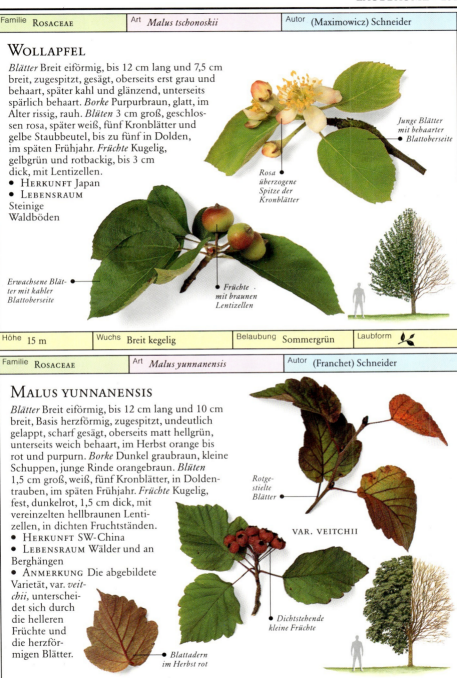

Junge Blätter mit behaarter Blattoberseite

Rosa überzogene Spitze der Kronblätter

Erwachsene Blätter mit kahler Blattoberseite

Früchte mit braunen Lentizellen

| Höhe 15 m | Wuchs Breit kegelig | Belaubung Sommergrün | Laubform |

| Familie ROSACEAE | Art *Malus yunnanensis* | Autor (Franchet) Schneider |

MALUS YUNNANENSIS

Blätter Breit eiförmig, bis 12 cm lang und 10 cm breit, Basis herzförmig, zugespitzt, undeutlich gelappt, scharf gesägt, oberseits matt hellgrün, unterseits weich behaart, im Herbst orange bis rot und purpurn. *Borke* Dunkel graubraun, kleine Schuppen, junge Rinde orangebraun. *Blüten* 1,5 cm groß, weiß, fünf Kronblätter, in Doldentrauben, im späten Frühjahr. *Früchte* Kugelig, fest, dunkelrot, 1,5 cm dick, mit vereinzelten hellbraunen Lentizellen, in dichten Fruchtständen.
• HERKUNFT SW-China
• LEBENSRAUM Wälder und an Berghängen
• ANMERKUNG Die abgebildete Varietät, var. *veitchii*, unterscheidet sich durch die helleren Früchte und die herzförmigen Blätter.

Rotgestielte Blätter

VAR. VEITCHII

Dichtstehende kleine Früchte

Blattadern im Herbst rot

| Höhe 10 m | Wuchs Breit säulenförmig | Belaubung Sommergrün | Laubform |

| Familie ROSACEAE | Art *Malus*-Hybriden | Autor _ _ |

MALUS-HYBRIDEN

Viele Garten-Kulturäpfel sind Hybriden zwischen verschiedenen Arten, die wegen der Blütenpracht und Früchte kultiviert werden. Meistens sind es kleine Bäume mit breit ausladendem Wuchs, die etwa 6–8 m hoch werden und im späten Frühjahr bis Frühsommer blühen. Es gibt auch Sorten mit purpurnen Blättern und Blüten, die sie durch die Kreuzung mit *Malus sieversii*, einer ursprünglich im zentralasiatischen Turkestan heimischen Art, erhalten haben.

Rosa Blütenknospen

◁ 'BUTTERBALL'
Eine in den USA gezogene Sorte. Aus den rosa Blüten entstehen gelbe, rotbackige Früchte.

▽ 'BUTTERBALL'

Früchte bleiben über Herbst und Winter am Baum

Orange, reif rote Früchte

▽ 'DARTMOUTH'
Die kleinen weißen Blüten dieser Sorte sind geschlossen zartrosa. Die etwa 5 cm großen Früchte sind purpurrot und bereift.

Zahlreiche weiße Blüten

◁ 'CRITTENDEN'
Die Pflanze hat weiße, zartrosa überzogene Blüten. Aus ihnen entstehen in verschwenderischer Fülle die leuchtend roten Früchte.

▽ 'CRITTENDEN'

Blüten öffnen sich nach Laubaustrieb

Früchte sind anfangs gelb, später purpurn und dunkelrot

◁ 'ELEYI'
Die Früchte dieser Sorte sind klein, kegelig und purpurn.

Purpurne junge Blätter

Purpurrote Kronblätter mit weißer Basis

| Höhe 8 m | Wuchs Breit ausladend | Belaubung Sommergrün | Laubform |

LAUBBÄUME • 253

• Blüten geschlossen tiefrosa, später weiß

▽ 'John Downie'
Die weißen Blüten mit gelben Staubbeuteln sind geschlossen zartrosa. Die eiförmigen Früchte sind 3 cm groß und glänzend orangegelb mit roten Flächen.

Anfangs grüne, reif gelbe Früchte •

△ 'Golden Hornet'
Die Blüten dieser Sorte sind 4 cm groß, geschlossen rosa, später weiß mit Rosa überzogen. Die kugeligen dunkelgelben Früchte sind ca. 2,5 cm dick.

• Zartrosa Knospen, offen weiß

'Golden Hornet' ▷

Purpurrote Blüten mit breiten Petalen •

• Typische eiförmige Früchte

Blätter oft auch mit • ungleichen Lappen

Kurzgestielte Früchte

△ 'John Downie'

◁ 'Lemoinei'
Eine farbenprächtige Hybride mit anfangs purpurnen, später rotgrünen Blättern. Die purpurroten Blüten sind 4 cm groß, die dunkelpurpurnen Früchte 1,5 cm dick.

Blüten öffnen sich nach Laubaustrieb

Kirschartige Früchte

▽ 'Liset'
Die bronzepurpurnen jungen Blätter dieser Sorte sind später dunkelgrün und bilden einen Kontrast zu den rein purpurrosa Blüten.

Dunkelrote Blütenknospen •

• Glänzende Zweige mit Lentizellen

△ 'Liset'

254 • LAUBBÄUME

| Familie | ROSACEAE | Art | *Malus*-Hybriden | Autor | _ _ |

Kleine Früchte an langen Stielen

◁ 'PROFUSION'
Die zahlreichen karminroten Blüten sind in 4 cm großen Blütenständen vereint. Die dunkelgrünen, rotadrigen Blätter sind jung kupferfarben. Im Herbst reifen die tief purpurroten, rundlichen Früchte, die 1,2 cm dick werden.

Blätter an Langtrieben gelappt

Rot reifende Früchte

'RED SENTINEL' ▷
Die rosa Knospen öffnen sich zu weißen, 3 cm großen Blüten, aus denen 2,5 cm große, kugelige, lang am Baum bleibende, glänzend dunkelrote Früchte entstehen.

Petalenbasis rosa überzogen

▷ 'RED JADE'
Die Blüten dieser Sorte mit schleppenartigem Wuchs sind geschlossen rosa, später weiß. Die hellroten Früchte bleiben bis weit in den Herbst am Zweig.

△ 'RED JADE'

▽ 'ROYALTY'
Die glänzend purpurroten Blätter dieses gedrungenen Baumes färben sich im Herbst rot. Dunkelrote Blütenknospen öffnen sich purpurrot.

'ROYALTY' ▷

Gefüllte Blüten mit 15 Petalen

Blätter auch zur Fruchtreife noch rotgrün

'VAN ESELTINE' ▷
Die Sorte ist leicht am aufrechten Wuchs, den gefüllten Blüten und den kleinen, gelben oder gelb-rotbackigen Früchten zu erkennen.

| Höhe | 8 m | Wuchs | Variabel | Belaubung | Sommergrün | Laubform | |

LAUBBÄUME • 255

Familie	Art	Autor
ROSACEAE	*Mespilus germanica*	Linné

MISPEL

Blätter Eilänglich, bis 15 cm lang und 5 cm breit, ganzrandig oder fein gesägt, oberseits dunkelgrün, beiderseits meist behaart, im Herbst gelb und braun, sehr kurz gestielt, Triebe oft dornig. *Borke* Grau-braun, anfangs glatt, später gefurcht, in Längsplatten ablösend, junge Rinde orange-braun. *Blüten* Bis 5 cm groß, weiß, fünf Kronblätter, einzeln, kurzgestielt, im späten Frühjahr bis Frühsommer, häufig Nachblüte im Spätsommer. *Früchte* Rundlich, abgeflacht bis birnenförmig, fleischig, braun, bis 3 cm dick, Kelch bleibend.
• HERKUNFT SW-Asien, SO-Europa
• LEBENSRAUM Wälder, Gebüsch, in Mitteleuropa nur verwildert
• ANMERKUNG Wildwachsende Pflanzen eher strauchig. Das Fruchtfleisch wird erst nach Frosteinwirkung eßbar.

MESPILUS GERMANICA ▷

Fein gesägter Blattrand

Ganzrandiges Blatt

Einzelne weiße Blüte

Bleibender Kelch

'NOTTINGHAM' ▷

▽ 'NOTTINGHAM'
Eine Sorte mit großen Früchten.

Die Blätter der Sorte sind größer

Grüne Kelchblätter zwischen den Kronblättern

Höhe	Wuchs	Belaubung	Laubform
6 m	Breit ausladend	Sommergrün	

| Familie | ROSACEAE | Art | *Photinia beauverdiana* | Autor | Schneider |

PHOTINIA BEAUVERDIANA

Blätter Elliptisch bis lanzettlich, bis 12 cm lang und 5 cm breit, Basis verschmälert, zugespitzt, scharf gesägt, oberseits dunkelgrün, beiderseits kahl, im Herbst rot. *Borke* Grau, glatt, Stamm am Fuß mit Wülsten. *Blüten* 1 cm groß, weiß, fünf Kronblätter, in Schirmtrauben, diese bis 5 cm breit, im späten Frühjahr. *Früchte* Eiförmig, bis 6 mm lang, grün, reif purpurn.
- HERKUNFT W-China
- LEBENSRAUM Wälder, Gebüsch

VAR. NOTABILIS

Kleine Blüten in dichten Schirmtrauben

Scharf gesägter Blattrand

Fruchtstiele rauh und warzig

◁ VAR. NOTABILIS

| Höhe | 6 m | Wuchs | Breit ausladend | Belaubung | Sommergrün | Laubform | |

| Familie | ROSACEAE | Art | *Photinia davidiana* | Autor | (Decaisne) Cardot |

PHOTINIA DAVIDIANA

Blätter Elliptisch bis länglich oder verkehrtlanzettlich, bis 12 cm lang und 4 cm breit, zugespitzt, ganzrandig, oberseits dunkelgrün, beiderseits fast kahl, im Herbst vor Laubfall rot. *Borke* Graubraun und glatt. *Blüten* 6 mm groß, weiß, fünf Kronblätter und rosa Staubbeutel, in dichten Schirmtrauben, diese 7,5 cm breit, im Sommer. *Früchte* Kugelig, hellrot, ca. 8 mm dick, langgestielt, in kleinen Fruchtständen.
- HERKUNFT China, Vietnam
- LEBENSRAUM Wälder, Gebüsch, Felsenhänge

Kleine Blüten in dichten Schirmtrauben

Ganzrandige Blätter

Reife Früchte

Herbstfärbung vor dem Laubfall

| Höhe | 10 m | Wuchs | Breit ausladend | Belaubung | Immergrün | Laubform | |

LAUBBÄUME • 257

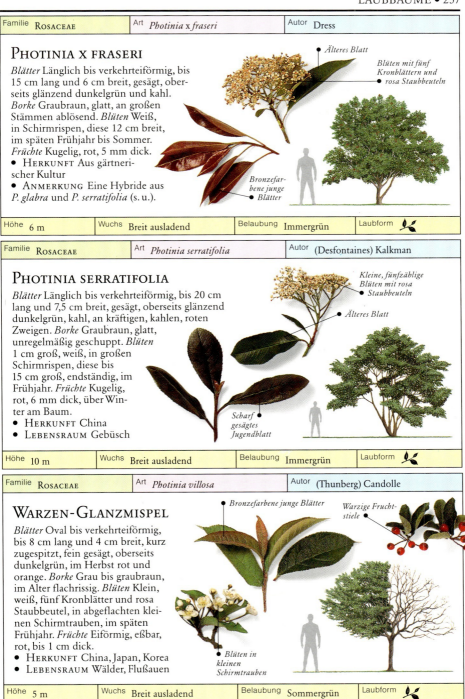

| Familie | ROSACEAE | Art | *Photinia* x *fraseri* | Autor | Dress |

PHOTINIA X FRASERI

Blätter Länglich bis verkehrteiförmig, bis 15 cm lang und 6 cm breit, gesägt, oberseits glänzend dunkelgrün und kahl. *Borke* Graubraun, glatt, an großen Stämmen ablösend. *Blüten* Weiß, in Schirmrispen, diese 12 cm breit, im späten Frühjahr bis Sommer. *Früchte* Kugelig, rot, 5 mm dick.
• HERKUNFT Aus gärtnerischer Kultur
• ANMERKUNG Eine Hybride aus *P. glabra* und *P. serratifolia* (s. u.).

Älteres Blatt
Blüten mit fünf Kronblättern und rosa Staubbeuteln
Bronzefarbene junge Blätter

| Höhe | 6 m | Wuchs | Breit ausladend | Belaubung | Immergrün | Laubform | |

| Familie | ROSACEAE | Art | *Photinia serratifolia* | Autor | (Desfontaines) Kalkman |

PHOTINIA SERRATIFOLIA

Blätter Länglich bis verkehrteiförmig, bis 20 cm lang und 7,5 cm breit, gesägt, oberseits glänzend dunkelgrün, kahl, an kräftigen, kahlen, roten Zweigen. *Borke* Graubraun, glatt, unregelmäßig geschuppt. *Blüten* 1 cm groß, weiß, in großen Schirmrispen, diese bis 15 cm groß, endständig, im Frühjahr. *Früchte* Kugelig, rot, 6 mm dick, über Winter am Baum.
• HERKUNFT China
• LEBENSRAUM Gebüsch

Kleine, fünfzählige Blüten mit rosa Staubbeuteln
Älteres Blatt
Scharf gesägtes Jugendblatt

| Höhe | 10 m | Wuchs | Breit ausladend | Belaubung | Immergrün | Laubform | |

| Familie | ROSACEAE | Art | *Photinia villosa* | Autor | (Thunberg) Candolle |

WARZEN-GLANZMISPEL

Blätter Oval bis verkehrteiförmig, bis 8 cm lang und 4 cm breit, kurz zugespitzt, fein gesägt, oberseits dunkelgrün, im Herbst rot und orange. *Borke* Grau bis graubraun, im Alter flachrissig. *Blüten* Klein, weiß, fünf Kronblätter und rosa Staubbeutel, in abgeflachten kleinen Schirmtrauben, im späten Frühjahr. *Früchte* Eiförmig, eßbar, rot, bis 1 cm dick.
• HERKUNFT China, Japan, Korea
• LEBENSRAUM Wälder, Flußauen

Bronzefarbene junge Blätter
Warzige Fruchtstiele
Blüten in kleinen Schirmtrauben

| Höhe | 5 m | Wuchs | Breit ausladend | Belaubung | Sommergrün | Laubform | |

| Familie ROSACEAE | Art *Prunus armeniaca* | Autor Linné |

APRIKOSE, MARILLE

Blätter Rundlich bis eiförmig, bis 10 cm lang und 6 cm breit, Basis meist abgerundet, plötzlich kurz zugespitzt, fein gesägt, glänzend dunkelgrün. *Borke* Rotbraun, glatt, glänzend. *Blüten* 2,5 cm groß, zartrosa oder weiß, fünf Kronblätter, fast ohne Stiel, meist einzeln an älteren Trieben, im Frühjahr vor Laubaustrieb. *Früchte* Kugelig, fleischig, eßbar, gelb, teils rot überzogen, mit einzelnem, hartem, glattem Stein, darin eßbarer weißer Same.
- HERKUNFT Zentral-Asien, N-China
- LEBENSRAUM Hügellagen, Gebüsch
- ANMERKUNG In Teilen Europas eingebürgert und häufig als Obstbaum angebaut.

Bronzefarbene junge Blätter

Süße, eßbare Früchte

Harter Stein mit glatter Oberfläche

Blattstiel mit kleinen Drüsenhöckern

| Höhe 10 m | Wuchs Breit ausladend | Belaubung Sommergrün | Laubform |

| Familie ROSACEAE | Art *Prunus avium* | Autor Linné |

VOGELKIRSCHE

Blätter Länglich bis elliptisch, bis 15 cm lang und 6 cm breit, zugespitzt, scharf gesägt, oberseits jung bronzefarben, später matt dunkelgrün. *Borke* Glänzend rotbraun, ringförmig ablösend. *Blüten* 3,5 cm groß, weiß, fünf Kronblätter, in Dolden, im Frühjahr, kurz vor oder mit Laubaustrieb. *Früchte* Kugelig, süß, eßbar, dunkelrot, ca. 1 cm dick.
- HERKUNFT Europa
- LEBENSRAUM Wälder, Hecken
- ANMERKUNG Bei uns heimischer, weitverbreiteter Baum, besonders auf lehmigen Standorten.

Rote, eßbare Früchte

Scharf gesägter Blattrand

PRUNUS AVIUM

Bronzefarbene junge Blätter erscheinen mit den Blüten

Blütenknospen zartrosa überzogen

△ 'PLENA'
Eine kleinere Sorte mit breiten, gefüllten, vielzähligen Blüten.

Blüten in dichten Dolden

| Höhe 25 m | Wuchs Breit säulenförmig | Belaubung Sommergrün | Laubform |

LAUBBÄUME • 259

| Familie ROSACEAE | Art *Prunus cerasifera* | Autor Ehrhart |

KIRSCHPFLAUME

Blätter Eiförmig bis verkehrteiförmig, bis 8 cm lang und 5 cm breit, gesägt, oberseits glänzend dunkelgrün und kahl, unterseits an Nerven behaart. *Borke* Purpurbraun, dünnschuppig, mit waagrechten, orangen Lentizellen, im Alter rissig. *Blüten* 2,5 cm groß, weiß, fünf Kronblätter und zurückgeschlagene Kelchblätter, einzeln, im zeitigen Frühjahr vor oder mit Laubaustrieb. *Früchte* Kugelig, pflaumenartig, eßbar, gelb bis rot, 3 cm dick.
• HERKUNFT Aus gärtnerischer Kultur
• ANMERKUNG Ähnlich der gelb fruchtenden *Prunus divaricata*, die in SO-Europa, Zentral- und SW-Asien heimisch ist.

△ 'PISSARDII'
Diese Sorte hat geschlossen rosa, später weiße Blüten und purpurne Blätter.

△ 'ROSEA'
Eine Sorte mit purpurroten Blättern und kleinen rosa Blüten.

◁ 'NIGRA'
Tief schwarzrote Blätter und rosa Blüten kennzeichnen diese Sorte.

Weiße Blüten erscheinen vor Blättern

PRUNUS CERASIFERA

Dunkelgrüne Triebe und Blätter

Rosa Blüten, Basis dunkler

Staubblätter mit rosa Staubbeuteln

| Höhe 8 m | Wuchs Breit ausladend | Belaubung Sommergrün | Laubform |

| Familie ROSACEAE | Art *Prunus cerasus* | Autor Linné |

SAUERKIRSCHE

Blätter Oval bis eiförmig, bis 8 cm lang und 5 cm breit, zugespitzt, scharf gesägt, oberseits dunkelgrün, beiderseits kahl. *Borke* Purpurbraun, mit waagrechten, orangebraunen Lentizellen, waagrecht ablösend. *Blüten* 2,5 cm groß, weiß, fünf Kronblätter, in kleinen Dolden, im Frühjahr. *Früchte* Eßbare rote bis schwarze Kirschen, bis 2 cm dick.
• HERKUNFT Aus gärtnerischer Kultur
• ANMERKUNG Die Art ist nahe mit der Vogelkirsche (*P. avium*, s. Seite 258) verwandt.

△ 'RHEXII'
Eine Sorte mit dicht gefüllten Blüten.

Laubentfaltung während der Blüte

Grüne Kelchblätter

Reife, saure Früchte

PRUNUS CERASUS

| Höhe 8 m | Wuchs Breit ausladend | Belaubung Sommergrün | Laubform |

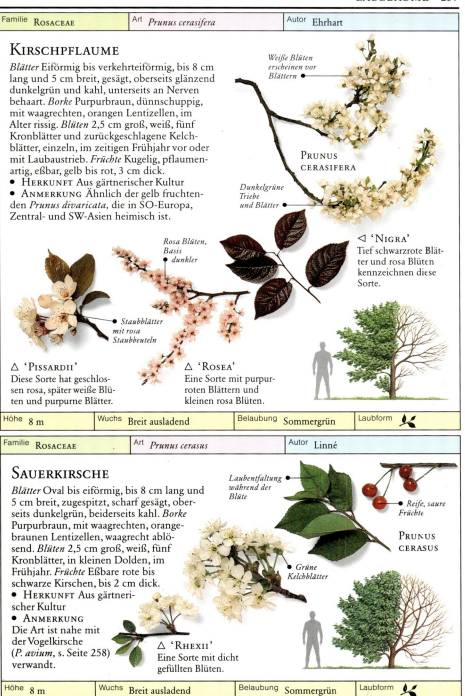

| Familie ROSACEAE | Art *Prunus domestica* | Autor Linné |

ZWETSCHGE, PFLAUME

Blätter Elliptisch bis verkehrteiförmig, bis 8 cm lang und 5 cm breit, kurz zugespitzt, stumpf gesägt, oberseits mattgrün, unterseits dicht behaart bis kahl, Gartenformen gewöhnlich ohne Dornen. *Borke* Graubraun, im Alter rissig. *Blüten* 2,5 cm groß, weiß, fünf Kronblätter, einzeln oder bis zu dritt, im Frühjahr. *Früchte* Kugelig bis eiförmig, fleischig, säuerlich bis süß, gelb, rot oder purpurn, bis 7,5 cm lang, glatt, abgeflachter Steinkern mit weißem Samen.
• HERKUNFT Aus gärtnerischer Kultur
• ANMERKUNG Vermutlich eine Hybride aus der Kirschpflaume *(P. cerasifera,* s. Seite 259) und der Schlehe *(P. spinosa),* inzwischen eingebürgert.

Manche Sorten tragen rote Früchte

Blüten vor Laubaustrieb geöffnet

Flacher Steinkern

| Höhe 10 m | Wuchs Breit ausladend | Belaubung Sommergrün | Laubform |

| Familie ROSACEAE | Art *Prunus dulcis* | Autor (Miller) Webb |

MANDEL

Blätter Schmal elliptisch bis lanzettlich, bis 12 cm lang und 4 cm breit, lang zugespitzt, fein gesägt, dunkelgrün. *Borke* Dunkelgrau, im Alter in kleinen Platten abschuppend. *Blüten* 5 cm groß, rosa, später weiß, fünf Kronblätter, einzeln oder zu zweit, im zeitigen Frühjahr vor Laubaustrieb. *Früchte* Grün, samtig, bis 6 cm groß, Fleisch trocken-lederig, darin Stein mit eßbarem weißem Kern.
• HERKUNFT N-Afrika, Zentral- und SW-Asien
• LEBENSRAUM Trockene Berghänge, Gebüsch, Wälder

Rosa Blüten, Basis dunkler

Fleisch klappt reif auf

Gefurchter Stein mit eßbarem Samen

PRUNUS DULCIS

Schmale, gesägte Blätter

◁ 'ROSEOPLENA'
Die gefüllten rosa Blüten dieser Sorte öffnen sich mit dem Laubaustrieb.

| Höhe 8 m | Wuchs Breit ausladend | Belaubung Sommergrün | Laubform |

LAUBBÄUME • 261

| Familie | ROSACEAE | Art | *Prunus incisa* | Autor | Thunberg |

MÄRZKIRSCHE

Blätter Eiförmig bis verkehrteiförmig, bis 6 cm lang und 3 cm breit, zugespitzt, scharf gesägt, jung bronzefarben, später dunkelgrün, beiderseits behaart. *Borke* Dunkelgrau, längsrissig. *Blüten* 2 cm groß, weiß oder zartrosa, fünf eingekerbte Kronblätter, zu zweit oder zu dritt, im Frühjahr vor Laubaustrieb. *Früchte* Eiförmige, purpurschwarze Kirsche, bis 8 mm lang.
• HERKUNFT SW-Japan
• LEBENSRAUM Bergwälder

Blüten öffnen sich vor den Blättern

Bronzefarben-grüne junge Blätter

Scharf gesägter Blattrand

Spreite unten mit Drüsen

| Höhe | 10 m | Wuchs | Breit ausladend | Belaubung | Sommergrün | Laubform | |

| Familie | ROSACEAE | Art | *Prunus insititia* | Autor | Linné |

HAFERSCHLEHE, KRIECHE

Blätter Elliptisch bis verkehrteiförmig, bis 7,5 cm lang und 5 cm breit, plötzlich kurz zugespitzt, stumpf gesägt, oberseits matt dunkelgrün, an oft dornigen Zweigen. *Borke* Dunkelgrau, glatt, im Alter meist rissig. *Blüten* 2,5 cm groß, weiß, fünf Kronblätter, einzeln oder bis zu dritt, im Frühjahr vor Laubaustrieb. *Früchte* Kugelig bis eiförmig, fleischig, eßbar, gelb, rot bis purpurschwarz, bis 5 cm dick, fast kugeliger Stein am Fleisch haftend.
• HERKUNFT Aus gärtnerischer Kultur
• ANMERKUNG Eine weithin eingebürgerte Verwandte der Kulturpflaume (*P. domestica*, s. Seite 260) mit vielen Sorten.

▽ 'MIRABELLE'
Die pflaumenähnlichen Früchte dieser Auslese sind süß und eßbar.

Weißbehaarte junge Blätter

Laubaustrieb während der Blüte

Gelbe Staubbeutel an langen, weißen Staubblättern

PRUNUS INSITATIA

Tief eingesenkte Blattadern

| Höhe | 7 m | Wuchs | Breit ausladend | Belaubung | Sommergrün | Laubform | |

| Familie ROSACEAE | Art *Prunus*-Sorten und Hybriden | Autor _ _ |

Japanische Blütenkirschen

Die japanischen Blütenkirschen sind in Japan gezüchtete oder selektierte Zierbäume oder -sträucher mit reichem Blütenschmuck. Sie gelten als Kulturformen zweier in Japan heimischer Arten, *P. jamasakura* (s. Seite 265) und *P. speciosa*, denn ähnliche Bäume sind in den Bergen Japans wildwachsend anzutreffen. Sie werden in japanischen Gärten seit mehr als 1500 Jahren kultiviert, wurden aber erst vor relativ kurzer Zeit nach Europa eingeführt. Die meisten sind von ausladendem Wuchs, manche überhängend oder schmal aufrecht wachsend. Die prächtigen Blüten sind einfach, halb gefüllt oder gefüllt und weiß bis tiefrosa.

▽ 'Amanogawa'
Typisch für diesen ca. 8 m hohen Baum ist der schlanke aufrechte Wuchs. Die hellrosa halbgefüllten Blüten sind 3 cm groß und öffnen sich im Frühjahr vor oder mit den Blättern.

Hellrosa Blüten mit gelben Staubbeuteln

Kupferroter Austrieb

Dicht gefüllte Blüten in Büscheln

Scharf gesägter Blattrand

Dicht gefüllte Blüten

Bronzegrüne junge Blätter

'Kanzan' △
Diese immer noch am meisten angepflanzte Sorte hat eine fast umgekehrt kegelförmige Krone. Erst im Alter wird der Wuchs ausladender. Der Baum erreicht eine Höhe von 10 m.

Spitz gesägter Blattrand

△ 'Kanzan'

△ 'Shidare-Sakura'
Eine Sorte mit stark hängenden Ästen und Zweigen, die meist 3–5 m hoch wird.

| Höhe | 10 m | Wuchs | Variabel | Belaubung | Sommergrün | Laubform | |

◁ 'Shirofugen'
Eine der schönsten japanischen Blütenkirschen. Dieser Baum mit den weit ausgebreiteten Ästen wird bis 9 m hoch. Er blüht von allen Sorten am spätesten. Die gefüllten Blüten sind geschlossen rosa, offen weiß und vor dem Abfallen wieder rosa.

Blüten nach dem Öffnen weiß

Blüten in Büscheln an der Zweigunterseite

Scharf gesägte Kronblätter

Junge Blätter sind ausgewachsen dunkelgrün

Große weiße Blüten mit rosa Staubblättern

△ 'Shogetsu'
Die großen, weißen, gefüllten Blüten dieses ausladend wachsenden Baumes sind geschlossen rosa. Sie erscheinen in hängenden Büscheln im späten Frühjahr mit den hellgrünen jungen Blättern.

'Tai Haku' ▷
Die „Große Weiße Kirsche" des alten Japan wurde um 1900 in einem englischen Garten gefunden und dann wieder nach Japan gebracht, wo man sie verloren glaubte. Die einfachen Blüten sind die größten unter den Kirschblüten. Sie öffnen sich im Frühjahr mit den bronzefarbenen Blättern.

Grün überzogene Kronblätter

Fein gesägter Blattrand

△ 'Ukon'
Die typischen halbgefüllten Blüten dieser Sorte sind gelblichweiß bis grünlichgelb. Sie öffnen sich im Frühjahr mit den bronzefarbenen Blättern.

| Familie ROSACEAE | Art *Prunus*-Hybriden | Autor _ _ |

PRUNUS-HYBRIDEN

Neben den japanischen Blütenkirschen gibt es viele andere Hybriden zwischen verschiedenen Arten, die entweder zufällig entstanden sind oder als Zierformen gezüchtet wurden. Zu ihren Eltern gehören mehrere Arten und Hybriden, darunter *P. sargentii* (s. Seite 268) und *P.* x *subhirtella* (s. Seiten 270 – 271), wodurch diese Gruppe vielgestaltiger ist als die der Japanischen Blütenkirschen. Sie wachsen aufstrebend säulenförmig oder breit ausladend und werden meist nicht höher als 10 m. Von den stets sommergrünen Bäumen sind einige im Herbst prächtig gefärbt. Die Blüten sind einfach, halb gefüllt oder gefüllt und öffnen sich vom zeitigen bis späten Frühjahr.

Halbgefüllte Blüten mit gelben Staubbeuteln

Scharf gesägter Blattrand

△ 'ACCOLADE'
Vermutlich ist dieser kleine Baum eine Hybride aus *P. sargentii* (s. Seite 268) und *P.* x *subhirtella* (s. Seite 270).

Drüsenhöcker an der Spreitenbasis

Blüten geschlossen rosa, offen weiß

△ 'PANDORA'
Ein Baum mit zartrosa, einfachen, fünfzähligen Blüten, die sich im zeitigen Frühjahr vor dem Laubaustrieb öffnen.

Einfache Blüten mit vorn gekerbten Kronblättern

Plötzlich zugespitzte Spreite

Grob bis doppelt gesägter Blattrand

△ 'SPIRE'
Das mattgrüne Laub dieser Sorte färbt sich im Herbst orange und rot.

| Höhe 10 m | Wuchs Variabel | Belaubung Sommergrün | Laubform |

LAUBBÄUME • 265

| Familie ROSACEAE | Art *Prunus jamasakura* | Autor Siebold ex Koidzumi |

JAPANISCHE BERGKIRSCHE

Blätter Länglich bis verkehrteiförmig, bis 8 cm lang und 4 cm breit, plötzlich lang zugespitzt, scharf gesägt, oberseits bronzefarben oder rot, später dunkelgrün, unterseits blaugrün, beiderseits kahl, im Herbst gelb bis rot. *Borke* Purpurbraun, mit waagrechten Lentizellen. *Blüten* 3 cm groß, zartrosa bis fast weiß, fünf vorn gekerbte Kronblätter, in kleinen Schirmtrauben, im Frühjahr mit Laubaustrieb. *Früchte* Fleischige, schwarzrote Beere, 2,5 cm lang.
• HERKUNFT China, Japan, Korea
• LEBENSRAUM Wälder in Hügel- und Vorgebirgslagen
• ANMERKUNG Auch als *Prunus serrulata* var. *spontanea* bekannt.

Kronblätter vorn gekerbt
Scharf gesägter Blattrand
Junge Blätter, weich und gefaltet
Herbstlaub an roten Stielen

| Höhe 20 m | Wuchs Breit ausladend | Belaubung Sommergrün | Laubform |

| Familie ROSACEAE | Art *Prunus laurocerasus* | Autor Linné |

PONTISCHE LORBEERKIRSCHE

Blätter Länglich bis elliptisch, bis 20 cm lang und 6 cm breit, plötzlich kurz zugespitzt, ganzrandig oder nur schwach ab der Blattmitte gesägt, oberseits meist glänzend dunkelgrün, unterseits heller, kahl, an kurzen, kräftigen Stielen. *Borke* Graubraun, glatt. *Blüten* 8 mm groß, weiß, fünf Kronblätter, duftend, in aufrechten Trauben, diese bis 12 cm lang, in den Blattachseln, im Frühjahr, teils Nachblüte im Herbst. *Früchte* Kegelförmig, bis 8 mm lang, grün, später rot, reif schwarz.
• HERKUNFT SW-Asien, O-Europa
• LEBENSRAUM Unterholz in Wäldern

Gelbgrüne Blattstiele
Früchte anfangs grün, später rot, reif schwarz
Lange, achselständige Blütentrauben

| Höhe 10 m | Wuchs Breit ausladend | Belaubung Immergrün | Laubform |

| Familie ROSACEAE | Art *Prunus lusitanica* | Autor Linné |

IBERISCHE LORBEERKIRSCHE

Blätter Länglich bis eiförmig, bis 12 cm lang und 5 cm breit, zugespitzt, gesägt, oberseits glänzend dunkelgrün, beiderseits kahl, dünn und rot gestielt. *Borke* Dunkel graubraun, glatt. *Blüten* 12 mm groß, weiß, fünf Kronblätter, duftend, zahlreich, in abstehenden, lockeren, bis 25 cm langen Trauben, im Sommer. *Früchte* Eiförmig, bis 1 cm lang, grün, später rot, reif schwarz.
• HERKUNFT SW-Frankreich, Portugal, Spanien
• LEBENSRAUM Bergwälder

SSP. AZORICA ▷
Diese Unterart ist auf den Azoren im Nordatlantik heimisch. Die Blütentrauben sind kürzer als bei der Art.

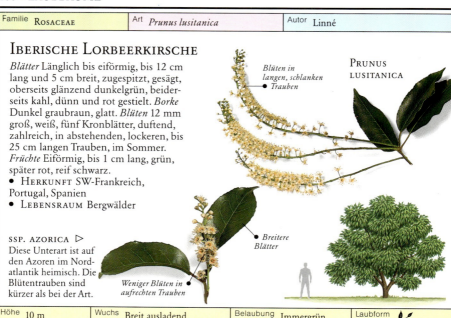

Blüten in langen, schlanken Trauben

PRUNUS LUSITANICA

Breitere Blätter

Weniger Blüten in aufrechten Trauben

| Höhe 10 m | Wuchs Breit ausladend | Belaubung Immergrün | Laubform |

| Familie ROSACEAE | Art *Prunus maackii* | Autor Ruprecht |

AMUR-TRAUBENKIRSCHE

Blätter Länglich eiförmig, bis 7,5 cm lang und 3 cm breit, meist lang zugespitzt, scharf gesägt, dunkelgrün, im Herbst gelb. *Borke* Glänzend braungelb und glatt, in Streifen ablösend. *Blüten* 1 cm groß, weiß, duftend, in dichten Trauben, am Ende älterer Zweige, im Frühjahr mit Laubaustrieb. *Früchte* Kugelig, 5 mm dick, anfangs grün, reif schwarz.
• HERKUNFT NO-Asien
• LEBENSRAUM Wälder

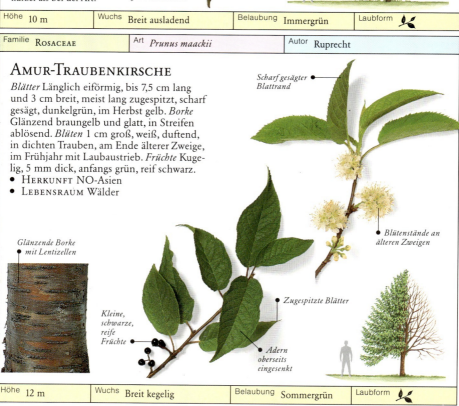

Scharf gesägter Blattrand

Glänzende Borke mit Lentizellen

Kleine, schwarze, reife Früchte

Blütenstände an älteren Zweigen

Zugespitzte Blätter

Adern oberseits eingesenkt

| Höhe 12 m | Wuchs Breit kegelig | Belaubung Sommergrün | Laubform |

LAUBBÄUME • 267

Familie ROSACEAE	Art *Prunus padus*	Autor Linné

GEMEINE TRAUBENKIRSCHE

Blätter Elliptisch bis verkehrteiförmig, bis 10 cm lang und 7 cm breit, zugespitzt, fein gesägt, stumpfgrün, im Herbst meist rot oder gelb. *Borke* Dunkelgrau, glatt. *Blüten* 1 cm groß, weiß, fünf Kronblätter, duftend, in aufrechten oder überhängenden, bis 15 cm langen Trauben, im Frühjahr. *Früchte* Kugelig bis eiförmig, glänzend schwarz, bis 8 mm dick.
• HERKUNFT N-Asien, Europa
• LEBENSRAUM Offene Lagen, Flußauen, Wälder

'COLORATA' ▷
Eine Sorte mit jung purpurroten, später oberseits dunkelgrünen und unterseits roten Blättern.

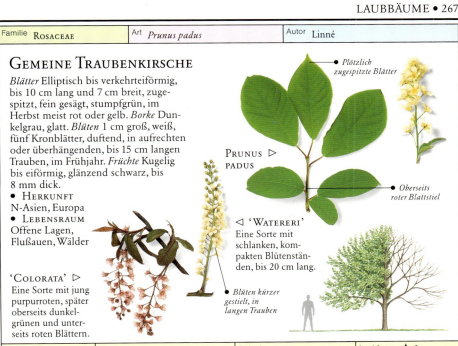

PRUNUS ▷
PADUS

Plötzlich zugespitzte Blätter

Oberseits roter Blattstiel

◁ 'WATERERI'
Eine Sorte mit schlanken, kompakten Blütenständen, bis 20 cm lang.

Blüten kürzer gestielt, in langen Trauben

Höhe 15 m	Wuchs Breit ausladend	Belaubung Sommergrün	Laubform

Familie ROSACEAE	Art *Prunus persica*	Autor (Linné) Batsch

PFIRSICH

Blätter Breit lanzettlich, bis 15 cm lang und 4 cm breit, lang und schmal zugespitzt, fein gesägt, glänzend dunkelgrün. *Borke* Dunkelgrau, im Alter rissig. *Blüten* 3,5 cm groß, hell- bis dunkelrosa oder rot, teils weiß, kurzgestielt, einzeln oder zu zweit, im zeitigen Frühjahr. *Früchte* Kugelig, fleischig, süß, eßbar, meist orangegelb mit roten Streifen, bis 7 cm dick, Stein tief gefurcht, darin weißer Same.
• HERKUNFT China
• LEBENSRAUM Gebirge

▷ VAR. NECTARINA
Die Frucht dieser Unterart hat eine glatte, glänzende Haut.

Dünne, samtige Fruchthaut

Fleisch am Stein haftend

△ PRUNUS PERSICA

◁ 'PRINCE CHARMING'
Eine Sorte mit gefüllten Blüten.

Höhe 8 m	Wuchs Breit ausladend	Belaubung Sommergrün	Laubform

| Familie ROSACEAE | Art *Prunus sargentii* | Autor Rehder |

SACHALIN-KIRSCHE

Blätter Elliptisch bis verkehrteiförmig, bis 12 cm lang und 6 cm breit, plötzlich lang zugespitzt, scharf gesägt, jung rötlich, oberseits später glänzend grün, beiderseits kahl, im Herbst leuchtend orange oder rot. *Borke* Glänzend purpurbraun, mit hellen, waagrechten Lentizellen. *Blüten* 4 cm groß, rosa, fünf vorn gekerbte Kronblätter, in Dolden, im Frühjahr mit oder kurz vor Laubaustrieb. *Früchte* Kugelige bis eiförmige, glänzende, purpurschwarze Beeren, ca. 1 cm lang.
- HERKUNFT Japan
- LEBENSRAUM Bergwälder

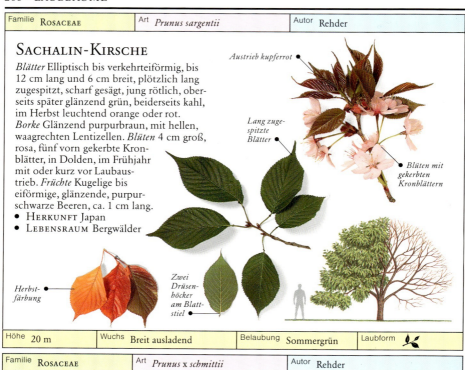

Austrieb kupferrot

Lang zugespitzte Blätter

Blüten mit gekerbten Kronblättern

Herbstfärbung

Zwei Drüsenhöcker am Blattstiel

| Höhe 20 m | Wuchs Breit ausladend | Belaubung Sommergrün | Laubform |

| Familie ROSACEAE | Art *Prunus x schmittii* | Autor Rehder |

PRUNUS X SCHMITTII

Blätter Elliptisch bis verkehrteiförmig, bis 11 cm lang und 5,5 cm breit, zugespitzt, scharf und grob gesägt, oberseits dunkelgrün, unterseits heller, beiderseits weich behaart. *Borke* Dunkel rotbraun, mit waagrechten, orangebraunen, korkigen Lentizellen, in schmalen Streifen ablösend. *Blüten* 2 cm groß, geschlossen tiefrosa, offen heller, fünf gebogene Kronblätter, in Dolden, im Frühjahr mit Laubaustrieb, meist nicht fruchtend.
- HERKUNFT Aus gärtnerischer Kultur
- ANMERKUNG Eine Hybride aus der Vogelkirsche (*P. avium*, s. Seite 258) und der strauchigen *P. canescens*.

Tief eingesenkte Blattadern

Am Blattgrund zwei Stipeln

Laubaustrieb während der Blüte

Borke in schmalen Streifen ablösend

Blüten in dichten Büscheln

| Höhe 15 m | Wuchs Schmal säulenförmig | Belaubung Sommergrün | Laubform |

| Familie ROSACEAE | Art *Prunus serotina* | Autor Ehrhart |

SPÄTE TRAUBENKIRSCHE

Blätter Elliptisch bis lanzettlich, bis 12 cm lang und 5 cm breit, zugespitzt, fein gesägt, oberseits glänzend dunkelgrün und kahl, unterseits heller und bis auf Mittelrippe kahl, im Herbst gelb oder rot. *Borke* Bräunlichgrau, rissig. *Blüten* 1 cm groß, weiß, in abstehenden bis hängenden, bis 15 cm langen Trauben, endständig, im späten Frühjahr bis Frühsommer. *Früchte* Kugelig, eßbar, 1 cm dick, rot, reif schwarz.
• HERKUNFT Nordamerika
• LEBENSRAUM Wälder, Wiesen, an Straßen

Einzelne Blüte mit langen Staubfäden

Blüten an belaubten Kurztrieben

| Höhe 25 m | Wuchs Breit säulenförmig | Belaubung Sommergrün | Laubform |

| Familie ROSACEAE | Art *Prunus serrula* | Autor Franchet |

MAHAGONIKIRSCHE

Blätter Lanzettlich, bis 9 cm lang und 3 cm breit, lang zugespitzt, fein gesägt, matt dunkelgrün. *Borke* Glänzend mahagonibraun, glatt, charakteristisch mit hellen Lentizellen gebändert, in schmalen Streifen ablösend. *Blüten* 2 cm groß, weiß, relativ unauffällig, einzeln bis zu dritt, im Frühjahr kurz nach Laubaustrieb. *Früchte* Eiförmig, ca. 1 cm lang, anfangs gelb, reif rot.
• HERKUNFT W-China
• LEBENSRAUM Bergwälder
• ANMERKUNG Auch als Tibetkirsche *(P. serrula* var. *tibetica)* bekannt. Leicht an der typischen Borke zu erkennen.

Blätter entfalten sich zur Blüte

Blüten mit gelben Staubbeuteln

Früchte zur Reife rot

Schmal zugespitzte Blätter

Mahagonibraune Borke glänzt wie Glas

| Höhe 15 m | Wuchs Breit ausladend | Belaubung Sommergrün | Laubform |

LAUBBÄUME

| Familie ROSACEAE | Art *Prunus* x *subhirtella* | Autor Miquel |

HIGAN-KIRSCHE

Blätter Oval bis länglich eiförmig, bis 8 cm lang und 5 cm breit, zugespitzt, einfach bis doppelt gesägt, oberseits jung hellbronzefarben, später dunkelgrün, unterseits heller, im Herbst gelb. *Borke* Graubraun, glatt, gebändert mit Lentizellen. *Blüten* 2 cm groß, zartrosa oder weiß, fünf vorn gekerbte Kronblätter, geschlossen rosa, in kleinen Büscheln, im zeitigen Frühjahr vor oder mit Laubaustrieb. *Früchte* Fast schwarze Kirschen, 8 mm dick, entfernt verteilt.
- HERKUNFT Japan
- LEBENSRAUM In Wäldern mit den Eltern
- ANMERKUNG Eine natürliche Hybride aus *P. incisa* (s. Seite 261) und *P. pendula*. Sie ist selten wildwachsend anzutreffen, diente aber als Ausgangspflanze für viele Sorten, darunter 'Autumnalis' als bekannteste.

Blüten geschlossen rosa

'AUTUMNALIS'

Halbgefüllte Blüten öffnen sich teils im Winter

'AUTUMNALIS' ▷
Die halbgefüllten Blüten dieser Sorte sind weiß und zartrosa überzogen. Bei milder Witterung blüht sie ab dem ersten Frost bis ins Frühjahr.

Stipeln am Blattgrund

Bronzegrüne junge Blätter

Scharf gesägter Blattrand

Erwachsene Blätter dunkelgrün

△ 'AUTUMNALIS ROSEA'
Die halbgefüllten Blüten dieser Sorte sind 'Autumnalis' sehr ähnlich, doch sind sie geschlossen und offen tiefer rosa. Wie 'Autumnalis' blüht auch sie in milden Wintern und im Frühjahr.

Frühjahrsblüte mit Laubaustrieb

| Höhe 6 m | Wuchs Breit ausladend | Belaubung Sommergrün | Laubform |

LAUBBÄUME • 271

• *Austrieb dünn und hellgrün*

'PENDULA ROSEA'

• *Fein und regelmäßig gesägter Blattrand*

▽ 'PENDULA ROSEA'
Die schirmartig überhängenden Zweige dieser Sorte tragen einfache zartrosa Blüten. 'Pendula Rubra' ist im Wuchs ähnlich, hat jedoch dunklere Blüten. Beide Sorten sind japanischen Ursprungs. Ihre Zugehörigkeit zu *P.* x *subhirtella* ist noch nicht geklärt, vielleicht sind sie Sorten von *P. pendula*.

Vorn gekerbte Kronblätter •

• *Blüten in dichten Büscheln*

Kirschen anfangs dunkelrot, reif fast schwarz •

• *Ältere Blätter dunkelgrün*

◁ 'STELLATA'
Der Name dieser Sorte bezieht sich auf die sternförmigen Blüten mit den schlanken Kronblättern. Die prächtig und reich blühende Sorte wurde in den USA gezüchtet, wo sie auch als 'Pink Star' bekannt ist.

Dichtstehende Blütenbüschel an rötlichen Zweigen •

| Familie | ROSACEAE | Art | *Prunus verecunda* | Autor | (Koidzumi) Koehne |

PRUNUS VERECUNDA

Blätter Elliptisch bis verkehrteiförmig, bis 12 cm lang und 5 cm breit, plötzlich zugespitzt, scharf gesägt, oberseits anfangs hellgrün bis bronzefarben, später glänzend grün, unterseits heller, eine oder beide Seiten behaart, im Herbst rot bis purpurn. *Borke* Graubraun, in Streifen ablösend. *Blüten* 3 cm groß, weiß oder zart rosa, fünf vorn gekerbte Kronblätter, in kleinen Büscheln, im Frühjahr vor oder mit Laubaustrieb. *Früchte* Rote bis purpurne Kirschen, bis 1 cm dick.
• HERKUNFT China, Korea, Japan
• LEBENSRAUM Wälder in Hügel- und Gebirgslagen
• ANMERKUNG Auch als *P. serrulata* var. *pubescens* bekannt.

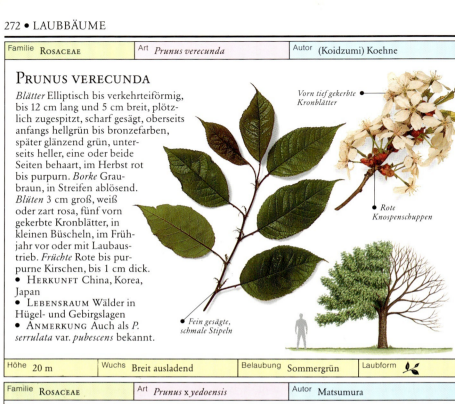

Vorn tief gekerbte Kronblätter
Rote Knospenschuppen
Fein gesägte, schmale Stipeln

| Höhe | 20 m | Wuchs | Breit ausladend | Belaubung | Sommergrün | Laubform | |

| Familie | ROSACEAE | Art | *Prunus x yedoensis* | Autor | Matsumura |

YOSHINO-KIRSCHE

Blätter Elliptisch, bis 12 cm lang und 6 cm breit, zugespitzt, scharf gesägt, beiderseits flaumig, unterseits vor allem anfangs, oberseits verkahlend und glänzend. *Borke* Purpurgrau, Lentizellen in breiten Bändern. *Blüten* 3,5 cm groß, zartrosa, später fast weiß, fünf vorn gekerbte Kronblätter, in kurzen Schirmtrauben, im zeitigen Frühjahr vor Laubaustrieb. *Früchte* Fast kugelige Kirschen, 1 cm dick, rot, reif schwarz.
• HERKUNFT Japan
• LEBENSRAUM Wälder in Hügellagen, mit den Eltern
• ANMERKUNG Vermutlich eine Hybride aus *P. subhirtella* und *P. speciosa*.

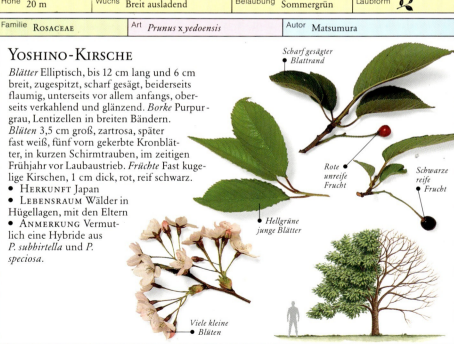

Scharf gesägter Blattrand
Rote unreife Frucht
Schwarze reife Frucht
Hellgrüne junge Blätter
Viele kleine Blüten

| Höhe | 12 m | Wuchs | Breit ausladend | Belaubung | Sommergrün | Laubform | |

LAUBBÄUME • 273

| Familie ROSACEAE | Art *Pyrus calleryana* | Autor Decaisne |

PYRUS CALLERYANA

Blätter Breit eiförmig, bis 8 cm lang und 5 cm breit, gekerbt, oberseits glänzend, kahl, im Herbst oder Frühwinter purpurrot. *Borke* Dunkelgrau, schuppig abplatzend, junge Rinde rotbraun. *Blüten* Bis 2,5 cm groß, weiß, fünf Kronblätter, im Frühjahr. *Früchte* Kugelig bis birnenförmig, fleischig, bis 2 cm dick, hellgrün bis bräunlich.
• HERKUNFT Zentral- und S-China
• LEBENSRAUM Gebüsch, an Gebirgsflüssen

Kurz zugespitzte Blätter

Blüten in Dolden

| Höhe 15 m | Wuchs Breit kegelig | Belaubung Sommergrün | Laubform |

| Familie ROSACEAE | Art *Pyrus communis* | Autor Linné |

BIRNBAUM

Blätter Elliptisch bis eiförmig, bis 10 cm lang und 5 cm breit, Basis herzförmig bis rundlich, zugespitzt, gesägt, glänzend dunkelgrün. *Borke* Dunkelgrau, klein und tief gefeldert. *Blüten* 4 cm groß, weiß, fünf Kronblätter und tiefrosa Staubbeutel, in Trugdolden, im Frühjahr. *Früchte* Kugelig bis birnenförmig, fleischig, herb bis süß, eßbar, grünlich bis gelb, auch rotfleckig.
• HERKUNFT Aus gärtnerischer Kultur
• ANMERKUNG Eine Hybride aus verschiedenen Arten, vermutlich westasiatischen Ursprungs.

Früchte in Größe, Form und Farbe variabel

Fein gesägter Blattrand

Langgestielte Blätter

| Höhe 15 m | Wuchs Breit säulenförmig | Belaubung Sommergrün | Laubform |

| Familie ROSACEAE | Art *Pyrus salicifolia* | Autor Pallas |

WEIDENBIRNE

Blätter Schmal lanzettlich, bis 9 cm lang und 2 cm breit, an beiden Enden zugespitzt, meist ganzrandig, oberseits verkahlend. *Borke* Hell graubraun, in kleinen Platten ablösend. *Blüten* 2 cm groß, rahmweiß, fünf Kronblätter und tiefrosa Staubbeutel, in Doldentrauben, im Frühjahr. *Früchte* Birnenförmig, hart, grün, bis 3 cm lang.
• HERKUNFT Kaukasus, NO-Türkei
• LEBENSRAUM Waldränder, Gebüsch

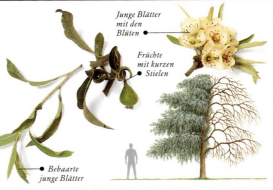

Junge Blätter mit den Blüten

Früchte mit kurzen Stielen

Behaarte junge Blätter

| Höhe 10 m | Wuchs Breit überhängend | Belaubung Sommergrün | Laubform |

274 • LAUBBÄUME

| Familie | ROSACEAE | Art | *Sorbus alnifolia* | Autor | (Siebold & Zuccarini) K. Koch |

ERLENMEHLBEERE

Blätter Elliptisch bis eiförmig, bis 10 cm lang und 4 cm breit, zugespitzt, gesägt, oberseits dunkelgrün, unterseits behaart, später kahl, im Herbst gelb, orange oder rot. *Borke* Dunkelbraun, glatt, flachrissig. *Blüten* 1,5 cm groß, weiß, in Schirmrispen, im Frühjahr. *Früchte* Kugelige, rötliche Beeren, ca. 1 cm dick.
• HERKUNFT China, Japan, Korea, Taiwan
• LEBENSRAUM Wälder

Früchte mit Lentizellen
Fünfzählige Blüten

| Höhe | 20 m | Wuchs | Breit kegelig | Belaubung | Sommergrün | Laubform | |

| Familie | ROSACEAE | Art | *Sorbus americana* | Autor | Marshall |

KANADA-EBERESCHE

Blätter Gefiedert, bis 25 cm lang, mit 11 bis 17 Blättchen, diese länglich bis lanzettlich, zugespitzt, gesägt, bis 10 cm lang und 2,5 cm breit, im Spätherbst gelb oder rot. *Borke* Grau, glatt. *Blüten* 6 mm breit, weiß, in dichten Schirmrispen, diese bis 20 cm groß, im späten Frühjahr bis Frühsommer. *Früchte* Orangerote Beeren, 5 mm dick.
• HERKUNFT O-Nordamerika
• LEBENSRAUM Wälder

Hängende Fruchtstände
Hellgrüne Blättchen

| Höhe | 8 m | Wuchs | Breit ausladend | Belaubung | Sommergrün | Laubform | |

| Familie | ROSACEAE | Art | *Sorbus aria* | Autor | (Linné) Crantz |

ECHTE MEHLBEERE

Blätter Elliptisch bis eiförmig, bis 12 cm lang und 6 cm breit, unregelmäßig gesägt, oft undeutlich gelappt, oberseits jung silbrig behaart, später glänzend dunkelgrün, unterseits weiß behaart. *Borke* Grau, glatt, im Alter schuppig gefurcht. *Blüten* Ca. 1,5 cm groß, weiß, fünf Kronblätter, in Schirmrispen, im Frühjahr. *Früchte* Kugelige, hellrote Beeren, bis 1,5 cm dick, mit hellen Lentizellen.
• HERKUNFT Europa
• LEBENSRAUM Flachland bis Gebirge, auf Kalkböden

Reifer Fruchtstand
Glänzend olivgrüne Altersblätter

| Höhe | 15 m | Wuchs | Breit säulenförmig | Belaubung | Sommergrün | Laubform | |

LAUBBÄUME • 275

| Familie | ROSACEAE | Art | *Sorbus aucuparia* | Autor | Linné |

GEMEINE EBERESCHE

Blätter Gefiedert, bis 22 cm lang, mit 9 bis 17 Blättchen, diese länglich lanzettlich, scharf gesägt, bis 6 cm lang, oberseits dunkelgrün und kahl, unterseits bläulich, anfangs behaart, im Herbst teils karminrot. *Borke* Grau, glatt. *Blüten* 1 cm groß, weiß, fünf Kronblätter, in bis zu 15 cm breiten Schirmrispen, im späten Frühjahr. *Früchte* Kugelig, bis 1 cm dick, oft in dichten Fruchtständen.
• HERKUNFT Asien, Europa
• LEBENSRAUM Ebene bis höhere Lagen, auf frischen oder leichten Böden
• ANMERKUNG Auch als Vogelbeerbaum bekannt. Aus den Beeren wird Gelee hergestellt. Roh sind sie jedoch ungenießbar.

◁ 'ASPLENIIFOLIA'
Eine Sorte mit länglichen, sehr scharf gesägten Blättchen.

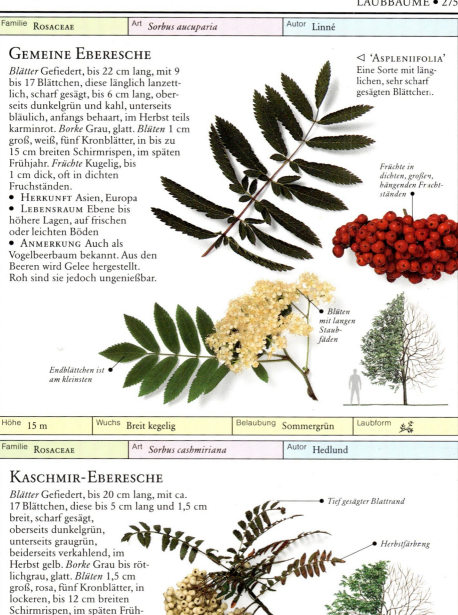

Früchte in dichten, großen, hängenden Fruchtständen

Blüten mit langen Staubfäden

Endblättchen ist am kleinsten

| Höhe | 15 m | Wuchs | Breit kegelig | Belaubung | Sommergrün | Laubform | |

| Familie | ROSACEAE | Art | *Sorbus cashmiriana* | Autor | Hedlund |

KASCHMIR-EBERESCHE

Blätter Gefiedert, bis 20 cm lang, mit ca. 17 Blättchen, diese bis 5 cm lang und 1,5 cm breit, scharf gesägt, oberseits dunkelgrün, unterseits graugrün, beiderseits verkahlend, im Herbst gelb. *Borke* Grau bis rötlichgrau, glatt. *Blüten* 1,5 cm groß, rosa, fünf Kronblätter, in lockeren, bis 12 cm breiten Schirmrispen, im späten Frühjahr. *Früchte* Kugelige Beeren, weiß, bis 1,3 cm dick, rotgestielt.
• HERKUNFT W-Himalaja
• LEBENSRAUM Bergwälder

Tief gesägter Blattrand

Herbstfärbung

Weiße, reife Früchte

| Höhe | 8 m | Wuchs | Breit ausladend | Belaubung | Sommergrün | Laubform | |

| Familie ROSACEAE | Art *Sorbus commixta* | Autor Hedlund |

JAPAN-EBERESCHE

Blätter Gefiedert, ca. 20 cm lang, mit 11 bis 15 Blättchen, diese zugespitzt, bis 8 cm lang und 3 cm breit, oberseits glänzend, unterseits blaugrün, im Herbst gelb bis purpurrot. *Borke* Grau, glatt. *Blüten* 8 mm breit, weiß, fünf Kronblätter, in bis zu 15 cm großen Schirmrispen, im späten Frühjahr. *Früchte* Hellrot, bis 8 mm dick.
• HERKUNFT Japan, Korea
• LEBENSRAUM Bergwälder

Blüten in großen Schirmrispen

Sehr scharf gesägte Blättchen

| Höhe 10 m | Wuchs Breit kegelig | Belaubung Sommergrün | Laubform |

| Familie ROSACEAE | Art *Sorbus domestica* | Autor Linné |

SPEIERLING

Blätter Gefiedert, bis 22 cm lang, bis zu 21 Blättchen, diese länglich, gesägt, bis 6 cm lang und 1 cm breit, oberseits hellgrün und kahl, unterseits jung behaart, im Herbst gelb oder rot. *Borke* Dunkelbraun, in kleinen Platten abschuppend. *Blüten* 1,5 cm groß, weiß, fünf Kronblätter, in bis 10 cm breiten Schirmrispen, im späten Frühjahr. *Früchte* Kugelig bis birnenförmig, gelbgrün, rotbackig, bis 3 cm lang.
• HERKUNFT SW-Asien, O- und S-Europa
• LEBENSRAUM Berghänge, Laubwälder

VAR. PYRIFERA ▷
Eine Varietät mit hellroten, birnenförmigen Früchten.

Oberhalb der Mitte verdickte Früchte

Breit pyramidale Schirmrispen

◁ SORBUS DOMESTICA

Gleichmäßige Blättchen

Kugelige oder birnenförmige Früchte

VAR. POMIFERA ▷
Die Früchte dieser Varietät erinnern an kleine Äpfel.

In der oberen Spreitenhälfte nach vorn gerichtete Zähne

| Höhe 20 m | Wuchs Breit säulenförmig | Belaubung Sommergrün | Laubform |

LAUBBÄUME • 277

| Familie | ROSACEAE | Art | *Sorbus esserteauana* | Autor | Koehne |

SORBUS ESSERTEAUANA

Blätter Gefiedert, bis 25 cm lang, mit ca. 15 Blättchen, diese zugespitzt, bis 10 cm lang und 4 cm breit, oberseits erst dunkelrot, später glänzend dunkelgrün und kahl, unterseits vor allem jung graufilzig, im Herbst rot. *Borke* Graubraun, dünnschuppig. *Blüten* 8 mm groß, weiß, fünf Kronblätter, in bis zu 15 cm breiten Schirmrispen, im späten Frühjahr. *Früchte* Rot, 8 mm dick.
• HERKUNFT SW-China
• LEBENSRAUM Gebirge, Felshänge, Wälder

Blüten in großen, flachen Schirmrispen

Scharf gesägter Blattrand

Kleine, beerenartige Früchte in großen Ständen

| Höhe | 10 m | Wuchs | Breit ausladend | Belaubung | Sommergrün | Laubform | |

| Familie | ROSACEAE | Art | *Sorbus forrestii* | Autor | McAllister & Gillham |

SORBUS FORRESTII

Blätter Gefiedert, bis 20 cm lang, bis zu 17 Blättchen, diese bis 4 cm lang und 1,5 cm breit, oberseits blaugrün, unterseits graugrün, verkahlend. *Borke* Purpurgrau, glatt, flach längsrissig. *Blüten* 1 cm groß, weiß, fünf Kronblätter, in flachen Schirmrispen, im späten Frühjahr. *Früchte* Kugelig, 1 cm dick, anfangs grün, reif weiß.
• HERKUNFT SW-China
• LEBENSRAUM Bergwälder

Obere Hälfte der Blättchen fein gesägt

Blüten in kleinen, lockeren Schirmrispen

Untere Hälfte der Blättchen ganzrandig

Früchte oben tiefrosa überzogen

| Höhe | 6 m | Wuchs | Breit ausladend | Belaubung | Sommergrün | Laubform | |

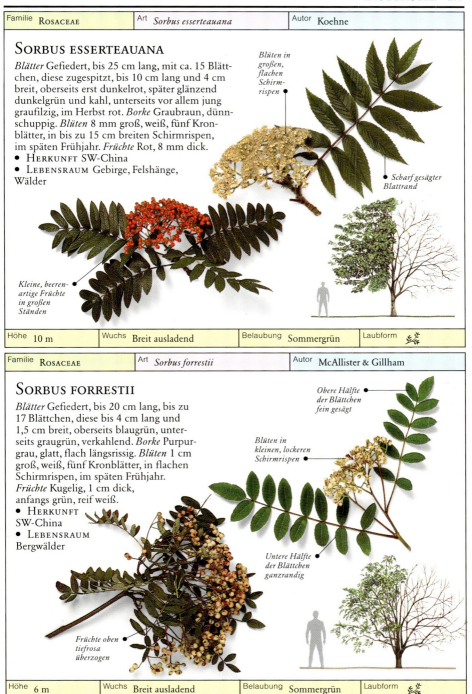

| Familie | ROSACEAE | Art | *Sorbus hupehensis* | Autor | Schneider |

HUPEH-EBERESCHE

Blätter Gefiedert, bis 25 cm lang, bis zu 17 Blättchen, diese bis 6 cm lang und 2 cm breit, vorn gesägt, oberseits blaugrün, unterseits silbergrau und fast kahl oder kahl, im Herbst rot. *Borke* Grau, glatt. *Blüten* 8 mm groß, weiß, fünf Kronblätter, halbkugelige, bis 15 cm breite Schirmrispen, im späten Frühjahr. *Früchte* Kugelige Beeren, 6 mm dick, weiß, oben hellrosa.
- HERKUNFT China
- LEBENSRAUM Bergwälder

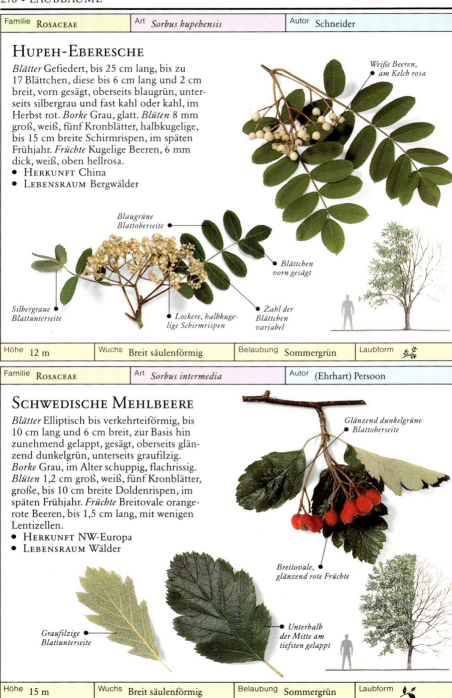

| Höhe | 12 m | Wuchs | Breit säulenförmig | Belaubung | Sommergrün | Laubform | |

| Familie | ROSACEAE | Art | *Sorbus intermedia* | Autor | (Ehrhart) Persoon |

SCHWEDISCHE MEHLBEERE

Blätter Elliptisch bis verkehrteiförmig, bis 10 cm lang und 6 cm breit, zur Basis hin zunehmend gelappt, gesägt, oberseits glänzend dunkelgrün, unterseits graufilzig. *Borke* Grau, im Alter schuppig, flachrissig. *Blüten* 1,2 cm groß, weiß, fünf Kronblätter, große, bis 10 cm breite Doldenrispen, im späten Frühjahr. *Früchte* Breitovale orangerote Beeren, bis 1,5 cm lang, mit wenigen Lentizellen.
- HERKUNFT NW-Europa
- LEBENSRAUM Wälder

| Höhe | 15 m | Wuchs | Breit säulenförmig | Belaubung | Sommergrün | Laubform | |

LAUBBÄUME • 279

| Familie ROSACEAE | Art *Sorbus* 'Joseph Rock' | Autor _ _ |

SORBUS 'JOSEPH ROCK'

Blätter Gefiedert, bis 15 cm lang, bis zu 17 Blättchen, diese scharf gesägt, bis 4 cm lang und 1,2 cm breit, oberseits gelbgrün, unterseits graugrün, verkahlend, im Herbst orange bis purpurn. *Borke* Grau, fast glatt, mit kleinen, orangen Lentizellen. *Blüten* 1 cm groß, weiß, fünf Kronblätter, flache, 10 cm breite Schirmrispen, im späten Frühjahr bis Frühsommer.
Früchte Kugelig, 1 cm dick, anfangs grün, später gelbweiß, reif orangegelb.
• HERKUNFT Vermutlich China
• LEBENSRAUM Kommt wahrscheinlich nicht wildwachsend vor

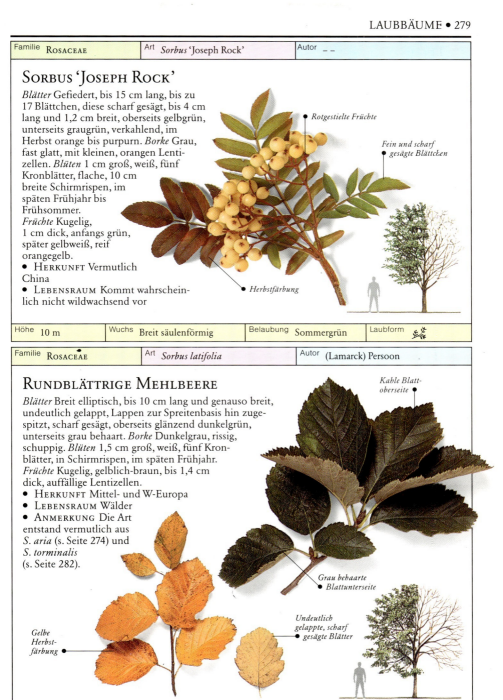

Rotgestielte Früchte

Fein und scharf gesägte Blättchen

Herbstfärbung

| Höhe 10 m | Wuchs Breit säulenförmig | Belaubung Sommergrün | Laubform |

| Familie ROSACEAE | Art *Sorbus latifolia* | Autor (Lamarck) Persoon |

RUNDBLÄTTRIGE MEHLBEERE

Blätter Breit elliptisch, bis 10 cm lang und genauso breit, undeutlich gelappt, Lappen zur Spreitenbasis hin zugespitzt, scharf gesägt, oberseits glänzend dunkelgrün, unterseits grau behaart. *Borke* Dunkelgrau, rissig, schuppig. *Blüten* 1,5 cm groß, weiß, fünf Kronblätter, in Schirmrispen, im späten Frühjahr. *Früchte* Kugelig, gelblich-braun, bis 1,4 cm dick, auffällige Lentizellen.
• HERKUNFT Mittel- und W-Europa
• LEBENSRAUM Wälder
• ANMERKUNG Die Art entstand vermutlich aus *S. aria* (s. Seite 274) und *S. torminalis* (s. Seite 282).

Kahle Blattoberseite

Grau behaarte Blattunterseite

Undeutlich gelappte, scharf gesägte Blätter

Gelbe Herbstfärbung

| Höhe 12 m | Wuchs Breit säulenförmig | Belaubung Sommergrün | Laubform |

| Familie | ROSACEAE | Art | *Sorbus sargentiana* | Autor | Koehne |

SARGENTS-EBERESCHE

Blätter Gefiedert, bis 35 cm lang, ca. elf Blättchen, diese länglich, zugespitzt, bis 13 cm lang und 4 cm breit, oberseits matt dunkelgrün, unterseits graugrün und behaart, im Herbst goldgelb bis rot. *Borke* Purpurbraun, im Alter rissig, schuppig. *Blüten* 6 mm groß, weiß, flach gewölbte, bis 20 cm breiteSchirmrispen, im Frühsommer. *Früchte* Kugelig, leuchtend rot, 6 mm dick, zahlreich.
- HERKUNFT SW-China
- LEBENSRAUM Bergwälder

Oberstes Blättchenpaar nach vorn gerichtet

Kleine Beeren in dichten Fruchtständen

| Höhe | 10 m | Wuchs | Breit säulenförmig | Belaubung | Sommergrün | Laubform | |

| Familie | ROSACEAE | Art | *Sorbus scalaris* | Autor | Koehne |

SORBUS SCALARIS

Blätter Gefiedert, bis 20 cm lang, zahlreiche Blättchen, diese länglich, bis 4 cm lang und 1 cm breit, nur vorne gesägt, oberseits dunkelgrün, unterseits grau und behaart, im Spätherbst rot bis purpurn. *Borke* Glatt, grau, flachrissig. *Blüten* 6 mm groß, weiß, fünf Kronblätter, in flachen, bis 15 cm breiten Schirmrispen, im späten Frühjahr oder Frühsommer. *Früchte* Kugelig, hochrot, 6 mm dick, zahlreich.
- HERKUNFT SW-China
- LEBENSRAUM Bergwälder

Blättchen nur vorne gesägt

Kleine Blüten in dichten Schirmrispen

Kleine, hochrote Früchte

| Höhe | 10 m | Wuchs | Breit ausladend | Belaubung | Sommergrün | Laubform | |

LAUBBÄUME • 281

| Familie ROSACEAE | Art *Sorbus thibetica* | Autor (Cardot) Handel-Mazzetti |

SORBUS THIBETICA

Blätter Oval bis verkehrteiförmig bzw. rund, bis 15 cm lang und 10 cm breit, Basis mehr oder weniger keilförmig, scharf gezähnt, oberseits erst behaart, später verkahlend und dunkelgrün, unterseits dicht weiß behaart, mit bis zu 14 Nervenpaaren. *Borke* Graubraun, dünnschuppig, gefurcht, am Fuß abschuppend. *Blüten* Weiß, fünf Kronblätter, in bis zu 6 cm großen Schirmrispen, im späten Frühjahr bis Frühsommer. *Früchte* Kugelige, orange bis gelbe Beeren, 1,5 cm dick.
• HERKUNFT SW-China, Himalaja
• LEBENSRAUM Bergwälder
• ANMERKUNG Die hier abgebildete Sorte 'John Mitchell' ist sehr selten zu sehen.

| Höhe 15 m | Wuchs Breit kegelig | Belaubung Sommergrün | Laubform |

| Familie ROSACEAE | Art *Sorbus x thuringiaca* | Autor (Ilse) Fritsch |

THÜRINGISCHE MEHLBEERE

Blätter Schmal elliptisch bis eiförmig, bis 10 cm lang und 6 cm breit, bis auf die Blattspitze gelappt, Lappen zur Spreitenbasis hin größer, dort fiederschnittig, gesägt, oberseits glänzend dunkelgrün, unterseits graufilzig. *Borke* Purpurgrau, glatt, im Alter schuppig ablösend. *Blüten* 1,2 cm groß, weiß, fünf Kronblätter, in dichten, kleinen Schirmrispen, im späten Frühjahr. *Früchte* Kugelige, glänzend rote Beeren, 1,2 cm dick.
• HERKUNFT Europa
• LEBENSRAUM Wälder, gemeinsam mit den Eltern
• ANMERKUNG Eine wild vorgefundene Hybride aus *S. aria* (s. Seite 274) und *S. aucuparia* (s. Seite 275). Die hier abgebildete Sorte 'Fastigiata' mit aufstrebenden Ästen und schmaler Krone ist oft als Straßenbaum zu sehen. Andere Sorten stehen *S. aucuparia* näher und sind stärker gefiedert.

| Höhe 12 m | Wuchs Breit kegelig | Belaubung Sommergrün | Laubform |

282 • LAUBBÄUME

| Familie ROSACEAE | Art *Sorbus torminalis* | Autor (Linné) Crantz |

ELSBEERE

Blätter Breit eiförmig, im Umriß bis 10 cm lang und breit, jederseits drei bis fünf dreieckige, spitze Lappen, die unteren tief eingeschnitten, oberseits glänzend dunkelgrün, unten heller, jung behaart, im Herbst gelb, rot oder purpur. *Borke* Dunkelbraun, schuppig ablösend. *Blüten* 1,5 cm groß, weiß, in flachen Schirmrispen, im Frühsommer. *Früchte* Kugelige, bräunliche Beeren, bis 1,5 cm dick.
- HERKUNFT N-Afrika, SW-Asien, Europa
- LEBENSRAUM Wälder

Reife Früchte mit Lentizellen

Ahornartige Blätter

Lockere Blütenstände

| Höhe 15 m | Wuchs Breit säulenförmig | Belaubung Sommergrün | Laubform |

| Familie ROSACEAE | Art *Sorbus vestita* | Autor (G. Don) Loddiges |

HIMALAJA-MEHLBEERE

Blätter Elliptisch, bis 20 cm lang und 15 cm breit, teils undeutlich gelappt, kerbig gezähnt, oberseits jung weiß behaart, später glänzend dunkelgrün, unterseits dicht weiß behaart, bis zu elf Nervenpaare. *Borke* Hellgrau, in dicken Schuppen ablösend. *Blüten* 2 cm groß, weiß, fünf Kronblätter, bis zu 10 cm breite Schirmrispen, im späten Frühjahr bis Frühsommer. *Früchte* Kugelige bis birnenförmige Beeren, 2 cm dick, grün, bräunlich gefleckt.
- HERKUNFT Himalaja
- LEBENSRAUM Bergwälder

Früchte mit bräunlichen Lentizellen

Früchte an kräftigen Zweigen

| Höhe 15 m | Wuchs Breit kegelig | Belaubung Sommergrün | Laubform |

| Familie ROSACEAE | Art *Sorbus vilmorinii* | Autor Schneider |

ROSAFRÜCHTIGE EBERESCHE

Blätter Gefiedert, bis 15 cm lang, bis zu 25 Blättchen, diese bis 2,5 cm lang, oberhalb der Mitte gesägt, oberseits glänzend dunkelgrün, unterseits graugrün. *Borke* Dunkelgrau, glatt. *Blüten* 6 mm breit, weiß, fünf Kronblätter, in bis 10 cm großen Schirmrispen, im späten Frühjahr bis Frühsommer. *Früchte* Kugelige Beeren, 8 mm dick, erst dunkelrot, reif glasig weiß bis rosa.
- HERKUNFT SW-China
- LEBENSRAUM Bergwälder

Reife Früchte weiß bis rosa

Dunkelrote junge Früchte

| Höhe 8 m | Wuchs Breit ausladend | Belaubung Sommergrün | Laubform |

LAUBBÄUME • 283

RUTACEAE

I n 150 Gattungen dieser Familie sind weltweit rund 1600 Arten Bäume, Sträucher und krautige Pflanzen vertreten. Vorwiegend sind sie im tropischen und subtropischen Afrika und Australien heimisch. Die Blätter sind meist wechselständig und oft zusammengesetzt und reich an ätherischen Ölen. Die Blüten haben meist vier oder fünf Kronblätter und sind weiß bis gelb.

Familie	Art	Autor
RUTACEAE	*Phellodendron amurense*	Ruprecht

AMUR-KORKBAUM

Blätter Gefiedert, bis 40 cm lang, bis zu 13 Blättchen, diese eiförmig bis lanzettlich, lang zugespitzt, Rand gewimpert, bis 10 cm lang und 5 cm breit, oberseits glänzend dunkelgrün und kahl, unterseits blaugrün, unterer Teil der Mittelrippe behaart, im Herbst gelb.
Borke Grau, dick korkig, tief gefurcht.
Blüten Zweihäusig, klein, gelbgrün, männliche mit gelben, vorstehenden Staubblättern, in kegeligen, bis 8 cm breiten Rispen, im Sommer.
Früchte Kugelig, bis 1 cm dick, anfangs grün, reif schwarz.
• HERKUNFT NO-Asien
• LEBENSRAUM Feuchte Standorte an Gebirgsflüssen

PHELLODENDRON AMURENSE

Blättchen mit glänzend grüner Oberseite

Gefurchte, korkige Borke

Aromatische Früchte, anfangs grün, reif schwarz

PHELLODENDRON AMURENSE

▽ VAR. LAVALLEI
Typisch für diese Varietät sind die glatten Blättchen mit graugrüner, an den Nerven behaarter Unterseite.

Männl. Blüten mit vorstehenden Staubblättern

Blättchen mit stumpfgrüner Oberseite

Höhe	Wuchs	Belaubung	Laubform
12 m	Breit ausladend	Sommergrün	

| Familie RUTACEAE | Art *Ptelea trifoliata* | Autor Linné |

KLEEULME

Ptelea trifoliata

Blätter Dreizählig, Blättchen eiförmig bis oval, ganzrandig bis undeutlich gekerbt, bis 10 cm lang und 4 cm breit, oberseits glänzend dunkelgrün, unterseits heller und meist kahl, im Herbst gelb, zerrieben duftend. *Borke* Dunkelgrau, fast glatt. *Blüten* 1 cm breit, grünlich, vier oder fünf Kronblätter, in bis 8 cm großen Rispen, endständig, im Frühsommer. *Früchte* Rundlich, zweisamig, mit scheibenförmigem Flügel, bis 2,5 cm groß, anfangs hellgrün, reif hellbraun.
• HERKUNFT O-Nordamerika
• LEBENSRAUM Feuchte Wälder, Gebüsch und felsige Hänge

Samen von scheibenförmigem Flügel umschlossen

Kleine grünliche Blüten in aufrechten Rispen

Blätter werden später hellgrün

Drüsen auf der Blattoberseite mit ätherischem Öl

◁ 'AUREA'
Auffallend an dieser Sorte ist das dichte, jung gelbe Laub.

| Höhe 8 m | Wuchs Breit ausladend | Belaubung Sommergrün | Laubform |

| Familie RUTACEAE | Art *Tetradium daniellii* | Autor (Bennett) Hartley |

KOREANISCHE STINKESCHE

Junge Blättchen mit schiefer Basis

Blätter Gefiedert, 30 cm lang und länger, bis zu elf Blättchen, diese eiförmig bis länglich, meist lang zugespitzt, ganzrandig, bis 10 cm lang und 4 cm breit, oberseits glänzend dunkelgrün und kahl, unterseits blaugrün und zumindest jung behaart. *Borke* Grau, glatt. *Blüten* Klein, weiß, duftend, in flachen Schirmrispen, diese bis 15 cm breit, endständig, im Spätsommer bis Frühherbst. *Früchte* Kleine, schnabelspitzige, rotbraune bis fast schwarze Kapseln, bis 8 mm lang, in dichten Fruchtständen.
• HERKUNFT China, Korea
• LEBENSRAUM Bergwälder
• ANMERKUNG Bis vor kurzem als *Euodia daniellii* geführt.

Männl. Blüten mit vorstehenden gelben Staubbeuteln

| Höhe 15 m | Wuchs Breit ausladend | Belaubung Sommergrün | Laubform |

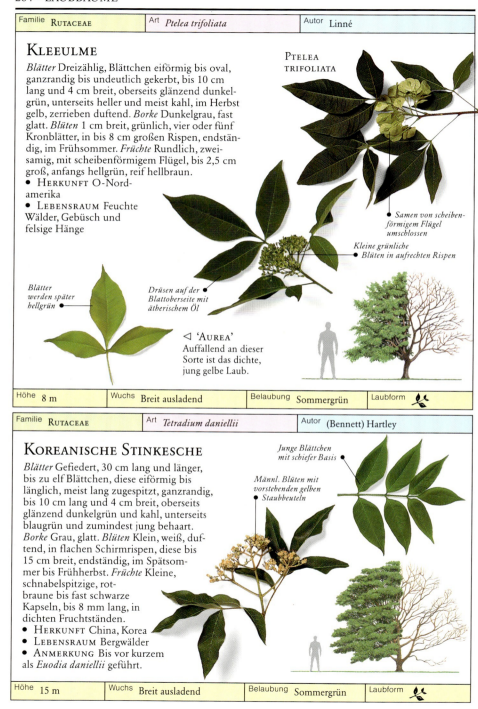

LAUBBÄUME • 285

| Familie | RUTACEAE | Art | *Zanthoxylum ailanthoides* | Autor | Siebold & Zuccarini |

ZANTHOXYLUM AILANTHOIDES

Blätter Gefiedert, 30 cm lang und länger, bis zu 15 Paare länglicher Blättchen, diese lang zugespitzt, bis 15 cm lang und 5 cm breit, oberseits frischgrün, unterseits blaugrün. *Borke* Grau-grün, gestreift, mit stacheligen Auswüchsen. *Blüten* Zweihäusig, gelbgrün, in endständigen Rispen, im Spätsommer. *Früchte* Klein, grün, mit schwarzen Samen.
• HERKUNFT O-Asien
• LEBENSRAUM Wälder

Lang zugespitzte Blättchen

Sehr fein gesägte Blättchen

| Höhe | 15 m | Wuchs | Breit ausladend | Belaubung | Sommergrün | Laubform | |

| Familie | RUTACEAE | Art | *Zanthoxylum simulans* | Autor | Hance |

TÄUSCHENDE STACHELESCHE

Blätter Gefiedert, bis 20 cm lang, bis zu elf Blättchen, diese eiförmig, kerbig gesägt, oberseits grün, teils dornspitzig, unterseits meist dornspitzig, Blattspindel leicht geflügelt, zerrieben duftend, an stacheligen Zweigen. *Borke* Grau, kegelige Auswüchse. *Blüten* Klein, grün, bis zu 5 cm große Rispen, im Sommer. *Früchte* Klein, rund, warzig, stark duftend, 5 mm dick, anfangs grün, reif rot, trocknen aus und öffnen sich, glänzend schwarze Samen.
• HERKUNFT China
• LEBENSRAUM Bergwälder und Gebüsch
• ANMERKUNG Während des Wachstums werden die Stacheln am Stamm härter und entwickeln sich zu rauhen, kegeligen Auswüchsen, die für die Art typisch sind.

Geflügelte Blattspindel

Rotgestielte, warzige Früchte

Zweige mit abgeflachten Stacheln

Drüsen geben beim Zerreiben der Blättchen ätherisches Öl ab

Stamm mit kegeligen Auswüchsen

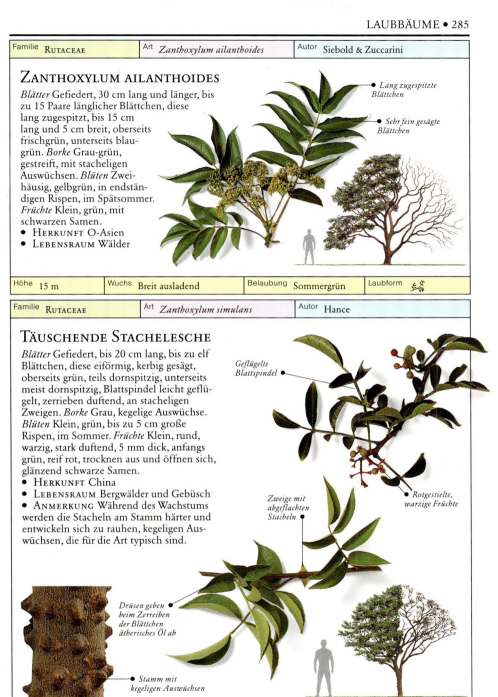

| Höhe | 6 m | Wuchs | Breit ausladend | Belaubung | Sommergrün | Laubform | |

Salicaceae

DIE ZWEI GATTUNGEN und rund 350 Arten sommergrüner Gehölze dieser Familie sind außer in Australien weltweit, vorwiegend jedoch in der nördlich-temperierten Zone verbreitet. Die Blätter sind wechselständig, selten annähernd gegenständig. Die kleinen Blüten (oft ohne Kronblätter) stehen in Kätzchen und sind meist zweihäusig verteilt. Die Frucht ist eine Kapsel mit kleinen Samen.

Familie SALICACEAE	Art *Populus alba*	Autor Linné

Silberpappel

Blätter Variabel, an Langtrieben drei- bis fünflappig, bis 12 cm lang und 9 cm breit, an Kurztrieben nur undeutlich gelappt, wellig gezähnt, beide Formen oberseits jung weißfilzig, später kahl und dunkelgrün, unterseits dicht weißfilzig. *Borke* Weißgrau, rissig. *Blüten* Zweihäusig, in hängenden Kätzchen, männliche zu dritt, bis 8 cm lang, weibliche zu zweit, bis 5 cm lang, grün, im zeitigen Frühjahr, vor Laubaustrieb. *Früchte* Kleine grüne Kapseln, bis 10 cm lang, darin kleine Samen in weißem, watteartigem Haarpolster.
• HERKUNFT N-Afrika, Zentral- und W-Asien, Europa
• LEBENSRAUM Wälder, vor allem an feuchten Standorten
• ANMERKUNG Auch als Weißpappel bekannt.

Weißfilzige junge Blätter

Erwachsene Blätter mit kahler Oberseite

An Langtrieben ahornartig gelappte Blätter

Dicht weißfilzige Blattunterseite

An Kurztrieben undeutlich gelappte, wellige Blätter

Höhe 30 m	Wuchs Breit säulenförmig	Belaubung Sommergrün	Laubform

LAUBBÄUME • 287

| Familie SALICACEAE | Art *Populus balsamifera* | Autor Linné |

BALSAMPAPPEL

Blätter Eiförmig, bis 12 cm lang und 10 cm breit, zugespitzt, kerbig gesägt, oberseits glänzend grün, unterseits weißlich und netzläufig geädert, beiderseits kahl, jung nach Balsam duftend. *Borke* Grau, rissig. *Blüten* Zweihäusig, in Kätzchen, männliche bis 8 cm lang, weibliche bis 12 cm lang, grün, im zeitigen Frühjahr. *Früchte* Kleine grüne Kapseln, in bis 30 cm langen Kätzchen.
* HERKUNFT Nordamerika
* LEBENSRAUM Feuchte Wälder

Lang zugespitzte Blätter

Fein geäderte Blattunterseite

| Höhe 30 m | Wuchs Breit säulenförmig | Belaubung Sommergrün | Laubform |

| Familie SALICACEAE | Art *Populus x canadensis* | Autor Moench |

KANADISCHE PAPPEL

Blätter Breit dreieckig, bis 10 cm lang und breit, kurz zugespitzt, kerbig gesägt, oberseits glänzend grün. *Borke* Hellgrau, tief längsrissig. *Blüten* Zweihäusig, in Kätzchen, männliche bis 10 cm lang, weibliche grün, im zeitigen Frühjahr vor Laubaustrieb. *Früchte* Kleine grüne Kapseln, darin kleine Samen in weißem, watteartigem Haarpolster.
* HERKUNFT Aus gärtnerischer Kultur
* ANMERKUNG Mit diesem Namen wird eine Gruppe von Hybriden aus *P. deltoides* und *P. nigra* (s. Seite 289) bezeichnet, darunter einige der am häufigsten angepflanzten Pappeln.

'MARILANDICA' ▷
Tiefe Furchen lassen die Borke dieser Sorte zerklüftet aussehen.

• *Unregelmäßig gefurchte, hellgraue Borke*

• *Kerben zur Basis hin größer*

◁ 'ROBUSTA'
Das rotbraune Laub dieser männlichen Sorte erscheint zur Frühjahrsmitte; bis zum Spätsommer färbt es sich glänzend dunkelgrün.

• *Auffallend helle junge Blätter*

△ 'SEROTINA AUREA'
Diese männliche Sorte mit leuchtend goldgelbem Sommerlaub treibt im späten Frühjahr aus.

• *Längsrissige Borke*

| Höhe 30 m | Wuchs Breit säulenförmig | Belaubung Sommergrün | Laubform |

| Familie SALICACEAE | Art *Populus x candicans* | Autor Aiton |

ONTARIO-PAPPEL

Blätter Breit eiförmig, bis 15 cm lang und 10 cm breit, Basis meist herzförmig, zugespitzt, gesägt, oberseits dunkelgrün, unterseits weißlich und netzadrig, beiderseits leicht behaart. *Borke* Grau, glatt, im Alter gefurcht. *Blüten* Nur weibliche, grün, in hängenden Kätzchen, im zeitigen Frühjahr. *Früchte* Kleine grüne Kapseln, darin kleine Samen in weißem, watteartigem Haarpolster, in bis zu 15 cm langen Kätzchen.
- HERKUNFT Aus gärtnerischer Kultur
- ANMERKUNG Aufgrund der starken Bastardierung der Pappelarten untereinander ist eine genaue Bestimmung (auch der Elternteile) oft nicht möglich. Die Nomenklatur ist deswegen häufig umstritten. Die Sorte 'Aurora' hat weiß- bis rosafleckte Blätter.

Zugespitzte Blätter

Kräftige Panaschierung der Blätter an jungen Trieben

△ POPULUS X CANDICANS

'AURORA' ▷

| Höhe 30 m | Wuchs Breit säulenförmig | Belaubung Sommergrün | Laubform |

| Familie SALICACEAE | Art *Populus x canescens* | Autor (Aiton) P. Smith |

GRAUPAPPEL

Blätter Rund bis eiförmig, bis 12 cm lang und breit, teils undeutlich gelappt, gesägt, oberseits jung dicht weißfilzig, später kahl und glänzend dunkelgrün, unterseits grau behaart. *Borke* Hellgrau, jung mit rautenförmigen Korkwülsten, im Alter dunkelbraun, tief gefurcht. *Blüten* Zweihäusig, in hängenden Kätzchen, männliche bis 10 cm lang, grau mit roten Staubbeuteln, weibliche bis 10 cm lang, grün, im zeitigen Frühjahr. *Früchte* Kleine grüne Kapseln, darin kleine Samen in weißem, watteartigem Haarpolster, in Kätzchen.
- HERKUNFT Europa
- LEBENSRAUM Flußtäler
- ANMERKUNG Eine weitgehend eingebürgerte Hybride aus *P. alba* (s. Seite 286) und *P. tremula* (s. Seite 290).

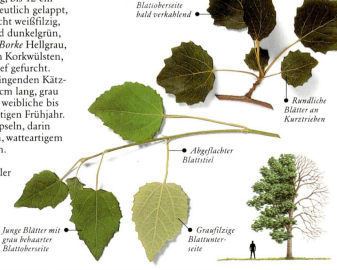

Blatoberseite bald verkahlend

Rundliche Blätter an Kurztrieben

Abgeflachter Blattstiel

Junge Blätter mit grau behaarter Blattoberseite

Graufilzige Blattunterseite

| Höhe 30 m | Wuchs Breit säulenförmig | Belaubung Sommergrün | Laubform |

LAUBBÄUME • 289

| Familie SALICACEAE | Art *Populus lasiocarpa* | Autor Oliver |

GROSSBLATT-PAPPEL

Blätter Breit eiförmig, bis 30 cm lang und 20 cm breit, Basis tief herzförmig, fein und abgerundet gesägt, anfangs behaart, später oberseits kahl und dunkelgrün, Adern und Blattstiel rot, an dicken Zweigen. *Borke* Graubraun, längsrissig. *Blüten* Meist zweihäusig, gelbgrün, in hängenden, bis 10 cm langen Kätzchen, teils in einer Ähre, männliche mit rötlichen Staubbeuteln, im Frühjahr. *Früchte* Kleine grüne Kapseln, darin kleine Samen in weißem, watteartigem Haarpolster, in Kätzchen.
• HERKUNFT Zentral-China
• LEBENSRAUM Feuchte Wälder im Gebirge
• ANMERKUNG Die Art ist leicht an den sehr großen, langgestielten Blättern zu erkennen.

Dicke junge Zweige
Große Blätter mit herzförmiger Basis
Lange rote Blattstiele
Grüne Früchte mit Samen

| Höhe 20 m | Wuchs Breit kegelig | Belaubung Sommergrün | Laubform |

| Familie SALICACEAE | Art *Populus nigra* | Autor Linné |

SCHWARZPAPPEL

Blätter Eiförmig bis dreieckig, bis 10 cm lang und breit, an Langtrieben größer, zugespitzt, ganzrandig, kerbig gesägt, Ränder durchscheinend, oberseits bronzefarben, später glänzend dunkelgrün, unterseits heller, beiderseits kahl, im Herbst gelb. *Borke* Dunkel graubraun, sehr grob gefurcht. *Blüten* Zweihäusig, männliche mit roten Staubbeuteln, weibliche grün, in hängenden, bis 5 cm langen Kätzchen, im zeitigen Frühjahr vor Laubaustrieb. *Früchte* Kleine grüne Kapseln, darin kleine Samen in weißem, watteartigem Haarpolster, in Kätzchen.
• HERKUNFT W-Asien, Europa
• LEBENSRAUM Flußtäler
• ANMERKUNG *Populus nigra* 'Italica', die Säulen- oder Pyramidenpappel, wächst schmal säulenförmig.

Blattspitze meist nicht gesägt
Dünne, abgeflachte Blattstiele
Spreitenbasis ohne Drüsen

| Höhe 30 m | Wuchs Breit ausladend | Belaubung Sommergrün | Laubform |

290 • LAUBBÄUME

| Familie SALICACEAE | Art *Populus szechuanica* | Autor Schneider |

CHINESISCHE BALSAMPAPPEL

VAR. THIBETICA ▷

Blätter Eiförmig, an Langtrieben bis 30 cm lang und 20 cm breit, an Kurztrieben meist kleiner, Basis abgerundet bis herzförmig, zugespitzt, feinkerbig gezähnt, kahl, oberseits jung rötlich bis bronzefarben, später dunkelgrün, unterseits heller. **Borke** Rötlichgrau, im Alter in breiten, glatten Schuppen ablösend. **Blüten** Zweihäusig, klein, ohne Kronblätter, männliche mit dunkelroten Staubbeuteln, weibliche grün, in hängenden Kätzchen, im Frühjahr vor Laubaustrieb. **Früchte** Kleine grüne Kapseln, darin kleine Samen in weißem, watteartigem Haarpolster, in bis zu 16 cm langen Kätzchen.
- HERKUNFT W-China
- LEBENSRAUM Feuchte Bergwälder
- ANMERKUNG Die Blätter der hier abgebildeten var. *thibetica* sind unterseits spärlich behaart.

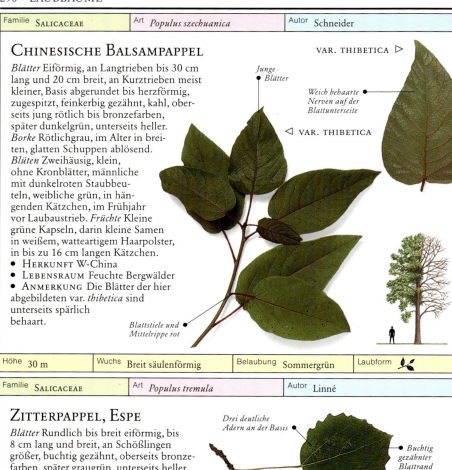

Junge Blätter

Weich behaarte Nerven auf der Blattunterseite

◁ VAR. THIBETICA

Blattstiele und Mittelrippe rot

| Höhe 30 m | Wuchs Breit säulenförmig | Belaubung Sommergrün | Laubform |

| Familie SALICACEAE | Art *Populus tremula* | Autor Linné |

ZITTERPAPPEL, ESPE

Blätter Rundlich bis breit eiförmig, bis 8 cm lang und breit, an Schößlingen größer, buchtig gezähnt, oberseits bronzefarben, später graugrün, unterseits heller, meist beiderseits kahl, im Herbst gelb, Blattstiel seitlich zusammengedrückt. **Borke** Grau, glatt, später dunkler und am Fuß rissig. **Blüten** Zweihäusig, männliche mit roten Staubbeuteln, weibliche grün, in hängenden, bis 10 cm langen Kätzchen, im zeitigen Frühjahr vor Laubaustrieb. **Früchte** Kleine grüne Kapseln, darin kleine Samen in weißem, watteartigem Haarpolster, in Kätzchen.
- HERKUNFT Asien, N-Afrika, Europa
- LEBENSRAUM Lichte Wälder und Gebüsch auf allen Böden. Im Süden der Herkunftsgebiete auch in Gebirge.

Drei deutliche Adern an der Basis

Buchtig gezähnter Blattrand

Lange, dünne, abgeflachte Blattstiele

| Höhe 20 m | Wuchs Breit ausladend | Belaubung Sommergrün | Laubform |

LAUBBÄUME • 291

| Familie SALICACEAE | Art *Salix alba* | Autor Linné |

SILBERWEIDE

Blätter Schmal lanzettlich, bis 10 cm lang und 1,5 cm breit, Basis keilförmig, lang zugespitzt, oberseits jung silberhaarig, später kahl, grün, unterseits blaugrün, behaart. *Borke* Dunkelgrau, mit dicken Leisten. *Blüten* Zweihäusig, klein, ohne Kronblätter, in schlanken, zylindrischen, abstehenden bis aufrechten Kätzchen, männliche bis 6 cm lang, gelb, weibliche bis 4 cm lang, im Frühjahr mit Laubaustrieb. *Früchte* Kleine grüne Kapseln, bis 5 mm lang, darin kleine Samen mit weißem, watteartigem Haarpolster.
• HERKUNFT W-Asien, Europa
• LEBENSRAUM Flußauen, in Gewässernähe
• ANMERKUNG Die stattlichste unserer Weiden wird noch häufig zur Kopfweide geschnitten.

Männl. Kätzchen mit gelben Staubbeuteln.

Grüne weibl. Kätzchen

SALIX ALBA

Deutlich silberhaarige junge Blätter

Lang zugespitzte Blätter

Dunkelgrüne erwachsene Blätter

Blattknospen im Winter

'BRITZENSIS' △
Die jungen Zweige dieser Sorte sind in den Wintermonaten kräftig orangerot gefärbt.

VAR. CAERULEA ▷
Aus dem Holz dieser Varietät werden Kricketschläger gefertigt.

Blaugrüne, leicht bereifte Blätter

| Höhe 25 m | Wuchs Breit säulenförmig | Belaubung Sommergrün | Laubform |

292 • LAUBBÄUME

| Familie | SALICACEAE | Art | *Salix babylonica* | Autor | Linné |

CHINESISCHE TRAUERWEIDE

Blätter Lanzettlich, bis 16 cm lang und 1,5 cm breit, lang zugespitzt, fein gesägt, oberseits grün, unterseits blaugrün, jung behaart, später kahl, an bogig überhängenden, glänzend braunen Zweigen. *Borke* Graubraun, grob längsrissig. *Blüten* Zweihäusig, sehr klein, ohne Kronblätter, in schlanken, zylindrischen Kätzchen, männliche bis 4 cm lang, gelb, weibliche bis 2,5 cm lang, grün, im Frühjahr mit Laubaustrieb. *Früchte* Kleine grüne Kapseln, bis 5 mm lang, darin kleine Samen mit weißem, watteartigem Haarpolster.
• HERKUNFT N-China
• LEBENSRAUM Heute nur noch in Kultur bekannt
• ANMERKUNG Die Art ist in N-Afrika, W-Asien und O-Europa seit langem in Kultur.

Männl. Blüten mit gelben Staubbeuteln, in Kätzchen

◁ SALIX BABYLONICA

Lange, dünne, überhängende Zweige

Junge Blätter treiben zur Blüte aus

▽ VAR. PEKINENSIS
Die auch als *S. matsudana* bekannte Varietät besitzt einen schlank aufrechten Wuchs.

Grüne weibl. Blüten, in Kätzchen

▽ 'PENDULA'
Typisch für diese Sorte sind die langen, hängenden Zweige und das dichte Laub.

Deutlich drehwüchsige Zweige und Blätter

Lang zugespitzte, hängende Blätter

'TORTUOSA' ▷
An dieser Sorte fallen die korkenzieherartig gedrehten Zweige und Blätter auf.

| Höhe | 12 m | Wuchs | Breit überhängend | Belaubung | Sommergrün | Laubform | |

LAUBBÄUME • 293

| Familie SALICACEAE | Art *Salix daphnoides* | Autor Villars |

REIFWEIDE

Blätter Schmal elliptisch, bis 12 cm lang und 2,5 cm breit, zugespitzt, fein gesägt, oberseits glänzend dunkelgrün, unterseits blaugrün, anfangs behaart, später beiderseits kahl, Zweige anfangs bereift, später glänzend rotbraun.
Borke Grau, glatt. *Blüten* Sehr klein, ohne Kronblätter, männliche mit gelben Staubbeuteln, in seidig behaarten, bis 5 cm langen Kätzchen, im Spätwinter bis zeitigen Frühjahr, vor Laubaustrieb. *Früchte* Kleine grüne Kapseln, bis 5 mm lang, darin kleine Samen mit weißem, watteartigem Haarpolster.
• HERKUNFT Europa
• LEBENSRAUM Feuchte Wälder

Blaugrüne Blattunterseite
Spitze rote Blattknospen
Keilförmige Spreitenbasis
Junge Zweige bereift

| Höhe 10 m | Wuchs Breit kegelig | Belaubung Sommergrün | Laubform |

| Familie SALICACEAE | Art *Salix fragilis* | Autor Linné |

BRUCHWEIDE

Blätter Lanzettlich, bis 15 cm lang und 4 cm breit, lang zugespitzt, fein gesägt, oberseits jung silberhaarig, später glänzend dunkelgrün, unterseits blaugrün, beiderseits kahl.
Borke Dunkelgrau, tief gefurcht.
Blüten Zweihäusig, klein, ohne Kronblätter, männliche gelb, weibliche grün, in zylindrischen, schlanken, bis 7 cm langen Kätzchen, im Frühjahr mit Laubaustrieb. *Früchte* Kleine grüne Kapseln, bis 3 mm lang, darin kleine Samen mit weißem, watteartigem Haarpolster.
• HERKUNFT Asien, Europa
• LEBENSRAUM Flußauen
• ANMERKUNG Der wissenschaftliche und der deutsche Name rühren daher, daß junge Triebe an der Ansatzstelle leicht abbrechen.

Blaugrüne Blattunterseite
Olivgrüne Zweige
Lang zugespitzte Blätter

| Höhe 15 m | Wuchs Breit ausladend | Belaubung Sommergrün | Laubform |

294 • LAUBBÄUME

| Familie | SALICACEAE | Art | *Salix pentandra* | Autor | Linné |

LORBEERWEIDE

Blätter Elliptisch bis schmal eiförmig, bis 12 cm lang und 5 cm breit, kurz zugespitzt, fein gesägt, oberseits glänzend dunkelgrün, unterseits heller, beiderseits kahl, leicht duftend. *Borke* Grau, flachrissig. *Blüten* Zweihäusig, klein, ohne Kronblätter, männliche gelb, weibliche grün, in zylindrischen, bis 5 cm langen Kätzchen, im Frühsommer, nach Laubaustrieb. *Früchte* Kleine grüne Kapseln, bis 6 mm lang, darin kleine Samen mit weißem, watteartigem Haarpolster.
• HERKUNFT Asien, Europa
• LEBENSRAUM Flußauen, Wiesen

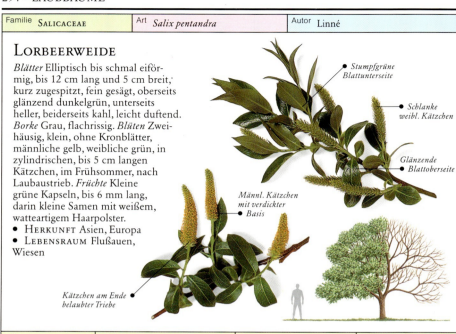

Stumpfgrüne Blattunterseite
Schlanke weibl. Kätzchen
Glänzende Blattoberseite
Männl. Kätzchen mit verdickter Basis
Kätzchen am Ende belaubter Triebe

| Höhe | 15 m | Wuchs | Breit ausladend | Belaubung | Sommergrün | Laubform | |

| Familie | SALICACEAE | Art | *Salix x sepulcralis* | Autor | Simonkai |

SALIX X SEPULCRALIS

Blätter Schmal lanzettlich, bis 12 cm lang und 2 cm breit, zugespitzt, fein gesägt, oberseits jung dünn behaart, später glänzend grün, unterseits blaugrün, kahl, an dünnen, hängenden, gelblichen Zweigen. *Borke* Hell graubraun, flachrissig. *Blüten* Klein, ohne Kronblätter, in bis zu 7,5 cm langen Kätzchen, männliche und weibliche Blüten oft am selben Kätzchen, im Frühjahr. *Früchte* Kleine grüne Kapseln, bis 3 mm lang, darin kleine Samen mit weißem watteartigem Haarpolster.
• HERKUNFT Aus gärtnerischer Kultur
• ANMERKUNG Eine Hybride aus *S. alba* (s. Seite 291) und *S. babylonica* (s. Seite 292). Weit verbreitet ist die Trauerweide, *S. x sepulcratia* 'Chrysocoma', auch als *S. alba* 'Tristis' bekannt.

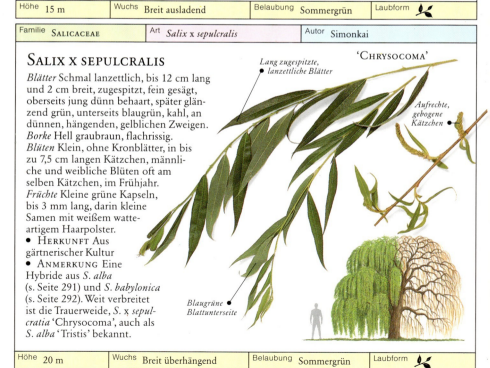

'CHRYSOCOMA'
Lang zugespitzte, lanzettliche Blätter
Aufrechte, gebogene Kätzchen
Blaugrüne Blattunterseite

| Höhe | 20 m | Wuchs | Breit überhängend | Belaubung | Sommergrün | Laubform | |

LAUBBÄUME • 295

SAPINDACEAE

D IESE VORWIEGEND in den Tropen und Subtropen verbreitete Familie umfaßt rund 150 Gattungen mit ca. 2000 Arten sommergrüner Bäume, Sträucher und Lianen. Die Blätter sind wechselständig und einfach, gefiedert, doppelt gefiedert oder dreizählig. Die kleinen, eingeschlechtigen Blüten haben fünf Kronblätter. Die Frucht, eine Kapsel, Spaltfrucht, Nuß oder Beere, ist trocken und geflügelt.

| Familie SAPINDACEAE | Art Koelreuteria paniculata | Autor Laxmann |

BLASENESCHE

Blätter Gefiedert oder teils doppelt gefiedert, bis 45 cm lang, bis zu 15 Blättchen, diese gelappt oder am Grund fiederschnittig, bis 8 cm lang, kerbig gesägt, oberseits dunkelgrün, behaart, im Herbst gelb. **Borke** Hellbraun, flachrissig. **Blüten** Ca. 1 cm groß, gelb, vier Kronblätter, in kegeligen, bis 35 cm langen, endständigen Rispen, im Sommer bis Spätsommer. **Früchte** Blasige Kapseln, bis 5 cm lang, anfangs grün oder rötlich-grün, reif hellbraun.
• HERKUNFT China, Korea
• LEBENSRAUM Trockene, warme Flußtäler

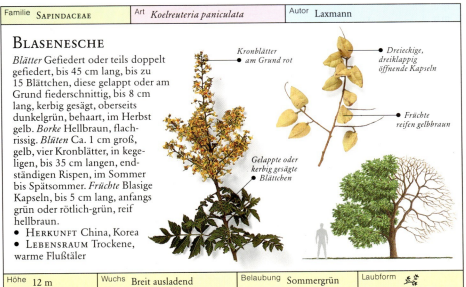

Kronblätter am Grund rot
Dreieckige, dreiklappig öffnende Kapseln
Früchte reifen gelbbraun
Gelappte oder kerbig gesägte Blättchen

| Höhe 12 m | Wuchs Breit ausladend | Belaubung Sommergrün | Laubform |

| Familie SAPINDACEAE | Art Xanthoceras sorbifolium | Autor Bunge |

GELBHORN

Blätter Gefiedert, bis 30 cm lang, bis zu 17 Blättchen, diese schmal elliptisch, scharf gesägt, bis 6 cm lang, oberseits glänzend dunkelgrün, kahl. **Borke** Graubraun, gefurcht, mit schuppigen Leisten. **Blüten** Bis 3 cm groß, weiß, fünfzählig, Kronblattbasis mit gelbgrünem, später rotem Fleck, in aufrechten, bis 25 cm langen, endständigen Trauben, im Frühjahr vor oder mit Laubaustrieb. **Früchte** Glatte, dickwandige Kapseln, bis 6 cm dick, oben breiter, mit mehreren erbsengroßen Samen.
• HERKUNFT China
• LEBENSRAUM Gebüsch

Gelbgrüne, später rote Blütenmitte
Scharf gesägte Blättchen
Zurückgeschlagene Kronblätter

| Höhe 8 m | Wuchs Breit säulenförmig | Belaubung Sommergrün | Laubform |

Scrophulariaceae

D IESE GROSSE FAMILIE mit über 3000 Arten (wenige davon Bäume) in ca. 220 Gattungen ist über die ganze Erde verbreitet. Die Blätter sind einfach oder gelappt. Die Blumenkrone ist fünflappig und zweilippig. Die Frucht ist meist eine Kapsel. Alle Bäume der Familie gehören zur Gattung *Paulownia*.

| Familie | Scrophulariaceae | Art | *Paulownia tomentosa* | Autor | (Thunberg) Steudel |

Blauglockenbaum

Blätter Breit eiförmig, bis 35 cm lang und 25 cm breit, Basis herzförmig, zugespitzt, manchmal gelappt, oberseits dunkelgrün, beiderseits behaart. *Borke* Grau, glatt. *Blüten* Bis 6 cm lang, hellviolett, innen kräftig purpurblau und gelb überzogen, in aufrechten, bis 30 cm langen Trauben, im Frühjahr. *Früchte* Verholzende Kapseln, bis 5 cm lang.
- HERKUNFT China
- LEBENSRAUM Gebirge

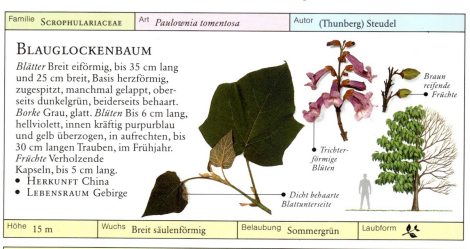

Braun reifende Früchte

Trichterförmige Blüten

Dicht behaarte Blattunterseite

| Höhe | 15 m | Wuchs | Breit säulenförmig | Belaubung | Sommergrün | Laubform | |

Simaroubaceae

D IE FAMILIE mit 150 Arten (Bäume und Sträucher) in 28 Gattungen ist vorwiegend in den Tropen, teils auch im klimatisch gemäßigten Asien vertreten. Die wechselständigen Blätter sind meist gefiedert, die kleinen Blüten drei- bis siebenzählig. Die Früchte sind meist geflügelt und trocken oder Kapseln.

| Familie | Simaroubaceae | Art | *Ailanthus altissima* | Autor | (Miller) Swingle |

Götterbaum

Blätter Gefiedert, bis 60 cm lang, 6 bis 15 Paar oder mehr Blättchen, diese bis 12 cm lang und 5 cm breit, glänzend. *Borke* Graubraun, mit hellen Längsstreifen. *Blüten* Meist zweihäusig, grünlichgelb, fünf- oder sechszählig, in bis 20 cm langen, endständigen Rispen, im Sommer bis Spätsommer. *Früchte* Geflügelt, bis 4 cm lang.
- HERKUNFT China
- LEBENSRAUM Bergwälder

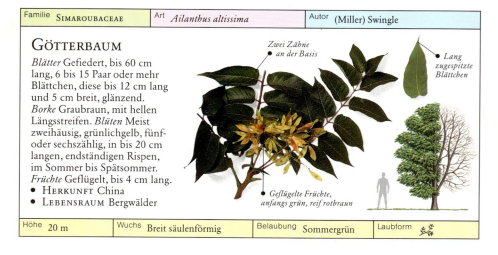

Zwei Zähne an der Basis

Lang zugespitzte Blättchen

Geflügelte Früchte, anfangs grün, reif rotbraun

| Höhe | 20 m | Wuchs | Breit säulenförmig | Belaubung | Sommergrün | Laubform | |

LAUBBÄUME • 297

STYRACACEAE

DIESE FAMILIE ist mit zwölf Gattungen und mit ca. 160 Arten sommergrüner Bäume und Sträucher in Amerika, in Südostasien und im Mittelmeerraum vertreten.

Die Blätter sind wechselständig und ungeteilt. Die Blüten haben fünf bis sieben Kronblätter, die an der Basis glockenförmig miteinander verwachsen sind. Die Frucht ist meist eine Kapsel.

Familie STYRACACEAE	Art Halesia carolina	Autor Linné

SCHNEEGLÖCKCHENBAUM

Blätter Eiförmig oder elliptisch, bis 12 cm lang und 6 cm breit, lang zugespitzt, fein gesägt, oberseits frischgrün und verkahlend, unterseits heller und behaart, im Herbst gelb. *Borke* Hellbraun, mit schuppigen Leisten. *Blüten* Weiß oder weiß-rosa, hängend, die glockenförmige Krone bis 2 cm lang, vierlappig, in kleinen Büscheln, im Frühjahr bis späten Frühjahr mit Laubaustrieb. *Früchte* Birnenförmig, bis 4 cm lang, vierflügelig, anfangs grün, reif hellbraun.
• HERKUNFT SO-USA
• LEBENSRAUM Fruchtbare, feuchte Wälder, an Flüssen
• ANMERKUNG In Mitteleuropa strauchig und selten über 6 m hoch.

Junge Blätter unterseits deutlich behaart

Blüten öffnen sich mit Laubaustrieb

Rahmweiße Kronblätter, auch rosa überzogen

Vierflügelige Fruchtkapseln

Glockenförmige Blumenkrone, lang gestielt, hängend

Lang zugespitzte Blätter

Fruchtkapsel lang schnabelspitzig

Höhe 20 m	Wuchs Breit kegelig	Belaubung Sommergrün	Laubform

| Familie STYRACACEAE | Art *Pterostrax hispida* | Autor Siebold & Zuccarini |

BORSTIGER FLÜGELSTORAX

Blätter Länglich bis eiförmig, bis 20 cm lang und 10 cm breit, beidendig zugespitzt, oberseits frischgrün und kahl, unterseits graugrün, spärlich behaart. *Borke* Hell graubraun, korkig, orange Risse. *Blüten* Ca. 6 mm lang, rahmweiß, duftend, mit vorstehenden Staubblättern, in hängenden, bis 25 cm langen Rispen, im Frühsommer bis Sommermitte. *Früchte* Klein, grau, etwa 1 cm lang, fünfrippig, mit gelbbraunen Borsten.
• HERKUNFT China, Japan
• LEBENSRAUM Wälder, an Gebirgsflüssen

Fein borstig gezähnter Blattrand

Vorstehende Staubblätter zunächst von Blütenhülle umschlossen

Blüten in achselständigen, hängenden Rispen

| Höhe 12 m | Wuchs Breit ausladend | Belaubung Sommergrün | Laubform |

| Familie STYRACACEAE | Art *Styrax hemsleyana* | Autor Diels |

HEMSLEY-STORAXBAUM

Blätter Eiförmig bis verkehrteiförmig, bis 15 cm lang und 10 cm breit, asymmetrische Basis, zugespitzt, entfernt gezähnt, kahl oder fast kahl. *Borke* Hellgrau. *Blüten* Etwa 1,5 cm lang, mit fünfflappiger Blütenhülle, Kelch dicht braun behaart, in aufrechten bis abstehenden, bis 5 cm langen Trauben, endständig, im Frühsommer. *Früchte* Eiförmig, grau, beerenartig, 1,5 cm lang, einsamig.
• HERKUNFT Zentral-China
• LEBENSRAUM Wälder, Gebüsch
• ANMERKUNG Pflanzen in Kultur werden größer als typische wildwachsende Exemplare. Die Art ist ähnlich *Styrax obassia* (s. Seite 299), hat aber hellorange Knospen und weniger behaarte Blätter.

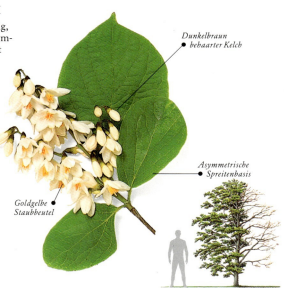

Dunkelbraun behaarter Kelch

Asymmetrische Spreitenbasis

Goldgelbe Staubbeutel

| Höhe 8 m | Wuchs Breit säulenförmig | Belaubung Sommergrün | Laubform |

LAUBBÄUME • 299

| Familie | STYRACACEAE | Art | *Styrax japonica* | Autor | Siebold & Zuccarini |

JAPANISCHER STORAXBAUM

Blätter Elliptisch bis eiförmig, bis 10 cm lang und 5 cm breit, Basis verschmälert, plötzlich zugespitzt, annähernd ganzrandig, oberseits glänzend frischgrün, im Herbst gelb oder rot. *Borke* Mattgrau, später breite Leisten zwischen orangen Rissen. *Blüten* Ca. 2 cm groß, Blumenkrone fünflappig, weiß, oft rosa überzogen, gelbe Staubbeutel, schwach duftend, an dünnen Stielen, in kleinen Trauben oder einzeln hängend, im Frühsommer bis Sommer. *Früchte* Kugelig bis eiförmig, grau, beerenartig, bis 1,5 cm lang, einsamig.
• HERKUNFT China, Japan, Korea
• LEBENSRAUM Sonnige Lagen, meist auf feuchten Standorten
• ANMERKUNG Seltener, schöner Strauch oder kleiner Baum, bei uns kaum über 6 m.

• Glänzend grüne Blätter mit matter Unterseite

Glockenförmige Blüten • hängen an Zweigunterseite

| Höhe | 10 m | Wuchs | Breit ausladend | Belaubung | Sommergrün | Laubform | |

| Familie | STYRACACEAE | Art | *Styrax obassia* | Autor | Siebold & Zuccarini |

OBASSIA-STORAXBAUM

Dicht behaarte Blattunterseite •

Blätter Variabel, rundlich bis eiförmig, bis 20 cm lang und breit, oberseits dunkelgrün und kahl, unterseits blaugrün und dicht behaart, im Herbst gelb. *Borke* Graubraun, glatt, im Alter längsrissig. *Blüten* 2 cm groß, Blumenkrone fünflappig, weiß, gelbe Staubbeutel, duftend, in überhängenden, bis 20 cm langen Trauben, im Frühsommer bis Sommer. *Früchte* Eiförmig, grau, beerenartig, bis 2 cm lang, einsamig.
• HERKUNFT N-China, Japan, Korea
• LEBENSRAUM Feuchte Wälder
• ANMERKUNG Die Blütentrauben sind oft von den großen, runden Blättern überdeckt.

Die größten Blätter sind endständig

Lockere Trauben hängen unter den Blättern

| Höhe | 12 m | Wuchs | Breit säulenförmig | Belaubung | Sommergrün | Laubform | |

THEACEAE

E INE FAMILIE mit etwa 30 Gattungen und ca. 600 Arten sommergrüner Gehölze. Sie sind vorwiegend im tropischen und subtropischen Asien und Amerika verbreitet, sind aber auch in den gemäßigten Klimazonen Ostasiens und im Süden der USA zu finden. Die Blätter sind wechselständig und einfach, die Blüten meist groß und fünfzählig. Die Frucht ist oft eine Kapsel.

Familie THEACEAE	Art *Stewartia malacodendron*	Autor Linné

STEWARTIA MALACODENDRON

Blätter Oval bis eiförmig, bis 10 cm lang und 5 cm breit, zugespitzt, fein gesägt, oberseits kahl, unterseits heller und behaart. *Borke* Hellgrau bis braun, glatt. *Blüten* Anfangs becherförmig, später weit geöffnet, 10 cm groß, weiß, viele Staubblätter und bläuliche Staubbeutel, einzeln, im Sommer. *Früchte* Verholzende Kapsel, rotbraun, bis 1,5 cm groß.
- HERKUNFT SO-USA
- LEBENSRAUM Feuchte Wälder der Küstenebene

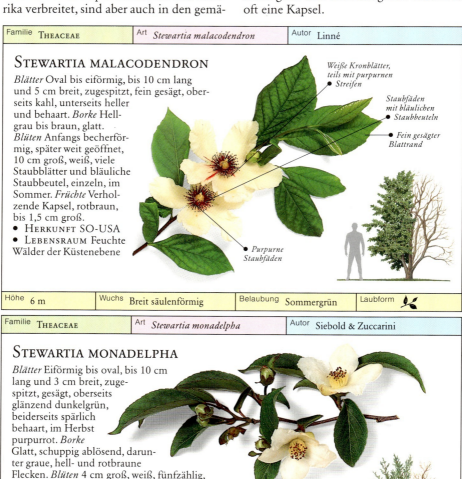

Weiße Kronblätter, teils mit purpurnen Streifen

Staubfäden mit bläulichen Staubbeuteln

Fein gesägter Blattrand

Purpurne Staubfäden

Höhe 6 m	Wuchs Breit säulenförmig	Belaubung Sommergrün	Laubform

Familie THEACEAE	Art *Stewartia monadelpha*	Autor Siebold & Zuccarini

STEWARTIA MONADELPHA

Blätter Eiförmig bis oval, bis 10 cm lang und 3 cm breit, zugespitzt, gesägt, oberseits glänzend dunkelgrün, beiderseits spärlich behaart, im Herbst purpurrot. *Borke* Glatt, schuppig ablösend, darunter graue, hell- und rotbraune Flecken. *Blüten* 4 cm groß, weiß, fünfzählig, Staubblätter mit rahmweißen Staubfäden und dunklen Staubbeuteln, einzeln oder zu zweit in den Achseln, im Sommer. *Früchte* Verholzende, rotbraune Kapsel, bis 1 cm lang.
- HERKUNFT S-Japan, Korea
- LEBENSRAUM Bergwälder

Glänzend grüne, entfernt gesägte Blätter

Höhe 25 m	Wuchs Breit säulenförmig	Belaubung Sommergrün	Laubform

| Familie THEACEAE | Art *Stewartia pseudocamellia* | Autor Maximowicz |

SCHEINKAMELIE

Blätter Oval bis breit eiförmig, bis 10 cm lang und 6 cm breit, zugespitzt, fein gesägt, oberseits dunkelgrün und kahl, unterseits kahl oder spärlich behaart, im Herbst gelb bis orange oder rot. *Borke* Rotbraun, in dünnen, unregelmäßigen Schichten ablösend, darunter graue bis rosa Flecken. *Blüten* 7 cm groß, weiß, fünfzählig, viele Staubblätter mit gelben Staubfäden und dunklen Staubbeuteln, einzeln oder zu zweit in den Blattachseln, im Sommer. *Früchte* Verholzende, rotbraune Kapsel, ca. 2 cm lang.
- HERKUNFT Japan
- LEBENSRAUM Bergwälder
- ANMERKUNG Wie bei den anderen *Stewartia*-Arten sind die fünf Kronblätter am Grund miteinander verwachsen; die Blüte fällt als Ganzes ab.

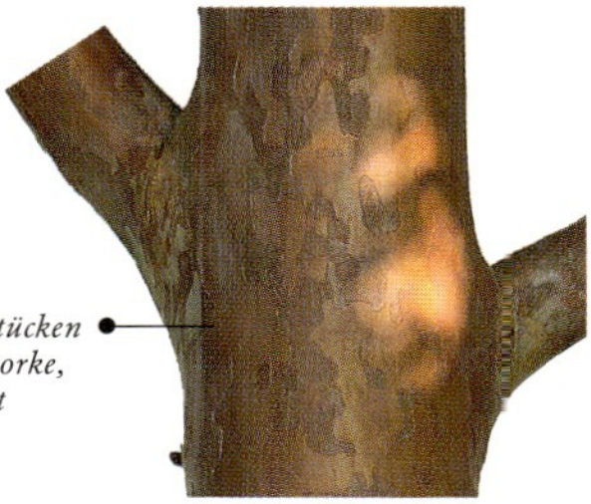

In breiten Stücken ablösende Borke, bunt gefleckt

Fransige Kronblätter

Blüten mit leuchtendgelben Filamenten

▽ STEWARTIA PSEUDOCAMELLIA

△ VAR. KOREANA
Die Blüten dieser in Südkorea heimischen Varietät sind geöffnet breit schalenförmig. Die etwas größeren Blätter färben sich im Herbst ebenfalls.

Fein gesägter Blattrand

Hellere Blattunterseite, kahl oder spärlich behaart

Kronblätter in der Knospe noch seidig behaart

Dunkelgrüne Blattoberseite

| Höhe 20 m | Wuchs Breit säulenförmig | Belaubung Sommergrün | Laubform |

302 • LAUBBÄUME

TILIACEAE

DIE LINDEN der Gattung *Tilia* sind beliebte Park- und Straßenbäume; zur Familie gehören mindestens 45 Gattungen mit mehr als 400 Arten Gehölze, selten auch krautige Pflanzen. Sie sind weltweit verbreitet, doch kommen die Linden vorwiegend in den gemäßigten Breiten der Nordhalbkugel vor. Die Blätter sind wechselständig und manchmal gelappt, häufig sternhaarig. Die oft duftenden Blüten sind klein, haben meist fünf Kron- und Kelchblätter sowie zahlreiche Staubblätter. Die vielgestaltige Frucht ist meist eine trockene Kapsel oder Nuß.

Familie	TILIACEAE	Art	*Tilia americana*	Autor	Linné

AMERIKANISCHE LINDE

Blätter Breit eiförmig bis fast rundlich, bis 20 cm lang und 15 cm breit, plötzlich kurz zugespitzt, fein und scharf gesägt, oberseits matt dunkelgrün, kahl, unterseits heller, in den Nervenwinkeln braun behaart. *Borke* Grau bis braun, rissig, mit langen, schuppigen Leisten. *Blüten* 1,5 cm groß, hellgelb, fünf Kronblätter, duftend, bis zu zehn in hängenden Trugdolden, jede mit flügelartigem, bis 10 cm langem Hochblatt, im Sommer. *Früchte* Kugelige Nüsse, ca. 1 cm dick.
• HERKUNFT O-Nordamerika
• LEBENSRAUM Feuchte Wälder
• ANMERKUNG Bei uns gelegentlich als Park- oder Straßenbaum.

Fast kahle Blattunterseite

Nervenwinkel mit braunen Haaren

Bis zu zehn duftende Blüten an jedem Blütenstand

Blütenstiel mit hellgrünem Hochblatt

Plötzlich kurz zugespitzte Blätter

Fein und scharf gesägter Blattrand

Höhe	25 m	Wuchs	Breit säulenförmig	Belaubung	Sommergrün	Laubform	

LAUBBÄUME • 303

| Familie TILIACEAE | Art *Tilia cordata* | Autor Miller |

WINTERLINDE, STEINLINDE

Blätter Fast rundlich, bis 10 cm lang und breit, Basis herzförmig, zugespitzt, gesägt, oberseits glänzend dunkelgrün, unterseits blaugrün, behaarte Nervenwinkel, im Herbst gelb. *Borke* Grau, glatt, später graubraun und gefurcht. *Blüten* 2 cm groß, hellgelb, fünf Kronblätter, duftend, bis zu zehn in Trugdolden, jede mit einem grünen, bis zu 10 cm langen Hochblatt, im Sommer. *Früchte* Kugelige Nüsse, graugrün, bis 6 mm dick.
• HERKUNFT W-Asien, Europa
• LEBENSRAUM Auf Kalkböden, frische, tiefgründige Standorte

Kleine, glänzend grüne Blätter, lang zugespitzt

Bis zu zehn Blüten in hängenden oder aufrechten Blütenständen

Unterseits braun behaarte Nervenwinkel

| Höhe 30 m | Wuchs Breit säulenförmig | Belaubung Sommergrün | Laubform |

| Familie TILIACEAE | Art *Tilia x euchlora* | Autor K. Koch |

KRIM-LINDE

Blätter Breit eiförmig, bis 10 cm lang und breit, kurz zugespitzt, oberseits glänzend dunkelgrün, unterseits heller, mit braun behaarten Nervenwinkeln. *Borke* Grau, glatt, im Alter rissig. *Blüten* 2 cm groß, hellgelb, fünf Kronblätter, bis zu sieben in Blütenständen, jeder mit grünem, bis zu 8 cm langem Hochblatt, im Sommer. *Früchte* Kugelige, graugrüne, behaarte Nüsse, 1,2 cm lang.
• HERKUNFT Nicht bekannt
• ANMERKUNG Vermutlich eine Hybride aus *T. cordata* und *T. dasystyla*.

Fein und scharf gesägter Blattrand

Auffallend glänzende Blattoberseite

Behaarte Nervenwinkel blattunterseits

Blütenstände mit bis zu sieben Blüten

Asymmetrische Spreitenbasis

| Höhe 20 m | Wuchs Breit säulenförmig | Belaubung Sommergrün | Laubform |

304 • LAUBBÄUME

| Familie TILIACEAE | Art *Tilia x europaea* | Autor Linné |

HOLLÄNDISCHE LINDE

▽ TILIA X EUROPAEA

Blätter Breit eiförmig bis fast rundlich, bis 10 cm lang und breit, Basis herzförmig, kurz zugespitzt, scharf gesägt, oberseits matt dunkelgrün, unterseits heller, kahl bis auf behaarte Nervenwinkel.
Borke Mattgrau, flachrissig.
Blüten 2 cm groß, hängend, hellgelb, duftend, fünf Kronblätter, bis zu zehn in Trugdolden, jede mit hellgrünem, bis zu 10 cm langem Hochblatt, im Hochsommer.
Früchte Eiförmige Nüsse, graugrün, bis 8 mm lang.
• HERKUNFT Europa
• LEBENSRAUM Mit den Eltern
• ANMERKUNG Auch als *Tilia x vulgaris* bekannt. Eine Hybride aus der Winterlinde (*T. cordata,* s. Seite 303) und der Sommerlinde (*T. platyphyllos,* s. Seite 305).

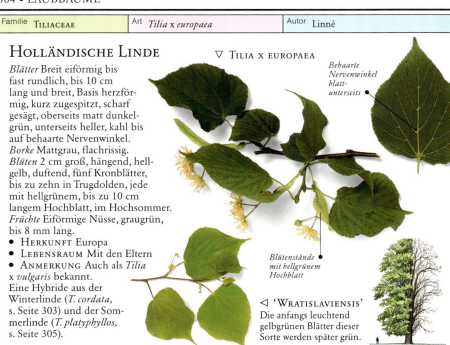

Behaarte Nervenwinkel blattunterseits

Blütenstände mit hellgrünem Hochblatt

◁ 'WRATISLAVIENSIS'
Die anfangs leuchtend gelbgrünen Blätter dieser Sorte werden später grün.

| Höhe 40 m | Wuchs Breit säulenförmig | Belaubung Sommergrün | Laubform |

| Familie TILIACEAE | Art *Tilia mongolica* | Autor Maximowicz |

MONGOLISCHE LINDE

Blätter Breit eiförmig, bis 7 cm lang und breit, meist deutlich dreilappig und grob gezähnt, zugespitzt, rotgestielt, oberseits jung rötlich, später glänzend dunkelgrün, unterseits bläulich, beiderseits kahl bis auf behaarte Nervenwinkel, im Herbst gelb.
Borke Grau, glatt. *Blüten* Bis 2 cm groß, hellgelb, duftend, fünf Kronblätter, bis zu 20 in hängenden Trugdolden, jede mit flügelartigem, bis zu 10 cm langem Hochblatt, im Hochsommer.
Früchte Kugelig, graugrün, verholzt, bis 8 mm dick.
• HERKUNFT NO-Asien
• LEBENSRAUM Berghänge
• ANMERKUNG Belaubt leicht an den typischen gelappten und grob gezähnten Blättern zu erkennen.

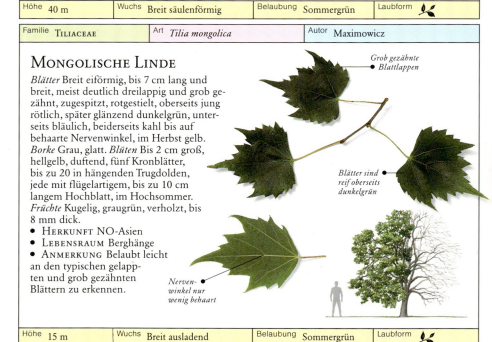

Grob gezähnte Blattlappen

Blätter sind reif oberseits dunkelgrün

Nervenwinkel nur wenig behaart

| Höhe 15 m | Wuchs Breit ausladend | Belaubung Sommergrün | Laubform |

LAUBBÄUME • 305

| Familie TILIACEAE | Art *Tilia platyphyllos* | Autor Scopoli |

SOMMERLINDE

TILIA PLATYPHYLLOS

Blätter Rund bis breit eiförmig, bis 15 cm lang und breit, Basis herzförmig, plötzlich kurz zugespitzt, scharf kerbig gesägt, oberseits dunkelgrün, unterseits heller, beiderseits behaart, weißlich behaarte Nervenwinkel, im Herbst gelb. *Borke* Grau, flachrissig. *Blüten* 2 cm groß, hellgelb, duftend, fünf Kronblätter, bis zu fünf in hängenden Trugdolden, jede mit bis zu 12 cm langem Hochblatt, im Sommer. *Früchte* Kugelig, graugrün, verholzt, bis 1 cm dick, fünfkantig.
• HERKUNFT SW-Asien, Europa
• LEBENSRAUM Feuchte Wälder

Tief eingesenkte Nerven

Hängende Blüten mit hellgrünen Hochblättern

◁ 'LACINIATA'
Eine ungewöhnliche Sorte mit tief eingeschnittenen, oft gekräuselten Blättern.

Schmale, grob und scharf gezähnte Blattlappen

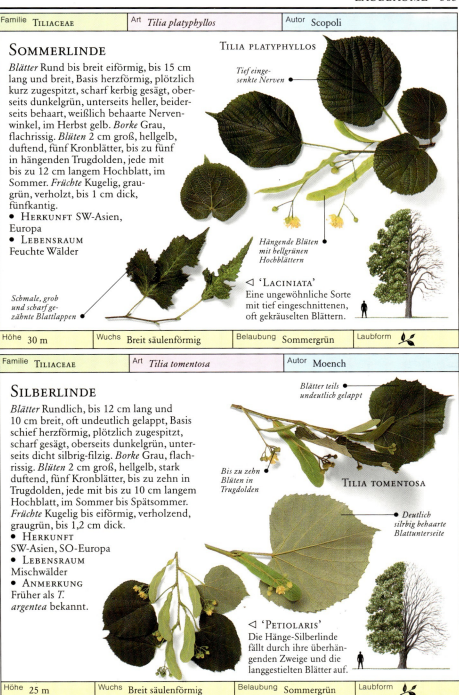

| Höhe 30 m | Wuchs Breit säulenförmig | Belaubung Sommergrün | Laubform |

| Familie TILIACEAE | Art *Tilia tomentosa* | Autor Moench |

SILBERLINDE

Blätter teils undeutlich gelappt

Blätter Rundlich, bis 12 cm lang und 10 cm breit, oft undeutlich gelappt, Basis schief herzförmig, plötzlich zugespitzt, scharf gesägt, oberseits dunkelgrün, unterseits dicht silbrig-filzig. *Borke* Grau, flachrissig. *Blüten* 2 cm groß, hellgelb, stark duftend, fünf Kronblätter, bis zu zehn in Trugdolden, jede mit bis zu 10 cm langem Hochblatt, im Sommer bis Spätsommer. *Früchte* Kugelig bis eiförmig, verholzend, graugrün, bis 1,2 cm dick.
• HERKUNFT SW-Asien, SO-Europa
• LEBENSRAUM Mischwälder
• ANMERKUNG Früher als *T. argentea* bekannt.

Bis zu zehn Blüten in Trugdolden

TILIA TOMENTOSA

Deutlich silbrig behaarte Blattunterseite

◁ 'PETIOLARIS'
Die Hänge-Silberlinde fällt durch ihre überhängenden Zweige und die langgestielten Blätter auf.

| Höhe 25 m | Wuchs Breit säulenförmig | Belaubung Sommergrün | Laubform |

TROCHODENDRACEAE

EINE EINZIGE ART in einer (monotypischen) Gattung gehört zu dieser Familie. Die Verwandtschaft ist nicht geklärt, doch ist man sich darin einig, daß sie als Blütenpflanze relativ primitiv ist. Meist wird eine Verwandtschaft entweder mit *Cercidiphyllum* (s. Seite 133) oder mit *Drimys* (s. Seite 310) angenommen.

Familie	TROCHODENDRACEAE	Art	*Trochodendron aralioides*	Autor	Siebold & Zuccarini

RADBAUM

Blätter Schmal eiförmig, bis 12 cm lang und 4 cm breit, mit Ausnahme der Basis gesägt, oberseits dunkelgrün, unterseits heller.
Borke Grau bis dunkelbraun, mit typischen Lentizellen. *Blüten* 2 cm groß, hellgrün, ohne Kronblätter, Staubblätter an einem scheibenförmigen grünen Blütenboden, in endständigen, bis zu 10 cm langen Rispen, im späten Frühjahr bis Frühsommer.
Früchte Halbrunder Fruchtstand, anfangs grün, reif braun, mit bleibenden Narben.
• HERKUNFT Japan, Korea, Taiwan
• LEBENSRAUM Bergwälder

Lang zugespitzte Blätter
Blätter dünn gestielt

Höhe	20 m	Wuchs	Breit säulenförmig	Belaubung	Immergrün	Laubform	

ULMACEAE

ZUR FAMILIE DER ULMEN gehören etwa 18 Gattungen mit ca. 150 Arten immer- und sommergrüner Gehölze, die wildwachsend in den Tropen und in den nördlichen gemäßigten Breiten vorkommen. Die Blätter sind meist wechselständig, die kleinen Blüten ohne Kronblätter. Die Frucht ist eine Nuß oder eine Steinfrucht.

Familie	ULMACEAE	Art	*Celtis australis*	Autor	Linné

SÜDLICHER ZÜRGELBAUM

Blätter Lanzettlich bis eiförmig, bis 15 cm lang und 5 cm breit, schmal und lang zugespitzt, oberseits dunkelgrün, rauhborstig, unterseits graugrün, weichhaarig. *Borke* Hellgrau, glatt. *Blüten* Einhäusig, eingeschlechtig, klein, grün, ohne Kronblätter, einzeln oder in kleinen Büscheln in den Blattachseln, im Frühjahr. *Früchte* Kugelig, beerenartig, bis 1,2 cm dick, reif fast schwarz.
• HERKUNFT SW-Asien, S-Europa
• LEBENSRAUM Trocken-warme, felsige Hänge

Rauhe Blattoberseite
Spreitenbasis mit drei Adern
Scharf gesägter Blattrand

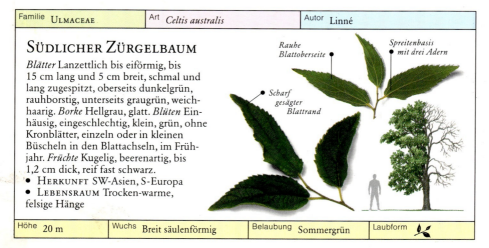

Höhe	20 m	Wuchs	Breit säulenförmig	Belaubung	Sommergrün	Laubform	

LAUBBÄUME • 307

| Familie ULMACEAE | Art *Celtis laevigata* | Autor Willdenow |

CELTIS LAEVIGATA

Blätter Schmal eiförmig, bis 10 cm lang und 4 cm breit, keilförmig zugespitzt, Basis oft schief, ganzrandig oder entfernt gezähnt, hellgrün, kahl.
Borke Hellgrau, glatt, mit korkigen Lentizellen.
Blüten Einhäusig, eingeschlechtig, klein, grün, ohne Kronblätter, einzeln oder in kleinen Büscheln in den Blattachseln, im Frühjahr. *Früchte* Kugelig, beerenartig, eßbar, orangerot bis purpurschwarz, bis 6 mm dick.
• HERKUNFT N-Mexiko, S-USA
• LEBENSRAUM Feuchte Überschwemmungsgebiete, Wälder
• ANMERKUNG Die hier abgebildete Varietät, var. *smallii*, hat schärfer gesägte Blattränder.

Lang zugespitzte Blätter

VAR. SMALLII

Beiderseits kahle Blätter

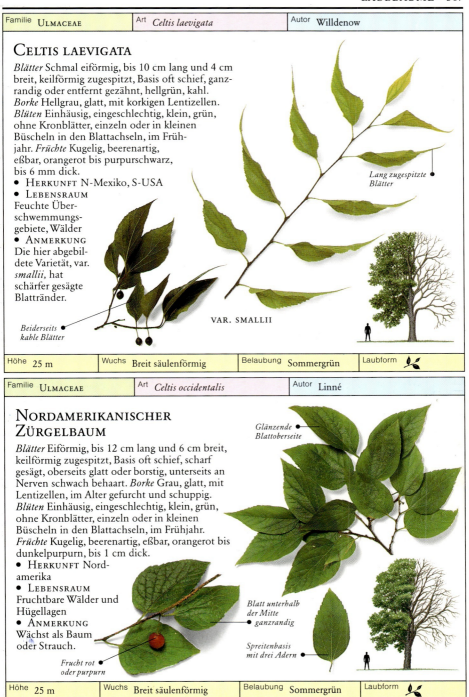

| Höhe 25 m | Wuchs Breit säulenförmig | Belaubung Sommergrün | Laubform |

| Familie ULMACEAE | Art *Celtis occidentalis* | Autor Linné |

NORDAMERIKANISCHER ZÜRGELBAUM

Blätter Eiförmig, bis 12 cm lang und 6 cm breit, keilförmig zugespitzt, Basis oft schief, scharf gesägt, oberseits glatt oder borstig, unterseits an Nerven schwach behaart. *Borke* Grau, glatt, mit Lentizellen, im Alter gefurcht und schuppig.
Blüten Einhäusig, eingeschlechtig, klein, grün, ohne Kronblätter, einzeln oder in kleinen Büscheln in den Blattachseln, im Frühjahr.
Früchte Kugelig, beerenartig, eßbar, orangerot bis dunkelpurpurn, bis 1 cm dick.
• HERKUNFT Nordamerika
• LEBENSRAUM Fruchtbare Wälder und Hügellagen
• ANMERKUNG Wächst als Baum oder Strauch.

Glänzende Blattoberseite

Blatt unterhalb der Mitte ganzrandig

Spreitenbasis mit drei Adern

Frucht rot oder purpurn

| Höhe 25 m | Wuchs Breit säulenförmig | Belaubung Sommergrün | Laubform |

308 • LAUBBÄUME

| Familie | ULMACEAE | Art | *Ulmus x hollandica* | Autor | Miller |

HOLLÄNDISCHE ULME

Blätter Eiförmig bis elliptisch, bis 13 cm lang und 8 cm breit, zugespitzt, gesägt, unterseits Achseln behaart. *Borke* Graubraun, starkrissig. *Blüten* Klein, rot, in Büscheln an den Trieben, im zeitigen Frühjahr. *Früchte* Einsamige Nüsse, geflügelt, bis 2,5 cm groß.
• HERKUNFT Europa
• LEBENSRAUM Wälder, Hecken
• ANMERKUNG Eine Hybride aus Bergulme *(Ulmus glabra)* und Feldulme *(Ulmus minor,* s. u.*)*.

Asymmetrische Spreitenbasis

Glänzende Blattoberseite

'KLEMMER'
Eine in Belgien gezüchtete Sorte mit schmal kegeligem Wuchs.

| Höhe | 30 m | Wuchs | Breit säulenförmig | Belaubung | Sommergrün | Laubform | |

| Familie | ULMACEAE | Art | *Ulmus japonica* | Autor | (Rehder) Sargent |

JAPANISCHE ULME

Blätter Oval bis verkehrteiförmig, bis 12 cm lang und 6 cm breit, schiefe Basis, zugespitzt, doppelt gesägt, oberseits dunkelgrün, rauhborstig, unterseits heller und an Nerven behaart. *Borke* Hellgrau, rissig. *Blüten* Sehr klein, rot, in kleinen Büscheln an den Trieben, im Frühjahr. *Früchte* Einsamige Nüsse, geflügelt, bis 1,5 cm groß, wenige Wochen nach Blüte reif.
• HERKUNFT NO-Asien, Japan
• LEBENSRAUM Wälder, felsige Standorte, Moore

Leicht schiefe Spreitenbasis

Plötzlich zugespitzte Blätter

| Höhe | 30 m | Wuchs | Breit ausladend | Belaubung | Sommergrün | Laubform | |

| Familie | ULMACEAE | Art | *Ulmus minor* | Autor | Miller |

FELDULME

Blätter Oval bis verkehrteiförmig, bis 12 cm lang und 5 cm breit, zugespitzt, doppelt gesägt, oberseits glänzend dunkelgrün und kahl, unterseits behaarte Nervenwinkel. *Borke* Graubraun, rissig. *Blüten* Klein, rot, in Büscheln, im Frühjahr. *Früchte* Kleine, geflügelte Nüsse.
• HERKUNFT N-Afrika
• LEBENSRAUM Wälder, Hecken
• ANMERKUNG Auch als *Ulmus carpinifolia* bekannt.

Oberseits kahle Blätter

VAR. VULGARIS

Scharf doppelt gesägter Blattrand

| Höhe | 30 m | Wuchs | Breit säulenförmig | Belaubung | Sommergrün | Laubform | |

LAUBBÄUME • 309

| Familie ULMACEAE | Art *Ulmus parvifolia* | Autor Jacquin |

CHINESISCHE ULME

Blätter Oval bis verkehrteiförmig, bis 6 cm lang und 4 cm breit, schiefe Basis, zugespitzt, scharf vorwärts gerichtet gesägt, oberseits glänzend dunkelgrün und manchmal rauh, unterseits Achseln behaart, im Herbst gelb, rot oder purpur. *Borke* Graubraun, abschuppend. *Blüten* Klein, rot, in Büscheln in den Achseln, im Frühjahr. *Früchte* Einsamige Nüsse, grün geflügelt, bis 8 mm dick.
• HERKUNFT O-Asien
• LEBENSRAUM Steinige Standorte

Blätter bleiben teils bis in den Winter

Schiefe Spreitenbasis

| Höhe 15 m | Wuchs Breit ausladend | Belaubung Sommergrün | Laubform |

| Familie ULMACEAE | Art *Ulmus pumila* | Autor Linné |

SIBIRISCHE ULME

Blätter Oval bis schmal eiförmig, bis 6 cm lang und 3 cm breit, Basis fast symmetrisch, zugespitzt, scharf gezähnt, oberseits dunkelgrün, kahl, unterseits Achseln behaart. *Borke* Graubraun, rissig, mit Leisten. *Blüten* Klein, rot, in Büscheln an den Trieben, im Frühjahr vor Laubaustrieb. *Früchte* Einsamige Nüsse, rundlich, grün geflügelt, bis 1,2 cm lang.
• HERKUNFT Zentral- bis O-Asien
• LEBENSRAUM Sandige oder felsige Standorte

Gebogen zugespitzte Blätter

Fast symmetrische Spreitenbasis

| Höhe 20 m | Wuchs Breit säulenförmig | Belaubung Sommergrün | Laubform |

| Familie ULMACEAE | Art *Zelkova carpinifolia* | Autor (Pallas) K. Koch |

KAUKASISCHE ZELKOVE

Blätter Oval bis eiförmig, bis 10 cm lang und 5 cm breit, jederseits sieben bis elf Seitenadern, die in fast dreieckigen Zähnen enden, oberseits dunkelgrün und etwas rauh, unterseits behaart, im Herbst orangebraun. *Borke* Grau, glatt, im Alter schuppig, Stamm spannrückig. *Blüten* Eingeschlechtig, einhäusig, klein, grün, in Büscheln, im Frühjahr. *Früchte* Klein und kugelig.
• HERKUNFT Kaukasus, N-Iran
• LEBENSRAUM Wälder
• ANMERKUNG Leicht am kurzen Stamm und den zahlreichen aufstrebenden Ästen zu erkennen.

Kurzgestielte Blätter

Grobe, fast dreieckige Blattzähne

| Höhe 25 m | Wuchs Breit säulenförmig | Belaubung Sommergrün | Laubform |

310 • LAUBBÄUME

| Familie ULMACEAE | Art *Zelkova serrata* | Autor (Thunberg) Makino |

KEAKI

Blätter Oval bis eilänglich, bis 12 cm lang und 5 cm breit, Basis abgerundet, zugespitzt, Seitenadern in spitzen Zähnen endend, oberseits dunkelgrün, rauh, unterseits heller, kahl, im Herbst gelb, orange oder rot. *Borke* Hellgrau, glatt, erst spät abschuppend. *Blüten* Einhäusig, klein, grün, an jungen Trieben, im Frühjahr. *Früchte* Klein, glatt und rund.
• HERKUNFT China, Japan, Korea
• LEBENSRAUM Feuchte Standorte in Flußnähe

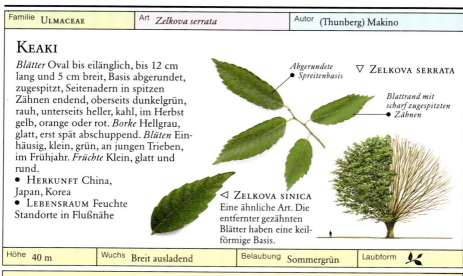

Abgerundete Spreitenbasis

▽ ZELKOVA SERRATA

Blattrand mit scharf zugespitzten Zähnen

◁ ZELKOVA SINICA
Eine ähnliche Art. Die entfernter gezähnten Blätter haben eine keilförmige Basis.

| Höhe 40 m | Wuchs Breit ausladend | Belaubung Sommergrün | Laubform |

WINTERACEAE

E INE PRIMITIVE FAMILIE, die den Magnolien (s. Seiten 202–215) nahesteht. Zu ihr gehören mindestens fünf Gattungen mit über 60 Arten immergrüner Gehölze, die in Madagaskar, von Mexiko bis Südamerika, in SO-Asien und Australien und Neuseeland heimisch sind. Die Blätter sind wechselständig und ganzrandig, die Blüten fünf- oder mehrzählig, die Fruchtstände beerenartig.

| Familie WINTERACEAE | Art *Drimys winteri* | Autor J. R. & J. G. Forster |

WINTERRINDE

Blätter Länglich bis oval, bis 20 cm lang und 6 cm breit, ganzrandig, oberseits glänzend dunkelgrün, unterseits blaugrün bis blauweiß, lederig, zerrieben duftend. *Borke* Graubraun, glatt, aromatisch. *Blüten* 4 cm groß, weiß, duftend, mit zahlreichen schlanken Petalen, in großen Dolden, im Frühjahr bis Frühsommer. *Früchte* Kleine Beeren, anfangs grün, reif purpurschwarz, in langgestielten, endständigen Dolden.
• HERKUNFT Mexiko, Südamerika
• LEBENSRAUM Gebirge
• ANMERKUNG Benannt nach Kapitän William Winter, der im 16. Jh. mit Sir Francis Drake zur See fuhr. Er verwendete die Vitamin-C-haltige Rinde zur Behandlung von Skorbut, einer Vitamin-C-Mangel-Erkrankung.

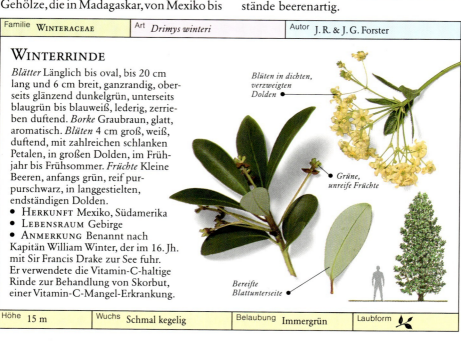

Blüten in dichten, verzweigten Dolden

Grüne, unreife Früchte

Bereifte Blattunterseite

| Höhe 15 m | Wuchs Schmal kegelig | Belaubung Immergrün | Laubform |

GLOSSAR

Hier finden Sie Definitionen zu den wenigen Fachbegriffen, die in diesem Buch verwendet wurden. Fett gedruckte Wörter werden in einem eigenen Glossareintrag erklärt. Weitere hilfreiche Informationen finden Sie auf den Seiten 8–16. *Anmerkung:* Ein Teil der im Buch vorgestellten Pflanzen ist in Mitteleuropa nicht winterhart. Einige andere Bäume sind zwar winterhart, aber nur selten außerhalb botanischer Sammlungen zu sehen.

- ÄHRE
Blütenstand mit einer Mittelachse und einzelnen, ungestielten Blüten.
- BEREIFT
Wachsartig blauweiß oder bläulich überzogen.
- BLÄTTCHEN
Teil eines **zusammengesetzten Blattes**.
- BLUMENKRONE
Die Gesamtheit der Kronblätter (Blütenblätter oder Petalen), d. h. des inneren Teils der Blütenhülle.
- EINFACHES BLATT
Nicht **zusammengesetztes Blatt**.
- EINGEBÜRGERT
Pflanze, die sich an einen Lebensraum angepaßt hat, dort aber nicht **heimisch** ist.
- EXOKARP
Äußerer Mantel der Frucht.
- GANZRANDIG
Nicht gesägter, gezähnter oder gekerbter Blattrand.
- GEFIEDERT
Zusammengesetztes **Blatt** mit **Blättchen**, die sich an einer Mittelachse gegenüberstehen.
- GRIFFEL
Teil der weiblichen Blüte, der die **Narbe** trägt.
- HEIMISCH
Wildwachsend im Ursprungsgebiet.
- HOCHBLÄTTER (Brakteen)
Laubblätter unterhalb der Blüte mit besonderen Aufgaben (z. B. Schutzfunktion, Anlocken von Insekten, Samenverbreitung).
- IMMERGRÜN
Blätter bleiben nach Abschluß der Vegetationsperiode für mindestens ein Jahr am Baum.
- KAPSEL
Frucht, bei der die Schale aufspringt, um den Samen freizusetzen.

- KÄTZCHEN
Blütenstand mit hängender Hauptachse und kleinen, meist eingeschlechtigen Blüten.
- KELCH
Die Kelchblätter oder **Sepalen** bilden den Kelch, den äußeren Teil der Blütenhülle.
- KRAUTIGE PFLANZE
Nicht verholzende, ein- oder mehrjährige Pflanze; letztere zieht meist am Ende der Vegetationsperiode ein und überwintert in der Erde.
- LENTIZELLE
Korkige Lüftungsöffnung aus abgestorbenen Zellen an Borke, Zweigen und Früchten.
- MONOTYPISCH
Familie mit nur einer Gattung und Art, bzw. Gattung mit nur einer Art.
- NARBE
Weibl. Blütenorgan, oberster Teil des Stempels, nimmt **Pollen** auf.
- ÖHRCHEN
Kleiner, ohrförmiger Blattlappen am Spreitengrund.
- POLLEN
Blütenstaub, aus dem sich nach der Bestäubung die männlichen Geschlechtszellen entwickeln.
- RISPE
Mehrfach verzweigte **Traube**.
- SCHIRMRISPE
Rispe, die oben schirmförmig ausgebildet ist (Doldenrispe).
- SCHMETTERLINGSBLÜTE
Blütenform der Hülsenfrüchtler mit deutl. Ober- und Unterlippe.
- SEPALE
Kelchblatt, einzelner Bestandteil des **Kelchs**.
- SITZEND
Blatt oder Blüte ohne Stiel.
- SOMMERGRÜN
Blätter fallen zum Ende der Vegetationsperiode ab.

- SPINDEL
Mittelachse (umgewandelter Mittelnerv) bei **gefiederten** Blättern.
- SPREITE
Teil des Blattes nach Blattstiel, der nicht mit der Blattbasis verbunden ist.
- STAUBBEUTEL (Anthere)
Der Teil des **Staubblatts**, der die **Pollen** enthält.
- STAUBBLATT
Männliches Blütenorgan, das aus **Staubfaden** und -**beutel** besteht.
- STAUBFADEN (Filament)
Teil der männlichen Blüten, der den **Staubbeutel** trägt.
- STIPEL (Nebenblatt)
Meist kleines Schutzblatt an der Stielbasis.
- TEPALE
Bezeichnung eines Blütenhüllblatts, wenn Kron- und Kelchblatt in Art und Form einander gleich sind.
- TRAUBE
Blütenstand, bei dem gestielte Blüten jeweils einzeln an einer zentralen Achse stehen.
- TRUGDOLDE
Mehrfach verzweigter Blütenstand, bei dem die Endblüte einer Verzweigung jeweils von weiteren Verzweigungen überragt wird.
- WINTERGRÜN
Blätter bleiben nach Abschluß der Vegetationsperiode am Baum, fallen aber zu Beginn der nächsten Vegetationsperiode ab.
- WINTERHART
Pflanze kann den Winter im Freien überleben.
- ZUSAMMENGESETZTES BLATT
Blatt, das aus mehreren, nicht zusammengewachsenen **Blättchen** besteht (**gefiedert** oder handförmig geteilt).

PFLANZENREGISTER

A
Abendländischer Lebensbaum 49
– Wacholder 46
Abies alba 52
Abies bracteata 52
Abies forrestii 53
Abies grandis 54
Abies homolepis 54
Abies koreana 54
Abies lasiocarpa 55
  var. *arizonica* 55
Abies magnifica 56
Abies nordmanniana 56
Abies numidica 56
Abies pinsapo 57
Abies procera 57
Abies veitchii 57
Acacia dealbata 190
Acacia falciformis 191
Acacia glaucoptera 191
Acacia mearnsii 191
Acacia melanoxylon 191
Aceraceae 84
Acer buergerianum 84
Acer campestre 85
  'Pulverulentum' 85
Acer capillipes 85
Acer cappadocicum 86
  'Aureum' 86
Acer carpinifolium 86
Acer circinatum 87
Acer cissifolium 87
Acer crataegifolium 87
Acer davidii 88
  'Ernest Wilson' 88
  'George Forrest' 88
Acer ginnala 88
Acer griseum 89
Acer henryi 89
Acer japonicum 90

  'Aconitifolium' 90
  'Vitifolium' 90
Acer lobelii 91
Acer macrophyllum 91
Acer maximowiczianum 92
Acer miyabei 92
Acer negundo 93
  'Elegans' 93
  'Flamingo' 93
  'Variegatum' 93
  var. *violaceum* 93
Acer nikoense 92
Acer opalus 94
Acer palmatum 94
  'Atropurpureum' 95
  'Linearilobum
    Atropurpureum' 95
  'Ribesifolium' 95
  'Senkaki' 95
Acer pensylvanicum 96
  'Erythrocladum' 96
Acer platanoides 97
  'Crimson King' 97
  'Crimson Sentry' 97
  'Cucullatum' 98
  'Deborah' 98
  'Drummondii' 98
  'Lorbergii' 98
Acer pseudoplatanus 99
  'Atropurpureum' 99
  'Brilliantissimum' 99
  f. *erythrocarpum* 99
  'Nizetii' 99
Acer rubrum 100
Acer rufinerve 100
Acer saccharinum 101
Acer saccharum 101
Acer shirasawanum 102
  'Aureum' 102
Acer sieboldianum 102
Acer spicatum 103
Acer trautvetteri 103
Acer triflorum 104
Acer velutinum 104
Adams-Goldregen 196
Aesculus californica 178
Aesculus x *carnea* 178
  'Briotii' 178
Aesculus flava 179
Aesculus hippacastanum 179
  'Baumannii' 179
Aesculus indica 180
Aesculus x *neglecta* 181
  'Erythroblastos' 181
Aesculus octandra 179
Aesculus pavia 181
Ahornblättrige Platane 234

Ailanthus altissima 296
Ajan-Fichte 63
Albizia julibrissin 192
Albizie 192
Alerce 44
Alligator-Wacholder 45
Alnus cordata 116
Alnus glutinosa 116
  'Imperialis' 116
Alnus incana 117
  'Aurea' 117
Alnus rubra 117
Alpen-Goldregen 197
Amelanchier arborea 238
Amelanchier asiatica 239
Amelanchier laevis 239
Amelanchier lamarckii 239
Amerikanische Buche 151
– Hainbuche 126
– Hopfenbuche 128
– Kastanie 149
– Lärche 61
– Linde 302
– Platane 235
– Silbertanne 53
– Stechpalme 113
– r Amberbaum 176
– r Perückenstrauch 105
– r Streifenahorn 96
– s Gelbholz 194
Amur-Korkbaum 283
– -Traubenkirsche 266
Anacardiaceae 105
Andentanne 34
Annonaceae 107
Apfel-Hybriden 252
Aprikose 258
Aquifoliaceae 108
Aralia elata 114
Aralia spinosa 114
Araliaceae 114
Araucaria araucana 34
Araucariaceae 34
Arbutus andrachne 141
Arbutus x *andrachnoides* 142
Arbutus menziesii 142
Arbutus unedo 143
Arizona-Kiefer 70
– -Zypresse 41
Arve 66
Asimina triloba 107
Athrotaxis laxifolia 80
Atlaszeder 58
Ätna-Ginster 194
Australischer Gummibaum 223
Austrocedrus chilensis
  (syn. *Libocedrus chilensis*) 35
Azara microphylla 174

REGISTER • 313

B
Balkan-Weißdorn 241
Balsampappel 287
Bastard-Erdbeerbaum 142
- -Goldregen 198
Baum-Zwergmispel 240
Baumaralie 115
- hasel 127
- rhododendron 144
Beerenapfel 245
Bergahorn 99
- magnolie 205
Betula albosinensis 118
  var. *septentrionalis* 118
Betula alleghaniensis
  (syn. *B. lutea*) 119
Betula ermanii 119
Betula grossa 120
Betula lenta 120
Betula maximowicziana 121
Betula nigra 121
Betula papyrifera 122
Betula pendula 123
  'Darlecarlica' 123
  'Purpurea' 123
Betula populifolia 124
Betula pubescens 124
Betula utilis 125
  'Grayswood Ghost' 125
  var. *jacquemontii* 125
  'Jermyns' 125
  'Silver Shadow' 125
Betulaceae 116
Bhutan-Kiefer 75
Bignoniaceae 129
Birnbaum 273
Bischofskiefer 71
Bitternuß 182
Blasenesche 295
Blaue Atlaszeder 58
Blauglockenbaum 296
Blaugrüne Zypresse 42
Blumenesche 230
Blumenhartriegel
Borstiger Flügelstorax 298
Breitblättrige Stechpalme 112
- Steinlinde 231
Broussonetia papyrifera 218
Bruchweide 293
Buchsbaum 131
Bunges-Kiefer 66
Butternuß 184
Buxaceae 131
Buxus sempervirens 131

C
Callistemon subulatus 221
Callistemon viridiflorus 221
Calocedrus decurrens
  (syn. *Libocedrus decurrens*) 36
  'Aureovariegata' 36

Campbells Magnolie 203
Carolina-Hemlockstanne 77
- -Roßkastanie 181
Carpinus betulus 126
Carpinus caroliniana 126
Carpinus cordata 127
Carpinus japonica 127
Carya cordiformis 182
Carya illinoinensis 182
Carya ovata 183
Castanea dentata 149
Castanea mollissima 149
Castanea sativa 150
Catalpa bignonioides 129
  'Aurea' 129
Catalpa x erubescens 130
  'Purpurea' 130
Catalpa fargesii 130
  var. *duclouxii* 130
Catalpa speciosa 131
Cedrela sinensis 217
Cedrus atlantica 58
  f. *glauca* 58
Cedrus brevifolia 58
Cedrus deodara 59
Cedrus libani 59
Celastraceae 132
Celtis australis 306
Celtis laevigata 307
  var. *smallii* 307
Celtis occidentalis 307
Cephalotaxaceae 34
Cephalotaxus fortunei 34
Cephalotaxus harringtonia 35
  var. *drupacea* 35
Cercidiphyllaceae 133
Cercidiphyllum japonicum 133
Cercis canadensis 192
  'Forest Pansy' 192
Cercis racemosa 193
Cercis siliquastrum 193
  'Bodnant' 193
Chamaecyparis lawsoniana 37
  'Albospica' 37
  'Grayswood Pillar' 37
  'Hillieri' 37
Chamaecyparis nootkatensis 37
  'Variegata' 37
Chamaecyparis obtusa 38
  'Crippsii' 38
Chamaecyparis pisifera 38
Chamaecyparis thyoides 39
  'Glauca' 39
  'Variegata' 39
Chile-Zeder 35
Chilenische Scheinbuche 156
- r Feuerbusch 236
Chinesische Balsampappel 290
- Flügelnuß 187
- Kastanie 149
- Kiefer 74

- Kopfeibe 34
- Korkeiche 173
- Sumpfzypresse 81
- Trauerweide 292
- Ulme 309
- r Amberbaum 175
- r Schneeflockenbaum 227
- r Tulpenbaum 201
- r Wacholder 44
- s Rotholz 81
Chionanthus retusus 227
Chionanthus virginicus 228
Chrysolepis chrysophylla 150
Cladrastis lutea 194
Colorado-Tanne 53
Contoneaster frigidus 240
Cornaceae 133
Cornus 'Eddie's White Wonder' 134
Cornus 'Porlock' 137
Cornus alternifolia 133
  'Argentea' 133
Cornus controversa 134
  'Variegata' 134
Cornus florida 135
  'Cherokee Chief' 135
  'White Cloud' 135
Cornus kousa 136
  var. *chinensis* 136
Cornus macrophylla 136
Cornus nuttallii 137
Cornus walteri 138
Corylus colurna 127
Cotinus obovatus 105
Coulters Kiefer 67
Cox-Wacholder 47
+ *Crataegomespilus dardarii*
  'Jules d'Asnières' 244
Crataegus crus-galli 240
Crataegus laciniata 241
Crataegus laevigata 241
  'Gireoudii' 241
  'Paul's Scarlet' 241
Crataegus x lavallei 242
  'Carrierei' 242
Crataegus mollis 242
Crataegus monogyna 243
Crataegus phaenopyrum 243
Crataegus x prunifolia 243
x *Crataemespilus grandiflora* 244
Cryptomeria japonica 80
  'Cristata' 80
  'Lobbii' 80
Cunninghamia lanceolata 81
Cupressaceae 35
x *Cupressocyparis leylandii* 40
  'Castlewellan Gold' 40
  'Haggerston Grey' 40
  'Naylor's Blue' 40
  'Silver Dust' 40
Cupressus cashmeriana 41

314 • REGISTER

Cupressus glabra 41
Cupressus lusitanica 42
  'Glauca Pendula' 42
Cupressus macrocarpa 42
  'Goldcrest' 42
Cupressus sempervirens 43
  'Stricta' 43
  'Swane's Golden' 43
Cydonia oblonga 244
Cytisus purpureus 196

D
Davidia involucrata 226
  var. vilmoriniana 226
Davidsahorn 88
Deodar-Zeder 59
Diospyros kaki 138
Diospyros lotus 139
Diospyros virginiana 139
Dornmispel 244
Douglasie 76
Drehkiefer 67
Dreiblütiger Ahorn 104
Dreizahn-Ahorn 84
Drimys winteri 310

E
Ebeneaceae 138
Echte Quitte 244
– r Fächerahorn 94
Edeltanne 52
Edle Tanne 57
Eingriffeliger Weißdorn 243
Eisenholzbaum 177
Elaeagnaceae 140
Elaeagnus angustifolia 140
Elsbeere 282
Embothrium coccineum 236
Erdbeerbaum 143
Ericaceae 141
Erlen-Mehlbeere 274
Eschenahorn 93
Espe 290
Essigbaum 106
Eßkastanie 150
Eucalyptus coccifera 222
Eucalyptus cordata 222
Eucalyptus dalrympleana 223
Eucalyptus gunnii 223
Eucalyptus pauciflora 224
  ssp. niphophila 224
Eucalyptus perriniana 224
Eucalyptus urnigera 225
Eucommia ulmoides 145
Eucommiaceae 145
Eucryphia 'Penwith' 148
Eucryphia cordifolia 146
Eucryphia glutinosa 146
  'Plena' 146
Eucryphia x intermedia 147
  'Rostrevor' 147

Eucryphia lucida 147
Eucryphia milliganii 148
Eucryphia x nymansensis 148
Eucryphiaceae 146
Euodia daniellii 284
Euonymus europaea 132
Europäische Lärche 60

F
Fagaceae 149
Fagus grandifolia 151
Fagus orientalis 151
Fagus sylvatica 152
  'Aspleniifolia' 152
  'Aurea Pendula' 152
  'Cristata' 152
  'Darwyck Purple' 153
  f. latifolia 153
  'Prince George of Crete' 153
  'Rohanii' 153
  'Rotundifolia' 153
Färbereiche 173
Faulbaum 237
Feige 219
Feldahorn 85
– ulme 308
Feuerahorn 88
Ficus carica 219
Fitzroya cupressoides 44
Flacourtiaceae 174
Flaumeiche 169
Föhre 74
Frangula alnus 237
Fraxinus americana 228
Fraxinus angustifolia 229
Fraxinus excelsior 229
  'Jaspidea' 229
Fraxinus ornus 230
Fraxinus pennsylvanica 230

G
Geißklee 196
Gelbbirke 119
– horn 295
– kiefer 73
Gelbe Pavie 179
Gemeine Eberesche 275
– Eibe 79
– Esche 229
– Fichte 62
– Hopfenbuche 128
– Kiefer 74
– Robinie 199
– Roßkastanie 179
– Stechpalme 109
– Traubenkirsche 267
– r Goldregen 197
– r Judasbaum 193
– r Trompetenbaum 129
– r Wacholder 45
Genista aetnensis 194

Geweihbaum 195
Ginkgo 51
Ginkgo biloba 51
  'Variegata' 51
Ginkgoaceae 51
Glanzliguster 231
Gleditschie 195
Gleditsia triacanthos 195
  'Sunburst' 195
Glyptostrobus pensilis
  (syn. G. lineatus) 81
Goldbirke 119
– lärche 76
Götterbaum 296
Grannentanne 52
Grauerle 117
– pappel 288
Griechische Tanne 53
– r Erdbeerbaum 141
Großblatt-Pappel 289
Großblättrige Magnolie 209
– Stechpalme 108
Große Weiße Kirsche 263
Großfrüchtige Eiche 165
Gunns Eukalyptus 223
Gurkenmagnolie 202
Guttaperchabaum 145
Gymnocladus dioicus 195

H
Haferschlehe 261
Hahnendorn 240
Hainbuche 126
Hainbuchenahorn 86
Halesia carolina 297
Hamamelidaceae 175
Hanfpalme 232
Hängebirke 123
Harringtons-Kopfeibe 35
Hemsleys Storaxbaum 298
Herkuleskeule 114
Herzblättrige Hainbuche 127
Hiba 51
Higan-Kirsche 270
Himalaja-Birke 125
– -Fichte 65
– -Kiefer 75
– -Mehlbeere 282
– -Wacholder 47
– -Zeder 59
Hinoki-Scheinzypresse 38
Hippocastanaceae 178
Hippophae rhamnoides 140
Hoheria glabrata 216
Hoheria lyallii 216
Hoheria sexstylosa 216
Holfords Kiefer 68
Holländische Linde 304
– Ulme 308
Hupeh-Eberesche 278
Hybridlärche 60

I

Iberische Lorbeerkirsche 266
Idesia polycarpa 174
Igelstechpalme 109
Ilex x *altaclerensis* 108
  'Belgica Aurea' 108
  'Camelliifolia' 108
  'Golden King' 108
  'Hodginsii' 108
  'Lawsoniana' 108
  'Wilsonii' 108
Ilex aquifolium
  'Argentea Marginata' 109
  'Bacciflava' 109
  'Crispa Aurea Picta' 109
  'Ferox' 109
  'Ferox Argentea' 110
  'Flavescens' 110
  'Handsworth New Silver' 110
  'J. C. van Tol' 110
  'Madame Briot' 111
  'Pyramidalis Fructu Luteo' 111
  'Silver Milkmaid' 111
  'Silver Queen' 111
Ilex x *koehneana* 112
  'Chestnut Leaf' 112
Ilex latifolia 112
Ilex opaca 113
Ilex pedunculosa 113
Ilex purpurea (syn *I. chinensis*) 113
Immergrüne Magnolie 205
Indianerbohne 129
Indische Roßkastanie 180
Italienische Erle 116

J

Japan-Eberesche 276
– -Felsenbirne 239
Japanische Bergkirsche 265
– Blütenkirschen 262
  'Amanogawa' 262
  'Kanzan' 262
  'Shidare-Sakura' 262
  'Shirofugen' 263
  'Shogetsu' 263
  'Tai Haku' 263
  'Ukon' 263
– Flügelnuß 187
– Hainbuche 127
– Hopfenbuche 128
– Lärche 60
– Rotkiefer 68
– Ulme 308
– r Apfel 247
– r Blütenhartriegel 186
– r Lebensbaum 50
– r Schnurbaum 200
– r Storaxbaum 299
Jeffreys Kiefer 68
Juglandaceae 182

Juglans ailantifolia 183
Juglans cinerea 184
Juglans nigra 184
Juglans regia 185
Jungfernahorn 87
Juniperus chinensis 44
  'Aurea' 44
Juniperus communis 45
Juniperus deppeana 45
  var. *pachyphlaea* 45
Juniperus drupacea 46
Juniperus occidentalis 46
Juniperus oxycedrus 47
Juniperus recurva 47
  var. *coxii* 47
Juniperus scopulorum 48
  'Skyrocket' 48
Juniperus virginiana 48
  'Glauca' 48

K

Kahle Felsenbirne 239
Kakipflaume 138
Kalabrischer Spitzahorn 91
Kalifornische Nußeibe 79
– Roßkastanie 178
– r Lorbeer 189
Kalopanax pictus 115
  var. *maximowiczii* 115
Kanada-Eberesche 274
Kanadische Hemlockstanne 77
– Pappel 287
– r Judasbaum 192
Kanubirke 122
Kaschmir-Eberesche 275
– -Mehlbeere 274
– -Zypresse 41
Kastanienblättrige Eiche 160
Katsura-Baum 133
Kaukasische Flügelnuß 186
– Zelkove 309
Kaukasus-Fichte 64
Keaki 310
Kirschapfel 248
– pflaume 259
Kleeulme 284
Kobushi-Magnolie 207
Koelreuteria paniculata 295

Kolchischer Bergahorn 103
– Spitzahorn 86
Korea-Kiefer 69
– -Lebensbaum 41
Koreanische Stinkesche 284
– Tanne 54
Korktanne 55
Korkeiche 72
Kornelkirsche 133
Korsische Kiefer 71
Krieche 261
Krimlinde 303
Kronenapfel 245
Kulturapfel 246
Kupfer-Felsenbirne 239
Kupferbirke 118
Kurznadelige Zeder 58
Küstensequoie 82

L

+ *Laburnocytisus adamii* 196
Laburnum alpinum 197
Laburnum anagyroides 197
Laburnum x *watereri* 198
  'Vossii' 198
Langstielige Stechpalme 113
Larix decidua 60
Larix x *eurolepis* 60
Larix kaempferi 60
Larix laricina 61
Larix occidentalis 61
Laubbäume 84 – 310
Lauraceae 188
Laurus nobilis 188
Lawson-Scheinzypresse 37
Leder-Weißdorn 242
Lederholz 147
Leguminosae 190
Leyland-Zypresse 40
Libanon-Zeder 59
Ligustrum lucidum 231
  'Excelsum Superbum' 231
  'Tricolor' 231
Likiang-Fichte 63
Liquidambar formosana 175
Liquidambar orientalis 175
Liquidambar styraciflua 176
  'Lane Roberts' 176

'Silver King' 176
'Variegata' 176
Liriodendron chinense 201
Liriodendron tulipifera 201
'Aureomarginatum' 201
Lithocarpus edulis 154
Lithocarpus henryi 154
Lorbeerbaum 188
– weide 294
Lotuspflaume 139
Luma apiculata 225
Luma-Myrte 225

M
Maackia chinensis 198
Maclura pomifera 220
Mädchenkiefer 71
Madrone 142
Magnolia 'Heaven Scent' 206
Magnolia 'Peppermint Stick' 206
Magnolia 'Sayonara' 206
Magnolia 'Wada's Memory' 215
Magnolia acuminata 202
Magnolia ashei 202
Magnolia campbellii 203
ssp. *mollicomata* 203
Magnolia dawsoniana 204
Magnolia delavayi 204
Magnolia fraseri 205
Magnolia grandiflora 205
Magnolia hypoleuca 207
Magnolia kobus 207
Magnolia x *loebneri* 208
'Leonard Messel' 208
'Merrill' 208
Magnolia macrophylla 209
Magnolia obovata 207
Magnolia officinalis 210
var. *biloba* 210
Magnolia salicifolia 213
Magnolia x *soulangiana* 211
'Brozzonii' 212
'Picture' 212

'Rustica Rubra' 212
Magnolia tripetala 213
Magnolia x *veitchii* 214
'Isca' 214
'Peter Veitch' 214
Magnoliaceae 201
Mahagonikirsche 269
Malus baccata 245
Malus coronaria 245
'Charlottae' 245
Malus domestica 246
Malus florentina 246
Malus floribunda 247
Malus hupehensis 247
Malus ioensis 248
'Plena' 248
Malus prunifolia 248
Malus x *purpurea* 249
Malus sieboldii 249
Malus toringo 249
Malus transitoria 250
Malus trilobata 250
Malus tschonoskii 251
Malus yunnanensis 251
var. *veitchii* 251
Malus-Hybriden 252
'Butterball' 252
'Crittenden' 252
'Dartmouth' 252
'Eleyi' 252
'John Downie' 253
'Golden Hornet' 253
'Lemoinei' 253
'Liset' 253
'Profusion' 254
'Red Jade' 254
'Red Sentinel' 254
'Royalty' 254
'Van Eseltine' 254
Malvaceae 216
Mammutbaum 82
Mandel 260
Mannaesche 230
Marille 258
Märzkirsche 261
Maximowiczs Birke 121
Maytenus boaria 132
Mazedonische Kiefer 72
Mehlbeere 274
Meliaceae 217
Mespilus germanica 255
'Nottingham' 255
Mexikanische Weymouths-Kiefer 66
– Zypresse 42
Mispel 255
Mittelmeer-Wacholder 47
– -Zypresse 43
Miyabes-Ahorn 92
Mongolische Linde 304
Monterey-Kiefer 73

– -Zypresse 42
Montezuma-Kiefer 70
Moorbirke 124
Moraceae 218
Morgenländische Platane 235
Morus alba 220
Morus nigra 220
Myrtaceae 221
Myrtus apiculata 225
Myrtus luma 225

N
Nadelbäume 34 – 83
Nikko-Ahorn 92
– -Tanne 54
Nootka-Scheinzypresse 37
Nordamerikanischer Zürgelbaum 307
Nordmannstanne 56
Nothofagus antarctica 155
Nothofagus betuloides 155
Nothofagus dombeyi 156
Nothofagus nervosa 156
Nothofagus obliqua 157
Nothofagus procera 156
Nothofagus pumilio 157
Nothofagus solanderi 157
Numidische Tanne 56
Nuttalls Blütenhartriegel 137
Nyssa multiflora 227
Nyssa sinensis 226
Nyssa sylvatica 227
Nyssaceae 226

O
Obassia-Storaxbaum 299
Oleaceae 227
Ontario-Pappel 288
Orangenkirsche 174
Oregon-Ahorn 91
Orient-Buche 151
Orientalischer Amberbaum 175
Osagedorn 220
Ostrya carpinifolia 128
Ostrya japonica 128
Ostrya virginiana 128
Oxydendrum arboreum 143

P
Pagoden-Baum 200
Pagodenhartriegel 134
Palmen 232
Papau 107
Papierbirke 122
– maulbeere 218
Pappelblättrige Birke 124
Parrotia persica 177
Parrotiopsis jacquemontiana 177
Patagonische Eibe 78
– Zypresse 44
Paulownia tomentosa 296

REGISTER • 317

Pekannuß 182
Pennsylvanischer Streifenahorn 96
Persimone 139
Persische Albizie 192
– Eiche 163
– r Bergahorn 104
Pfaffenhütchen 132
Pfahleiche 171
Pfirsich 267
Pflaume 260
Pflaumen-Steineibe 78
– -Weißdorn 243
Phellodendron amurense 283
 var. *lavallei* 283
Phillyrea latifolia 231
Photinia beauverdiana 256
 var. *notabilis* 256
Photinia davidiana (syn.
 Stranvaesia davidiana) 256
Photinia x *fraseri* 257
Photinia serratifolia 257
Photinia villosa 257
Picea abies 62
Picea breweriana 62
Picea glauca 63
Picea jezoensis 63
 var. *hondoensis* 63
Picea likiangensis 63
Picea mariana 64
Picea omorika 64
Picea orientalis 64
 'Aurea' 64
Picea pungens 65
Picea smithiana 65
Pinaceae 52
Pinie 72
Pinus ayacahuite 66
 var. *veitchii* 66
Pinus bhutanica 75
Pinus bungeana 66
Pinus cembra 66
Pinus cembroides var.
 monophylla 70
Pinus contorta 67
 var. *latifolia* 67
Pinus coulteri 67
Pinus densiflora 68
Pinus heldreichii var.
 leucodermis 69
Pinus x *holfordiana* 68
Pinus jeffreyi 68
Pinus koraiensis 69
Pinus leucodermis 69
Pinus monophylla 70
Pinus montezumae 70
Pinus muricata 71
Pinus nigra 71
 var. *maritima* 71
Pinus nigra ssp. *laricio* (syn.
 P. nigra var. *maritima*) 71
Pinus parviflora 71

Pinus peuce 72
Pinus pinaster 72
Pinus pinea 72
Pinus ponderosa 73
Pinus radiata 73
Pinus strobus 73
Pinus sylvestris 74
 'Edwin Hillier' 74
Pinus tabuliformis 74
Pinus thunbergii 75
Pinus wallichiana 75
Pittosporaceae 233
Pittosporum tenuifolium 233
 'Abbotsbury Gold' 233
 'Eila Keightley' 233
 'Irene Paterson' 233
 'Purpureum' 233
Platanaceae 234
Platanus x *acerifolia* 234
Platanus x *hispanica* 234
Platanus occidentalis 235
Platanus orientalis 235
Platycarya strobilacea 185
Podocarpaceae 78
Podocarpus andinus 78
Pontische Eiche 169
– Lorbeerkirsche 265
Populus alba 286
Populus balsamifera 287
Populus x *canadensis* 287
 'Marilandica' 287
 'Robusta' 287
 'Serotina Aurea' 287
Populus x *candicans* 288
 'Aurora' 288
Populus x *canescens* 288
Populus lasiocarpa 289
Populus nigra 289
 'Italica' 289
Populus szechuanica 290
 var. *thibetica* 290
Populus tremula 290
Prächtiger Trompetenbaum 131
Prachttanne 55
Prärieapfel 248
Proteaceae 236
Prunus armeniaca 258
Prunus avium 258
 'Plena' 258
Prunus cerasifera 259
 'Nigra' 259
 'Pissardii' 259
 'Rosea' 259
Prunus cerasus 259
 'Rhexii' 259
Prunus domestica 260
Prunus dulcis 260
 'Roseoplena' 260
Prunus incisa 261
Prunus insititia 261
 'Mirabelle' 261

Prunus jamasakura 265
Prunus laurocerasus 265
Prunus lusitanica 266
 ssp. *azorica* 266
Prunus maackii 266
Prunus padus 267
 'Colorata' 267
 'Watereri' 267
Prunus persica 267
 var. *nectarina* 267
 'Prince Charming' 267
Prunus sargentii 268
Prunus x *schmittii* 268
Prunus serotina 269
Prunus serrula 269
 var. *tibetica* 269
Prunus serrulata var.
 pubescens 272
Prunus serrulata var.
 spontanea 265
Prunus x *subhirtella* 270
 'Autumnalis' 270
 'Autumnalis Rosea' 270
 'Pendula Rosea' 271
 'Pink Star' 271
 'Stellata' 271
Prunus verecunda 272
Prunus x *yedoensis* 272
Prunus-Hybriden, Japanische
 Blütenkirschen 262
Prunus-Hybriden 264
 'Accolade' 264
 'Pandora' 264
 'Spire' 264
Pseudolarix amabilis 76
Pseudopanax crassifolius
 115
Pseudopanax ferox 115
Pseudotsuga menziesii 76
Ptelea trifoliata 284
 'Aurea' 284
Pterocarya fraxinifolia 186
Pterocarya x *rehderiana* 186
Pterocarya rhoifolia 187
Pterocarya stenoptera 187
Pterostyrax hispida 298
Pulverholz 237
Purgierkreuzdorn 237
Purpurapfel 249
Pyramidenpappel 289
Pyrenäen-Eiche 170
Pyrus calleryana 273
Pyrus communis 273
Pyrus salicifolia 273

Q
Quercus acutissima 158
Quercus alba 158
Quercus alnifolia 159
Quercus canariensis 159
Quercus castaneifolia 160

Quercus cerris 160
  'Variegata' 160
Quercus coccinea 161
  'Splendens' 161
Quercus ellipsoidalis 161
Quercus falcata 162
Quercus frainetto 162
  'Hungarian Crown' 162
Quercus x *hispanica* 163
  'Lucombeana' 163
Quercus ilex 163
Quercus imbricaria 164
Quercus laurifolia 164
Quercus macranthera 165
Quercus macrocarpa 165
Quercus marilandica 166
Quercus myrsinifolia 166
Quercus palustris 167
Quercus petraea 167
Quercus phellos 168
Quercus phillyreoides 168
Quercus pontica 169
Quercus pubescens 169
Quercus pyrenaica 170
Quercus robur 170
  'Atropurpurea' 170
  'Concordia' 170
Quercus rubra 171
Quercus stellata 171
Quercus suber 172
Quercus x *turneri* 172
Quercus variabilis 173
Quercus velutina 173

R
Radbaum 306
Rauchzypresse 36
Rauli 156
Redwood 82
Reifweide 293
Rhamnaceae 237
Rhamnus cathartica 237
Rhamnus frangula 237
Rhododendron arboreum 144
Rhus copallina 105
Rhus trichocarpa 106
Rhus typhina 106
  'Dissecta' 106
Riesenlebensbaum 50
– tanne 54
Robelbuche 157
Robinia x *holdtii* 199
Robinia pseudoacacia 199
  'Frisia' 199
Rocky-Mountains-Tanne 55
Rosaceae 238
Rosafrüchtige Eberesche 282
Rostbartahorn 100
Rotahorn 100
– buche 152
– eiche 171

– erle 117
– esche 230
Rote Pavie 181
– Roßkastanie 178
– r Schlangenhautahorn 85
Rundblättrige Maulbeere 279
Rutaceae 283

S
Sachalin-Kirsche 268
Salicaceae 286
Salix alba 291
  'Britzensis' 291
  var. *caerulea* 291
  'Tristis' 294
Salix babylonica 292
  var. *pekinensis* 292
  'Pendula' 292
  'Tortuosa' 292
Salix daphnoides 293
Salix fragilis 293
Salix matsudana 292
Salix pentandra 294
Salix x *sepulcralis* 294
  'Chrysocoma' 294
Sandbirke 123
– dorn 140
Santa-Lucia-Tanne 52
Sapindaceae 295
Sargents-Eberesche 280
Sassafras 189
Sassafras albidum 189
  var. *molle* 189
Sassafras officinale 189
Sauerbaum 143
– kirsche 259
Säulenpappel 289
– zypresse 43
Sawara-Scheinzypresse 38
Saxegothaea conspicua 78
Scharlacheiche 161
Scheinkamelie 301
– parrotie 177
Schimmelfichte 63
Schindelborkige Hickory 183
Schindeleiche 164
Schirmmagnolie 213
– tanne 82
Schlangenhautkiefer 69
Schmalblättrige Esche 229
– Ölweide 140
– r Klebsame 233
Schnee-Felsenbirne 238
Schneeballahorn 94
Schneeglöckchenbaum 297
Schuppenfichte 80
Schwarzbirke 121
– erle 116
– fichte 64
– kiefer 71
– nuß 184

– pappel 289
Schwarze Maulbeere 220
Schwedische Mehlbeere 278
Sciadopitys verticillata 82
Scrophulariaceae 296
Seidenraupeneiche 158
Sequoia sempervirens 82
Sequoiadendron giganteum 82
Serbische Fichte 64
Sibirische Ulme 309
Sichelblättrige Eiche 162
Sicheltanne 80
Siebolds-Fächerahorn 102
– -Walnuß 183
Silberahorn 101
– akazie 190
– linde 305
– pappel 286
– weide 291
Simaroubaceae 296
Siskiyou-Fichte 62
Sitka-Fichte 65
Sommerlinde 305
Sophora japonica 200
Sophora microphylla 200
Sorbus 'Joseph Rock' 279
Sorbus alnifolia 274
Sorbus americana 274
Sorbus aria 274
Sorbus aucuparia 275
  'Aspleniifolia' 275
Sorbus cashmiriana 275
Sorbus commixta 276
Sorbus domestica 276
  var. *pomifera* 276
  var. *pyrifera* 276
Sorbus esserteauana 277
Sorbus forrestii 277
Sorbus hupehensis 278
Sorbus intermedia 278
Sorbus latifolia 279
Sorbus sargentiana 280
Sorbus scalaris 280
Sorbus thibetica 280
  'John Mitchell' 281
Sorbus x *thuringiaca* 281
  'Fastigiata' 281
Sorbus torminalis 282
Sorbus vestita 282
Sorbus vilmorinii 282
Spanische Eiche 163
– Tanne 57
Späte Traubenkirsche 269
Speierling 276
Spießtanne 81
Spitzahorn 97
Stechfichte 65
Steineiche 163
– linde 303
Stewartia malacodendron 300
Stewartia monadelpha 300

REGISTER • 319

Stewartia pseudocamellia 301
— var. *koreana* 301
Stieleiche 170
Strandkiefer 72
Styracaceae 297
Styrax hemsleyana 298
Styrax japonica 299
Styrax obassia 299
Südbuche 155
Südlicher Zürgelbaum 306
Sumpfeiche 167
– zypresse 83
Surenbaum 217
Süßkirsche 258
Syrischer Wacholder 46

T
Taiwania cryptomerioides 83
Taiwanie 83
Tamarack 61
Taschentuchbaum 226
Täuschende Stachelesche 285
Taxaceae 79
Taxodiaceae 80
Taxodium ascendens 83
Taxodium distichum 83
Taxus baccata 79
 'Lutea' 79
Teeapfel 247
Tetradium daniellii 284
Theaceae 300
Thuja koraiensis 49
Thuja occidentalis 49
Thuja plicata 50
 'Zebrina' 50
Thuja standishii 50
Thuje 49
Thujopsis dolabrata 51
Thunbergs Fächerahorn 90
– Kiefer 75
Thüringische Mehlbeere 281
Tibetkirsche 269
Tilia americana 302
Tilia argentea 305
Tilia cordata 303
Tilia x *euchlora* 303
Tilia x *europaea* 304
 'Wratislaviensis' 304
Tilia mongolica 304
Tilia platyphyllos 305
 'Laciniata' 305
Tilia tomentosa 305
 'Petiolaris' 305
Tilia x *vulgaris* 304
Tiliaceae 302
Toona sinensis 217
Torreya californica 79
Trachycarpus fortunei 232
Tränenkiefer 75
Traubeneiche 167
Trauerweide 294

Trichterfrucht-Eukalyptus 222
Trochodendraceae 306
Trochodendron aralioides 306
Tsuga canadensis 77
Tsuga caroliniana 77
Tsuga heterophylla 77
Tulpenbaum 201
Tulpenmagnolie 211
Tupelobaum 227

U
Ulmaceae 306
Ulmo 146
Ulmus x *hollandica* 308
 'Klemmer' 308
Ulmus japonica 308
Ulmus minor 308
— var. *vulgaris* 308
Ulmus parviflora 309
Ulmus porcera 308
Ulmus pumila 309
Umbellularia californica 189
Ungarische Eiche 162
Urnen-Eukalyptus 225

V
Veitchs Magnolie 214
– -Tanne 57
Vermont-Ahorn 103
Virginische Dattelpflaume 139
– Hopfenbuche 128
– Rotzeder 48
– r Schneeflockenstrauch 228
– r Wacholder 48
Vogelbeerbaum 275
Vogelkirsche 258

W
Walnuß 185
Warzen-Glanzmispel 257
Wechselblättriger Hartriegel 133
Weichhaariger Weißdorn 242
Weidenbirne 273
– eiche 168
Weidenblättrige Magnolie 213
Weinahorn 87
Weißbirke 123
– eiche 158
– esche 228
– tanne 52
– zeder 49
Weißdornahorn 87
Weiße Maulbeere 220
– Scheinzypresse 39
Westamerikanische Lärche 61
Westliche Hemlockstanne 77
– Rotzeder 48
Weymouths-Kiefer 73
Winteraceae 310
Wintergrüne Eiche 172

Winterlinde 303
– rinde 310
Wollapfel 251

X
Xanthoceras sorbifolium 295

Y
Yoshino-Kirsche 272

Z
Zanthoxylum ailanthoides 285
Zanthoxylum simulans 285
Zederzypresse 39
Zelkova carpinifolia 309
Zelkova serrata 310
Zelkova sinica 310
Zerreiche 160
Zimtahorn 89
Zirbe 66
Zirbelkiefer 66
Zitterpappel 290
Zuckerahorn 101
– birke 120
Zweigriffeliger Weißdorn 241
Zwetschge 260
Zylinderputzer 221

DANKSAGUNG

Der Autor und die Herausgeber sind einer Reihe von Institutionen und Menschen zu großem Dank verpflichtet, ohne die dieses Werk nicht möglich gewesen wäre.

Pflanzenproben für die Fotos sammelten: Barry Philips (Verwalter), Bild George (Chefgärtner) und alle Mitarbeiter der Sir Harold Hillier Gardens and Arboretum, Ampfield, Hampshire, England; Robert Eburn, P. H. B. Gardner, Bernard und Letty Perrott, Eve Taylor; Kate Haywood vom Wisley Garden der Royal Horticultural Society, Woking, Surrey, England; Hillier Nurseries (Winchester) Ltd; Richard Johnston, Mount Annan Section der Royal Botanic Gardens, Sydney, Australien; Longstock Park Gardens; Mike Maunder und Melanie Thomas der Royal Botanic Gardens in Kew, Surrey, England; Colin Morgan der Forestry Commission Research Division des Bedgebury National Pinetum, Cranbrook, Kent, England; Andrew Pinder (Leiter der Baumschule) London Borough of Richmond upon Thames, England; John White und Margaret Ruskin der Forestry Commission, Westonbirt Arboretum, Tetbury, Gloucestershire, England.

Vorlagen für die Zeichner sammelten: S. Andrews, T. Kirkham und Mike Maunder der Royal Botanic Gardens, Kew, Surrey, England; das Arnold Arboretum der Harvard University, Massachusetts, USA; Kathie Atkinson; S. Clark und S. Knees des Royal Botanic Garden Edinburgh, Lothian, Scotland; D. Cooney des Waite Arboretum, University of Adelaide, Australia; B. Davis; Dr. T. R. Dudley (leitender Wissenschaftler und Forschungsbotaniker) des U. S. National Arboretum, Washington D. C., USA; M. Flannagan der Royal Botanic Gardens, Ardingly, West Sussex, England; die Forestry Commission, Forest Research Station, Alice Holt Lodge, Farnham, Surrey, England; Anne James vom Amt für Parkanlagen, Dublin County Council, Republic of Ireland; Roy Lancaster; Scott Leathart; Alan Mitchell; K. Olver; der Wisley Garden der Royal Horticultural Society, Woking, Surrey, England; V. Schilling des Baumkatasteramts der Britischen Inseln, Westmeston, West Sussex, England; T. Walker der Botanic Gardens der University of Oxford, Oxfordshire, England; John White und Margaret Ruskin der Forestry Commission, Westonbirt Arboretum, Tetbury, Gloucestershire, England; P. Yeo des Botanic Garden der University of Cambridge, Cambridgeshire, England; Dennis Woodland.

Der Autor dankt dem hervorragenden Team von Dorling Kindersley, insbesondere Vicki James,

Gillian Roberts und Mustafa Sami für die Sorgfalt und Hingabe, mit der sie das Werk betreuten; Matthew Ward für seine hervorragenden Fotos; Roy Lancaster für seine Kommentare zu den Beschreibungen; seiner Frau Sue und den Töchtern Rachel und Ruth, die ihn unterstützten und ermutigten.

Wir möchten uns bei Mustafa Sami für seinen unschätzbaren Einsatz bedanken, mit dem er die Zeichner mit Geduld und guter Laune betreute; bei Spencer Holbrook, der ihn verwalterisch unterstützte; und bei Donna Rispoli, die die Vorlagen für die Zeichner zusammenstellte. Besonderen Dank auch an Mel und Marianne, Witt und Kaye, deren Einsatz der Redakteur seinen Urlaub verdankt. Wir danken auch Michael Allaby, der das Pflanzenregister zusammenstellte und Vorschläge für das Glossar machte; Mike Darton für die Fahnenkorrektur und seine Anmerkungen zu Glossar und Einleitung; Virginia Fitzgerald für die administrative Unterstützung bei der Zusammenstellung der Zeichnervorlagen; Angeles Gavira und Ian Hambleton für die Katalogisierung der Dias; Steve Tilling für seine Beurteilung des Bestimmungsschlüssels; Helen Townsend für die Betreuung des Projekts während des Urlaubs des Redakteurs; Alastair Wardle für sein Computer-Fachwissen.

Fotos von Matthew Ward, mit Ausnahme von A – Z Botanical Collection 6, 8 *(oben)*; Kathie Atkinson 190 *(rechts, unten)*, 191; Bruce Coleman Ltd/Patrick Clement 167 (Eicheln von *Quercus petraea*); Dorling Kindersley/Peter Chadwick 12 (Stamm), 15 (Zapfenquerschnitt, Samen), 246 *(oben links)*; Harry Smith Photographic Collection/Polunin Collection 159 (Eichel von *Quercus canariensis*), 169 (Eichel von *Quercus pubescens*).
Baumillustrationen von Laura Andrew 200, 201; Marion Appleton 132 – 143; David Ashby 118 – 125; Bob Bampton 258 – 273, 286 – 297; Anne Child 126, 127, 178 – 181; Tim Hayward 114 – 117, 128 – 131, 144, 145, 154 – 157, 202 – 211, 222 – 237, 274 – 283, 308 – 310; Janos Marffy 9, 17, 192 – 195; David More 158 – 173, 244 – 252; Sue Oldfield 12, 13, 36 – 83, 108 – 113, 188, 189, 196 – 199, 213 – 215, 298, 299; Liz Pepperell 182 – 187, 190, 238 – 243; Michelle Ross 34, 35, 84 – 107, 146 – 152, 300 – 307; Gill Tomblin 174 – 177; Barbara Walker 216 – 221, 255 – 257, 284, 285.
Illustrationen der Laubformen von Paul Bailey.
Schutzblattillustrationen von Caroline Church.